EDIÇÕES BESTBOLSO

Eva Perón

Alicia Dujovne Ortiz, jornalista e escritora argentina que reside na França. Ao longo de sua carreira, contribuiu para grandes veículos de notícias como *La Nación* e *Le Monde*. Publicou diversos livros de ficção e de poesia, além de cinco biografias, como as de Diego Maradona e Eva Perón, sucessos editoriais em mais de 18 países. Ganhou o prêmio argentino Konex, na categoria Letras, nos anos de 2004 e 2014.

ALICIA DUJOVNE ORTIZ

Eva Perón

Tradução de

CLÓVIS MARQUES

1ª edição

EDIÇÕES

BestBolso

RIO DE JANEIRO – 2016

CIP-BRASIL. CATALOGAÇÃO NA FONTE
SINDICATO NACIONAL DOS EDITORES DE LIVROS, RJ

D914e
1ª ed.

Dujovne Ortiz, Alicia, 1940-
Eva Perón / Alicia Dujovne Ortiz; tradução Clóvis Marques. – 1ª ed.
– Rio de Janeiro: BestBolso, 2016.
12 × 18 cm.

Tradução de: Eva Péron: la madone des sans-chemises
ISBN 978-85-7799-436-6

1. Péron, Eva, 1919-1952. 2. Cônjuges de presidentes – Argentina – Biografia. I. Título.

14-17970

CDD: 923.2
CDU: 929:32

Eva Perón, de autoria de Alicia Dujovne Ortiz.
Título número 412 das Edições BestBolso.
Primeira edição impressa em março de 2016.
Texto revisado conforme o Acordo Ortográfico da Língua Portuguesa.

Título original francês:
EVA PERÓN – LA MADONE DES SANS-CHEMISE

www.edicoesbestbolso.com.br

Design de capa: Mariana Taboada com imagem Getty Images / AFP.

Impresso no Brasil

ISBN 978-85-7799-436-6

À memória de meus pais,
Carlos Dujovne e Alicia Ortiz.
À minha filha Cynthia Reid e
às minhas netas Ariana e Tahana.

A autora agradece a Hector Bianciotti e Anny Amberni, sem os quais este livro não teria sido possível, assim como a Louis Lautrec, Jean-Claude Hartman, Jorge Forbes, Graciela Schneier, Mireille Favier, Betty Milan, Acacia Condes, Denise Méndez, Renaud Meyer, Jean-Jacques e Jean-Philippe Fleury, Pascal Garnier, Francis Pinochet, Sabine e David Vergara, Néstor e Amelia Ortiz Oderigo, Dalila Dujovne, Dora Dujovne, Mora Hurtado, Daniel Gutman, Luisa Valenzuela e Carlos Gaustein, que a ajudaram, de uma forma ou de outra, a escrevê-lo.

"Tudo foi dito sobre Evita. Ou, talvez, falte ainda dizer tudo."

Palavras de Eva Perón
pouco antes de sua morte.

Sumário

PARTE 1

1. Ilegítima 17

Infância de Evita • A aldeia natal • Os índios • O senhor fundiário e a cozinheira • Irmão e irmãs • O enterro do pai • Por trás das venezianas • A boneca doente • O rosto queimado • "Subindo" para Junín • Mil oitocentos e quatro argentinos felizes • Evita quer ser outra pessoa • Dias de chuva • Cinema • Evita e o teatro • Problemas com rapazes malvados • Evita parte

2. Atriz 49

Buenos Aires • Primeiro papel • Uma atriz "discreta" • O "beijo mortal" • Um sapo horrível • O vestido de seda • Evita e o tango • Enfim, o amor • Moradas perdidas • A história de Cinderela • Negócios de sabonetes e espionagem • Evita acredita sempre no que diz

3. Amante 74

Chegam os militares • Estrela do rádio • Evita e o coronel brincam de esconde-esconde • O sorriso do coronel Perón • Um "dia maravilhoso" • História de um caçador na Patagônia • Perón admira Mussolini • Perón toma lições no país de Hitler • As ameaças de Evita • A amante do coronel torna-se loura • Bofetadas e Libertad • "Ouçam!... É ela!" • Um vestido bordado de pérolas negras

PARTE 2

4. Grata 131

Um papel premonitório • O fantasma de Martin Bormann • Uma estrela de Davi num cofre de luxo • A Meca dos nazistas • Os militares preferem as submissas • O embaixador norte-americano faz das suas • "Alpercatas, sim! Livros, não!" • A fuga • Perón na ilha • A verdadeira *Pasionaria* era a secretária • Salvar seu homem • O batismo de Evita • A dívida • O 17 de outubro de 1945 • O triângulo amoroso

5. Esposa 185

Evita sem nome • O salão dos casados • O primeiro discurso é um fiasco • Em busca de uma amiga • Perón presidente • O pássaro cardeal • Evita no palácio • Damas patronesses • A "pequena solução" • Evita toma a palavra • No joalheiro • Evita na favela • "A mulher por trás do trono"

6. Mensageira 228

A partida para Madri • Uma capelina branca no Escorial • Eva odeia o protocolo • Trigo para Franco • Os murmúrios de Pio XII • Um tesouro misterioso • A rainha estará ausente de Londres • Paris é Dior • O metrô Argentina • A Suíça e os banqueiros • Rio, Montevidéu, Buenos Aires: fim do "arco-íris"

PARTE 3

7. Fundadora 289

O coque de Evita • O voto das mulheres • Censura e propaganda • Evita faz muito bem o bem • O tempo urge • "As Delícias" • A Fundação Eva Perón • Os pobres têm direito ao luxo • Dentaduras e máquinas de costurar • O beijo no leproso • As balas malditas • Evita e os operários • Evita e seus poetas

8. Renunciadora 339

O partido de Evita • A glória de Evita anuvia o rosto do general • As mulheres • *La razón de mi vida* • Evita expõe suas riquezas • Os tailleurzinhos • Um estranho casamento: o Sol marca encontro com a Lua • Evita cai doente • Sagrada pelo povo • A renúncia • Comprar armas • Último discurso

9. A mártir, a múmia, a santa e a avó 387

Um quartinho bem simples • Evita escreve • Acabaram-se os bons tempos • A agonia • "E o coração da Argentina parou" • O embalsamador apaixonado • A *Revolución Libertadora* chegou • Perón exila-se em Madri • A múmia desapareceu • Histórias de heranças e contas misteriosas • Quem matou Juan Duarte? • Os três mitos de Evita • Perón reencontra Evita • Presidente de novo • As mãos de Perón • Grandeza de Evita

Bibliografia 437
Pessoas consultadas 445

Parte 1

1
Ilegítima

Infância de Evita • A aldeia natal • Os índios •
O senhor fundiário e a cozinheira • Irmão e irmãs •
O enterro do pai • Por trás das venezianas • A boneca doente •
O rosto queimado • "Subindo" para Junín • Mil oitocentos e
quatro argentinos felizes • Evita quer ser outra pessoa •
Dias de chuva • Cinema • Evita e o teatro •
Problemas com rapazes malvados • Evita parte

As alpercatas eram negras, e o avental, branco. Mas o conjunto ia ficando cinza ao longo da semana. Na sexta-feira, esse contraste social já fora anulado pela poeira da rua. Contraste não previsto pelo presidente Domingo Faustino Sarmiento, um idealista do século XIX que tornara o avental branco obrigatório para os alunos do ensino público. Em sua cabeça, o uniforme "cor de pomba" aboliria todas as diferenças entre os "filhos da Pátria", ricos e pobres, como se caísse sobre eles por milagre a neve pura, niveladora e europeia, nunca ou raramente vista na Argentina. Grande escritor, Sarmiento publicara, entre outros, um livro intitulado *Facundo, ou civilização e barbárie*, que contribuíra para gravar na memória nacional uma ideia indelével: a civilização era a Europa; e a barbárie, a Argentina. Ideia que parecia se materializar na imagem desses pequenos escolares que se tornavam livres, iguais e fraternos graças a seus aventais "civilizados", mas continuavam revelando a realidade de sua "barbárie" nas alpercatas sempre rasgadas pela unha do dedão, que não tolerava a prisão e buscava o ar livre. Pois o fato é que Sarmiento, em seus devaneios líricos, esquecera os pés: o abismo que separa uma criança calçando sapatos de couro de outra metida em alpercatas.

Eva estava entre estas últimas. Mas não de forma inexorável: o que diferencia a pobreza da opulência é o fato de que a primeira não é um estado sólido – donde a angústia e a esperança que a acompanham. Assim, na vida frágil de Evita, tudo podia acontecer. Às vezes, ela podia se olhar nos sapatos de verniz herdados das irmãs. Outras vezes, imprimia na lama do caminho para a escola os círculos concêntricos dos solados de corda. Só uma coisa não mudava: seu asseio, pois *doña* Juana, sua mãe, mulher gorda e bela, sempre cheirando a sabonete, lavava, engomava e passava duas vezes por semana os aventais das filhas. Na quinta-feira, Eva e sua irmã Erminda iam para a escola tão imaculadas quanto na segunda-feira, o que era um luxo dos mais raros: até mesmo os alunos que nunca calçavam alpercatas já na quinta-feira estavam sujos de tinta. Mas um luxo um tanto suspeito: que pecados aquela mulher pensava que podia lavar daquela maneira?

"Você não é uma Duarte, é uma Ibarguren." Ao entrar em sala de aula, Erminda se deparara com as palavras que mais lhe davam medo neste mundo, escritas no quadro-negro. E começara a chorar. As outras meninas haviam rido ou sentido pena, conforme a qualidade respectiva de seus corações. Sentada agora no falso rochedo da praça da aldeia, Erminda confessava sua vergonha a Evita, a irmã mais moça, que se calava.

A Praça de Los Toldos, como a de todas as aldeias argentinas, era cercada pela escola, a igreja, a prefeitura, o banco e o mercado. Bem no meio desse espaço quadrangular e aparentemente livre, pois qualquer um podia passear e brincar por ali, só que se expondo ao controle de todos os demais, erguia-se a Estátua. Provavelmente do general José de San Martín, aquele que atravessara a cordilheira dos Andes em 1817 para libertar a Argentina e o Chile do poder espanhol, aquele mesmo que inaugurara o hábito argentino do exílio. Retirara-se para Boulogne-sur-Mer, onde morrera, deixando para trás a admiração causada por seu feito, mas também um sentimento algo inquietante: o que significava precisamente aquele "ostracismo voluntário" àquela altura de sua vida? A dúvida assaltaria sucessivas gerações de crianças argentinas: será então que a civilização era a Europa? E o *Libertador* decidira fixar-se lá, como uma ostra, para morrer? Tudo aquilo parecia muito estranho! Mas será que era mesmo ele, San Martín, o homenageado na Estátua de Los Toldos? Nessas aldeias do pampa que se espreguiçam como num longo bocejo, ninguém é tão curioso assim. O Herói certamente teria bons motivos para estar ali, no centro da praça, com seu sabre e seu cavalo. As duas meninas sentadas no rochedo não estavam nem um pouco preocupadas. Seu problema era bem outro: por que diziam em Los Toldos que elas não se chamavam Duarte?

Aquele que por indiferença ou preguiça era oficialmente designado como San Martín não era o único a merecer uma estátua: havia outros heróis menos imponentes, além de dois brasões à altura da relva: o da Argentina, com barrete frígio e lauréis, e o da localidade de General Viamonte, assim batizada em homenagem a outro herói militar do século XIX, Juan José Viamonte. Este segundo brasão era formado por uma vaca, uma espiga de milho, uma lança indígena e uma mão branca apertando outra, mais esverdeada do que propriamente morena. Ali estava refletida toda a história da aldeia: Los Toldos tinha esse nome por causa dos indígenas, que em outros tempos viviam em tendas (*tolderías*), simbolizados pela mão azinhavrada. Era uma aldeia da província de Buenos Aires, fundada sobre a terra fértil e melancólica a que todos se referem como "pampa úmido". Já agora Evita não morava mais na *estancia* La Unión, a grande propriedade fundiária de seu pai, *don* Juan Duarte. Mas, na época feliz em que ainda vivia lá, costumava ir a Los Toldos com ele, Juan Duarte, que a instalava no *sulky* ágil e gracioso, sentando-se a seu lado. Sacudindo-se ao ritmo do trote que o pai apressava puxando as rédeas, a menina se inclinava para observar os índios. Eles viviam ali pela planície, a meio caminho entre a *estancia* e a aldeia. Carroceiros trabalhavam para Juan Duarte transportando o trigo até a estação ferroviária. Eram chamados *coliqueos*.

Sua presença em plena província de Buenos Aires tinha uma explicação. Por volta de 1879, a campanha do Deserto empreendida pelo general Julio Argentino Roca havia "varrido" os últimos indígenas do pampa. Além disso, os *coliqueos* eram *mapuches* – originários do Chile. Que faziam então ali? Haviam se instalado na região em 1862. Na época, seu cacique era Ignacio Coliqueo, mobilizado nas fileiras do general Urquiza – governador da província fluvial de Entre Ríos e responsável pela derrota do tirano Rosas. (Em anos posteriores de sua vida, Evita criticaria os *coliqueos*, mas sem grande severidade, pois lhes dedicava afeição: o peronismo enaltecia Rosas, caudilho federal que se tornou ditador no país por volta de 1830, adorado pelos *gauchos* e pelos negros e grande inimigo da Inglaterra, onde também viria a se exilar. Em seu caso, porém, os historiadores, para desorientar ainda mais os alunos, não utilizem a palavra "ostracismo", reservada exclusivamente a San Martín.) Seja como for, os *coliqueos*, depois de ajudarem a derrubar Rosas, haviam fundado uma aldeia no lugar onde hoje se encontra Los Toldos. Esta, entretanto, fora destruída duas vezes por outras tribos, partidárias do tirano Rosas.

Nada disso podia ser do conhecimento de Evita. Não o aprendera na escola. Os livros escolares, empenhados em se livrar dos índios em poucas linhas, limitavam-se a descrever as decorações tradicionais de sua cerâmica. Ela tampouco pudera aprendê-lo na aldeia: quem haveria de lembrar-se, em Los Toldos? A Argentina tem uma história curta e cultiva o esquecimento.

Só olhos ainda meio virgens, como os de Evita, eram capazes de perceber aqueles sobreviventes de outras eras. Marcados no corpo dos *coliqueos*, ela distinguia a mesma aflição, o mesmo abandono que mais tarde tão prontamente identificaria, para espanto geral, nos homens do povo. O fato é que muito cedo ela soubera ler esses sinais: seu próprio corpo de criança carregava essas marcas que também reconhecia nos outros, como se fossem senhas secretas. Ela só reconhecia, aliás, aqueles a quem devia alguma forma de reconhecimento, e o fato é que tinha uma dívida para com os índios. Sua mãe lhe dissera que a parteira que a viera socorrer naquele alvorecer chuvoso de 7 de maio de 1919 – dia em que Eva nasceu – fazia parte da tribo. (Como a mãe, a parteira chamava-se Juana: Juana Guaquil. E não poderia ter outro nome. Quem realmente contou na vida de Evita tinha este prenome: Juan era como se chamavam seu pai, seu irmão, seu marido, e até mesmo a mãe deste chamava-se Juana.) Para honrar uma dívida que remontava ao dia do nascimento, era mesmo preciso ter muita memória. E isso não lhe faltava: Eva era dessas pessoas que nunca esquecem. Em sua alma ficavam para sempre classificados os bons e os maus. Uma índia havia se levantado da cama de madrugada para trazê-la ao mundo? Os índios eram bons, então. Quanto àquele ou àquela que riscara as palavras da vergonha no quadro-negro...

Don Juan Duarte nascera em Chivilcoy, aldeia vizinha de Los Toldos - vizinha levando-se em conta as dimensões do pampa. Oficialmente, ele arrendara a *estancia* La Unión ao prefeito Malcolm, um conservador, que o nomeara juiz instrutor. Mas as coisas não seriam assim tão simples, segundo o padre Meinrado Hux, beneditino suíço que se tornaria o historiador da região. Para começar, Duarte teria, na realidade, comprado - e não arrendado - a *estancia*, valendo-se de um testa de ferro para burlar o fisco. Além disso, foi demitido do cargo em 1915 pelo próprio Malcolm, sob a acusação de malversação de fundos. Duarte era um pequeno caudilho conservador de não poucas ambições - um conservador "duartista". Em La Unión, fazia sua própria campanha posando de grande senhor, sem olhar para as despesas. Para uma dessas festas que promovia, mandara vir da cidade uma orquestra inteira. A multidão de *gauchos* de chapéu negro, cinturão de peças de prata e bombachas que lhe dariam seu voto não passava fome: Duarte, o magnífico, regalava-os com montanhas de *empanadas* douradas, reluzentes na gordura e cobertas de bolhas. Bolhas tampouco faltavam nas mãos de Juana, que as amassara e recheara de carne, uma a uma, representando sem hesitar seu duplo papel de cozinheira e dona de casa.

O prato principal, no entanto era o boi inteiro assado, com couro e tudo — uma generosidade que não se limitava aos feriados. Quem quer que aportasse em La Unión, em qualquer dia da semana, podia estar certo de comer e beber à saúde de *don* Juan, um belo homem de porte altivo, jovial e desonesto: o dinheiro gasto nesses prazeres pertencia à comunidade. Eva já não sabia se o bêbado que lhe dissera aquela coisa horrível - segundo nos informa igualmente o padre Hux - era um dos convidados de seu pai ou se saíra cambaleando do bar de Los Toldos. O que interessa é que lhe havia sussurrado ao pé do ouvido: "Tua mãe foi trocada por uma égua e um *sulky*. Foi por este preço que tua avó, *doña* Petrona, a vendeu a *don* Juan."

A praça quadrada não estava reservada exclusivamente aos heróis bigodudos. Tinha também seus recantos, seus esconderijos. O falso rochedo que formava "cavernas", com sua fonte esverdeada onde se podia tocar os peixinhos vermelhos e observar a nudez do deus. O coreto destinado à orquestra, com sua balaustrada de colunas arredondadas e suas guirlandas amorosas. E, enfim, o ombu, a árvore gigantesca do pampa, cujas raízes espessas e generosas não parecem brotar, mas jorrar. Esse ombu que expõe suas entranhas à flor da terra: quando nos queixamos, nós, argentinos, de não termos raízes, esquecemos aquelas sobre as quais brincamos, como no ventre de nossa mãe.

Caverna, coreto, entranhas acolhedoras: nesses lugares se escondia Evita, para pensar nas coisas ditas e não ditas. O pai ausente que as havia abandonado para voltar a viver em Chivilcoy com a mulher e os filhos legítimos, aos quais ninguém podia dizer que não pertenciam à família Duarte. Suas três irmãs – Elisa, Blanca, Erminda –, seu irmão Juan e ela, Eva, haviam ficado ali mesmo, enroscados na mãe-ombu. Família feminina com um único menino adulado por todas, cabelos de azeviche e longos cílios aveludados – um futuro *don* Juan irresistível, única fraqueza de Eva. Não é preciso muito para que uma família se transforme em uma tribo, firmemente unida em torno de um chefe – *doña* Juana, a forte, a astuta. Basta proibir as outras crianças de brincar com essas meninas "de moral duvidosa" (não importa que tenham apenas 6 ou 7 anos: se a mãe é duvidosa, elas também o serão). Basta segui-las pelas ruas de lama e poeira, murmurando coisas sobre sua avó. É assim que se estabelecem vínculos indissolúveis. Membro de uma tribo de mulheres, Evita se isolava, dividida, como todos os humilhados, entre a solidariedade com seu clã e a vergonha de pertencer a ele. Também o seu temperamento se mostrava assim, dividido: alegre e extravagante em casa, fechada em copas da porta para fora. E os acessos de cólera! A raiva a sacudia toda, eletrizava-a. Parecia incrível que um corpo tão franzino comportasse tamanhas tempestades. Na praça da aldeia, nem as grutas úmidas nem o ombu de raízes imensas se pareciam com ela: aquilo tudo era sua mãe. Eva só se parecia com uma árvore estranha, cujos galhos e folhas seriam contraídos, e que todos ali chamavam, justamente, de "salgueiro elétrico".

Fora da aldeia, à sua margem, havia a família materna de Evita: os Núñez. Tão à margem que, para se referir a eles, os habitantes de boa família faziam com a mão um gesto que parecia dispersá-los para bem longe, afastá-los do centro.

Os Núñez representavam a outra face de Los Toldos, uma aldeia paralela. Sempre haviam sido diferentes, desde a fundação do lugarejo por *don* Electo Urquizo, em 1892. Na realidade, o fundador de Los Toldos chamava-se Urquiza, como o general que derrotara o tirano Rosas. Mas *don* Electo, já dotado de um prenome seletivo, considerava que um homem como ele não podia ter nome de mulher... e mudou Urquiza para Urquizo.

Urquizo abrira uma *pulpería* (taberna) no exato lugar onde a tribo *coliqueo* tentara fundar uma aldeia. Quando soube que a ferrovia passaria por ali, Urquizo comprou terras. Mandou vir um agrimensor e ordenou-lhe que traçasse o quadrilátero onde San Martín, ou como quer que se chamasse, posaria neste umbigo do mundo, que é o centro de uma praça. Mandou erguer também a primeira igreja.

Todavia, uma aldeia precisa de habitantes. Sem ânimo para empreender uma nova tentativa, os *coliqueos* ficaram em suas tendas. Nosso Urquizo mandou então trazer *criollos*, argentinos mestiços de índios e espanhóis, e mesmo de negros, ou simplesmente originários da terra. Atrás dos *criollos* vieram incontáveis italianos, espanhóis, bascos – tanto da França quanto da Espanha – e franceses. Em 1895, funda-se em Los Toldos a Associação Franco-Espanhola; em 1903, a Associação Francesa. Que faziam afinal todos esses europeus nessas paragens? Diariamente eles chegavam às centenas à Argentina. Viessem de onde viessem, traziam invariavelmente o mesmo chapéu moldado pela chuva e o mesmo olhar iluminado. Tinham todos a chorar a perda de uma terra, de uma casa, de uma noiva, de um cão. Foi da mistura dessas coisas perdidas, cuja ausência pesa muito, que nasceu então o tango.

Ibarguren, o pai de Juana, estava entre esses bascos. Carroceiro de profissão, também deveria ter se chamado Juan, para respeitar a simetria de nossa história. Mas chamava-se Joaquín. E se instalou um pouco mais longe, para fugir do bairro central, o dos bem-pensantes. Em vez de se dirigir a *don* Electo Urquizo, o carroceiro deu meia-volta e deu de frente com outro fundador da aldeia, Espíritu Núñez, de prenome ainda mais impressionante e com um nome de família felizmente neutro, que não precisava mudar de gênero.

Espíritu Núñez era o patriarca dos "Núñez dos arredores". Petrona Núñez, a avó de Evita, é talvez uma de suas filhas ilegítimas.

Quanto à linhagem feminina de Petrona, descendia, segundo Borroni e Vacca em sua biografia de Eva Perón, dessas "vendedoras ambulantes, transumantes, que satisfaziam as paixões dos soldados da campanha do Deserto". Seria ela também uma "transumante" ou traria já no sangue essa vocação peregrina – vocação ancestral e inclinação para sobreviver "satisfazendo as paixões" que Eva herdaria?

Petrona foi amada pelo basco Ibarguren, que preferia as aldeias excêntricas, e por muitos outros. Trouxe ao mundo duas meninas: Juana Ibarguren, aquela mesma que, segundo um bêbado, seria trocada por uma égua e um *sulky*; e Liberata Núñez, casada com Valenti. No dia em que se tornou mãe de Eva Perón, mulher do presidente, *doña* Juana tratou de esquecer que tinha uma irmã.

Seguindo esse exemplo, Eva apagou do mapa, em sua história oficial, a aldeia de Los Toldos. Sua irmã Erminda conta em suas memórias que, em 1927, ainda criança, Evita chorara desesperadamente a morte da avó, Petrona Núñez. A descrição dessa cena, que revela Evita arrasada pela dor, é de impressionante realismo. No entanto... Se o bêbado sabia do que falava, compreende-se perfeitamente que esta tribo de mulheres trate de esconder a velha Petrona em seu rancho de miséria, e que chegue até a antecipar em mais de vinte anos a data de sua morte: o padre Hux, com efeito, sustenta que Petrona desfrutou de feliz longevidade, só tendo deixado este mundo em 29 de maio de 1953, exatamente um ano depois de sua célebre neta. Mas quem é então a Petrona Núñez morta em 1927, e cujo túmulo fomos encontrar no cemitério de Los Toldos? Mistérios de uma memória embaralhada, que não raro nos surpreenderá ao longo desta história: mais ou menos como se cada biógrafo de Evita, cada testemunha de sua vida, optando antes por esta que por aquela versão, estivesse contando sua própria biografia. Mistérios de mulheres também. A época de Eva era a dos segredos, das coisas proibidas. As famílias calavam nomes e datas, ocultavam doenças e amantes. Para além, entretanto, das traições necessárias à vida, ou antes à sobrevivência, certa fidelidade cega faz com que Petrona, Juana e Eva sejam apenas três momentos de um mesmo movimento.

Para viver o momento de Juana era preciso muita coragem. Abandonada por Juan Duarte, ela partiu com seus cinco filhos e alugou em Los Toldos uma casa de tijolos e compartimento único, dividido por um biombo. O piso da cozinha era de terra batida. Mas Juana possuía uma máquina de costura, da marca Singer. Passou então a confeccionar bombachas para uma loja que já as fornecia cortadas. Ficava tantas horas sentada à máquina que as veias de suas pernas estouravam. As filhas tinham de suspendê-la pelas axilas para ajudá-la a se levantar da cama. Recomeçava então o ritmo daquela agulha que media o tempo por centímetros.

Mesmo com todo o seu peso, suas varizes e seus filhos, Juana ainda era capaz de agradar. Precisava de um protetor, e soube encontrar vários. O mais importante foi *don* Carlos Rosset, proprietário fundiário que financiou a campanha de Dr. Heubert, prefeito de Los Toldos por volta de 1928. Teria Rosset ajudado financeiramente *doña* Juana? Não necessariamente, pois ela continuou a pedalar com afinco sua Singer de volutas de ferro forjado. Mas deve ter fechado os olhos aos aluguéis atrasados – era ele o proprietário da casa de tijolos na rua Francia. E intercedeu junto a Dr. Heubert para conseguir uma colocação para Elisa nos correios da aldeia e para Juancito, o único homem da família, no conselho escolar, como mensageiro. (Blanca fora para Bragado continuar a estudar e tornou-se professora.)

Aos olhos de Evita, no entanto, *don* Carlos Rosset fez muito mais. Em dias de chuva, mandava seu motorista levar os filhos de Juana à escola. Entrar num Chevrolet com aquele cheiro de couro

– que maravilhosa aventura! Evita cantava durante todo o percurso, acariciando o assento reluzente. E aguardava impaciente que chovesse, para se sentir uma princesa.

Habitantes de Los Toldos que não quiseram se identificar relataram que *don* Carlos morreu alguns anos depois na cama de *doña* Juana. Na época, toda a tribo feminina, ou quase, vivia em Junín. Alfredo, o filho de Rosset, foi buscar o corpo. *Doña* Juana nunca deixaria de proteger Alfredo, que conseguiu ser nomeado inspetor municipal logo que teve poderes para isto. Eva, em compensação, mal se tornou a *Señora*, mulher de Perón, passou a ser implacável com Lina Rosset, a filha de *don* Carlos, que era soprano, a ponto de impedi-la de cantar no Teatro Colón de Buenos Aires.

Contradições, caprichos de Eva ou motivos obscuros? Essas mesmas fontes anônimas dão a entender uma espantosa semelhança entre Lina (que fez carreira internacional, chegando a cantar no Scala de Milão) e Evita... Quanto às meias-irmãs oficiais, as Duartes legítimas, Eva se relacionou com elas e inclusive as ajudou, quem sabe talvez para sentir-se também legitimada.

O primeiro encontro, no entanto, não foi desses que se esquecem facilmente. Filhos legítimos e ilegítimos se conheceram no dia do enterro do pai. Em 1926, *don* Juan Duarte deu um jeito de morrer num acidente automobilístico. Dessa forma, abandonava-os pela segunda vez. Para a menina, pelo menos, aquela morte significava um segundo abandono. Uma menina jamais perdoa o pai por havê-la deixado e, pior ainda, por não esperar que ela cresça. Morrendo, o pai destruía um sonho de Evita: um dia, radiosamente bela, vestida como uma rainha, ela iria ao seu encontro; e, enquanto o traidor arrependido chorasse de joelhos, ela se manteria altiva e orgulhosa, absolutamente fria.

Não se sabe em que data ele os abandonara, por decisão própria. As opiniões divergem. O fato de que Eva se tenha voltado, mais tarde, para um homem cercado de seguidores, como vivia também *don* Juan Duarte, tende a confirmar nossa convicção de que ela podia se sentir filha de uma "transumante" capaz de se virar sozinha, mas também a filha de um líder.

Acredita-se que a esposa legítima de Duarte morreu em 1922, três anos depois do nascimento de Eva. Por isso é que, ao desposar o coronel Perón, Eva deu sumiço em sua certidão de nascimento, forjando um documento que datava de 1922, não de 1919. Houve quem enxergasse aí uma simples manifestação de vaidade feminina. Segundo Fermín Chávez, outro biógrafo de Evita, a verdade é bem outra: enquanto a mulher de seu pai estivesse viva, Evita não era apenas uma filha ilegítima para as leis argentinas, mas também adulterina. E um militar de carreira não podia nem pensar na hipótese de se casar com uma criatura nascida do adultério. Era preciso pelo menos apagar essa condição, situando a data de seu nascimento após a morte da *señora* Duarte. Isto feito, o novo documento a legitimava.

Com morte da esposa legítima, *doña* Juana teria ido a Chivilcoy levar uma coroa de flores. Mas não parece ter sido recebida com todas as honras. Sua atitude era desafiadora, revelando ao mesmo tempo a ferida que ainda lhe doía. Teria a falecida suspeitado em algum momento da existência de alguma Juana? Ela deve ter simplesmente fechado os olhos, convencendo-se intimamente de que um marido que trabalha longe da família precisa de uma mulher, e de que melhor seria olhar em outra direção e preservar os sagrados laços do casamento. Vez por outra ia a La Unión para encontrar-se com *don* Juan e fortalecer os referidos laços; nessas ocasiões, a outra também tratava de dissimular, escondendo os filhos e limitando-se a desempenhar à luz do dia seu papel de cozinheira.

A mulher de Duarte tinha um nome de família semelhante ao do marido, e não por acaso: tratava-se afinal do mesmo nome. Se se chamava D'Huart, e não Duarte. A culpa era dos funcionários do porto de Buenos Aires, que, de tanto receberem imigrantes, acabavam por confundir tudo. Quando esta família basca – Duarte, D'Huart, Diuart ou Douarte – desembarcou em nossas paragens lamacentas proveniente de Pau, cada um de seus membros pronunciou gaguejando o próprio nome diante de um funcionário diferente, que o escreveu como melhor lhe pareceu. Havia também o cansaço da viagem, o desânimo ante a necessidade de fornecer uma explicação que parecia impossível. Deparando-se com um verdadeiro abismo de incompreensão, o imigrante tende a entregar os pontos. "Como quer então que eu me chame? D'Huart? Duarte? Que importância tem? O que eu quero é uma cama para dormir."

Basco espanhol, o pai de Juana tivera mais sorte. Em Buenos Aires, a grafia de seu nome era conhecida desde a época da Conquista: cerca de metade dos conquistadores era basca. Some-se a isso que a mãe de Juan Duarte chamava-se María Echegoyen, o que leva a concluir que Evita tinha três antepassados bascos. Também seu padrinho e sua madrinha pertenciam a esse povo obstinado: os nomes de *don* Antonio Ochotorena e de *doña* Paz Michotorena, que quase diríamos escolhidos para rimar, ocupam uma linha inteira de sua certidão de batismo – seu único documento autêntico, o único que ela não falsificou, pois Eva desfrutou de todos os poderes, exceto o de dizer a verdade.

O fato é que *don* Juan morreu viúvo. E, nesse dia, Juana foi fundo em si mesma, naquilo que trazia de basco em seu ser. Considerando-se contra tudo e contra todos a viúva Duarte, vestiu-se de negro, confeccionou apressadamente quatro vestidos, um paletó negro para o filho, e a tribo partiu para Chivilcoy.

Ela sabia perfeitamente o que a esperava, e não hesitou. Não por amor à humilhação, mas pelo contrário, por bravata, para mostrar ao mundo que não deixava de cumprir com seus deveres, e que ali era seu lugar. Capaz de enfrentar a tribo legítima, Juana ganhou a aposta. Sim: *ela* ganhou. Mas e os filhos, impedidos de entrar na casa por uma das meias-irmãs?

Em Los Toldos, os filhos de Juana estavam acostumados a suportar afrontas. Havia quem se recusasse a cumprimentá-los, outros ostentavam um sorriso malicioso ao verem Elisa ou Blanca namorando junto ao portão da casa: tal mãe, tal filha! Mas teriam elas ficado, por isso, com o coração endurecido? Em doses homeopáticas, as afrontas fortalecem a vontade. Em doses fortes, servem apenas para amolecê-la ou para criar quistos. Era o que acontecia com Evita.

No momento da expedição a Chivilcoy, ela tinha 7 anos. Sua mãe a levara ali para afirmar sua dignidade, pouco se preocupando com a bofetada que levaria. Não resta dúvida de que Eva passaria a odiar todos eles: os filhos legítimos, que a olhavam como se viesse de outro planeta, e sua mãe, que efetivamente vinha de outro planeta.

Os cinco Ibargurens que se pretendiam Duartes puderam afinal beijar o rosto do falecido de enorme nariz afilado, seguindo a mãe em fila indiana, no fim do cortejo, bem lá atrás. O cemitério também ficava distante naquele 8 de janeiro, em pleno verão. Eva, a menorzinha, vinha por último. Quando se é basco de verdade, é num momento desses que se jura: um dia, serei a primeira!

Considerando-se a poeira que se levantava nas ruas de Los Toldos, literal e figurada, que lhes restava fazer senão fechar as venezianas? Os Ibarguren Duartes viviam isolados e tinham de inventar a própria vida. Felizmente, *doña* Juana tinha outras qualidades, além da capacidade de quase se matar no trabalho. É verdade que se sacrificava. Quando lhe imploravam que parasse com a Singer, respondia invariavelmente: "Não tenho tempo para parar." Palavras que Eva repetiria mais tarde, talvez sem ter consciência de que o fazia.

Entretanto, nem tudo era sacrifício. Ao contrário de Eva, *doña* Juana era uma mulher de carne, que sabia aproveitar a vida. Ainda hoje os cidadãos de Los Toldos recordam: "Tudo o que ela fez foi pelos filhos, impelida pela necessidade." Referem-se a ela como "uma verdadeira leoa defendendo seus filhotes". "Tudo o que ela fez" quer dizer, aqui, seus amores.

Quanto às filhas, o que queria era que fossem belas, impecáveis, decentes, e que arranjassem um bom casamento. Sonhos altos, sem dúvida, sem qualquer relação com a égua e o *sulky*. Juancito, em compensação, começava a preocupá-la: era um doidivanas. Onde é que ele havia arranjado aquele automóvel azul, um Ruby, numa época em que só os ricos andavam de carro? Mas, por mais que esses sonhos de dinheiro fácil e ociosidade a preocupassem, *doña* Juana não reagia com mau humor nem violência. Na casa de tijolos ou no espaçoso terreno cercado de uma moita espinhosa com florezinhas amarelas era fácil se imaginar em algum outro lugar.

E disso não se privavam Eva e Erminda – como relata esta última em seu livro *Mi hermana Evita*. Para isso, podiam contar com

Juancito, que as ajudara a fabricar um piano com uma caixa de madeira, que produzia sons de verdade. Ele fazia também pipas, que Evita queria deixar partirem livremente pelos ares, mas que Erminda retinha, amedrontada, e casinhas no fundo do jardim, onde Evita se instalava nos dias de chuva para ouvir a música das gotas batendo na telha ondulada. Os irmãos montaram um circo, no qual Evita se apresentava como equilibrista – e qualquer um seria capaz de jurar que a corda estendida entre o salgueiro e a árvore do paraíso era sua verdadeira terra firme. Elisa, a irmã mais velha, costurava fantasias de palhaços e de carnaval: num dado ano, inesquecível, Erminda fantasiou-se de cigana, enquanto Evita, de Fada da Noite, ostentava um vestido longo de tule azul-marinho, salpicado de estrelas.

Nada disso custava caro. Dois pedaços de pano, papel dourado, e as mãos hábeis operavam milagres. Até o dia em que Evita revelou suas ambições. Era Dia de Reis, o dia em que Gaspar, Melchior e Baltazar trazem presentes para as crianças. Ela pedira uma boneca, mas não qualquer uma: queria a *grande*. *Doña* Juana, aflita, foi ao bazar da aldeia, e de tanto remexer acabou encontrando uma grande boneca que por desgraça tinha a perna quebrada. Pagou alguns tostões por causa do defeito, e na noite de 5 de janeiro depositou-a sobre os sapatos (ou seriam as alpercatas?) de Evita já adormecida. Pela manhã, a menina tomou a boneca nos braços e contemplou-a, pensativa. A mãe, que mal pudera esperar aquele momento, explicou então que a pobre coitada sofrera um acidente, caindo do camelo de Gaspar! Por isso mesmo, acrescentou, é que seria preciso amá-la muito. Evita dedicou então um amor enternecido àquela criatura que, como ela, carecia de algo. É claro que não faltariam refinados psicólogos sempre prontos a considerar "fálicas" as mulheres poderosas, para especificar o que faltava, no caso: "um pênis".

Em nossa opinião, a única conclusão relevante a tirar do episódio diz respeito antes à mãe que à filha: Juana Ibarguren tinha imaginação. Uma mãe austera teria comprado uma boneca minúscula, aproveitando a ocasião para submeter a progenitura a um sermão sobre as dificuldades da vida. A reação do clã, em compensação, foi de levar ainda mais longe a brincadeira. Todos trataram de ajudar

Evita a fazer com que a manquinha "caminhasse", cheios de cuidados para que não caísse nem se machucasse. Aconchegada em uma espécie de ventre bem quentinho, a família cultivava a ilusão. Mas Elisa costurou um vestido longo que ocultava a doença da boneca, pois os defeitos, as carências e as vergonhas têm mesmo de ser dissimulados.

Morena pálida, Evita tinha os cabelos de um castanho escuro, e os usava sempre curtos. Vê-se por isto que a mãe, compreensiva no que dizia respeito às bonecas, não deixava de ter o espírito prático. Mas as meninas sonhavam sempre com cabeleiras longas, de preferência onduladas e douradas. Logo que se viu livre, Eva tratou de realizar esse sonho feminino, que afinal escapou à atenção dos psicólogos refinados, mas não deixa de merecer certa atenção: toda a história da vida de Evita se reflete na de seus penteados. A passagem do encaracolado, recatado ou audacioso para o coque estrito diz mais a seu respeito do que mil discursos.

Sua pele era fosca, de um marfim amarelado, sem nuances róseas: a pele de uma morena que poderia ter sido branca. Seria esta pele por natureza transparente, ou foi o acidente sofrido por Evita que a tornou tão estranha? Certo dia, relata a irmã Erminda em suas memórias, Evita observava na cozinha a dança da chama azul no rescaldeiro de bronze polido à perfeição. O aparelho era de marca altissonante, de ressonâncias latinas, evocando uma missa: "Primus". Ela se aproximou para sentir o odor do querosene, que se associava em sua memória aos prazeres do inverno, e a frigideira entornou o conteúdo sobre seu rosto. Um só grito de dor, e ela se calou. Ao ardor da queimadura sucedeu-se uma espécie de estupidez. Seus olhos brilhavam, imensos, na crosta negra que aos poucos lhe recobria o rosto como uma máscara. Com o passar dos dias, a máscara foi ficando ressequida, rígida e enrugada. Quando veio afinal a cair, a pele de Eva estava perfeita, perfeita demais: tão lisa e bela que parecia a pele de uma sereia ou de uma morta.

Se a política permitira a *doña* Juana conseguir, por intermédio de Rosset, empregos para Elisa e Juancito, a mesma política viria demolir todo este frágil edifício. Foi pelo menos o que ela mesma temeu, ou fingiu temer, para se prevalecer da nova situação. Com efeito, Dr. Heubert fora substituído por um prefeito radical: Pascual Lettieri.

Seu depoimento é capital, apresentando-nos uma Juana corajosa e astuta, que se antecipa aos acontecimentos. É relatada a seguir a cena que esse depoimento permite visualizar: após a vitória de Lettieri, a dama avantajada e sempre bela se apresenta na prefeitura. Cerca-a uma nuvem de água-de-colônia: era uma das raras aldeãs a se perfumar (Diz-nos a fotógrafa Anne-Marie Heinrich: "Ela parecia estar sempre saindo do banho.") Lettieri a aguarda firme, com duas testemunhas. Concordou em recebê-la, mas, para garantir a retaguarda, mandou vir certo Castagnino e certo Azcárate. Sinal de que a teme e de que espera uma cena. Ela vai direto ao ponto: "E agora", vai perguntando, mãos na cintura, "o senhor pretende pôr minha Lisa no olho da rua?". "É o que temo", admite o novo prefeito. Ela começa então a chorar. E ele fica sem saber o que fazer diante de toda aquela carne abundante que se sacode em soluços num vestido de florezinhas. Carne pecaminosa, carne perturbadora cujos detalhes seriam enaltecidos por alguns amigos: numa aldeia, os homens, conservadores ou radicais, frequentam o mesmo bar. "Pois bem... posso tentar transferi-la", acaba ele por propor, a voz débil. Ouvindo estas palavras, *doña* Juana volta a erguer a cabeça. Aperta as pálpebras sobre os olhinhos brilhantes de astúcia, como se fosse enfiar a linha numa agulha, e diz bem rápido, num tom de triunfo e avidez que não deixa de traí-la: "Sim, para Junín." "Ela havia planejado tudo, aquela diaba", diria Lettieri mais tarde. Ele, que no fundo tratava de desfrutar do poder recém-adquirido mostrando-se sucessivamente severo e magnânimo, que providenciara dois armários humanos para se proteger de *doña* Juana, que tanto o irritava – ou excitava –, só tarde demais chegou a entender tudo: fazendo-se de vítima, ela o usara. Era ela que queria ir embora de Los Toldos.

A tribo daquela mulher bíblica deixou a aldeia à noite, pois ficavam para trás dívidas a saldar. Evita, de sua parte, deixava uma amiga: Emma Vinuesa, colega de classe, uma das poucas que não haviam sido proibidas pelos pais de brincar com ela. Deixava também a senhora doente cujos dias procurava confortar, cantando, dançando e fazendo palhaçadas. E ainda a senhora solitária que tinha em casa um altar autêntico, com o Menino Jesus. Todo domingo, depois da missa, ela convocava as crianças para mostrá-Lo, tremendo de emoção, como se fosse sempre a primeira vez. E as crianças também tremiam, pois gostavam de reviver as emoções (como o povo reunido na Praça de Maio vibraria mais tarde ao reviver, nos discursos fascinantes de Evita, esse mesmo tremor inalterado).

Não se sabe de que meio de transporte se valeram para partir. Mas se sabe que entraram pelo pampa, que se estende, interminável, de Los Toldos a Junín. O pampa existe para isto, para ser percorrido "como quem perde o sangue", nas palavras finais de *Don Segundo Sombra*, de Ricardo Güiraldes. Todo o passado e todo o futuro daquele que o percorre perduram na terra de horizonte infinito. O pampa é plano, mas a tribo tinha a impressão de estar subindo. Trocar Los Toldos por Junín era uma ascensão. Em Junín, *doña* Juana não era conhecida, como na aldeia – pelo menos era o que esperavam. Nunca mais viria alguém falar de égua nem de *sulky*. O pior já passara.

O TANGO ENTRA EM CRISE

O verdadeiro argentino, o argentino real, é aquele que possui uma terra. Mas nem por hipótese pense o leitor num jardim acanhado. Pelo contrário, feche os olhos para melhor se aproximar desta ideia quase inimaginável: segundo Navarro e Fraser em 1930, na Argentina, uma extensão de terra equivalente ao território da Bélgica, da Holanda e da Suíça estava nas mãos de 1.804 proprietários. Esses 1.804 argentinos felizes haviam recebido suas terras de herança, tomadas aos índios por seus antepassados ou adquiridas em consequência de guerras civis. E era afinal o mínimo que o governo lhes devia, pois não haviam apresentado, como prova de seus feitos guerreiros, as orelhas roxas de cada um dos índios eliminados?

Antes dessa partilha, o pampa era de ninguém. Era uma terra de nômades, cuja imensidão levava os homens a seguirem seu caminho, sem se fixarem em parte alguma. Cabe insistir: quanto mais se cavalga no pampa, mais recua o horizonte elástico. E se fica tentado a cavalgar sempre mais, para tirar a limpo se ele acaba em algum lugar ou continua eternamente. Os indígenas o percorriam em total liberdade. (Mas não afirma Hector Bianciotti que a ausência de todo limite nos faz sentir prisioneiros?) Os *gauchos*, nascidos da mestiçagem de indígenas e espanhóis, perpetuaram esse movimento. Com uma diferença: dilacerados em sua alma pela mestiçagem e pelo estupro de que haviam nascido, não podiam se sentir pais, maridos ou pertencentes a um grupo. Geravam filhos por toda parte e voltavam a partir. "Martín Fierro", a célebre canção de gesta de José Hernández, exprime a tristeza do *gaucho* – habituado a dominar a vida do alto de seu cavalo – quando o pampa começa a ser delimitado por arame farpado. O *gaucho* de outros tempos, brigão, orgulhoso e preguiçoso, percorria as terras como senhor absoluto, e, se sentia fome, apanhava um boi no laço, ao acaso das manadas que enegreciam a planície a perder de vista. Descia então do cavalo, degolava o animal à faca, cortava-lhe a língua, assava na brasa a requintada iguaria e partia, deixando o bicho inteiro entregue aos abutres que esperavam sua vez descrevendo círculos no alto.

Ah, como mudara o país! Agora, só os oligarcas – como eram chamados os 1.804 felizes proprietários – viviam em liberdade: seis meses na *estancia*, seis meses em Paris. Quando subiam no navio para a Europa, esses migrantes de luxo ficavam na dúvida se não deveriam levar também uma vaca, para estarem certos de dispor de bom leite na Cidade Luz ou em Biarritz.

Os 2,5 milhões de argentinos que não passavam férias em Paris flutuavam numa certa irrealidade, qualquer que fosse sua situação financeira. Sem possuir terras, não se sentiam verdadeiramente argentinos. Eram "transumantes", imigrantes em seu próprio país. E, inclusive, a classe média sem terra descendia precisamente dos imigrantes. Alguns deles haviam arrendado terras aos 1.804 proprietários, inventando a agricultura argentina: foi sobretudo graças aos italianos que este país carnívoro descobriu os legumes. Mas a maioria se havia agrupado na Argentina da superfície, essa "espuma das horas" que são Buenos Aires e algumas outras cidades de menor importância. Em 1930, ainda chegavam imigrantes europeus. Mas já se esboçava no interior um certo movimento: os sem-terra pegavam suas trouxas e partiam para Buenos Aires ou, na pior das hipóteses, para uma etapa intermediária, como Junín.

Por que esse movimento aconteceu? Porque a crise mundial de 1929 não poupara a Argentina. E como haveria de poupar, se o país dependia das exportações? Em sua moeda, o peso, estavam gravados os dois símbolos de prosperidade: uma cabeça de gado e uma espiga de trigo. Mas o peso refletia a libra esterlina. País-espelho, a Argentina se havia beneficiado com a Primeira Guerra Mundial. Sua neutralidade era apenas formal: do ponto de vista econômico, ela integrava a Comunidade Britânica. Enriquecera alimentando e calçando os ingleses. Os anos 1920 constituíram sua época de ouro. Buenos Aires, a "Rainha do Prata", era a maior cidade da América Latina e a terceira do continente, depois de Nova York e Chicago. A Argentina alcançara um desenvolvimento econômico equivalente ao do Canadá. A oligarquia, que professava um liberalismo laico, continuava estimulando a imigração europeia, ao mesmo tempo em que zombava dos recém-chegados: como eram engraçados aqueles napolitanos sentimentais que vendiam saladas cantando, com um cravo na orelha! E que brutamontes eram esses espanhóis da Galícia com sua testa estreita delimitada por sobrancelhas que se tocavam!

Eles que viessem e viessem mais, pois a Argentina precisava deles. Entretanto, quando os radicais, tendo à frente o caudilho Yrigoyen, ganharam as eleições em 1916 e novamente em 1928, a oligarquia começou a se preocupar. Eles representavam as classes médias descendentes do napolitano com o cravo e do galego de vastos supercílios. Estariam pretendendo governar o país?, perguntavam-se os proprietários tradicionais da Argentina. Foi quando estourou a crise mundial.

Os 1.804 decidiram, então, reassumir o controle da situação, apoiando em 1930 o golpe de Estado do general Uriburu, adversário e vencedor de Yrigoyen. Os 1.804 não ignoravam as mudanças que se haviam operado no Exército: acabara-se a época dos militares bem comportados que se contentavam em desfilar nas cerimônias patrióticas e manter na linha seus espessos bigodes de pontas para baixo. Agora os militares obedeciam ao modelo alemão, chegando a usar capacetes prussianos rematados em ponta de lança. Até então, jamais haviam ousado desobedecer à oligarquia anglófila e francófila, que dessa maneira não via inconveniente em usá-los. Em 1932, no entanto, dando-se conta de sua germanofilia e de sua sede de poder, ela dispensa os militares como quem despede uma camareira, mantendo-se por dez anos no poder graças à fraude eleitoral.

De que maneira essa situação provocou a migração interna? O que aconteceu foi que, para combater a crise que vinha de fora (mas a própria Argentina estava longe de si mesma: não refletia ela fielmente esse "lá fora" do qual desejaria aproximar-se a qualquer preço?), a oligarquia no poder teve de passar do liberalismo puro a uma política protecionista, o que levou a uma industrialização acelerada. Era preciso fabricar no país os produtos antes comprados na Europa. A maioria das fábricas se instalou em Buenos Aires, e a mão de obra, que veio em número excessivo das províncias, teve de enfrentar o desemprego e os problemas de moradia – delícias do progresso. Frustrações que o tango revela sob a forma de alusões ao guarda-roupa: todos os tangos dos anos 1930 falam da mocinha do subúrbio vestida de percal e da mulher perdida em mantôs de arminho.

O tango fala também dos *conventillos*, casas de cômodos habitadas por várias famílias, que desde o início do século se reuniam ou brigavam no pátio comum. Cada uma delas falava o espanhol a sua maneira, e o teatro argentino nasceu neste lugar, o pátio, transformado em palco do mundo. Encontro dos Mustafá, Giuseppe, Manolito, Itzjak, Heinrich, Dimitri, Clemencio... Miseráveis sem nada no mundo, apenas o sal: o teatro que inspiraram chamava-se *sainete*, e era cômico.

No entanto, o tango não fala da fome nem das "sopas populares" que alimentavam as vítimas da Crise nas ruas de Buenos Aires. Pois o tango, como o argentino de então, é recatado, queixa-se sem perder os ares aristocráticos. Nunca chora os seus, que nada têm para comer: a esposa e os filhos não existem no tango, como se não existissem para o *gaucho*. Tampouco existe o pai. Só existe a mãe (santa mulher!). O homem do tango chora por ela, e pela mulher coberta de arminho. Descenda ele de imigrantes ou de *gauchos*, soube preservar o espírito do solitário que deixava o boi entregue às aves de rapina. Em "El hombre que está solo y espera", de Raúl Scalabrini Ortiz, o portenho, habitante de Buenos Aires, é um homem recostado à parede numa rua do centro da cidade, homem só, que espera – mas o quê? Estaria realmente esperando alguma coisa ou apenas rumina sua raiva – a raiva de não poder passar os invernos em Paris –, homem apaixonado pela mãe, pela morte, odiando a mulher e o futuro, e voltado para um passado que não voltará mais, nunca mais?

Junín era uma cidade pequena. Maior sem dúvida que Los Toldos, mas ainda assim pequena. Transformara-se, no entanto, em entroncamento ferroviário. Dessa forma, recebendo operários vindos de toda parte, Junín era um viveiro de anarquistas radicais e de socialistas de uma retórica pomposa e ingênua, que vibravam ao ritmo dos mais altos ideais. O movimento sindical argentino prometia ser dos mais esclarecidos. Ah, se o peronismo não tivesse começado a distribuir presentes aos operários... a história a contar seria muito diferente. Mas voltemos às aventuras de *doña* Juana Ibarguren e família, que acabavam de desembrulhar seus pobres pertences: tule azul-noite, boneca capenga e "Primus dourado", tudo coberto da poeira cinzenta da viagem.

NORMA SHEARER EM JUNÍN

A sorte sorrira a *doña* Juana mais que a outros infelizes. Elisa tinha seu emprego nos correios. Blanca ensinava numa escola e Juancito trabalhava numa empresa, o Jabón Federal. Por tudo isso, a tribo não teve de enfrentar miséria para valer, o que consistia em viver nos bairros improvisados precariamente para os recém-chegados, do outro lado das ferrovias. Os Ibarguren Duartes eram pobres, mas não miseráveis. A diferença está na casa. Se mora numa casa de verdade, construída com materiais adequados, o pobre não tem problemas de identidade, pois sua casa o constrói. Um *rancho* de adobe e lama ressecada ao sol também o constrói. Basta, no entanto, que perca sua casa e tenha de se instalar num barraco de zinco erguido às pressas e sua alma se despedaça.

A tribo de Los Toldos, portanto, não se desintegrou. Encontrou abrigo numa casinha acanhada, é verdade, mas uma casa de verdade, com pátio e vasos de gerânio. Mas sua condição de "estrangeiros" grudou-lhes na pele: três vezes teriam de se mudar novamente, sempre no centro de Junín. Não tinham terra nem chefe de família. Sua descrição correspondia à do famoso tango de Gardel: *Eran cinco hermanos / y ella era una santa* – com a diferença de que *doña* Juana, para sua felicidade e a dos filhos, não trazia uma auréola na cabeça. Apesar de tudo, eles estavam – finalmente! – se aproximando de um novo patamar social. Foi então que *doña* Juana, a única que não encontrara emprego, teve uma ideia luminosa: cozinharia para os cavalheiros de bem.

O próprio Borges diria que *doña* Juana mantinha um bordel em Junín. Os antiperonistas sequiosos de detalhes escabrosos muito fantasiaram em torno dessa imagem de casa suspeita. É que a política para os argentinos sempre fora um tédio. Basta ver os documentários anteriores ao peronismo – e também os posteriores – para entender: todos aqueles militares de rosto parecendo seccionado pelo barrete, os civis estrangulados nas gravatas, todos aqueles sujeitos rígidos e bigodudos, "sérios como um cão numa barca", como diziam os camponeses argentinos, não eram exatamente propícios a sonhar. O regime peronista foi o único a ousar mostrar mulheres. Seus adversários o criticavam neste aspecto, mas no fundo estavam querendo mais e lambendo os beiços. Que outro governo seria capaz de assim preencher suas noites de insônia? Uma *doña* Juana alegre e satisfeita não lhes bastava: desejavam de todo coração que ela tivesse montado um bordel.

Pois não montou. A casa dos Ibarguren em Junín não seria capaz de abrigar casais. No máximo teria conseguido essa pobre *doña* Juana acolher num canto algum adolescente de Los Toldos chegado a Junín para estudar. Instalara a família na cozinha, reservando uma pequena peça como sala de refeições e ali recebendo para o almoço três pensionistas distintos: o major Alfredo Arrieta, chefe do distrito militar, *don* José Alvarez Rodríguez, reitor do Colégio Nacional, e o irmão deste, o advogado Justo Alvarez Rodríguez. Às vezes os três convivas recebiam a visita do Dr. Moisés Lebensohn, célebre jornalista e dirigente radical de moral imaculada. Bastava a presença deste cavalheiro, sobre o qual voltaremos a falar, para provar a inocência dos convivas.

Os três cavalheiros faziam juntos a refeição. Preferiam o alimento abundante e rústico de *doña* Juana ao das escassas tabernas de Junín. Conversavam sobre política em voz baixa e com elegância, limpando o canto da boca com o guardanapo, que em seguida voltavam a depositar sobre os joelhos. Da cozinha, Evita os observava, curiosa em saber o que era preciso fazer para se tornar "de bem". Na hora do café, em compensação, Elisa e Blanca podiam ver de perto os cavalheiros.

Apresentavam-se limpas à perfeição, vestidas com extremo cuidado e enfeitadas com discrição. Aos sofrimentos suportados somava-se a preocupação de respeitar as conveniências, mistura que lhes conferia um ar interessante. Elisa revelaria mais tarde uma ambição pelo menos equivalente à de Evita. Blanca, como Erminda, era mais meiga, mais apagada. Mas todas as três ouviam a mãe. *Doña* Juana as teria certamente instruído a brindarem os cavalheiros com um sorriso discreto. E elas com certeza obedeceram, pois Elisa acabou por desposar (há quem diga: por viver com) o major Arrieta, e Blanca, o advogado Alvarez Rodríguez.

O bom Deus concedia a Juana, portanto, tudo com que sonhara. É verdade que Erminda conseguiu um casamento menos reluzente: casou-se com um ascensorista chamado Bertolini, de quem se divorciara no contexto do suicídio – ou assassinato – de Juancito Duarte em 1953. Empregado no Jabón Federal, o Juancito dos anos 1930 usava terno de linho e cumprimentava acenando com seu panamá. Dirigia um Packard, presente do namorado de Elisa, o major Arrieta. Sabia se virar, aquele sedutor, e deixava as meninas loucas com seu bigodinho fino. Quanto a Evita...

Evita queria ser diferente. E de fato já era mesmo outra, como o irmão e as irmãs, graças a suas origens, que a dividiam em duas. Pois não provinha de uma "dupla ascendência", segundo a expressão do sociólogo Juan José Sebreli? Não descendia ao mesmo tempo de proprietários fundiários – o pai – e de despossuídos – a mãe? E esta dupla origem não era típica de um país de mestiços, de um país-espelho, dilacerado em seu desejo de ser diferente, de estar em outro lugar?

No entanto, nas famílias, como nas nações, sempre surge um ser escolhido para se ressentir daquilo que os outros preferem esquecer. Assim é que a personalidade de Evita tornava-se cada vez mais contraditória. Suas colegas de escola achavam-na meiga, mas conheciam sua capacidade de liderança. Uma delas, Elsa Sabella, revelou que Evita queria sempre mandar. Era "a grande", pois, por ter repetido de ano, concluiu o curso primário aos 14 anos, ao passo que as colegas ainda tinham 12. "A grande": basta lembrarmos a mistura de atração, temor e desconfiança que esses alunos malditos inspiram na escola, ao mesmo tempo mais espertos e mais desajeitados que os outros. E "a grande" dividira a classe a respeito do presente de fim de ano a ser dado à professora. Metade propunha um missal, a outra, liderada por Evita, queria que fosse um rosário, e não largava mão. Suave e autoritária Eva, com seus olhos sonhadores e penetrantes, seus gestos serenos e nervosos. Não são menos opostos os termos das ladainhas que ela inspiraria mais tarde: santa e puta, "aventureira e militante", frívola e mártir, o "mito branco" e o "mito negro"...

Sim, ela era diferente e queria continuar a sê-lo. Acompanhava, desconfiada, as tentativas da mãe e das irmãs de se adaptarem às regras. Era por demais orgulhosa para se dobrar a essa cruzada de adaptação, que sabia estar fadada ao fracasso, pois o fato é que, por desgraça, a reputação de *doña* Juana as havia acompanhado até Junín. Como em Los Toldos, suas colegas de classe não podiam brincar com ela. Aos esforços das mulheres, esforços inúteis, Evita preferia mil vezes a atitude desafiadora de Juancito, a elegância com que ele impunha seu estilo próprio. Ser diferente também significa tornar-se intocável por força da beleza, dar a sensação de estar em outro lugar – de ter realizado o desejo de todo argentino. Desse modo, podia se manter fiel à outra que havia em si. Desprezavam-na? Pois ela desprezaria também. Para começar, a cidade de Junín, que considerava chata. Só um medo a assaltava, o de que *doña* Juana pretendesse um dia casá-la com um pensionista tão tedioso quanto os outros.

Quando se acha uma cidade ou uma vida chata, é porque se conhece um modelo a opor-lhe. E era exatamente o que acontecia: Evita conhecia a existência dos telefones brancos e dos lençóis de cetim sobre camas em forma de coração. Imbuída desse conhecimento, ela jurava a Erminda que só se casaria com um príncipe ou um presidente, pois sabemos que em certas situações de desespero a única saída é ambicionar o mais alto. Em suma, ia ao cinema e queria ser Norma Shearer no papel de Maria Antonieta. Raramente se terá concretizado tão fielmente um desejo.

Sem os filmes de Hollywood, a revista *Sintonía*, que contava as fofocas das estrelas, as revistas de moda e as novelas de rádio, Evita nunca teria conseguido se livrar de uma vida apagada. O romancista Manuel Puig descreveu bem, em *Boquinhas pintadas*, vidas em todos os aspectos semelhantes à sua. Teve ele o mérito, sobretudo, de *ouvir* este mundo e de torná-lo audível: ninguém soube reproduzir como ele a linguagem e o sotaque das jovens provincianas que sonham com o príncipe encantado e se casam com um dentista.

Um quadro de Antonio Seguí nos permite *ver* o que Manuel Puig nos fez ouvir. Representa uma aldeia do pampa. As casas, alguns raros viventes, um cão – tudo parece achatado por um céu enorme, acachapante, sobre uma terra que se lhe assemelha. Mas Seguí acrescentou a seu quadro um grande balão multicolorido suspenso no céu. E, bem no meio do balão, a imagem de Carlos Gardel. E o sorriso abobadado de Gardel que nos reporta à única realidade que importa. A mensagem é clara: o real é o balão enfunado por nossos sonhos, e de forma alguma as existências esmagadas entre o céu e a terra.

Na escola, Evita estava sempre atrasada em matemática e na frente em declamação. E não se cansava de esperar a chuva. Nesses dias, os alunos eram tão poucos que a disciplina era relaxada, e ela aproveitava para ir de sala em sala recitando *poesias*. (Já adulta, ela nunca diria "poema". Dizia "poesias", ou, pior ainda, "versos". E os oligarcas achavam graça, pois Eva nunca se assenhoreou das chaves da linguagem que dão acesso ao círculo dos eleitos.)

Palmira Repetto, sua professora, ia deixando. Os meninos ou viam-na distraidamente, mas ela fazia as meninas suspirarem com aqueles versos lacrimogêneos que encontrava nos livros escolares e que dizia com muito sentimento e uma dicção catastrófica: já atriz radiofônica, ela ainda pronunciava *ojepto* em vez de *objeto* e *amigos del écter* para *amigos del éter* (expressão radiofônica comum na Argentina e que reflete em nós, argentinos, no corpo e sobretudo na alma: designar as ondas sonoras com esta palavra, éter, que a tradição poética reservou às regiões mais elevadas e espirituais do ar, não equivaleria a estabelecer uma inesperada ligação entre o rádio e o céu?). Esses erros só seriam corrigidos quando ela se tornasse Eva Perón, como se o poder é que tivesse conseguido afinal soltar-lhe a língua. A posse da linguagem, como a da terra, é um bem de nascença. Chegando ao auge da glória, Evita, que fora privada deste bem, pensou nos outros despossuídos e ordenou que fossem dadas aulas de eloquência a suas *muchachas peronistas*, as jovens de seu partido, suas seguidoras, que, como ela, não tinham uma dicção correta.

Aos domingos, o cinema não estava a seu alcance. Era o dia das estreias, e as entradas eram mais caras. Nesse dia, Evita passeava para cima e para baixo pela avenida Rivadavia, como as outras meninas. Tinha já 11 anos, e logo faria 12, e 13... E é a época em que cada ano dura cem. Quando passavam diante dos meninos alinhados contra a parede ou reunidos numa esquina, Erminda lhe apertava forte o braço. Já nessa idade as meninas aprendiam a temer os meninos. Estes lhes gritavam obscenidades, para mostrar aos comparsas do que eram capazes. E as meninas, no fundo, serviam de pretexto a um jogo que, pelo menos no imediato, se mantinha masculino. Tinham de passar diante deles como surdas-mudas, os olhos pregados no chão, sem dizer uma palavra.

Evita e Erminda tomavam seus sorvetes, cumprimentavam a distância alguma colega de escola, que não se aproximava por medo de ser vista em sua companhia, e, ao cair da noite, voltavam para casa. Já ao entrarem na rua chegava-lhes o cheiro dos escalopes à milanesa. Evita, revoltada, emburrava. Toda vez que *doña* Juana punha um pedaço em seu prato, ela se sentia ameaçada. Uma moça que seria como Norma Shearer podia acaso ser gorda? A vida toda ela esqueceria de comer, ou se recusaria, para não ser como a mãe. E modelou seu próprio corpo por reação, um corpo cujo objetivo, cujo sentido e fundamento era dizer não às cheias curvas maternas.

O dia do cinema era a terça-feira, quando a entrada custava apenas trinta centavos. Evita voltava para casa ao meio-dia, pois não havia aulas à tarde. Almoçava com o estômago embrulhado sob o olhar reprovador de *doña* Juana, que se sentia rejeitada com aquela resistência à alimentação. E partia para o Roxy ou o Crystal Palace, puxando pelo braço sua fiel Erminda.

Há um momento, quando são apagadas as luzes da sala, que se assemelha ao medo dos meninos. No escuro, esperando o leão cercado de estrelas que ruge de lado com tanta delicadeza, Evita, aos 14 anos, já sabia quais seriam as emoções mais fortes de sua vida. Não a espera do amor, mas a do espetáculo que vai começar. O jovem público batia com os pés num ritmo que parecia o de uma marcha militar, e, sem saber por que, entoavam: "Pão francês, chocolate inglês!" Até que, finalmente, luz! Hollywood se derramava aos borbotões sobre as mocinhas de Junín. Ao longo de três filmes (nunca passavam menos, e elas saíam do cinema trôpegas de embriaguez), Evita fugia para bem longe de si mesma.

Não se limitava, no entanto, a desfrutar do filme como simples espectadora. Já dirigia à tela um olhar "profissional". Como ela, as outras meninas haviam lido a biografia de Norma Shearer. Também sabiam que o ídolo de Evita nascera em Montreal, pobre e obscura, e que tentara a sorte em Hollywood, onde conhecera Irving Thalberg, que a contratara para a MGM, a empresa do leão refinado. Todas sabiam disso, mas Evita o sabia de outra forma. Era com o rosto compenetrado de profunda gravidade que voltava para casa. Tentando afastar com a mão o odor importuno dos escalopes à milanesa, dizia à mãe: "Quero ser atriz." Juana, que aos 14 anos não tivera a chance de adivinhar o próprio futuro, já muito bem enquadrado nos planos de sua própria mãe, sentia-se traída: "Como? Tanto esforço para sermos iguais a todo mundo, e de repente a princezinha se entusiasma e... cabum! – demole tudo?"

Mesmo sonhando com uma vida decente, Juana nem por isso deixava de acolher em seu leito, de vez em quando, algum amigo grisalho. Contradição de que Evita, que sabia do que se tratava, não deixou de tirar partido: sua mãe podia ser autoritária, mas não tinha princípios rígidos nem ideias definitivas. Seu temperamento generoso inclinava-a para um estado de espírito tranquilo. E ela então hesitava: e se a menina tivesse mesmo algum talento? Até que não se saíra tão mal naquela peça... Como era mesmo?... *Vivan los estudiantes!* Fora *don* Pepe Alvarez Rodríguez quem conseguira que ela fosse admitida na companhia do Colégio Nacional, embora ainda estivesse na sexta série. E o próprio Evaristo Tello Sueyro, o cabeleireiro da família, não a estimulava a atuar com ele em clubes de amadores? E não chegara ela a declamar uma poesia diante de um microfone, um microfone de verdade, naquela loja de música? O dono, para tentar animar aquela cidade adormecida, instalara um alto-falante na rua. Através do aparelho, a vozinha de Evita adquiria uma sonoridade estranha. Sua voz planando sobre a cidade... "*Doña* Juana", dissera Pepe, "não temos o direito de criar obstáculos para a vocação das crianças. Deixe-a tentar. Se não der certo, ela não vai ficar amargurada. Se der, melhor para ela."

E o amor? Durante certo tempo, Eva tinha "saído" com Ricardo, um recruta lotado na guarnição de Junín. O que não a impediu de fazer a si mesma uma pergunta audaciosa: "Será que as barreiras sociais são intransponíveis? Seria uma fatalidade ficar eternamente flutuando na irrealidade dos sem-terra, quando sou uma jovem bela?" Foi graças à beleza que Elisa e Blanca encontraram seus noivos, é verdade que algo tediosos, mas muito acima de sua condição. As quatro irmãs tinham sua graça. E Juancito, a própria imagem do *latin lover*. Por que então não tentar a sorte?, perguntou-lhe o demônio. Não contavam as novelas de rádio que acompanhava com paixão os amores de uma jovem pobre com um aristocrata? Ou, em sentido inverso, de um trabalhador honesto com uma princesa? Em Junín, havia operários da ferrovia e burgueses, grandes e pequenos. Nenhum interesse. Havia também duas raças de homens, tão distantes quanto se vivessem numa outra cidade: os ingleses, diretores ou empregados da ferrovia, e os proprietários de terras. Com os primeiros, nem pensar: os ingleses só olhavam para si mesmos, fechando-se na companhia de suas *wives*, de seu *bridge* e de seus *scones*. Restavam os proprietários.

Foi assim que ela aceitou, com uma amiga, um convite de dois jovens "oligarcas". (Ela ainda ignorava então a própria existência dessa palavra que viria a pronunciar tantas vezes.) Os filhinhos de papai propunham às duas jovens de condição social mais baixa um passeio a Mar del Plata, a "Pérola do Atlântico", cidade balneária luxuosa e propícia à dissipação. De carro. Na Junín dos anos 1930, mocinhas inocentes eram o que não faltava. Eva e sua amiga provavelmente acreditaram na história do pingue-pongue na praia e do banho de mar. Podem mesmo ter chegado a imaginar um beijo de amor sob as estrelas, mas nem por um segundo que o carro pararia numa *estancia* isolada, nem que os dois "aristocratas" tentariam estuprá-las ou mesmo que, para se vingar de uma impertinente rejeição, deixariam as duas completamente nuas à beira da estrada. Um caminhoneiro que passava por ali com a família inteira recolheu-as e deu-lhes uma coberta para se taparem. Mais tarde, quando vociferava contra a oligarquia diante do povo na Praça de Maio, era provavelmente nesses dois que ela pensava.

Quem nos relata esse episódio revelador é Fermín Chávez. Carmen Llorca, que lhe faz rápida alusão, afirma que Evita se vingou dos estupradores – o que desejamos que tenha mesmo feito.

Numa apaixonada carta de amor a Perón em 1947, antes de sua partida para a Europa, Eva refere-se aos mexericos sobre sua vida em Junín. Rudi Freude – um alemão tão louro, tão belo e tão amigo de Perón, que voltaremos a encontrar em nossa narrativa – teria transmitido essas bisbilhotices ao presidente dos argentinos. "Eu tinha apenas 13 anos ao deixar Junín!", exclama ela na carta, esquecendo, em seu desespero, que tinha, na verdade, 15. "Que indignidade imaginar que uma menina fosse capaz de tamanha baixeza!" À luz do episódio violento, essa carta de tocante falta de habilidade não deixa de ser comovente. As fofocas de Freude só podiam dizer respeito à desgraça de Mar del Plata. No auge do poder, Eva ainda precisava se explicar diante dos homens.

Sua tentativa em direção às pessoas de bem havia fracassado. Para ser diferente da mãe e das irmãs, para simplesmente se tornar outra, vale dizer, atriz, só restava a Evita uma coisa: partir. A respeito desta partida é tal a quantidade de versões que a maioria dos biógrafos, desanimados, acaba concordando em que o essencial é que ela partiu. Multiplicidade de versões que sempre teremos presente: na vida de Evita, qualquer fato, por menos relevante, vem sempre acompanhado de seu contrário ou de vários fatos que vêm a ser o mesmo, sem sê-lo totalmente. Como uma pedra de cascalho que brilha sob a água, fracionada e multiplicada pela refração da luz. Desdobramentos sempre reveladores da verdade: que quereriam dizer, no fundo, senão que tudo é verdade? E que cada mentira, esquecimento ou deformação carrega uma mensagem?

Não raro, por sinal, as pistas foram confundidas deliberadamente. Por quem? Pela própria Eva, em seu desejo de ocultar a pobre perna quebrada da boneca. Quarenta anos depois, já temos pelo menos o direito de alertar as consciências, perguntando: "Não estão vendo que a moça tem medo de se defender?"

Na primeira versão, a de Erminda Duarte, Evita pede à mãe que a acompanhe a Buenos Aires para uma audição na Rádio Nacional. Depois de muita hesitação, *doña* Juana concorda. Evita declama um poema de Amado Nervo, *Adónde van los muertos*, e o diretor da rádio, Pablo Osvaldo Valle, oferece-lhe um pequeno contrato. É assim que a jovem atriz se instala em Buenos Aires, na casa de amigos da mãe.

Na segunda versão, de Fermín Chávez, Evita pede à mãe que a acompanhe a Buenos Aires, para uma audição na Rádio Belgrano. Durante um mês, ajudada por Palmira Repetto, a professora que tanto desvelo teve por ela, a jovem ensaiou três *poesias* de Amado Nervo. Mãe e filha partem para Buenos Aires, Evita comparece à audição e elas voltam a Junín. Mas a resposta da rádio demora. Nem por isso Evita deixa de declarar à professora: "Com ou sem resposta, vou-me embora." Juancito, prestando serviço militar em Buenos Aires, protegerá a irmãzinha dos perigos da cidade grande.

Na terceira versão, sustentada, entre outros, pelos jornalistas Jorge Capsitski e Rodolfo Tettamanti, o cantor de tango Agustín

Magaldi apresenta-se num teatro de Junín. Juancito o aborda na noite para falar de sua irmã, que quer se tornar atriz. Eva vai ao encontro do cantor em seu camarim e implora para que a leve consigo para Buenos Aires. Magaldi aceita, e tudo transcorre em clima de exemplar decência, pois ele viaja em companhia da mulher.

Na quarta versão, apresentada por Mary Main, sua biógrafa mais feroz e encarniçada, Evita entra no camarim do cantor, torna-se sua amante, e é assim que chega a Buenos Aires, com ele, para levar ali uma vida desregrada.

Nessa sucessão de possibilidades, entretanto, abundam os mistérios. Essas refrações podem ser explicadas pelo recato da época – ao qual Evita se viu forçada a aderir – ou por motivos políticos. A primeira versão, a da família, procura apresentá-la de acordo com as regras da conveniência. A segunda ressalta um dado real – a participação da professora –, mas nos deixa em dúvida quanto à viagem propriamente. A quarta arma toda uma encenação rocambolesca. Fingimos passar por cima da terceira para melhor analisá-la.

Agustín Magaldi era chamado "o Carlos Gardel das províncias". Era um homem pálido, de timbre agudo de *tenorino* italiano. Para bem frisar a melancolia pungente de seu fio de voz, cantava com a mão no coração e levantava os olhos para o céu como uma Madona. Era com efeito casado e considerado em geral apagado em demasia para cortejar as mulheres. É o que sabemos do *chevalier servant*.

Quanto à beldade, era uma coisinha tão pálida quanto ele, magra, franzina e desconjuntada. Era capaz de agir com a audácia dos tímidos, mas a frieza de suas mãos sempre úmidas não deixava de traí-la. Carecia de seios, de quadris e de panturrilhas bem torneadas. Seus únicos trunfos: uma pele transparente e olhos vivos. Sua beleza ainda não desabrochara. Evita fez tudo sozinha, inventou tudo: sua vida, sua beleza... sua morte. Quando, nessa época, achava-se bela diante do espelho, estava apenas adivinhando sua imagem futura. Mas será que esta imagem também era captada pelos outros? E teria sido percebida pelo triste Magaldi?

Não parece muito provável. Dentre as quatro versões, alinhadas como os cavalos de uma quadriga, optemos pela terceira: aquela em que Magaldi, burguesmente acompanhado da mulher, leva em seu carro a pobre jovenzita de saia plissada marrom e blusa branca (Evita descreveria mais tarde, para seu costureiro Paco Jamandreu, a roupa que trazia). Ou por outra: Magaldi dá-lhe o endereço para que vá a seu encontro em Buenos Aires, e Evita toma o trem. Uma coisa é certa: Magaldi encontrou Evita. Foi ele que a apresentou ao crítico teatral Edmundo Guibourg, intelectual sério cujo depoimento, reproduzido por Jorge Capsitski, nada tem de equívoco.

Fiquemos, portanto, com a hipótese mais convincente: no dia 2 de janeiro de 1935, Evita, aos 15 anos, deixa a mãe e as irmãs e toma o trem para Buenos Aires. Agarra com uma das mãos no bolso o pedaço de papel em que "o Carlos Gardel das províncias" rabiscou seu endereço. Seu irmão Juancito irá a seu encontro na estação e cuidará dela na medida de suas possibilidades. Eva deixa para trás uma terra plana e existências planas. Buenos Aires não deixa de se erguer sobre a mesma planície, é verdade, mas procura disfarçá-la levantando arranha-céus como o Kavanagh, à época o prédio mais alto da América Latina, com nada menos que 33 andares.

É com o Kavanagh que Evita se identifica, bem no fundo do coração. Fará tudo para que sua cabeça fique mais alta que todas as outras.

2
Atriz

Buenos Aires • Primeiro papel • Uma atriz "discreta" •
O "beijo mortal" • Um sapo horrível • O vestido de seda •
Evita e o tango • Enfim, o amor • Moradas perdidas •
A história de Cinderela • Negócios de sabonetes e espionagem •
Evita acredita sempre no que diz

A sensação de grandeza que Buenos Aires inspirava em 1935 não era uma ilusão da pequena provinciana. No século XIX, a capital argentina se havia imposto às províncias federais. O porto de Buenos Aires, voltado para a Europa, tornara-se uma cabeça gigantesca e cosmopolita pousada sobre um corpo imenso mas despovoado. Buenos Aires era o núcleo ferroviário, o abatedouro onde o gado era sacrificado (no altar da Inglaterra...), o próprio centro do país.

Esse coração absoluto era múltiplo. Em sua arquitetura, refletia o mundo inteiro, pois Buenos Aires mal podia escolher entre tanta diversidade, já que o mundo inteiro viera dar em seu litoral lamacento. Embriagadora liberdade! Era como se que cada arquiteto resolvesse brincar daquela brincadeira infantil teatral por excelência, a brincadeira do "faz de conta": "Faz de conta que somos ingleses. Ou espanhóis. Ou, melhor ainda, que somos medievais góticos. Não, melhor sermos barrocos! Ou mouriscos!" Como acontece muitas vezes, no entanto, quando as crianças brincam de imitar os pais, Buenos Aires ultrapassava seus modelos. O escritor norte-americano Waldo Frank, citado por Navarro e Fraser em sua biografia de Eva Perón, escrevia em 1931: "Em nenhum outro lugar o estilo pasteleiro italiano se revela de maneira tão espetacular; em nenhum outro lugar os hospitais, os clubes, as mansões privadas e públicas alcançam tal expressividade."

No entanto, a cidade quebra-cabeça vivia sua pluralidade de forma angustiada. Mesmo naquele período de expansão e orgulho, seria inútil tentar encontrar ali o otimismo nova-iorquino e a alegria de viver. A crise certamente o explicava, em parte; mas também um estranho remorso e ainda certo apego ao passado que as cidades do Norte nunca sentiram, voltadas para o futuro. Sua alma trágica a impedia de entender que sua identidade, buscada desesperadamente, consistia na exacerbação da cópia, em seu desabrochar à plena luz do dia. E ela continuava se questionando, cheia de dúvidas herdadas da Europa – "quem sou?" – , como se a identidade tivesse necessariamente de ser única e linear, ao passo que a resposta, a *sua* resposta própria e única, estava no desfrutar da fragmentação.

Evita já conhecia a capital. Buenos Aires já a havia decepcionado, pois os telefones brancos e os lençóis de cetim (imagens de seu modelo pessoal) haviam permanecido invisíveis para ela. Mas aquelas visitas haviam sido breves, e a massa física da mãe a seu lado fora suficiente para tranquilizá-la quanto à sua própria solidez. Já naquele momento, Evita estava absolutamente sozinha na face da Terra. Evita e seu peso leve. São esses os momentos em que sentimos nossa própria inexistência, como nunca antes. Para onde iria ela? Para onde foi, na realidade?

A primeira versão sustenta que Evita se hospedou na casa de uma prima da atriz Maruja Gil Quesada, que lhe fora apresentada por Magaldi. Eduardo del Castillo, testemunha ocular citada por Borroni e Vacca, descreve detalhadamente o apartamento dessa prima, na rua Sarmiento: "Tinha o teto muito alto, com um balcão em forma de crescente." Para outras testemunhas, no entanto, Evita teria ficado numa pensão sórdida, sem experimentar o conforto desse balcão arredondado e materno. Quanto ao bairro, as duas versões convergem: tanto a prima quanto a pensão sórdida ficavam nas imediações do Congresso.

Saindo de casa, Evita estava a dois passos da praça que se estende diante do prédio monumental onde um curioso personagem, repousando na mão o queixo, refletia incansavelmente: *O Pensador*, de Rodin. "O verdadeiro, e não uma cópia", apressavam-se a esclarecer os portenhos, orgulhosos de terem pelo menos um pensador autêntico. Mas estavam enganados: o Pensador portenho não é com efeito uma cópia, mas uma duplicação, vale dizer, uma peça gêmea do original incontestado, que se encontra em Paris. Mas ser uma duplicação não é acaso uma condição ainda mais metafísica e propícia à meditação? Por influência, sem dúvida, dessa escultura, a praça do Congresso era o lugar ideal para refletir. Refletir sobre o quê? Sobre os logros deste mundo. Os aposentados atiravam milho aos pombos enquanto viam passar a vida, verdadeiros filósofos. Uma vida que fervilhava de alto a baixo daquela avenida de Maio, a avenida de todos os grandes acontecimentos políticos e que leva direto à sede do governo, a Casa Rosada.

A AVENIDA DE MAIO tinha, no entanto, um segundo rosto, menos solene. Apelidada "avenida dos espanhóis" em homenagem aos habitantes originários da Mãe Pátria, estava cheia de imigrantes da Península a se deleitarem com *churros* canelados e açucarados mergulhados em chocolate espesso. É claro que Evita passeava por ali. No fundo da avenida, surgia como num sonho distante o rosa suave da Casa do presidente, ainda intacta, e cujas paredes ninguém na época seria capaz de imaginar crivadas de balas... Mas Evita prestava mais atenção aos *churros* das paredes rosadas da presidência. Por mais que tivesse talento para sonhar, teria rido um bocado se alguém vaticinasse então que um dia percorreria aquela avenida em triunfo, para instalar-se no balcão do poder, nem maternal nem arredondado. No lugar do vencedor: condição viril por excelência, a tal ponto que em francês a palavra – *vainqueur* – nem tem feminino.

Benigno Acossano, um dos biógrafos de Evita que se inclinam para a hipótese da pensão, sugere um nome que nos foi confirmado por um habitante de Junín: Giovannoni, ou Giovannone, outro amigo de *doña* Juana, e proprietário, mas dessa vez de um restaurante. Segundo Müller – nossa testemunha –, a pensão de Giovannoni era o ponto de encontro dos habitantes de Junín quando iam a Buenos

Aires. É possível que Evita, nos primeiros momentos de sua aventura, tenha experimentado o cardápio desse restaurante. Mas não por muito tempo: mais cedo que o previsto, ela chegou à meta de austeridade que fixara para si mesma quando se via ameaçada pelos escalopes maternos. Em outras palavras, passou fome.

Em situações assim, o melhor remédio é o *mate cocido*. Pois mate tomado na cabaça, aspirado com um canudo de prata ou de metal branco, a boca enrugada, exige um cerimonial bastante delicado. Quando se está só e com pressa de botar alguma coisa no estômago, basta ferver um pouco de água numa panela com três ou quatro colheres da erva bendita. Em caso de penúria, usar novamente a da véspera, dando graças a Deus por ainda ter alguma. Como diz o tango: *Cuando no tengas (...) ni yerba de ayer secándose al sol".** E então beber, sorver em grandes goles ávidos o líquido esverdeado, já um pouco áspero no fim, que deixa um fundo felpudo na xícara e um grande conforto no coração. O povo tem toda razão de chamar o *mate cocido* também de "milanesa verde", pois não resta dúvida de que a infusão substitui a bebida e a comida.

Mais tarde, o peronismo daria um outro nome à miséria de Eva: aqueles anos entre 1930 e 1940, anos de sopa popular e de fraude eleitoral, seriam chamados "a década infame". Ah! se ela o soubesse então! Teria sentido o mesmo conforto que sentia ao tomar seu mate: basta dar um nome à realidade para que já nos sintamos melhor. Àquela altura, no entanto, ela vivia a infâmia no dia a dia, e não tinha tempo nem forças para transformá-la em palavras. Por isso é que, ao conhecer Perón, que encontrara palavras para descrever a humilhação, a fome e tudo mais, ela se apoderou com fervor dessas palavras, dizendo-as e repetindo-as sem cansar, como alguém que proclama: "Abre-te, Sésamo!"

Aos 15 anos, infelizmente, não havia qualquer fórmula mágica a seu alcance. Ela não tinha o vocabulário adequado, a pronúncia correta ou a beleza chamativa e esplendorosa que poderia substituir as palavras e a fala culta. Para baixo e para cima em busca do ganha-pão,

*"Quando não tiveres nem erva da véspera secando ao sol." (*N. do E.*)

ela não tinha tempo para aprender a representar. E será que o queria, afinal? Os outros atores só por pouco tempo frequentavam o Conservatório, que acabara de ser inaugurado. Recém-chegada a Buenos Aires, Evita aprendeu a única coisa que lhe parecia vital, e que o era com efeito: os circuitos da profissão. *Quem* abordar. *Onde*, em quais cafés do centro fazer contatos.

Foi talvez Magaldi quem deu o primeiro empurrão, apresentando-a ao diretor Joaquín de Vedia e ao ator José Franco. Mais adiante, quando seu rosto alongado e compenetrado se tornou conhecido no meio, ela batia diretamente nas portas dos teatros. Mas faz sentido deduzir que alguém a ajudou na primeira vez. Sua primeira experiência teatral ensinou-lhe que os diretores, os atores célebres e os críticos não raro exerciam seu *direito da primeira noite* sobre as candidatas a atrizes. Eva acabava de entrar num mundo vingativo que se comportava como uma outra Junín, mas revelando-se ainda mais mesquinho. Eram coisas já vistas e conhecidas, e ela se refugiou no silêncio. Nas conversas dessa nova aldeia, já não se tratava de *doña* Juana, mas dela própria, Eva, considerada insignificante e observada com um sorrisinho amarelo na expectativa do passo em falso, da queda esperada como se estivesse inscrita nas linhas de sua mão.

José Franco e Joaquín de Vedia deram-lhe seu primeiro papel numa peça intitulada *La señora de Pérez*. Eva representava uma empregada, incumbida de anunciar: "Senhora, está servido." Três palavras das mais simples, que ela pronunciava corretamente, pois a companhia de Eva Franco, filha de José, confiou-lhe outros papéis, sem falas, é bem verdade, em peças com títulos tão chamativos quanto *Cada casa es un mundo* ou *La dama, el caballero y el ladrón*. A estreia de *La dama*, em 2 de janeiro de 1936, coincidiu com o aniversário de sua partida de Junín. Um ano já! Como o tempo passava depressa em Buenos Aires! Já se fora aquela época sem graça em que cada ano durava cem. Hoje ela vivia ao ritmo de seu coração, rápido e nervoso. É verdade que os críticos só lhe concediam um adjetivo: "discreta". Mas pelo menos não a consideravam "ruim". E, embora trabalhasse por um salário mísero, estava representando sem interrupção. O balanço parecia positivo. Mas ao cair a cortina de *La dama*, Evita entrou numa espécie de buraco negro. Nada de trabalho. Nenhuma esperança no horizonte. E como a pobreza gera movimento, Eva tornou-se uma daquelas das quais se diz com um sorriso malicioso nos lábios: "Ela se muda tanto que já ocupa toda a letra D do meu caderninho de endereços."

Até maio ela vagou sem destino. Quatro meses durante os quais, para juntar alguma coragem, precisava estar constantemente se lembrando do momento mais brilhante de sua carreira. E também o mais arriscado: aquele em que a estreante desempenhou o papel de uma das irmãs de Napoleão em *Madame Sans-Gêne*, peça de Moreau e Sardou. O vestido estilo império caía à perfeição em sua pele alvíssima. "Um vestido de pessoa importante, que tem poder e gosta de mandar", diria Eva Franco, não sem malícia. Mas a cintura alta serve supostamente para destacar os seios. Que fazer quando não se tem grande coisa para ressaltar? Às escondidas, Evita trapaceava, contribuindo com um par de meias emboladas para dar volume.

Possivelmente seduzido por essas enganadoras curvas, um espectador enviou flores a ela. Eva, apenas, sem nome de família. E a estrela da companhia, Eva Franco, aceitou-as na maior inocência: como imaginar que a outra Eva poderia ser a destinatária? Foi grande sua surpresa ao encontrar no buquê um cartão de visita de ângulos arredondados e dourados, endereçado a Eva Duarte. Em consequência dessas flores inconvenientes, a relação entre as duas Evas se deteriorou. Mas Eva – a Eva sem sorte, de pele de marfim – ainda representou uma última vez na companhia.

Além do episódio das flores, a adolescente foi vítima de uma brincadeira durante os ensaios de *Madame Sans-Gêne*. Seus gentis colegas a haviam convencido a subir numa mesa, com uma vela sobre a cabeça, para demonstrar seus progressos na arte teatral. "O equilíbrio é indispensável para um ator", argumentavam. E a pobre Evita, que declamava suas poesias a torto e a direito desde que encontrasse um ouvido disposto, subiu na mesa com sua vela. Uma vez lá em cima, no entanto, percebeu os sorrisos e ouviu as gargalhadas da maldade. Seria possível que aquele barulho, de tal forma associado em seu espírito às recordações da infância, também fosse ouvido entre os "artistas"?

Na situação em que se encontrava, teria ao menos desejado descer com elegância. Impossível: a elegância abandona os humilhados. E os membros vão ficando dormentes quando se tem de manter a pose de portadora da chama: tudo que ela pôde fazer foi cair estrepitosamente, quebrando, para cúmulo da falta de sorte, os saltos dos sapatos.

Única nota positiva: desemprego no verão é menos duro que no inverno, pois o calor mata o apetite. No outono, em maio, Eva é contratada pela companhia de Pepita Muñoz, Eloy Alfaro e aquele mesmo José Franco de que já ouvimos falar. As peças para as quais contribuiu com sua presença franzina e, mais raramente, com sua voz, eram comédias de costumes ingênuas, do gênero chamado "digestivo", pois se ia ao teatro depois do jantar. Não era esse o caso de uma peça "temática", incômoda para a época, que permitiu a nossa jovem atriz partir em turnê: *El beso mortal*, de Loïc Le Gouradiec. Eva continuava integrando a companhia cuja estrela era Franco pai. Interpretava uma enfermeira: o "beijo mortal" era o da sífilis, assunto apaixonante para um público pouco habituado aos temas higiênico-sexuais.

Na época, uma turnê teatral era uma aventura. Em caso de bilheteria ruim, era um salve-se-quem-puder e todos retornavam a Buenos Aires por conta própria. Os ensaios não eram pagos. As próprias atrizes tinham de fornecer seus figurinos. E, caso se queixassem, o diretor caía na gozação, conforme depoimento anônimo citado por Navarro e Fraser. "Mas que atriz é esta que eu fui arranjar que nem tem um amigo que lhe pague os vestidos?" Eram duas récitas por dia, três nos domingos e feriados. O escritor David Viñas descreve bem a situação: "Era nos bons tempos da República governada pelos interesses dos proprietários fundiários. Os teatros eram administrados como *estancias* (...) Eva representa papéis mudos, ou o da 'vizinha nº 2'. Assim, relegada a uma posição oblíqua, ela representava essa entidade anônima e sem voz chamada povão."

Segundo Fanny Cúneo, igualmente citada por Navarro e Fraser, a companhia estava em Mendoza no dia em que José Franco entrou no camarim de Evita e, com ares autoritários de proprietário de terras, foi avisando: "Venha deitar comigo ou estará no olho da rua." Se ela soubesse então que no mesmo momento e no mesmo hotel, o Royal, hospedava-se um belo capitão das tropas de montanha chamado Juan Domingo Perón!

Ela foi se aconselhar com a pessoa que fazia o "ponto" da companhia, que se tornara seu confidente, e que lhe deu a fala certa; com isso, não foi despedida. Foi então que a mulher de Franco se juntou à companhia em Rosário, armando um escândalo – com o marido, mas sobretudo com Eva: como não se cansava de proclamar o tango, a culpada era sempre a mulher. De volta a Buenos Aires, Eva, a transumante, deixou a companhia.

É Carmen Llorca quem nos fornece um último detalhe. Segundo essa autora, muitos anos depois, Evita daria a Franco um cargo importante em sua Fundação de Ajuda Social. Deliciosa vingança esta que consiste em cobrir o inimigo de favores: "Deste-me meu primeiro papel? Obrigaste-me a deitar contigo? Puseste-me no olho da rua por medo de tua mulher? Pois agora que estás velho e pobre toma lá este presentinho que te dou, simplesmente porque eu, a Rainha, quero."

Antes de deixar para trás a família Franco, mencionemos um último episódio que bem retrata a alma de nosso personagem. Estamos ainda em Mendoza, cidade de todas as possibilidades e de todos os perigos. Um ator cai doente. Não está com sífilis, mas sua doença é contagiosa. O diretor proíbe os colegas de irem visitá-lo no hospital. Eva, penalizada, vai vê-lo às escondidas, dando-lhe o "beijo mortal" e contraindo a doença. Muitos anos depois, ela receberia diariamente centenas de miseráveis, mostrando-se incapaz de ver um leproso, uma mulher com o rosto devorado sabe Deus por que chagas horríveis ou, mais simplesmente, uma criança caidinha e coberta de piolhos sem abraçá-los e acariciá-los, mais preocupada em não os ofender do que em proteger sua pele do risco de contágio.

O encenador da companhia que contratou a pobrezinha assim que retornou a Buenos Aires chamava-se Pablo Suero, mas era conhecido como "o Sapo". Já o escritor César Tiempo chamava-o "Escorpião super-heteroanódino, maledicente e ainda por cima espanhol". O escorpião, ou sapo, como quiserem, era um obeso de olhos protuberantes que passava o tempo refestelado no Café Real da avenida

Corrientes, a artéria dos teatros e das luzes, que acabava de ser alargada e ostentava com orgulho o título de "rua que nunca dorme". Uma a uma, as *starlets* em busca de trabalho se aproximavam da mesa banhadas em perfume pegajoso, e uma a uma deixavam-se apalpar nas nádegas pela criatura de nariz reluzente, queixo duplo gorduroso e mãos cabeludas, que ali cumpria seu dever com dedicação e empenho. Evita, que desde a turnê dividia o quarto de pensão e o *mate cocido* com duas outras infelizes – Fina Bustamante e Anita Jordán –, teve de trincar os dentes e apertar os lábios. Mas qualquer coisa era melhor do que voltar para a casa de mamãe "com o rosto murcho", como diz Gardel no tango "Volver". Em dezembro de 1936, ela conseguiu o papel de Catalina numa peça de Lillian Hellman, *Las inocentes*. Nesta montagem, ela, que ainda não chegara a bons termos com a língua pátria, tinha de exclamar em latim: "*Ferebant!*" E logo: "Mas como és um cabeça-dura!" Era praticamente tudo o que tinha a fazer. Entretanto, segundo uma jovem atriz não menos anônima que a conhecia na época e igualmente citada por Navarro e Fraser, nesse papel de aluna ingênua Eva não tinha muito trabalho. "Ela tinha olhos de avelã", recorda-se, "lábios muito vermelhos e uma pele transparente, com a cor e a suavidade da magnólia. Era a própria imagem da inocência. E afinal era verdade: no fundo, Eva era muito pura."

Para variar, o heteroanódino recorrera, para formar sua companhia de inocentes, a alunas do Conservatório, moças de classe média que não gastavam seus saltos correndo atrás de uma xícara de café com leite. Eva apareceu no primeiro ensaio de braços com Suero e usando um vestidinho de algodão azul, modesto mas passado com capricho. Pelo menos neste ponto – o passar e repassar – ela dera ouvidos a *doña* Juana. Por desgraça, era a seda que estava na moda. Os vestidos de flores, as meias "esfumaçadas" tinham de ser de seda, e as meias de Evita eram de uma imperdoável opacidade. Mas um detalhe em especial impressionou vivamente aquelas jovens inocentes que assistiam boquiabertas à chegada do Sapo com sua protegida: as alpercatas bascas enlaçadas até bem alto nas panturrilhas, de efeito dos mais rústicos. Nem é preciso dizer que Evita não as calçara por fidelidade a suas origens. Fez-se um silêncio incômodo no momento de sua chegada. E logo se seguiu uma solicitude que ela tratou de recusar, fechando-se em seu eterno mutismo. Ela conhecia perfeitamente a humilhação muito especial que vem não da grosseria, mas da suavidade exagerada do interlocutor que muda de tom e fala baixinho, como se estivéssemos num leito de hospital, gravemente doentes.

É Benigno Acossano quem relata o episódio das alpercatas, que fez carreira. Outras testemunhas, como o ator Raúl Rossi, a desmentem, indignados. Mesmo no início da carreira, diz-nos Rossi, Evita vestia-se da maneira mais clássica. Podemos compreender e mesmo compartilhar esta indignação. Detalhes como estes foram usados com demasiada frequência por antiperonistas raivosos para serem considerados destituídos de malícia. E Benigno Acossano é considerado um detrator de Evita. Nessa pletora de detalhes tendenciosos é possível, de qualquer maneira, distinguir os que provêm da imaginação e os que decorrem da observação. As pessoas se enganam ou fingem enganar-se sobre os fatos, as datas e os nomes; só fica de pé "aquilo que os olhos viram".

A companhia partiu em turnê para Montevidéu. Enquanto as outras moças viajavam acompanhadas das mães, Eva arrastava sozinha sua mala e seu medo. Mas os passeios pela praia meio marítima meio fluvial dessa cidade encantadora serviram para apaziguá-la de alguma forma, sem acalmá-la completamente. Seus acompanhantes eram de aspecto mais agradável que o Sapo, mas não menos obtusos, eram jovens uruguaios de boa família. Um deles faria mais tarde esta declaração pouco esclarecedora, reproduzida por Navarro e Fraser: "Eva era atraente mas sem nada de especial: nem inteligente demais nem burra demais. Uma moça como dezenas de outras, e além do mais, como se sabe, de uma classe social muito inferior."

O mesmo Acossano relata um caso divertido que, mais que enquadrar Eva, serve para revelar nele próprio certa ternura involuntária. Uma noite, em Montevidéu, Eva volta ao hotel num vestido de seda de cor nada discreta (palavra que ela talvez detestasse, e que parecia persegui-la). Traz ainda meias de seda, sapatos de saltos vertiginosos, uma enorme bolsa de verniz e capelina com uma rosa espetada. No quarto, aonde foi seguida pelas outras, despe-se com ar distraído, fingindo ignorar o espanto das companheiras. Estas entram no jogo e a ignoram também, limitando-se a espiar de rabo de olho o sutiã de renda, a combinação de cetim cor de carne. É quando batem à porta, e um enorme buquê de flores para a senhorita Eva Durante (não se sabe por que modificara o nome, e aliás não por muito tempo) entra pelo quarto. Um buquê gigantesco, sinal evidente de sucesso. As moças atiram-se sobre ela, sacodem-na, abraçam-na, cobrindo-a de perguntas. Eva sai de seu mutismo, as cores voltam-lhe ao rosto e as palavras aos lábios, suas mãos tornam-se menos frias, menos úmidas, ela explica, ri, sente-se viva, humana, cercada, numa espécie de sonho.

De volta a Buenos Aires, não foi de vestido de seda que Eva foi ao encontro de Suero. O batráquio preparava-se para montar uma nova peça no Teatro Astral. Eva chegou num vestido de algodão estampado sobre fundo branco, com uma grande flor verde no decote. Felizmente para ela, em vista do que ocorreu então, seu rosto ficava meio encoberto pela aba do chapéu. A sala de espera estava cheia de atores e atrizes que, como ela, vinham oferecer seus talentos. Ela se fez anunciar. O Sapo abriu a porta de seu escritório e berrou, descomposto de raiva: "Pare de me perseguir! Sou um homem casado!" Declaração seguida de um rosário de injúrias. Eva respondeu, baixinho, que queria apenas trabalho. E o indivíduo, como sempre educado e cheio de consideração, contra-atacou: "Não é porque dormi com você que tenho a obrigação de te arranjar trabalho!" As testemunhas sentiram o sangue congelar nas veias. Segundo uma atriz que presenciou a cena, citada por Navarro e Fraser, "Eva conseguiu com enorme dificuldade dizer algumas palavras, com voz ainda mais baixa; seu rosto estava lívido."

Depois desse episódio, o grau de exigência que ela sempre se impôs deu-lhe uma trégua. E Evita teve a honra de participar de uma peça de Pirandello, *La nueva colonia*, encenada por Armando Discépolo, que nada tinha de sapo: era um excelente autor de peças célebres, como *Mateo*, *Hombres de honor* e *Mustafá*. É verdade que Evita tinha apenas três palavras a pronunciar na peça, que ficou em cartaz apenas seis dias. Mas pelo menos ninguém a humilhou, e o crítico teatral Augusto A. Guinbourg eximiu-se de achá-la "discreta", considerando-a "graciosa".

La nueva colonia estreou em 5 de março de 1937. Entre a cena com Suero e esta peça, ela passara por um período de inatividade. Menos longo, no entanto, que o que se lhe seguiria: 1937 foi o pior ano de sua vida. E o que fazia ela em períodos de desemprego? Que fez afinal nesses dois meses vazios, entre a peça de Pirandello e uma aventura cinematográfica sem consequências, um pequeno papel em *Segundos afuera*, de Chas de Cruz?

POR TRÁS DE UM PRÍNCIPE PODE HAVER OUTRO

Digamos logo sem rodeios: Eva conheceu a vida da mulher "perdida", cantada pelo tango em tom de lamento ou de raiva, mas sempre com a mesma insistência. Nos anos 1920, as prostitutas de Paris conheciam e acompanhavam de perto o "filão de Buenos Aires". Acompanhavam-no sonhando com o *estanciero* gomalinado que as "tiraria dali"; o *estanciero* riquíssimo que haviam encontrado em Paris, uma vez por ano, e cuja elegância adoravam, galã fatal de tez pálida e olhos de carvão. Outro tipo de argentinos riquíssimos também visitava Paris, vestido de couro da cabeça aos pés: eram os "rastaqueras". Mais jovens embarcavam para Buenos Aires: as judias polonesas, atraídas por promessas de casamento de uma organização de proxenetas judeus, a Migdal. Desembarcavam pensando em casar com um médico judeu e se viam presas num bordel. A seu respeito o tango nunca disse uma palavra, mas em compensação enterneceu-se por muito tempo com o destino da prostituta francesa que, chegada nos anos 1920, ainda não encontrara seu *estanciero* dez anos depois e sofria como todo mundo os efeitos da Crise. O tango não se cansa, com efeito, de se compadecer da sorte dessa pobre *Madama*. Como se dá que um lamento machista e misógino pudesse de tal forma tomar as dores de uma parisiensezinha cheia de saudades da terra natal? Mas o tango tampouco esqueceu a pequena portenha à qual "os homens fizeram mal". Dedicou-se mesmo a ela com muita frequência, com uma compreensão que ainda hoje nos espanta. Era mesmo preciso que a miséria daqueles anos fosse grande para que o macho do tango esquecesse por um instante a mãe e seu ego ferido para se enternecer com um coração de mulher, a ponto de chorar com ela!

É verdade que Eva não foi como todas essas mulheres. Ainda que "os homens lhe tenham feito mal", ela tinha uma vocação e uma profissão que ocupavam o primeiro lugar em sua vida. Apaixonada pelo que buscava, era capaz de sacrificar tudo para atingir seus objetivos. Ao longo de seu período artístico, cada um dos amantes foi escolhido em obediência a um objetivo preciso: conseguir um papel. Os demais, aqueles que precisava encontrar quando faltava trabalho, só serviam para ajudá-la a se manter firme, enquanto não conseguia uma nova peça ou filme. A vida inteira ela foi incapaz de se contentar com um homem que a protegesse sem ajudá-la a lograr seus objetivos. Para Eva, os homens não eram um fim, mas um meio. Um meio necessário: como agir de outra forma? Era algo que se inscrevia na lógica de sua vida, e seria hipócrita tentar escondê-lo. Evita esperou em frente à entrada da rádio, com sua amiga, a cantora Juanita Larrauri, que um homem – não importa qual – a convidasse. Da mesma forma, aceitou passar um fim de semana na ilha do Delta, com uma outra moça e dois desconhecidos. Um deles não quis saber dela, achando-a vulgar. "Tê-la como amante saía caro", relata-nos um terceiro – que, como os outros, é claro, prefere manter o anonimato. "Ela estava sempre doente, e eu tinha de pagar-lhe os remédios." Que remédios? "Injeções de cálcio prescritas pelo doutor Eduardo Pardal", conta-nos um amigo deste último, o doutor Larrauri. Cálcio para a desnutrição.

O homem que a achou vulgar ficara chocado com sua linguagem. Uma linguagem "imunda", que só as prostitutas usavam na época. Mesmo neste ponto, Eva era uma pioneira. Mas cabe fazer um esclarecimento. Uma vez no poder, Eva começou a xingar ministros e embaixadores, furiosamente, pronunciando palavras que nunca antes haviam ressoado naqueles ambientes de tapetes vermelhos e madeirames severos. Mas só insultava homens importantes. Com suas *cabecitas negras*, era de irretocável cortesia. Escolhia seus alvos entre os poderosos desse mundo. Mais uma vez, estava se desdobrando, de acordo com o nível social do interlocutor. Só os humildes tinham o direito de chamá-la de Evita, só eles tinham direito a seu sorriso. Em compensação, se falou dessa maneira na frente do homem sensível que não quis saber dela, é porque ele encarnava para ela uma imagem detestada. Ela voltava seu desejo de vingança contra si mesma e se comportava como a prostituta que ele via nela.

Como sua irmã Erminda se visse acometida de grave pleurisia, Eva partiu para Junín para ficar em sua cabeceira. A mãe e as irmãs aproveitaram para suplicar-lhe que voltasse, que esquecesse suas loucas ilusões. Eva se manteve inabalável: desde o dia da partida, essa basca obstinada não mudara 1 milímetro. "Eu voltarei", disse, então, "mas mais tarde, e só depois de ter conseguido."

Terá sido efetivamente em 1937 que Eva conheceu o jornalista chileno Emilio Kartulowicz, diretor da revista *Sintonía* e também ex-piloto de corridas de automóveis? É o que nos garantem Vacca e Borroni, acrescentando que ela lhe devia um papel num filme esquecido, *Segundos afuera*. Mas Marysa Navarro deu-se o trabalho de acompanhar dia a dia as aventuras de Evita. E o que nos descreve é mais um inverno de miséria. Mais uma vez sem trabalho, nossa aventureira voltara a vagar daqui para ali, de estômago vazio e solados furados. Isso nos levaria a crer que o encontro com Kartulowicz deu-se apenas mais tarde: antes ou talvez depois do lançamento de *No hay suegra como la mía*. Essa peça com temática de palpitante atualidade certamente atraiu multidões, pois permaneceu em cartaz de novembro de 1937 a março de 1938, sendo ainda retransmitida pela Rádio Splendid. Mas de muito pouco adiantou para Evita, que entrava em cena muda e saía calada. Porém, não importa: estava empregada, podia agora mandar às favas tudo o mais, pensando naquele ano de 1937 em que alguém parecia ter-lhe lançado mau olhado. Foi provavelmente num concurso de rádio promovido no início de março de 1938 pela revista *Sintonía* que ela conheceu Kartulowicz.

Verdadeira ou falsa, a lista de seus amores no mundo do espetáculo é muito longa. Por que então nos determos num personagem específico? Porque, à parte Perón, foi o único homem importante em sua vida. Basta lembrar o que *Sintonía* representava para ela: a revista que lia em Junín, a revista que, publicando a biografia de Norma Shearer, acendera em sua alma o fogo sagrado. Pensando bem, terá sido essa leitura que afinal a levou, anos depois, a se inscrever nesse concurso. Estava em jogo um papel em *La gruta de la fortuna*, comédia que a companhia de Pierina Dealessi estava para montar no Teatro Liceo. Evita poderia inclusive ter se apresentado a Kartulowicz dizendo simplesmente: "Se estou aqui é por sua causa." Não sabemos o que lhe disse na realidade, mas sabemos que foi amor à primeira vista.

Finalmente um sentimento real, ou ilusório, mas que acalenta o coração! É claro que se tratava também de um sentimento inspirado pelo poder de um homem. Ao mesmo tempo em que o amava, ela buscava alguma forma de apoio, uma recomendação, uma foto nas páginas da revista, o que não desmente o sentimento: defendendo-se da acusação de amar os homens por seu dinheiro, a personagem de Marilyn Monroe em *Os homens preferem as louras* diz que o dinheiro é parte integrante deles, de forma indissociável, e que, amando o dinheiro, ela ama o homem. Assim é que Evita ama o eslavo chileno, pois era grande, corpulento, caloroso e também poderoso. Um desportista, um homem feito, ainda na força da idade e capaz de ajudá-la: aí está o seu modelo de príncipe encantado, modelo que voltará a se manifestar mais tarde em sua vida, na pessoa de outro homem não menos realizado e esportivo. Esse amor, com efeito, valeu-lhe de ensaio geral. Se ela só tivesse vivido experiências sórdidas, o amor de Perón não lhe teria despertado interesse. Mas acontece que tudo na vida é o eco de alguma outra coisa: "floresta de símbolos em que os perfumes, as cores e os sons" – mas também os amores – "respondem uns aos outros".

E Kartulowicz publicou a foto de Evita. Pagava, assim, com a moeda de que dispunha, um amor que não tardaria a incomodá-lo. Pois Evita, por demais apaixonada para agir com sabedoria, nada sabia da coqueteria. Ah! se *doña* Juana estivesse ali para lhe oferecer os conselhos que sabiam dar as mães de outros tempos: "Está errado, minha filha, telefonar para ele dez vezes por dia. Faça-se desejada." Mauricio Rubinstein, citado por Vacca e Borroni, afirma ter visto Evita esperar Kartulowicz no saguão da revista 12 horas seguidas, limpando as unhas. E a atriz Juanita Quesada, que trabalhava com

Eva na Rádio Belgrano, acrescenta este depoimento, que colhemos junto a sua irmã: "Evita não tinha sorte com os homens. Ela os irritava, estava sempre grudada. Kartulowicz ia nos fins de semana para o Delta com outras mulheres e ela ia atrás." Franca, direta, ardente de coração, senão de corpo, ela estava à frente de seu tempo nessa recusa ou incapacidade de agir por vias travessas.

A fotografia publicada em *Sintonía* certamente a ajudou. E, depois do rompimento, Kartulowicz ainda publicaria outras, não esquecendo de falar dela nos momentos certos. Ele não parece, portanto, ter sido de seus piores amantes. Quando se tornou mulher do presidente, Evita presenteou-o com papel para a revista, numa época em que a imprensa argentina enfrentava escassez do produto.

É, no entanto, à proteção de uma mulher, para variar, que Evita deve a relativa prosperidade de que desfrutou em 1938. Tudo começou com um papel em *La gruta de la fortuna*. Aprovada no concurso, ela fora admitida na companhia de Pierina Dealessi. A atriz italiana observara a criatura pálida que esperava sua vez e ficou sensibilizada. Ela diz: "Evita era uma coisinha transparente, magrinha, fina, com cabelos negros e um rosto alongado. Demos a ela um contrato por um salário mísero. Trabalhávamos sete dias por semana, e aos domingos dávamos quatro récitas seguidas. À tarde, encontrávamo-nos no camarim para beber algo. Evita bebia mate, mas, como sua saúde era delicada, eu acrescentava um pouco de leite. Ela era tão magra, dir-se-ia de uma corrente de ar... Por causa da fome, da miséria e de certa negligência, suas mãos estavam sempre frias e úmidas. E, aliás, ela também era fria em seu trabalho de atriz: uma verdadeira pedra de gelo. Não era uma jovem capaz de despertar paixões, mas sim extremamente submissa e tímida. Uma jovem triste, devota da Virgem de Itati. Comia muito pouco. Acho mesmo que nunca comeu. Quando seu pão preto já não passava de uma lembrança, era então por falta de tempo que ela se privava de alimento. O único amor de sua vida era seu irmão Juan, um adorável canalha."

Com frequência, Pierina Dealessi, que era solteira e vivia com a mãe, dizia-lhe com afetuosa solicitude: "Minha menina, depois do teatro venha dormir em minha casa. É perigoso voltar para a sua casa às 3 horas da manhã." E providenciava-lhe então uma cama improvisada em seu velho baú de imigrante.

Navarro e Fraser contam que, em algum momento de seus anos de busca, Evita viveu com um jovem ator que se dispunha a casar-se com ela. Instalara-a num apartamento onde levava uma vida "decente e normal". Certa noite, no entanto, ao retornar ao ninho de amor, ela encontrara o apartamento vazio. O ator partira levando tudo, os móveis e até as panelas. E Evita retornara às pensões sórdidas.

John Barnes e Jorge Capsitski relatam uma história semelhante de apartamento perdido. Já não se trata aqui de noivado rompido, mas de Juancito, o canalha encantador. O irmão adorado prestara serviço militar em Buenos Aires e sempre se mantivera muito próximo de Evita. Os dois sentiam-se cúmplices, entendiam-se com meias-palavras. Juancito compreendia tudo, mesmo o inconfessável. A ovelha negra da família se solidarizava com a aventureira. Mas no fundo eram ambos de grande ingenuidade, provincianos fazendo-se passar por espertos.

Evita instalara-se, portanto, num apartamento (segundo Capsitski, num hotel luxuoso, o Savoy) que dividiria com um rico industrial. Foi então que recebeu a notícia: o Juancito de seu coração dera um desfalque no banco em que trabalhava. Ela vendeu tudo para pagar a dívida do irmão, voltando a se instalar numa pensão sórdida. Capsitski vai mais longe: afirma que Evita foi parar afinal num *conventillo*, espaço teatral por excelência, como vimos, mas que seu estado de espírito certamente não lhe permitiu apreciar.

LÁGRIMAS RADIOFÔNICAS

De repente, em 1939, no dia 1º de maio (uma das datas que o peronismo transformaria em símbolo), opera-se uma brusca reviravolta na carreira de Eva: a companhia do Teatro do Ar começa a transmitir uma série de novelas assinadas por Héctor P. Blomberg. Estrelas: Evita Duarte e Pascual Pelliciotta. Ela estava, então, integrada a uma companhia na qual um autor escreve roteiros especialmente para ela.

Naquele mesmo mês, a revista *Antena* publicara duas vezes sua foto: uma em preto e branco, a outra em cores, e na capa. Nessas fotos, seus cabelos, ainda castanho-escuros, estavam repartidos, uma parte enquadrando-lhe o rosto, elevada com a ajuda de postiços, a outra caindo sobre o ombro: um penteado indeterminado de uma Eva que ainda não juntou tudo, que ainda não domina sua própria imagem; mais tarde, quando tiver forçado seus cabelos a obedecer-lhe, domando-os num coque bem firme, ficará claro que traz o próprio destino nas rédeas. Mas que acontecera então? Ou, melhor, quem era Héctor P. Blomberg?

Era um homem de cerca de 40 anos. Romancista, poeta, era conhecido por suas peças teatrais de temas históricos, muitas vezes no contexto da época do ditador Rosas. Blomberg pertencia a uma corrente nacionalista que incluía o ditador do século XIX e a cultura popular argentina. Afastada então de toda ideologia, Evita lançou-se com êxito à carreira radiofônica, ligando-se a um autor cujas ideias prefiguravam as do peronismo.

Em face do nacionalismo, os escritores da outra corrente torciam o nariz. A cultura argentina dos anos 1930 era antes de tudo francesa, só depois inglesa e sempre universal. À esquerda, a reação era idêntica: o antinacionalismo ostentava o mesmo desprezo pela cultura "populista" encarnada por Evita. Sem chegar a equiparar o rosismo às novelas de rádio, mais lacrimogêneas que ideológicas, pode-se dizer que o abismo entre o peronismo e seus adversários era, sobretudo, de natureza estética. Evita era "peronista" muito antes que Perón chegasse a sê-lo, e isto por uma questão de gosto. Do ressentimento social à estética do tango e da novela de rádio, ela tinha mil motivos para se entender com Perón. E, no entanto, em dado momento de sua vida, se libertaria de todo o condicionamento sociológico e psicológico, de toda a determinação, pela graça de uma espécie de frêmito alado. O Anjo da Morte?

Certa noite, num bar de Buenos Aires, o célebre romancista Roberto Arlt, autor de *Sete loucos*, falava com entusiasmo, gesticulando largamente. Sentada à sua mesa, uma jovem de tez pálida saboreava seu café com leite. Era tão frágil e tossia tanto que parecia saída de um de seus romances. Era Eva. Com sua gesticulação extravagante, o escritor acabou por derrubar uma xícara sobre a saia da moça. Para implorar-lhe perdão, ajoelhou-se diante dela, uma das mãos no coração. Evita levantou-se e correu para o toalete. Ao retornar, tinha os olhos vermelhos. Sentou-se tranquilamente e disse com simplicidade: "Logo, logo, vou morrer." "Não fique assim, belezinha. Vou morrer antes de você", respondeu ele. E com efeito ele morreria no dia 26 de julho de 1942, e ela, dez anos depois, também no dia 26 de julho.

Àquela altura, portanto, sua foto aparecia com regularidade nas revistas, com chapéu, sem chapéu, os cabelos escuros caindo em cachos sobre os ombros frágeis, com tanta frequência que o público passou a reconhecer seu sorriso. Ela tinha dentes perfeitos, ressaltados por uma ligeira projeção da mandíbula superior, de tal forma que o lábio inferior retraído, mordido pelos caninos, dava-lhe um ar cândido e mesmo um pouco néscio. Mas o importante é que se tornava "visível", existia. Era feliz? A insatisfação parecia seu pão quotidiano. Se vivera solitária por causa da miséria, queria agora continuar a sê-lo, para preservar suas conquistas. Suas relações e ligações existiam em função da carreira. Na rádio, gravava os programas sem dirigir a palavra a ninguém e voltava para casa sem demora. O ator Pablo Raccioppi, que trabalhou com Eva, menciona o rancor que os homens lhe inspiravam. "Eles só pensam naquilo", dizia-lhe ela. Quando Raccioppi, casado, falava de sua mulher e dos filhos, Eva "mantinha um silêncio incomodado". Este depoimento soma-se a outros que nos descrevem Evita como uma mulher tensa, ambiciosa, frígida e, na expressão corrente na época, destituída de *sex appeal*. Para muitos, tudo isso era o bastante para qualificá-la como "masculina". Era uma época, é bem verdade, em que a feminilidade era assim definida por um bolero célebre: *La mujer que al amor no se asoma / no merece llamarse mujer*".* Sempre com roteiros de Blomberg, Eva iniciou um segundo ciclo de novelas transmitidas pela Rádio Prieto, e logo um terceiro. Participou também de um filme histórico sobre a Patagônia, *La carga de los valientes*, e fez suas últimas incursões no teatro com

*A mulher que não se oferece ao amor/não merece ser chamada de mulher. (*N. do E.*)

duas peças, *Corazón de manteca* e *La plata hay que repartirla*. O teatro decididamente não lhe dava sorte: ela ganhava muito pouco, seus papéis continuavam sendo mudos, ou quase. Em 1941, em compensação, Evita fez dois filmes: *El más infeliz del pueblo*, com um cômico célebre, Luis Sandrini, e *Una novia en apuros*, do norte-americano John Reinhardt. Nenhum deles teve algo de memorável. Mas havia o rádio. E isto ela sabia fazer. O padre Benítez, seu confessor, conta que ela gostava de dizer: "No teatro eu era ruim, no cinema não me saí muito mal, mas, se eu era boa para alguma coisa, era para o rádio."

Um rádio de tal importância que, segundo Navarro e Frases, era considerado "o segundo do mundo, depois do rádio dos Estados Unidos". O aparelho a pilhas, que permitiu a difusão em massa em todo o país, ainda não fora inventado. Mas os fabricantes de rádio enviavam caminhões equipados às aldeias onde ainda não havia energia elétrica, e os habitantes, iniciados pelos alto-falantes naquela maravilha que transformaria suas vidas, passavam a lutar para consegui-la.

Diariamente, às 17 horas, as donas de casa, as empregadas domésticas e, se o ruído permitisse, as operárias das fábricas viviam momentos de magia. Os temas das novelas eram sempre os mesmos, pois a repetição era necessária para o público, que ficava assim mais seguro de si. Era sempre e sempre a história de Cinderela. Uma jovem pobre, bela e meiga, casta e infeliz, que ama o filho do patrão. Sofre e chora meia hora por dia por meses a fio. No fim, por força da própria beleza, mas sobretudo da bondade, consegue transcender as barreiras sociais. Um papel de sonho para Evita: ela tinha uma voz ao mesmo tempo aguda e quebrada, dolorosa e cândida. Uma voz pueril, desajeitada, sem sofisticação, uma voz comum, parecida com a de suas ouvintes. E para essas mulheres tratava-se do momento predileto, que era só seu e de mais ninguém; era também a hora do mate, e, quando aspiravam a última gota, o ruído do canudo parecia acompanhar e mesmo imitar os suspiros de Evita.

Entre 1939 e 1946, o nome de Evita aparece associado ao de um ou dois sabonetes. O que significa que ela conheceu os industriais que os fabricavam. Mauricio Rubinstein disse a Vacca e Borroni que suas novas relações lhe haviam permitido empregar seu irmão no banco, aquele mesmo onde, ao que tudo indica, ele acabaria por dar um desfalque.

Podemos mencionar também o azeite Cocinero, vendido em grandes e pesadas garrafas de vidro. Este produto tem o mérito de haver patrocinado os programas de Evita na Rádio El Mundo, promovidos pelo editor da revista *Guión*, Lafrenz, outro amigo de nossa atriz, e que, para aumentar a confusão geral, alguns chamam de Jorge e outros de Enrique. Essas empresas valeram-se, portanto, do radioteatro de Evita para fins comerciais, com sucesso garantido. Não há nada de surpreendente nisso, nem no fato de que tenha participado de um filme da Linter Publicidade, *La luna de miel de Inés*, ou posado para fotos publicitárias. A época era notável, não ela. Durante sua visita a Paris, *France-Dimanche* publicou uma dessas fotos, em 27 de julho de 1947. Uma família argentina riquíssima e antiperonista, os Bemberg, encarregara-se de fornecê-la à revista, para revelar ao povo francês a verdadeira natureza de Evita. Nesta foto, a mulher do presidente argentino, então em visita oficial, aparecia envolta num tecido que sustinha com uma das mãos na altura do peito, e com a outra no ventre, como para impedi-lo de cair. Seu pé escapava de um chinelo de salto altíssimo. E por fim, o horror dos horrores: via-se sua perna inteirinha.

Quantas lágrimas, quantos suspiros improvisados em todos aqueles anos, até 1943! Os roteiros eram escritos por Martinelli Massa ou por seu sempre fiel Blomberg. Diariamente, meia hora antes da gravação, o autor entregava aos atores os diálogos que acabava de escrever. Continuava Evita a enrolar a língua? Ainda dizia *ojepto* em vez de *objeto*, *écter* em vez de *éter*? Raúl Rossi recusa-se a entrar neste jogo: "É verdade que às vezes ela pedia ao roteirista que substituísse uma palavra impronunciável por outra mais fácil. Mas todos nós fazíamos o mesmo: que ator não faz isso? A diferença é que Evita, quando se tornou próxima de Perón, era esperada na esquina, e ninguém lhe perdoava o menor deslize."

A versão que nos fornece Gloria Alcorta é diferente; mas cabe ressalvar que esta escritora pertence a uma classe social separada por um verdadeiro abismo da de Evita, e também que seu depoimento se reporta a um período posterior da carreira desta – o que nada muda no que diz respeito à voz e à elocução.

Eis o depoimento: "Começamos a ouvir rádio numa época em que Alberto Girondo, meu marido, estava doente. Era uma experiência nova: nunca havíamos ouvido rádio antes. E, totalmente por acaso, demos com uma certa Eva Duarte no papel de Catarina da Rússia. Para nós, era uma perfeita desconhecida. Mas que revelação! Era uma festa quotidiana aquela voz anasalada que bancava a imperatriz com um sotaque suburbano de tango! Era de chorar de rir. Mal podíamos esperar a hora da novela, e comentávamos com os amigos. Acho que contribuímos bastante para a sua fama."

As ouvintes que não frequentavam o mundo de Gloria Alcorta, em compensação, ouviam-na sem rir, e mesmo chorando. Graças a essas mulheres e a suas lágrimas, Evita deixou em março de 1942 sua pensão bolorenta para se instalar num apartamento na rua Carlos Pellegrini, perto da avenida Libertador – região das mais elegantes. Mas é ainda Pablo Raccioppi que, fornecendo este endereço, deixa ao mesmo tempo escapar em seu depoimento um detalhe preocupante: "Os profissionais do mundo do espetáculo diziam que este apartamento era uma *garçonnière** do coronel Aníbal Imbert."

A informação causa perplexidade, pois todas as testemunhas afirmam que Evita só conheceu o coronel Imbert depois da Revolução de 4 de junho de 1943. Com duas exceções: Silvano Santander e Carmen Llorca.

O primeiro, deputado radical, publicou em 1955, após a derrubada de Perón, o livro *Técnica de una traición*. Santander não poupa Evita neste livro, acusando-a de ter trabalhado para a embaixada da Alemanha a partir de 1941. Infiltrando-se nas atividades da espionagem alemã é que ela teria conhecido os militares argentinos pró-nazistas que prepararam a Revolução de 1943. Ele menciona Perón, mas não Imbert; porém, ambos integravam o mesmo grupo, o GOU (Grupo de Oficiais Unidos). Santander louva-se em supostas fotocópias de cheques assinados pelo embaixador da Alemanha, Von

---

*Apartamento destinado a encontros amorosos. (*N do E.*)

Thermann, à ordem de Eva Duarte. Voltaremos mais adiante a aprofundar essa questão espinhosa. Digamos, por ora, que os argumentos de Santander são essencialmente verdadeiros, mas que os documentos mencionados são falsificações grosseiras que podem ter enganado esse escritor honesto, mas excessivamente parcial.

Quanto a Carmen Llorca, fia-se unicamente em sua própria intuição, segundo a qual Perón e Eva se conheceram muito antes de junho de 1943, ao passo que a data oficial de seu primeiro encontro ficou estabelecida em 22 de janeiro de 1944. Como Evita sumia das transmissões nos primeiros meses de 1943, Llorca concluiu que ela estava trabalhando para o movimento peronista. A maioria dos autores estranha esse desaparecimento de Evita, no exato momento em que começava a fazer sucesso. Alguns levantam a hipótese de uma doença, de um tratamento a ser seguido. Outros aceitam a explicação que ela mesma forneceu à revista *Antena*, de 27 de maio de 1943: "Ultimamente não me têm sido oferecidos papéis realmente interessantes para uma artista do meu nível."

Mas é difícil imaginar Evita tão cedo envolvida numa causa política, e mais ainda bancando a Mata Hari já em 1941. Seu personagem político foi se forjando com o passar do tempo, e sempre à luz do dia, perceptível por todos. Todos puderam observar sua falta de jeito inicial e rir de seus erros. Até 1946, faltavam-lhe tato e sutileza: o que a transformou definitivamente foi a viagem à Europa em 1947. Como imaginar que a embaixada da Alemanha, em plena guerra, tenha corrido o risco de arregimentar uma mocinha de 20 anos e língua enrolada? Naquilo que estava a seu alcance, ela sabia se virar; mas fazer amizade com um fabricante de sabonetes para conseguir patrocínio para um programa é uma coisa, e outra bem diferente é passar a ser uma espiã para os nazistas.

Por volta de 1942, podemos afirmar sem risco de erro que Evita era uma jovem atriz ambiciosa e disposta a dar a volta por cima, dotada no máximo de uma predisposição natural para o nacionalismo e de certo interesse pelos problemas sociais. Melhor ainda, ela mesma era um problema social; e, como afirmou em sua autobiografia, *La razón de mi vida*, sentiu ao longo da vida raiva diante da injustiça, um sentimento tão violento que parecia sufocá-la. Podemos dar-lhe crédito nisso, pois o "sentimento" que viria mais adiante a exprimir não parecia improvisado nem simulado. E assim é que ficam as coisas: nenhuma testemunha ocular confirma a tese de Llorca – nem, por sinal, a de Santander. E se Evita conheceu o coronel Imbert antes da Revolução de 1943, tiveram provavelmente um tipo de relacionamento que nada tinha a ver com a "causa".

Qual o motivo, então, desse desaparecimento de Evita no início de 1943? A única hipótese válida continua sendo a da doença. Era tal sua palidez que a julgavam anêmica ou mesmo leucêmica. E tanto mais que, se houvesse desaparecido para se entregar a uma atividade política, como explicar que, uma vez tornando-se a amante oficial de Perón, em vez de se retirar de cena passou a filmar como nunca antes, prodigalizando-se ainda em diferentes programas de rádio?

Outro depoimento relativo ao "sentimento de injustiça" arraigado no coração de Evita desde antes de 1944 parece-nos ainda mais convincente: certa noite chuvosa, numa rua de um bairro pobre distante do centro, uma mulher desesperada procura uma maneira de levar seu marido para o hospital. É então que um táxi para e dele sai uma bela jovem que lhe oferece ajuda, dizendo que conhece um bom médico no hospital, e pede ao motorista que os leve para lá. Essa bela jovem é Eva, que passaria a noite à cabeceira do doente, continuando depois a visitá-lo para se assegurar de sua recuperação.

Acontece que, durante aquela noite angustiosa, o doente também foi acompanhado por um amigo, um operário anarquista. Libertad Demitrópulos, autor de um livro sobre Evita, no qual relata esse episódio, acrescenta o seguinte: "Eva Duarte e o operário tornaram-se amigos. Conversaram longamente sobre a situação política do país, a respeito da qual Eva tinha ideias perfeitamente claras. A vida, que os aproximara, viria a impulsioná-los à ação em circunstâncias críticas para ambos e para a Pátria, até o dia em que, 11 anos mais tarde, a morte de Eva os separou." Mais adiante no mesmo texto esse autor peronista – mas de família anarquista, a julgar por seu prenome, muito comum entre os libertários – arrisca um nome. Este misterioso operário não seria ninguém mais que Isaías Santín, membro da Confederação Geral dos Trabalhadores (CGT), que efetivamente colaborou com Eva até o fim. Cabe chamar a atenção para o fato de que se tenha atribuído a Evita, ao mesmo tempo, cumplicidade com os nazistas e com o anarquismo. O peronismo é um bricabraque que permite todos os tipos de interpretação. Mais que isso, ele os propicia.

Equivocado, em nossa opinião, quanto às datas, Raccioppi não parece se enganar tanto ao descrever uma Evita gélida, egoísta e crispada (tão real quanto a Evita samaritana do episódio anterior). Àquela altura, ela alcançara o sucesso, ou pelo menos tinha motivos para crê-lo. Tinha disso perfeita consciência, e essa mesma criatura capaz de passar a noite à cabeceira de um doente não hesitava em dizer, apontando com o queixo para outras atrizes: "Pablo, agora somos estrelas, não podemos frequentar o mesmo café que essas aí. Vamos manter a devida distância, num lugar mais caro."

Senso da hierarquia, desejo de se distanciar de uma vida de mulher do lar, da qual fugira: a uma atriz que pediu autorização para chegar atrasada, pois precisava dar a mamadeira ao bebê, ela respondera: "Isto aqui não é maternidade. Se você não pode chegar na hora, como todo mundo, escolha outra profissão."

No entanto, Raccioppi concluiu confessando, quase a contragosto: "Evita acreditava sempre no que dizia."

Este livro será apenas a história do encontro entre uma mulher que tinha fé e um descrente. Uma história de sinceridade e fingimento, na qual verdade e aparência andarão de braços dados.

3
Amante

Chegam os militares • Estrela do rádio • Evita e o coronel brincam de esconde-esconde • O sorriso do coronel Perón • Um "dia maravilhoso" • História de um caçador na Patagônia • Perón admira Mussolini • Perón toma lições no país de Hitler • As ameaças de Evita • A amante do coronel torna-se loura • Bofetadas e Libertad • "Ouçam!... É ela" • Um vestido bordado de pérolas negras

Em 4 de junho de 1943, um golpe de Estado fomentado pelo general Arturo Rawson derrubou o presidente Ramón J. Castillo, substituindo-o pelo general Pedro Pablo Ramírez.

No momento da revolução militar anterior, a de 1930, Evita mal se instalara em Junín com a tribo materna. Ouvindo tiros, ela dissera, mostrando à irmã Erminda a porta trancada: "Nada de pânico, estamos seguras." Iria o ano de 1943 oferecer-lhe uma tranca mágica, capaz, não mais de fechar a porta, mas dessa vez de abri-la para todas as maravilhas deste mundo? Antes, porém, de chegar às maravilhas, será que sabia de que revolução se tratava e o que pretendiam seus autores? Conhecia mais ou menos os acontecimentos ocorridos em seu país desde 1930? Sim, basicamente. Vale dizer: ela sabia em linhas gerais o que acontecera. Não ignorava (certamente que não!) a existência de uma classe social conservadora, que detinha a posse da terra; de uma classe média frequentemente descendente de imigrantes que apoiava os radicais (dos quais fora o velho Yrigoyen o bem-amado caudilho); de uma classe operária crescente; e do Exército. Entre os operários, uma minoria era socialista, comunista ou anarquista e filiava-se aos sindicatos, limitando-se os demais a suportar o destino que lhes estava reservado. Quanto ao Exército, tentara sua sorte em 1930 derrubando o *Peludo* (o tatu) Hipólito Yrigoyen, que se tornava cada vez mais difícil de compreender.

Yrigoyen usara sempre uma linguagem obscura. À medida que envelhecia, no entanto, sua tendência para o hermetismo aumentava, e ele se prodigalizava em achados. Que pensar, então, daquelas "*efectividades conducentes*",* expressão tipicamente yrigoyenista, que seus *tradutores* interpretavam como "o que redunda em algo eficaz"? Era preciso reconhecer o óbvio: ninguém mais dava ouvidos a Yrigoyen. E o Exército aproveitara para dar o primeiro golpe de Estado militar da história argentina. O objetivo declarado era o mesmo que ele invocaria com regularidade em ocasiões posteriores: "sanear" o país, devolvendo-lhe sua força, sua moralidade, seus valores cristãos e nacionais. O objetivo inconfessado: tomar o poder.

Atolados, no entanto, em total confusão, Uriburu e seus homens deram mostra de falta de coerência. Inspirando-se em Maurras, Mussolini e Primo de Rivera, tinham ideias de extrema direita que ainda não ousavam afirmar. E seu movimento caíra muito naturalmente nas mãos da oligarquia, proprietária tradicional da Argentina, que não era nacionalista e germanófila como eles, mas liberal e anglófila, e que substituíra esse Uriburu um pouco chocante por um general mais clássico, Agustín P. Justo.

Começaria então um decênio "democrático" ("infame" para os partidários de Perón). Sob o signo da fraude eleitoral, ele iria transformar a Argentina, como nunca antes, em produtora de matérias-primas destinadas aos ingleses. Mas a Crise de 1929 fora enfrentada, como já vimos, com uma industrialização acelerada. E, em 1939, a guerra europeia obrigara a Argentina a se industrializar ainda mais: os produtos manufaturados não chegavam mais da Europa, nem a mão de obra. Em consequência, o movimento de migração interna acentuou-se, e os operários afluíram das províncias.

---

*"Efetividades consequentes". (*N. do E.*)

Eis o motivo pelo qual a classe operária aumentava, ao mesmo tempo mudando de cor. Os *criollos* ou *cabecitas negras*, que Evita sempre trataria com desvelo e cortesia, invadiam Buenos Aires como uma espécie de poeira encarvoada que a cidade branca e orgulhosa tentava sacudir... Em tempos idos, eram o napolitano de cravo na orelha e o galego de sobrancelhas espessas os alvos da chacota. Agora, ninguém ria dos *cabecitas negras*, mas ninguém suportava vê-los, ou melhor, ninguém suportava *se ver* nesse espelho tão pouco lisonjeiro. Sua simples presença bastava para deixar visível a grande chaga nacional: os argentinos não eram tão brancos quanto julgavam. Melhor que zombar deles teria sido poder ocultá-los. Mas pelo menos eles tinham a polidez de permanecer em seus subúrbios bem afastados. Os portenhos podiam continuar a ignorá-los, a se julgar europeus. Por quanto tempo?

Em face da guerra europeia, o governo de Castillo se contorcia num dilema que os revolucionários de 1943 herdariam: a neutralidade argentina. Os ingleses "compreendiam" a posição do país amigo e não faziam tanta questão de forçá-los a declarar guerra aos alemães. Se mostravam-se tão compreensivos, era para evitar que a Argentina caísse sob a influência dos Estados Unidos e cedesse às pressões dessa potência, aliada na guerra mas concorrente no expansionismo. E os argentinos aproveitavam essa situação ambígua, que lhes permitia jogar para ganhar, mesmo em caso de vitória do Eixo.

Um jogo flutuante que transparece no episódio do naufrágio do encouraçado alemão *Admiral Graff von Spee*, mistério que demorou a ser elucidado. Em dezembro de 1939, o *Graff Spee* foi atacado por navios ingleses no rio da Prata. A batalha naval parecia favorecer os alemães, até que Hans Langsdorff, comandante do *Graff Spee*, decidiu dar as costas aos agressores, entrou pelo rio da Prata e rumou para Buenos Aires, dirigindo-se voluntariamente para a armadilha.

Jorge Camarasa tem para isso uma explicação, em seu livro *Los nazis en la Argentina*: o próprio Hitler dera a autorização, sabendo que Léon Scasso, ministro da Guerra, era "partidário do Eixo". Os nazistas podiam, portanto, identificar tais simpatias no próprio seio de um governo liberal. Com a bênção dos ingleses, a Argentina se metia nessa história de guerra, para grande indignação dos norte-americanos, que insistiam sem a menor sutileza que ela optasse por um dos lados.

O fator desencadeador da Revolução de 1943 foi a nomeação de um candidato escolhido pelo governo de Castillo para vencer as próximas eleições "livres": Robustiano Patrón Costas, que enriquecera até não poder mais com a exploração da cana-de-açúcar. O Exército moralizador – ou, mais precisamente, o GOU (voltaremos a falar a respeito), que falava sobre modernizar o país, devolvendo-lhe uma "estrutura", uma "ordem" – não podia tolerar a revelação dessa nova fraude, mais escandalosa ainda que as anteriores. Além disso, a Revolução de 1943, que também se propunha a "sanear" o país, devolvendo-lhe sua força, seus valores e tudo mais, tinha um objetivo muito mais claro que o da irmã mais velha de 1930: empolgar o poder. Já agora o Exército se tornara uma espécie de classe social totalmente à parte: um país dentro do país. Essa revolução tinha as ideias claras. E aquilo que faltara a Uriburu: um líder que sabia o que queria e que, tendo vivido na Itália mussoliniana, entendera tudo direitinho. Esse era o coronel Juan Domingo Perón.

Eva, no entanto, ainda ignorava tudo isso. Menos enfadonha que esses saberes abstratos que de nada lhe serviriam, sua ciência dizia respeito muito especificamente à sua pele: seu trabalho como atriz sofreria as consequências de uma revolução que falava de saneamento e de valores. Nomeado diretor dos Correios e Telecomunicações, o general Aníbal Imbert divulgara intempestivamente um comunicado severo: proibição de difundir certos "tangos negativos" (daqueles que botam o dedo na ferida, repetindo que a juventude perdida nunca mais voltará); preferência a ser dada ao folclore das províncias, mais ingênuo, mais "nacional" e por isso mesmo mais positivo e mais marcial; e, sobretudo, obrigação de os roteiristas das novelas de rádio lhe submeterem os textos, que ele escoriaria de todo e qualquer elemento insalubre. Assim foi que nossa atriz teve de se apresentar na sede dos Correios, convocada, como os demais colegas, por um funcionário, Celedonio Galván Moreno, que requisitara um andar inteiro para examinar confortavelmente os roteiros e torná-los "apresentáveis".

Para cúmulo da sorte, quem estava lá, ao lado de Galván Moreno?... Oscar Nicolini em pessoa! O velho Nicolini de Junín, que Eva conhecia muito bem! O velho funcionário dos correios centrais de Buenos Aires, que trabalhara nos correios também em Junín e fora justamente encarregado do inquérito a respeito da queixa apresentada por uma empregada, certa Elisa Duarte, contra um colega incorreto. Nessa ocasião é que a queixosa teria apresentado ao cavalheiro grisalho a sua mãe não menos grisalha. Além disso, uma vizinha da família Nicolini, que preferiu manter o anonimato, disse-nos com um desses sorrisos especiais que só a história de Evita desperta nos lábios de alguém: "O bairro inteiro sabia que Nicolini tinha uma amante em Junín. E sabíamos porque ouvíamos os gritos de sua mulher, que berrava no pátio: Vais ao encontro da tua Juana, hein?"

Relação amorosa ou não, o personagem nicoliniano desempenha um papel relevante no desenrolar desta história. Era um homem simples e sem nada de especial. Sua importância decorre do fato de ter estado no lugar certo no momento certo. Sem sua presença ao lado de Galván Moreno e sobretudo do coronel Imbert, e se Evita não o conhecesse já através de *doña* Juana, ela teria encontrado dificuldades para introduzir-se tão rapidamente junto ao novo diretor (esta hipótese parte do pressuposto de que na época ela ainda não conhecia o coronel Imbert, ao mesmo tempo descartando o depoimento de Pablo Raccioppi sobre uma *garçonnière* do coronel na qual Evita teria vivido a partir de 1942); não se teria tornado amante de Imbert nem teria conseguido, graças a ele, papéis radiofônicos muito mais interessantes que os das novelas lacrimogêneas; tampouco teria provavelmente conhecido o coronel Perón. Mais ainda, se em 1945 Evita não tivesse feito com que Nicolini fosse nomeado diretor dos Correios e Telecomunicações, o Exército não se teria sublevado contra Perón e os acontecimentos que o levaram à presidência do país não teriam sobrevindo.

Será que podemos realmente refletir com base nesses termos? Temos aí uma mescla de condicionais que apresentam de outra forma a questão do acaso e do destino. Para que a história se realize, é indispensável, justamente, estar presente. O dado geográfico é necessário, mas não suficiente. Mesmo em conivência com um amigo de sua mãe, outra pessoa que não fosse Evita não se teria mostrado tão desembaraçada. Já no primeiro dia, ao sair do escritório desse coronel Imbert sempre uniformizado (e que obrigava seus subordinados civis a ficarem em posição de sentido na sua presença), ela ostentava um ar de triunfo dos mais curiosos, a meio caminho entre a exasperação e a determinação. Um ar muito especial, que podemos observar igualmente na primeira foto de Evita como mulher de presidente, apenas dois anos depois. Um ar que logo chamou a atenção das outras atrizes reunidas no corredor e na sala de espera: Eva os tinha na palma da mão. Dentre todos eles, era ela a mais rápida.

O resultado não se fez esperar. A Revolução ocorreu em junho. Em setembro, a revista *Antena* anunciava que "a célebre atriz Eva Duarte" seria a protagonista de uma série de programas a serem transmitidos pela Rádio Belgrano e dedicados a mulheres também célebres, como a imperatriz Charlotte, Elisabeth I da Inglaterra, Sarah Bernhardt, Alexandra Feodorevna, a imperatriz Josefina, Isadora Duncan, Madame Chiang Kai Shek, Eleonora Duse, Eugenia de Montijo, Lady Hamilton, Ana da Áustria, Catarina da Rússia etc. Roteiristas: Alberto Insúa e Francisco Muñoz Azpiri – escritor nacionalista, futuro autor dos discursos de Evita, de modo que a passagem do espetáculo artístico para o da política se realizaria sem tropeços, numa suave progressão. E, por outro lado, não se podia ver na escolha daquelas mulheres célebres um verdadeiro ensaio geral? Autores como Marysa Navarro, preocupados em ater-se aos fatos, sustentam que não se deve, por mais forte que seja a tentação, tirar conclusões precipitadas do que há de especial nesses papéis. Para ela, como para muitos outros, o importante é isolar cada elemento biográfico sem levar em consideração as "correspondências" que os associam uns aos outros, as repercussões que têm entre eles. Quanto aos meios peronistas, tendem a não conferir qualquer importância a esses papéis históricos ou a qualquer acontecimento anterior ao primeiro encontro entre Eva e Perón: Eva teria nascido de Perón (como sua homônima bíblica nascera de Adão).

Nada disso: Eva nasceu mesmo em 1919. Antes do encontro com Perón, cada instante de sua vida explica ou mesmo prenuncia o que estava por vir. Outras atrizes, como Mecha Ortiz, já haviam representado papéis de mulheres célebres, é verdade. E é provável que o coronel Imbert, em sua mania de grandeza, tenha considerado o tema das heroínas da história e das artes extremamente nobre e decente. Para além dessas duas verdades, no entanto, uma terceira, menos simples, menos demonstrável e mais pungente, parece olhar-nos bem nos olhos: uma dessas verdades que costumam ser captadas com rara felicidade em alguma situação breve e intensa. Adolescente, Evita sonhava em ser Norma Shearer no papel de Maria Antonieta. Durante sua viagem à Europa, em 1947, quando entrava na catedral de Notre-Dame, monsenhor Roncalli, o núncio italiano que se tornaria o papa João XXIII, exclamou: "*E tornata l'Imperatrice Eugenia!*"* Todos trazemos em nosso íntimo uma galeria de personagens mais ou menos reluzentes, um dos quais acaba sempre por se impor. Em Evita, as rainhas conviviam com personagens muito mais dolorosos. Mas a rainha estava lá. Desde sempre. Poderia nunca ter saído à luz do dia. Se Perón garantiu-lhe a vitória, não foi propriamente ele quem a fez nascer.

O excelente contrato assinado com o diretor da Rádio Belgrano, Jaime Yankelevich, com o qual suas relações viriam a ser difíceis, permitiu-lhe enfim alugar um apartamento só para si, no 1.567 da rua Posadas – endereço que entraria para a história do país. Por outro lado, os vínculos com Imbert também foram importantes para essa mulher rápida que aprendera, graças a um destino marginal, a preservar a acuidade de sua inteligência. Não qualquer uma, mas uma inteligência concreta, a dos animais da floresta e dos humanos na guerra. Se Imbert estava neste posto era porque o GOU (Grupo de Oficiais Unidos, do qual Perón fazia parte) considerava o rádio um fator de influência extremamente poderoso. Outra ideia-chave de Perón, igualmente herdada da Itália fascista: a importância dos sindicatos. Evita não podia deixar de sentir o que ia pelo ar. Terá certamente entreouvido conversas na casa de Imbert. No dia 3 de agosto de 1943, encontra-se entre os fundadores da Associação Radiofônica

*"Está de volta a imperatriz Eugênia!" (*N. do E.*)

Argentina (ARA), que tinha o objetivo de "defender os interesses dos trabalhadores da rádio argentina". Oportunismo? Ou, mais precisamente, uma perfeita convergência entre sua própria indignação (o empresário teatral Francisco López, citado por Borroni e Vacca, conta que em Mendoza ela brigava com frequência com a gente de teatro "porque não aceitava certas humilhações") e essas ideias novas que já captava no ar?

Durante esse período, entre o fim de 1943 e o início de 1944, Evita e Perón aparentemente brincam de esconde-esconde, cruzando-se sem se verem, mas buscam um ao outro. Se a imprensa argentina da época publicasse anúncios classificados destinados a encontrar uma companhia agradável, eles poderiam redigir seu texto com a maior economia de palavras. Perón buscava uma mulher delicada e graciosa com quem pudesse aparecer em público. À falta dos classificados, esperava que alguém a apresentasse, pois por outro lado não dispunha da experiência nem do tempo necessários aos empreendimentos de sedução. Por outros motivos, buscava também alguém que estivesse ligada ao mundo do rádio – e tanto melhor se as duas pudessem convergir numa só mulher. Eva buscava, mais que nunca, um homem poderoso, e na Argentina de 1943 só podia ser um militar. Mas não Imbert: este coronel de carantonha severa não havia sido feito para ela, nem ela para ele. O depoimento de Carmelo Santiago, citado por Borroni e Vacca, não podia ser mais claro: "Imbert não suportava o temperamento indomável de Evita, de modo que a apresentou a seu amigo, o coronel Perón." E acrescenta: "Dorita Norvi, amiga de Evita, fora amante do coronel Imbert... Eva conhecia os auxiliares mais chegados de Imbert, por ter participado de suas festas."

Temos aí elementos que vão ao encontro de um dos múltiplos, confusos e contraditórios depoimentos que colhemos a respeito do encontro entre Eva e Perón. É o de Sarita Romero, uma "peronista da primeira hora", que por sua vez o obteve dessa mesma Dorita Norvi, ou Norby. (Impossível deixar de notar que essas mulheres sem defesa – vale dizer, sem marido – escondiam-se por trás de diminutivos, graciosas, implorando graça.) Eis portanto a versão que nos transmitiu Sarita Romero: "Era preciso arranjar uma companhia para Perón.

Pediu-se então a Dorita Norby que desse uma festa à qual convidaria atrizes, para apresentá-las a ele. Quem arranjou tudo foi o dono de uma agência de publicidade, Díaz. Pensou-se inicialmente em Zully Moreno, que era muito conhecida, mas pretensiosa demais. Mas quando Díaz viu Evita, achou-a mais simples, mais felina que Zully. Fez as apresentações, e eis tudo, a coisa deu certo."

(Essa versão contradiz as de outras testemunhas, como Roberto Galán ou a fotógrafa Anne-Marie Heinrich, segundo os quais Zully Moreno se teria recusado violentamente a tornar-se amante de Perón, e isso depois que Evita já havia sido apresentada ao coronel em busca de uma mulher. Anne-Marie Heinrich nos relatou um curioso episódio ocorrido em seu estúdio de fotografia. Apold, futuro diretor da propaganda do regime peronista, trabalhava na época para uma empresa cinematográfica, a Argentina Sono Films. Sabendo que Zully era esperada no estúdio para uma sessão de fotografias, ele apareceu em companhia de um militar uniformizado a rigor e disse à fotógrafa: "Diga a Zully que a espero para apresentar-lhe o coronel, ou o general X." Anne-Marie não guardou o nome nem a patente. Eis então que chega Zully. Na maior inocência, Heinrich transmite-lhe o recado de Apold. Mas Zully reage com raiva, como se tais recados não parassem de importuná-la: "Nunca! Isto nunca! Sei muito bem o que ele quer! Diga-lhe que desapareça imediatamente porque meu César Amadori [um célebre diretor] não vai gostar nada disso!" Entrementes, sem querer, Heinrich, que ia passando, ouve o seguinte diálogo entre o militar e o aprendiz de alcoviteiro: "Temos de convencer Zully! Ela tem de encontrar Perón. Caso contrário, que faremos? Perón está enrabichado pela Evita e temos de impedir a qualquer custo que isso vá adiante.")

Nem só por razões sentimentais, como vimos, Perón frequentava os meios radiofônicos. E, ainda que a festa organizada por Díaz Publicidade nunca tivesse ocorrido, podemos ter como certo que, antes de conhecer Evita (ou de ter oficializado seu encontro), ele fez pelo menos duas visitas à Rádio Belgrano para cumprimentar os atores e distribuir sorrisos e apertos de mão. Se Evita estava presente nessas duas ocasiões, não dispomos de fotos que o comprovem. E então?

Perón conhecia Evita desde antes do terremoto de janeiro de 1944, data oficial de seu primeiro encontro? É possível que a tenha visto em alguma reunião organizada em sua homenagem, ou durante uma dessas visitas à Rádio Belgrano. Ou então Imbert os havia apresentado, os dois se olharam e se avaliaram da cabeça aos pés, flertando com a ideia do triângulo que formavam com o outro, pois esse tipo de encontro suscitado por um terceiro nunca deixa de despertar um imaginário ligeiramente perverso... Seja como for, naquele 25 de dezembro de 1943, Perón compareceu à mesma estação de rádio para enviar aos argentinos uma mensagem de Natal, "acompanhado da senhorita sua filha". Depreende-se então que neste dia, se já conhecera Evita – a exclusivista, possessiva e ciumenta Evita –, ainda não estabelecera com ela uma relação verdadeira. Caso contrário, como teria aparecido em público com a Piranha, sua amante-criança, uma adolescente confiada a Perón pelo próprio pai, um camponês de Mendoza, para que cuidasse de sua educação?... Não, Perón não tinha filha nem filho algum. Era um viúvo de 48 anos, amante dos frutos verdes. Evita, com seus 24 anos, ainda podia ser tomada por uma boneca, desde que alguém quisesse mesmo fechar os olhos a seu respeito. E Perón podia desempenhar o papel do grande macho paternal. Ei-los portanto dispostos, ambos, a se enganarem: prontos a cair nos mal-entendidos de que a natureza se vale para que transcorra a história, que vai urdindo com indiferença os erros humanos.

UM TERREMOTO ABALA A HISTÓRIA

No dia 15 de janeiro de 1944, a cidade de San Juan (situada, como Mendoza, na região do Cuyo, e igualmente famosa por seu vinho – donde a expressão "estar entre San Juan e Mendoza", que denota instabilidade) foi destruída por um terremoto. Dez mil pessoas morreram, e as notícias projetadas nos cinemas – pois a televisão só surgiria na Argentina em 1951 – fizeram chorar o país inteiro, mostrando os órfãozinhos, os *cuyanitos* de rosto oliváceo devorado por imensos olhos negros. Raras eram as famílias nas quais não se falava em adotar um deles. Entre as comissões de socorro às vítimas estava a Associação Radiofônica Argentina, que se ofereceu para promover um grande festival artístico em benefício dos desabrigados.

Esse festival aconteceu no dia 22 de janeiro, no estádio de Luna Park. Já pela manhã os atores começaram a se reunir no gabinete do coronel Juan Domingo Perón, secretário do Trabalho e das Questões Sociais, acompanhado de seu adjunto, o tenente-coronel Domingo Mercante, e de alunos da Escola Militar. Ele recebia os artistas de teatro apertando-lhes as mãos, como se cada um deles fosse único. E cada um guardava na palma da mão a vibração de uma energia que lhe parecia destinada com exclusividade, e nos olhos o calor de um olhar que ninguém mais poderia suscitar. Cada um se sentia eleito.

Ele era grande, compacto, espadaúdo. Usava uniforme branco, barrete e botas negras. E exibia seu sorriso luminoso, o "sorriso de Perón", que nunca deixaria de ostentar, como se o acendesse apertando um botão, mas que de qualquer maneira dava a ilusão de um coração mil vezes mais aberto que os outros; tão aberto e grande que cortava ao meio aquele grande rosto caloroso, rude e viril – oh! tão viril! Algumas gordurinhas – apenas o necessário para enternecer as mulheres – envolvendo os músculos cultivados com capricho contribuíam para dar essa impressão tranquilizadora; com ele presente, sabia-se que os argentinos em dificuldades não seriam mais obrigados a dormir na rua. Ao esplendor do sorriso radiante somava-se o do uniforme imaculado. Mais tarde, ele diria a um de seus biógrafos: "Nas fotos do Exército, é pelo uniforme que sou reconhecido. O meu não tem um único franzido." Suas botas eram engraxadas com o mesmo empenho, ou a mesma raiva. Teria Eva identificado nessa obsessão de limpeza a mesma de *doña* Juana ensaboando seus aventais de escola? Não terá certamente demorado a compreender que essas obsessões gêmeas tendiam a apagar toda ambiguidade, quaisquer dúvidas pendentes. Por enquanto, contudo, ela só enxerga nele a ausência de imprecisão, de melindres, de hesitações. Não reparou em seus braços demasiado curtos, nem nos quadris largos demais nem naquele jeito de inclinar a cabeça ao sorrir, como uma criança. O sorriso de Perón, resplandecente, apagava tudo o mais. Ela viu apenas uma imagem de homem – o homem argentino por excelência, ao mesmo tempo com aqueles ares de Carlos Gardel e a semelhança com San Martín (haviam-lhe inclusive proposto que desempenhasse no cinema o papel do herói). Um homem de contornos nítidos e polidos, um homem claro, honesto, fácil de entender. Um homem.

Como ele tirou o barrete por um momento, ela pôde observar a perfeição dos cabelos, negros e gomalinados, cuidadosamente achatados sobre uma cabeça que prolongava a linha oblíqua do rosto. Esses cabelos vastos, trabalhosamente domesticados, e aquele nariz aquilino traíam a origem indígena: não se assemelhava Perón igualmente ao índio Patoruzú, herói de uma célebre história em quadrinhos argentina, na qual se inspiraram os criadores de Asterix? A aspereza viril de seu rosto devia-se na verdade a uma psoríase que ele tratava e camuflava com uma pomada, donde aquela máscara à Gardel, excessivamente fotogênica. Para quem o ignorava, entretanto, essa aspereza remetia ao deserto da Patagônia, vale dizer, mais uma vez, a ideias de dureza e rispidez masculinas.

Em *La razón de mi vida*, Evita escreve que aquele foi para ela "um dia maravilhoso". Não é difícil acreditar, nem imaginá-la toda agitada e solícita, caminhando ligeirinha e sacudindo o mealheiro como uma sineta, em benefício dos desabrigados. Acompanhada de outras atrizes, ela seguia o coronel Perón na *calle* Florida, a rua do comércio e dos grandes *magasins*. Era impossível deixar de notá-lo. Ah, aquelas costas largas! Aquele passo amplo! Quem não teria seguido um homem como aquele? Era um desses dias pesados e úmidos do verão portenho que provocam inchamento dos tornozelos – e os de Evita tinham essa horrível tendência, apesar da magreza de suas pernas. Mas ela sentia-se como se estivesse voando, seguia-o sem dificuldade, como um pardal saltitando em torno de um touro.

Estranha passeata! Evita jamais teria imaginado percorrer um dia a *calle* Florida sem se deter para olhar as vitrines. É verdade que, por causa da guerra, as de Harrods e Gath & Chaves já não estavam, como antes, cheias de todos aqueles chás de sabores sutis nem dos bombons com recheio de menta que as senhoras elegantes saboreavam com respeito, com veneração, como se fossem hóstias, porque vinham da Inglaterra. Apesar, no entanto, daquele retorno inglório à vulgaridade das pastilhas duras de roer, fabricadas num subúrbio operário de Buenos Aires e não mais aureoladas da mais prestigiosa procedência, a *calle* Florida continuava sendo a mesma, com sua maré humana que agora se detinha com curiosidade e simpatia para depositar alguns pesos nos mealheiros das lindas mocinhas cujos rostos haviam ficado conhecidos graças a *Antena* ou *Sinfonía*, ou no daquele militar tão cordial, tão humano, tão familiar, apesar de todas as insígnias, indicando que era efetivamente alguém importante... "Mas não é o secretário do Trabalho? Aquele que recebe os operários e os ouve pacientemente, um a um? Como se chama mesmo? Perón?"

Teria ela conseguido chamar sua atenção durante a reunião na *Secretaría*? Se conseguiu, como o fez? Com alguma coisa que disse? Com um discurso? Ter-lhe-ia mesmo dito, conforme afirma em *La razón de mi vida*, "Se sua causa é a do povo, estarei a seu lado, por mais que me tenha de sacrificar"? (Associando às palavras o gesto, apressava-se ela agora, na rua, a caminhar a seu lado, para que a visse e ouvisse: "Ajuda para os orfãozinhos de San Juan, por favor! Vamos, senhoras e senhores, ajudem-nos por favor.") Ou lhe terá declarado com ar grave, como sustenta ele em suas memórias, que era preciso tirar dinheiro daqueles que tinham muito para dar aos pobres? Ou será, como nos declarou o ex-deputado Miel Asquía, que lhe teria dito esta frase surpreendente: "Coronel, será que sua imagem não ficará prejudicada por aparecer assim em companhia de atrizes?" Vendo-a assim tão decidida, tão lúcida e empenhada, tê-la-ia ele encarregado de organizar tudo?

Nada parece menos certo. A memória de Perón é simplificadora, corta caminhos, avança rápido demais, desenhando de Evita um retrato que só mais tarde viria a se tornar autêntico. É a memória de um homem distraído, que não dá importância aos detalhes. É assim que, nessas mesmas recordações, afirma que no dia em que a conheceu ela era loura ("uma longa cabeleira loura que lhe caía pelos ombros"), quando se sabe que ainda não havia tingido os cabelos. Nesse retrato de Evita traçado por Perón vinte anos depois de sua morte, só uma observação nos parece interessante: "Eva tinha a pela clara, mas, quando falava, seu rosto se inflamava. Suas mãos ficavam vermelhas, de tanto que torcia os dedos. Era uma mulher de coragem." Ele se refere à "fragilidade" de Evita, a seus "olhos ardentes", mas deixa a impressão de que poderia aplicar as mesmas expressões a milhares de outras mulheres. Em compensação, aquelas mãos avermelhadas têm o peso e a consistência da realidade. E, curiosamente, não se trata de uma observação sensual. As palavras de que se vale para descrever a beleza de Evita são abstratas. As únicas palavras concretas que ela lhe inspira revelam um olhar frio. Deformação profissional? Dir-se-ia que ele examina um soldado para testar sua eficiência. "É corajoso?" "Positivo, meu coronel" "Muito bem. Neste caso, está recrutado."

Um dia, já velho e repensando tudo isso em seu exílio madrilenho, ele diria a Tomás Eloy Martínez que Evita fora obra sua, que a polira como um diamante. E acrescentaria que a missão fora das mais árduas, pois Evita era indomável. Falava ainda de seus cabelos longos, de seus olhos ardentes, de suas mãos – "finas", desta vez – e de "seus pés delicados como uma filigrana". Mas confessaria sem rodeios: "Seu corpo não era maravilhoso. Era uma dessas típicas *criollas* magras de pernas finas e tornozelos grossos. Não foi seu físico que me atraiu. Foi sua bondade."

Estranha qualidade, a bondade, especialmente na boca de um militar ambicioso. Mas não devemos aqui tomar a palavra no sentido de: "inclinação para fazer o bem, para ser afável, indulgente", tal como consignada no Larousse. Pois se Evita tinha tal inclinação – e efetivamente tinha –, ele ainda não o sabia, e custa crer que se tenha sentido tão atraído por essa qualidade. Faz mais sentido tomá-la no sentido em que costuma ser empregada no tango, e pelo macho argentino: uma mulher "boa" é uma mulher fiel. *Mujer de ley*,* dizia-se no tempo dos compadritos (os rapazes do submundo, com chapéu negro e punhal sempre à mão) para designar a mulher "de verdade", que não traía seu homem. Em suma, Perón passou mais ou menos ao largo do corpo de Evita, só tendo observado concretamente suas mãos e seus pés (Tomás Eloy Martínez vai mais longe, atribuindo-lhe um gosto exces-

*Mulher leal. (*N. do E.*)

sivo, fetichista, pelo pé feminino), mas imediatamente captou, numa intuição fulminante, essa "bondade" que faria dela seu instrumento.

Instrumento cego? Por menos que a tenha observado, ele não pode por um instante sequer tê-la imaginado cega. Eis a grande contradição de Perón e seu aspecto afinal de contas mais simpático: pois o fato é que, mesmo amando as adolescentes, ou as mulheres incapazes de "penetrar seus não sentimentos", na feliz expressão de Tomás Eloy Martínez, ele se deixou maravilhar por uma mulher que existia. Seu espanto e seu fascínio ao descobrir em Eva um instrumento dotado de olhar próprio podem provavelmente ser comparados aos do personagem de *O livro do riso e do esquecimento*, de Milan Kundera, que, fazendo amor com uma "mulher-objeto", dá inadvertidamente com os olhos dessa mulher e experimenta a sensação de alguém que, manipulando um martelo, descobre de repente que este martelo o contempla.

Só que Perón não fugiu gritando, horrorizado, como o personagem do romancista tcheco. Muito pelo contrário, tratou de dar asas a essa existência feminina. E nisso demonstrou uma coragem ímpar (poderíamos mesmo dizer, não sem certa maldade: sua única coragem). É verdade que passaria o resto da vida repetindo obstinadamente, como se precisasse convencer-se a si mesmo: "Eva foi minha sombra." E haveria aí algum motivo de espanto? Muitos homens tomaram ou tomam suas mulheres por sombras, mostrando-se "distraídos" quanto aos detalhes concretos. Flutuar na abstração tem suas vantagens: manter distância, não se comprometer. Até aqui, essa história não passa de uma história banal. Mas deixa de sê-lo quando nos detemos ao caso de uma mulher que, se tornando a luz da vida de um homem, aceita ser sua sombra, e logo, percebendo que esta luz o incomoda, apaga-se e morre.

O festival do Luna Park começava às 16 horas, mas Perón só chegou às 22h30, em companhia do presidente Pedro Pablo Ramírez e de sua mulher. Ambos fizeram discursos. Mas foi Perón que provocou o entusiasmo do público, chamando a atenção para o contraste entre "os sofrimentos dos trabalhadores" e "a vida boa de tantos potentados". Em seguida, Ramírez e sua mulher partiram. Ao lado de Perón e de Imbert havia dois lugares vagos. Instante decisivo para duas vidas, e para a da Argentina inteira. Tão decisivo que variam ao infinito as versões sobre a maneira como Evita acabou ocupando esta cadeira vazia. Aos segredinhos oficiais vem somar-se, neste caso, o desejo de ser aquele a quem cabe a honra de ter permitido a Evita alçar-se à altura de Perón. Dentre os candidatos a esta honra, sem dúvida notável, estão: Homero Manzi, o célebre letrista de tangos, que relatou sua aventura ao escritor nacionalista Arturo Jauretche – aventura citada por Borroni e Vacca; Roberto Galán, apresentador de televisão, que a relatou à autora deste livro; e o coronel Mercante, de acordo com seu filho, que também foi entrevistado.

Segundo Manzi, Evita, acompanhada de uma amiga, a atriz Rita Molina, tentava em vão, barrada pelos guardas, abrir caminho até a entrada do Luna Park. Um primo de Manzi recorreu ao artista, que era conhecido e gozava de certo prestígio, para que as duas queridinhas conseguissem entrar no estádio. Uma vez lá dentro, Eva exclamou: "Essa gente toda! Nunca vamos conseguir nos sentar." "Sim", respondeu Manzi, indicando as cadeiras ao lado dos coronéis. "Há dois lugares vagos." E Evita, seguida de Rita, abriu caminho em meio à multidão, instalando-se onde convinha que se instalasse.

Na versão de Galán, em compensação, Evita já entrara no estádio. Só que, em vez de se sentar, mantivera-se de pé sob o palco e puxava as calças de Galán (que estava encarregado de coordenar os aspectos práticos do espetáculo), implorando: "Galancito, faça-me anunciar, quero declamar uma *poesia*." Iniciante na profissão e sem poderes para impor uma *starlet* quando os grandes nomes artísticos se sucediam no palco – os cantores de tango Libertad Lamarque, Hugo del Carril, as orquestras de Canaro e de D'Arienzo –, Galán pediu-lhe que esperasse. E Evita lá permaneceu, de pé, esperando sua hora.

Entrementes, chegara Perón com outros coronéis, instalando-se todos nas poltronas de vime (vinte poltronas, para ser precisa) que o próprio Galán dispusera perto da tribuna presidencial. Ao dar meia-noite, Ramírez havia se retirado, e algumas poltronas haviam ficado vazias. É então que Galán tem sua grande ideia: chama Evita, disposta a tudo, e três outras atrizes – Rita Molina, Chola Luna e Dorita Norby – e diz-lhes: "Temos ali alguns coronéis desacompanhados. Vou apresentá-las a eles, dizendo que fazem parte do comitê de recepção feminino." E Evita viu-se sentada ao lado de Perón. A partir deste momento, todos puderam constatar que o vigoroso coronel não teve mais olhos para o que acontecia no palco: parecia enfeitiçado por aquela mulher que falava e falava – mas sobre o quê?

"Tudo mentira", diz o filho de Domingo Mercante. "Quando adolescente, eu acompanhava meu pai todo fim de semana à casa de campo de Perón, em San Vicente. E mil vezes ouvi Evita dizer-lhe à mesa, diante de todo mundo: 'Lembra-se, Mercante, quando me levaste pela mão, no Luna Park, para me sentar ao lado de Perón? Santo Deus, como eu estava com medo! E como foste bem inspirado naquela noite!'"

Seja como for, por obra e graça de Manzi, Galán, Mercante ou quem quer que tenha a pretensão de haver contribuído com esse simples gesto para mudar a face da Argentina, Evita e Rita conseguiram afinal ocupar os dois lugares mais cobiçados da noite, ao lado de Perón e de Imbert. Para este, como sabemos, uma das duas não era desconhecida. O jornalista Hugo Gambini, autor de *Historia del peronismo*, tem razão, portanto, de sustentar que o homem que apresentou Evita a Perón não foi outro senão Imbert. Um desses três cavalheiros citados terá dado a Evita a possibilidade de se encontrar com o amante, que, ao vê-la, provavelmente exclamou: "Veja só! Você por aqui?", apresentando-a em seguida a Perón.

Para além, no entanto, dos detalhes mais ou menos discordantes ou cumulativos (o conjunto dessas versões pode conter a verdade), a história subjacente é clara: apesar de seus sucessos radiofônicos, de sua atividade sindical, de suas relações com Imbert e da passeata pela *calle* Florida naquela mesma manhã, Evita não sequer conseguira ser convidada para o festival ou ser reconhecida na entrada. Tenha ela pedido para ser admitida, para "declamar uma *poesia*", ou tenha um Mercante "inspirado", encontrando-a ali, escolhido precisamente a ela, entre todas as outras, por acaso ou por compaixão, a imagem é a mesma: a de uma candidatazinha desesperada que bate os pés e insiste junto aos bem-postos. Foi somente ao verem-na no meio da multidão, fazendo o possível para avançar, que os dois militares tiveram a ideia de oferecer-lhe um assento.

Enfim! A partir desse dia, nunca, mas nunca mais ela se veria obrigada a bater em alguma porta – exceto a porta tão estreita, ou tão intransponível, do coração de Perón.

Que terá dito Evita para que Perón entreabrisse esta porta emperrada, de gonzos tão enferrujados? Teria ela alcançado naquele momento supremo um desses estados de felicidade absoluta que naturalmente geram as palavras certas? Sabe-se apenas que inicialmente Eva conversava com Imbert, e Rita, com Perón. E que em seguida, nem tensa nem nervosa, contemplando daquele lugar invejável o mundo inteiro a seus pés, muito, muito lá embaixo, ela deixou Imbert de lado e voltou-se para Perón. Teria efetivamente pronunciado essas palavras decisivas que o velho exilado em Madri confiou a seu biógrafo, Tomás Eloy Martínez: "Obrigada por existir"? *Se non è vero, è bene trovato.* Essas breves palavras resumiam a história que começavam os dois a viver naquele momento. Ao dizer: "Tu existes", Eva subentendia: "Já eu não existo, não sou nada." (Na realidade, segundo Perón, ela também lhe teria declarado: "Oh, não sou uma artista, eu não presto para nada.") "Não sou nada", sussurrava aquela voz interior, que Perón, tão conhecedor de desertos e vazios, ouvia muito bem; "mas posso ser você, tornar-me você, e lhe servir".

Na foto em que os vemos sentados em suas poltronas de vime, fascinados um pelo outro, os dois se olham com atenção; dois perfis fortes, dois narizes aquilinos face a face, impossíveis de se comparar com as delicadas efígies postas na moda pelo cinema norte-americano e pela civilização vinda do Norte. Ela usava um vestido negro, luvas pretas até o cotovelo e um chapéu de mesma cor com pluma branca. Depois do espetáculo, Perón devia ir brindar com os organizadores do festival. Mas mandou chamá-los, desculpando-se: "Lamentamos muito, meus amigos, mas vamos jantar com essas jovens. Melhor para vocês, que poderão beber mais." E lá se foram os quatro, aos pares. Um dos dois casais caminhava para o esquecimento. O outro, para uma história que ainda não acabou de nos perseguir.

Em companhia da Piranha (estranho apelido para uma criança-amante), Perón vivia num pequeno apartamento perto da esquina das ruas Arenales e Coronel Díaz, no bairro Norte. Devem ter passado sua primeira noite de amor na casa de Evita, na rua Posadas, e, quando tiraram o uniforme branco, o chapéu, a pluma, as luvas e o vestido negro, terão sofrido o impacto da realidade de maneira muito mais brutal que os casais de hoje quando despem seus jeans. Um uniforme de coronel e um vestido de gala têm uma aura que nenhum corpo pode igualar – sobretudo quando nenhum desejo especialmente intenso o vem adornar de outros encantos. Mas a frigidez de Eva e o pouco ardor de Perón devem ter impedido essa ornamentação imaginária. São momentos de total nudez, sem ilusões. Não é talvez a pior maneira de fundar um casal: vendo-se tais como eram, eles se poupavam da obrigação de reconstruir dois anos mais tarde, já sem o mesmo ardor, uma relação diferente, sobre novas bases.

Seria cair, entretanto, em outra armadilha supor que, por ser ela frígida e ele, indolente, toda sensualidade e toda imaginação lhes estavam negadas. Evita, dos dois a mais experiente, certamente compreendeu logo que o amor do coronel se nutria de diminutivos. Negando em seu coração a existência do outro, homem ou mulher, Perón só podia amar miniaturizando. (Se os pequenos apelidos muito mais gentis que Piranha que ele distribuía a seus *perritos bandidos* – cãezinhos malandros – tornaram-se lendários, é porque os argentinos percebiam aí a única forma de amor de que ele era capaz: o amor que diminui.) Não foi, portanto, *apesar de* seu corpo franzino que ele escolheu Eva, mas, pelo contrário, por causa dessa carne pouco sexuada que podia achar divertida e paparicar – diminuir. Uma atriz exuberante como Zully Moreno, de lábios carnudos e olhos pesados e açucarados como confeitos árabes, não era feita para Perón – supondo-se que ela mesma não tivesse rejeitado com horror essa eventualidade. É verdade que Evita tinha um nariz aquilino que deixava transparecer toda a sua força. Mas, quanto ao resto, ainda precisava ser toda moldada. Aos 24 anos, sua beleza preguiçosa custava a desabrochar. Seu rosto esperava, disponível, como a cera – cuja cor inclusive ostentava. Eis portanto a outra maneira de "vestir o desejo":

modelando, transformando. Parece anunciar-se aqui o drama de Pigmalião: será que amou sua obra a ponto de sentir ciúmes dela? Chegou a amar a marca deixada por suas próprias mãos na massa maleável de sua criatura?

Numa primeira etapa, Pigmalião diverte-se com sua pupila. E Perón riu com Eva. Tratou-a como a boneca com que sonhara, e naquela mesma noite formou com ela um casal de crianças – pois o mestre gosta de resvalar para uma infância nunca vivenciada. E por sinal, quando passam a morar no palácio Unzué (o dos presidentes da República, hoje demolido),* o presidente e sua mulher descem a imponente escada da residência deslizando, justamente, cada um por sua própria rampa.

Evita deve ter se esforçado por desempenhar esse papel de boneca, meio a contragosto. As diversões pueris entediavam-na quase tanto quanto a realidade do sexo. Ela tivera uma infância de verdade, com bonecas mancas, é verdade, mas aureoladas de sonho. Só precisam demorar-se na infância aqueles que a tiveram roubada. Eva, de sua parte, fora menina quando tinha a idade de ser, e agora era uma mulher. A este respeito, Perón, tornado cego por suas fantasias, se enganara. (E neste ponto podemos supor que engano tem a ver com desprezo, com aquela mesma "distração" que anula a existência do outro.)

Bancar a boneca não era em absoluto o único papel de Evita. Na mesma época, ela desempenhou também o papel de enfermeira. O coronel com frequência caía doente: crise de fígado, gripe – problemas inofensivos e úteis, que manifestam os males em doses pequenas para preservá-lo de uma verdadeira doença. Prova disso está no fato de ter vivido, forte como um carvalho, até os 80 anos.

Bonifacio del Carril, escritor e político, descreve em suas memórias seu primeiro encontro com Eva no apartamento de Perón, na rua Arenales. Perón acabava de apresentar-lhe Evita, dizendo: "É incrível como ela conhece os homens. Tem faro para a política" – e prendera

*O palácio foi demolido em 1955. Esta biografia foi originalmente publicada em 1995. (*N. do E.*)

entre os dedos aquele nariz adulto que, por força desse gesto, se tornava pueril. Pedira então a Evita que lhes servisse vinho. Durante sua ausência, acrescentara que não iria "perder-se por causa de uma mulher"; que o único senhor de sua pessoa (teria dito, na realidade, "das minhas calças") era ele mesmo; e enfim, como del Carril lhe dissesse brincando que no momento ele estava nas mãos dos amigos, que haviam chamado um médico para tratar dele, Perón se empertigara vivamente na cama, pronunciando esta frase extraordinária: "Evita é perfeitamente capaz. Ninguém sabe aplicar ventosas como ela." Senhores políticos, saibam ler nas entrelinhas: "Cuidem de suas vidas. Já encontrei minha pessoa de confiança."

E ela? Como se sentia diante daquele corpo pesado, que julgara ser de um touro, mas que se revelava mais parecido com o de um boi? ("Perón era *toruno*", explicou-nos um camponês com tranquila convicção, usando um termo comum em certas províncias argentinas, e que significa precisamente "boi"). Como se sentia ela? Encantada. Conhecera não poucos homens mais velhos. Amara "o velho Kartulowicz", diretor de *Sintonía*; e estava em busca de um pai, um pai com botas, um pai cujo corpo fosse um só com o de seu cavalo, um pai *caudillo*, cercado de uma multidão de seguidores. O poder, político ou de qualquer outra natureza, animava-a muito mais que a potência sexual; e, como tantas mulheres, era-lhe fácil sentir enorme ternura por aquela presença de *macho* que só ela sabia "inútil". E o próprio fato de ser a única a saber não equivalia a uma forma de ascendência sobre ele? Não equivalia a desfrutar de um poder? E Perón, ao dizer a del Carril que era o único senhor de si próprio – ou de suas calças –, não estava no fundo confessando seu medo de ser tombado sob seu poder?

Quanto ao amor, há mil e uma maneiras de amar o corpo de um homem. Sentir-se protegida por sua massa. Dormir aconchegada no calor e odor viris; ardente ou frio, um homem tão grande e sólido devia de qualquer maneira cheirar a homem! Quem pediria mais? Sua mãe, talvez. Eva, de sua parte, sentia-se realizada. Rir um pouco com ele, confortá-lo nas pequenas fraquezas da idade que lhe ia descobrindo, em suma, providenciar-lhe carinhos e ventosas, conferir-lhe o direito de passar a noite enroscada em seus braços. Ele, seu teto, a casa paterna enfim recuperada. O direito de se abrigar sob a proteção de um homem: não era aquele mesmo direito que a Ruth bíblica conquistara, viúva, seguindo os bons conselhos de sua velha sogra e deitando-se aos pés de Boaz, o homem protetor? O mesmo conselho que a bíblica *doña* Juana não se cansara de dar às filhas?

A sexualidade peculiar de Perón conferia-lhe, por outro lado, uma liberdade perfeita: a de passar sem mais delongas às coisas realmente importantes: a política. No relato de del Carril, Perón já chamara a atenção para o faro político de Evita. Outro depoimento – o de Arturo Jauretche, citado por Borroni e Vacca – vem corroborá-lo: "Conheci Eva um mês depois do dia em que ela se uniu a Perón. Como estava doente, ele me pediu que fosse vê-lo em sua casa, na rua Arenales, para me falar. Eva, embora se tivesse metido no teatro, era uma moça assexuada. Estava aí sua afinidade com Perón, pois tampouco ele era muito sexual. Naquele casamento uniram-se duas vontades, duas paixões pelo poder. Não era um casamento de amor."

Deixemos de lado por enquanto esta última afirmação e observemos Evita. Seguia Perón como uma sombra (metáfora, naturalmente, da lavra do coronel). Escutava, à espreita, as conversas políticas comprometedoras que se desenrolavam em sua presença no apartamento de Arenales, para enorme espanto dos políticos e militares presentes, que se perguntavam, escandalizados, como Perón podia tolerar semelhante coisa.

No entanto, o que ele não lhe consentia? Segundo depoimento anônimo citado por Navarro e Fraser, certo dia, voltando para casa, ele a encontrara instalada de armas e bagagens. Seus vestidos já estavam pendurados no armário, e no banheiro seus cremes de beleza haviam tomado o lugar das pomadas antipsoríase, ocupando toda uma prateleira. Ele nem sequer tivera tempo de perguntar-lhe o que fizera com Piranha. Rapidamente, e até rápido demais, com esse ar de desafio que costuma ocultar um tremor íntimo, Eva lhe anunciara: "Mandei-a de volta para Mendoza." E Perón se calara. Aceitara sem pestanejar a decisão de uma mulher que lhe impunha sua presença com autoridade, a ele, um coronel autoritário! A este respeito, o depoimento do próprio Perón difere um pouco deste, sem chegar a contradizê-lo. Ele confessou a Tomás Eloy Martínez que Evita o fora invadindo aos poucos, instalando efetivamente seus cremes de beleza na prateleira, mas um a um. Por razões imobiliárias, a versão de Perón parece mais convincente: Eva já tinha seu apartamento, na rua Posadas. Mesmo no auge de uma paixão, como imaginar que uma cigana sempre em busca de um teto deixa de uma hora para outra o apartamento que afinal conseguiu para si? É muito mais provável que ela tenha acossado Perón de forma progressiva. Às vezes, ao voltar para casa tarde da noite, ele dava com Eva a esperá-lo, de pé, no patamar. Ela voltava dessa maneira a se entregar aos excessos passionais que haviam posto Kartulowicz para correr, para citar apenas ele. Só que agora sentia que podia tomar a iniciativa. Tanta perseverança só poderia acabar dobrando Perón. Mas de onde vinha a ascendência que tinha sobre ele, e que deixava boquiabertos os políticos e militares?

É que, à parte os mimos e as ventosas, Evita era dona de uma experiência humana que faltava a Perón. Ele vivera sempre no casulo do Exército. Não conhecera outras mulheres, senão prostitutas (ou pequenas Piranhas sem maior consistência), nem outros homens, senão os militares. Se chegava a ter ideias claras sobre a Argentina e sobre si mesmo como dirigente do país, tudo isso ficava na esfera da teoria. Já Eva conhecia as pessoas. A esta experiência é que devia sua própria sobrevivência na selva teatral. Por "conhecer as pessoas" deve-se entender: sondar os corações, para avaliar a lealdade verdadeira ou a tentação de trair. Ela dispunha igualmente, como já vimos, de um trunfo só seu: uma "bondade" de tango, a da mulher fiel, aconteça o que acontecer. Perón, o abstrato, encontrara a companheira sempre alerta, capaz de adverti-lo: "Cuidado com este sujeito!" Abstrato, Perón? Não havia então nele, a par de sua rigidez militar e de suas ideias importadas da Itália e da Alemanha, uma sabedoria *criolla* constituída precisamente de pequenos saberes aplicados e concretos, pragmática sabedoria que Evita era capaz de reconhecer por tê-la visto brilhar nos olhos indígenas dos Núñez em Los Toldos? E, como saber original, uma opinião apenas sofrível a respeito dos homens, que era por sua vez a sua própria maneira de conhecer as pessoas?... Dualidade ou labirinto de Perón, que Evita começava a compreender ouvindo sua história.

VIDA DE PERÓN

Foi provavelmente aos poucos que ele a contou, inicialmente com pudor, logo com confiança, à medida que encontrava nela um ouvido atento e uma adesão absoluta – quase assustadora, a bem dizer, uma adesão de tal maneira íntegra e sem brechas. Mas Perón era um solitário, e pela primeira vez podia contar com uma presença a seu lado. Uma presença. Que fascínio! E que alívio! Ele, que era pura ausência, como não se teria deixado encher de Eva até a borda, ao mesmo tempo em que julgava criá-la? Esta ausência, nele, vinha do deserto. Da Patagônia, onde crescera. De um pai sonhador e de uma mãe roliça e poderosa como a própria terra. E do Exército.

Ele nascera no dia 8 de outubro de 1895, em Lobos, pequena cidade da província de Buenos Aires. "Como Junín", deve ter dito Evita a si mesma, orgulhosa dessa coincidência que, se não os tornava iguais (ah, isto nunca!: o ser superior era ele, e ela, a subalterna que tinha o privilégio de poder ouvi-lo), pelo menos os fazia vagamente parecidos. Ela não tardaria a descobrir na história de Perón outras semelhanças com a sua – semelhanças inquietantes.

O pai, Mario Tomás Perón, era filho de Tomás Liberato Perón, médico, químico e senador enviado a Paris pelo presidente Sarmiento (o inventor dos aventais brancos dos escolares) por serviços prestados durante a epidemia de febre amarela que dizimou a população de Buenos Aires – sobretudo a população negra – por volta de 1870. Esse avô ilustre, filho de um comerciante sardo chegado à Argentina por volta de 1830 e de uma escocesa, Ana Hughes Mackenzie, casara-se com uma uruguaia, Dominga Dutey, filha de bascos de Bayonne. "Ah, tens o sangue basco, como eu!", deve ter exclamado Evita, no auge da felicidade, enquanto ele acrescentava: "Na família de minha mãe também há bascos."

Todavia, filho desse médico ilustre escolhera, de sua parte, um caminho muito diferente do pai. Cansado dos estudos de medicina que iniciara para fazer-lhe a vontade, deixara Buenos Aires após a morte do pai para instalar-se em Lobos, onde cuidava de uma propriedade herdada. Não tinha qualquer experiência no pampa. Escolher aquele lugar perdido era um modo de fugir. Estaria tentando fugir do fantasma de um pai tão presente e opressor que seu irmão – Tomás Hilario, que não optou por se enterrar no deserto – acabaria por se matar? Chegando a Lobos, Mario Tomás conhece uma jovem criada *criolla* e lhe dá um filho, Mario Avelino Perón, irmão de Juan Domingo. Ela se chamava Juana Sosa Toledo, e seus pais, Juan Ireneo Sosa, pedreiro, e Mercedes Toledo viviam num rancho de adobe nas proximidades de Lobos. "Como os Núñez", terá talvez murmurado Evita, mais perturbada que encantada.

Eram com efeito autênticos *criollos*, como os Núñez. E a rigor o que quer dizer ser "um autêntico *criollo*"? Como o pai do *criollo*, o espanhol, era ele próprio uma mistura de árabes, brancos ou morenos, hebreus e mil outros sabores picantes, a verdadeira condição *criolla* consiste em não ser verdadeira. Ora, segundo Tomás Eloy Martínez – o único biógrafo de Perón que ousou penetrar nos recônditos dessa vida, e a quem tomamos de empréstimo a maioria desses dados biográficos –, Juana Sosa Toledo declarava sem rodeios que seus avós paternos eram de puro sangue indígena. A que basco perdido na noite dos tempos deviam aqueles indígenas o nome Sosa? Terá Perón explicado a Evita de onde vinham seus olhos puxados e seu nariz de Patoruzú? Ou terá, para conquistá-la, insistido na origem basca do nome de sua mãe, como sempre fez em público, declarando a italianos que seu nome era na realidade Peroni, e a franceses que era um Perron? A condição *criolla* consiste em ser um espelho quebrado: quem entende isso saberá enfeitiçar, com esses reflexos múltiplos, uma multidão vária e disparatada. Fosse Eva judia, e Perón lhe teria afiançado, sem por isso estar mentindo, que Toledo era um nome marrano. O mapa geográfico do sangue de Perón era tipicamente argentino, à medida que, sendo tão vasto, estendendo-se por todo o planeta, desenhava países imaginários e chegava às fronteiras de outros mundos. Na

Argentina, o sentimento de ausência e seu corolário, o amor ao fantástico, decorrem do vazio do pampa, mas também de uma superabundância de origens.

Mario Tomás Perón fizera portanto um primeiro filho em Juana Sosa Toledo. Prometera à sua família e aos bem-pensantes de Lobos que cortaria pela raiz essa relação com a robusta criada cujos cabelos lisos e quase azuis, a pele morena, os olhos oblíquos, o rosto largo e as maçãs pronunciadas traíam o sangue indígena. Mas não o fizera, um pouco por inércia, mas também porque Juana, no vazio de sua vida, desempenhava o papel do ombu no pampa: aninhando-se sob aquele amplo corpo obscuro e agarrando-se a ele, era menor o medo de que acabasse levitando ao sabor dos ventos, ele, citadino tão pálido e frágil, perdido em suas teorias sobre a natureza e em seus discursos vagos. Quatro anos mais tarde, e ainda sem desposá-la, fez-lhe um segundo filho, que recebeu o nome de Juan Domingo. Os Toledo não se conformavam; pois esperavam uma filha! A avó Mercedes chegara inclusive a costurar roupinhas encantadoras com fitas cor-de-rosa. Quanto à tia Honoria, que pretendia presentear à nova sobrinha com seus brincos de prata, pediu ao bom Deus que corrigisse seu erro, mudando o sexo do recém-nascido.

Homem apesar de tudo, Juan Domingo tinha 3 anos quando sua família instalou-se em outra localidade da província de Buenos Aires. Mais adiante, contratado por proprietários para tomar conta de terras na província de Chubut, em plena Patagônia, o pai errante rumou para o deserto. Sozinho, levando consigo um rebanho de quinhentas ovelhas. Juana, enquanto isso, permanecia em Buenos Aires, na casa da mãe de Mario Tomás, *doña* Dominga Dutey. Um ano depois, em 1901, quando Juan Domingo tinha 6 anos, o pai retornou para se casar com Juana e reconhecer os dois filhos. E toda a família partiu para Puerto Madryn, um porto no oceano Atlântico, no Sul da Argentina; tão a sul que procurá-lo no mapa chega a dar vertigem, naturalmente ilusória ("Não há alto nem baixo", cantam as feiticeiras de *Macbeth*), mas real no sentido de que a história assim decidiu: como superar o sentimento de estar embaixo, quando há séculos se afirma que todo o abandono e toda a solidão pertencem ao Sul?

De Puerto Madryn, prosseguiram em sua carroça, abrindo caminho nas dunas, em meio a tempestades e sob o céu da Patagônia, ainda mais pesado que o do pampa, pois suas cores invertidas oprimem o coração: ali, a terra é de um cinza quase azul, e o céu, verde. A *estancia* La Maciega os esperava no fim do caminho. A seu redor, ninguém. Apenas o espaço. Foi lá que Perón aprendeu a falar sozinho, a imitar os animais, a não sentir frio nem fome – a não ter sentimentos. Foi lá também que se iniciou na arte da estratégia – tanto militar quanto política –, caçando *guanacos*. Para isso, era necessário, despistando, enganar esses animais orgulhosos, que têm o mesmo ar inquieto que os lhamas e os camelos, e cospem no rosto de quem se aproxima. Não se sabe se Perón recebeu nos olhos uma cusparada de *guanaco*, mas da arte de despistar continuará se valendo sempre no trato com os humanos.

Nessa corrida sem destino, La Maciega seria apenas uma etapa. Alguns anos mais tarde, a família volta a partir, para mais longe ainda: para Chankaike, terra que parece caída do planisfério, lá no fim do mundo – no fim de um continente, no extremo Sul de toda a esperança. Uma região áspera e rude, onde seria impossível ser mulher à maneira terna das terras distantes. *Doña* Juana o sabia perfeitamente, e, como sua homônima, a mãe de Evita, fazia de tudo para sobreviver. Tudo. Montava a cavalo, domava os animais, curava os doentes, ajudava as mulheres a parir. Soubera estabelecer com os filhos uma relação de cumplicidade: sendo o marido como era, ela precisava entender-se com eles com meias-palavras, piscar-lhes os olhos pelas suas costas – piscar de olhos malicioso, à maneira feminina e *criolla*, que seria sempre a do próprio Perón. (Ah, aquele piscar d'olhos do coronel, aquele clarão no meio de uma conversa, que deixava o interlocutor convencido de ter sido o único destinatário – e que era na realidade um tique nervoso, um cacoete revelador, um gracejo de seus nervos, levando-o a fazer inconscientemente o gesto de sua mãe!) "Minha mãe era um amigo, um conselheiro", diria Perón nas raras ocasiões em que falou dela, optando pelo masculino para bem frisar o elogio, como se dizer "uma amiga, uma conselheira" não fosse forte o suficiente.

Armadilhas da linguagem! Na realidade, sua biografia oficial – *Perón, el hombre del destino* – apresenta a mãe coberta de virtudes femininas e o pai, de severa virilidade: Mario Tomás teria sido, segundo esses biógrafos, um pedagogo austero, cuidando zelosamente da educação dos dois filhos; o que está longe de ser uma inverdade, mas não chega a explicar como o pai, fugindo sempre para mais longe, parecia dissolver-se, desfazer-se no espaço. E que tem a fazer uma mulher forte, no meio do deserto, quando o homem que para lá a conduziu se torna inconsistente, desaparecido em seu sonho de um eterno partir? Em *La novela de Perón*, Tomás Eloy Martínez arrisca a dizer. Certo dia, retornando de Buenos Aires (onde seus pais o haviam "abandonado", deixando-o na casa da avó Dominga e das tias, para que aprendesse a ler, a escrever e a tornar-se humano, esquecendo os *guanacos*), Perón encontrou a mãe deitada com um trabalhador da *estancia*. Foi-se embora imediatamente, sem dizer-lhe adeus, e jamais a perdoaria. Vagou durante vários dias numa total solidão, numa espécie de comunhão com o pai traído. Em Puerto Madryn, tomou um navio para Buenos Aires.

Daí em diante, sua vida e a de seu pai parecem bifurcar-se. Enquanto Mario Tomás levanta acampamento mais uma vez, instalando-se com suas cem últimas ovelhas, todas doentes, numa nova extensão de terra a céu aberto – a que dá o nome, não sem ironia, de *estancia* El Porvenir ("O Futuro") –, Juan Domingo entra para a Escola Militar. Quanto mais o pai se dispersa e se dissipa, mais o filho se constrói na disciplina rígida do *esprit de corps*. Mas seriam por isso tão diferentes um do outro? E o rigor do filho perfeito, excelente aluno, bom cavaleiro, bom boxeador, mas sobretudo excelente esgrimista, não ocultaria essa mesma vacuidade que leva o pai a fugir para mais longe sempre, perseguido por seus fantasmas? Entrar para o Exército não seria de certa forma fugir, escapar de tudo que extravasa dos contornos claros e nítidos, da dissolução da vida ou mesmo da dissolução que é a vida? Deixar a família para entrar para o Exército: outra maneira de se exilar. Em toda essa história, Evita só pode ter voltado a sentir o gosto de seu próprio exílio, de seu próprio desenraizamento – exatamente como reconhecia, sem possibilidade de erro, a marginalidade de Perón, sua condição de "criança duplicada" proveniente de dois meios sociais diferentes e igualmente filho ilegítimo, pelo menos durante os primeiros anos de sua vida.

A partir daquele momento, a existência de Juan Domingo estava definida. Já não poderia voltar mais a perder-se. Planície alguma, por infinita que seja, poderia desencaminhá-lo com suas miragens (muito pelo contrário, ele é que se tornará um mestre na arte de semear a confusão para os outros, para o rebanho de *guanacos*, sabendo para si mesmo manter sempre em mira o... Sul). Endurecido por sua infância patagoniana, ele sobreviveu às torturas dos rituais militares de iniciação e a métodos cruéis impostos aos alunos com o objetivo de dobrar-lhes a vontade: manobras, exercícios e combates sádicos nos quais o jovem Perón era aquele que jamais fraquejava diante dos camaradas. Como canta tão bem o tango: *La patota me miraba y no era de hombre el aflojar*".* Ei-lo portanto formado para uma vida na qual se trata de demonstrar a outros homens que não se é uma mulherzinha.

Ele se tornaria subtenente de infantaria em 1915, tenente em 1919 e capitão em 1924. Logo passou a redigir textos para os manuais do Exército: "Ginástica militar", "Higiene militar", "Moral militar". Em 1917, entrando em greve os trabalhadores de La Forestal, ele consegue resolver o caso simplesmente conversando com os operários, surpresos de se verem diante de um militar tão compreensivo e de tão radioso sorriso. Mais adiante, escreveu outros estudos sobre as guerras de libertação no alto Peru e sobre a frente oriental durante a Primeira Guerra Mundial. Ensina na Escola de Suboficiais e na Escola Superior de Guerra, e, em 1929, pouco antes de receber o diploma de oficial do estado-maior, casa-se com Aurelia Tizón. "Basta!", deve ter exclamado Evita. (Durante uma turnê eleitoral, ela abandonaria um dia a sala porque um conjunto folclórico cantava diante de Perón o samba favorito da pobre Aurelia.)

No entanto, nada no personagem da pobre Aurelia justificava tanto ciúme. Eficiente como sempre, Perón a conhecera no momento

*A turma toda me olhava e um homem não poderia fraquejar. (*N. do E.*)

exato em que decidira em sua alma e em sua consciência que era preciso casar. Até então, a vida amorosa do tenente fora absolutamente simples: de tempos em tempos – com frequência muito menor que seus camaradas –, ele ia ao bordel. A raridade de suas escapadas não passara despercebida. Ele precisava de uma mulher para mostrá-la à patota, exatamente como soubera até então demonstrar sua resistência nos rigores militares.

É desnecessário dizer que as versões a respeito do encontro entre Perón e Aurelia, embora não se equiparem numericamente às que relatam a célebre noite no Luna Park, nunca chegam a coincidir (ela lhe foi apresentada por amigos e dirigiu-lhe a palavra num cinema; era filha de um amigo seu; ele a encontrou na praça da França, em frente ao Museu de Belas-Artes, onde ela fazia cursos de pintura). A idade da jovem também é motivo de certo debate; digamos, para não prolongar demais, que ela tinha entre 17 e 20 anos, ao passo que o noivo já passara bastante dos 30. Ela tocava violão e piano e pintava aquarelas. Não era bela nem feia. Seu grande trunfo, aos olhos de Perón, era não o incomodar enquanto trabalhava, e também saber distraí-lo – pois Perón gostava muito de música popular e de teatro, tendo escrito peças que eram representadas pelos soldados. À parte seus dotes artísticos, Aurelia era uma mulher apagada. A mulher do general Lonardi (que encabeçou em 1955 a *Revolución Libertadora* contra Perón) conheceu Aurelia no Chile em 1936, quando Perón era adido militar da embaixada da Argentina e descreveu-a para Tomás Eloy Martínez como um prodígio de insignificância: uma coisinha vestida como uma professorinha.

Aurelia respeitava muito o marido: nunca deixou de chamá-lo pelo nome de família (por pouco não o chamava de "comandante"), enquanto ela mesma era tão jovem, tão inexistente e ocupava tão pouco lugar que jamais teve direito sequer a um prenome: era conhecida apenas pelo apelido de infância, Potota (jeito infantil de dizer *preciosa*, gracinha). (Veremos mais adiante o processo doloroso pelo qual passou Evita para conquistar o direito de ser chamada pelo prenome, afetuosamente reduzido para o diminutivo.)

Em seu grande apartamento obscuro e majestoso ("um verdadeiro mausoléu", segundo as testemunhas), Perón lia e redigia seus manuais militares, enquanto Potota, sua mulherzinha, ainda mais diminuída pela presença dos grandes móveis de mármore e madeira negra, tricotava sapatinhos de lã afundada numa poltrona onde caberiam cinco mulheres de igual calibre. Estaria grávida? Não, mas depositava toda a sua esperança na espera do ser que lhe tiraria aquele frio que sentia no peito; e tricotava, tricotava sem parar. Até que seu médico comunicou-lhe que não era estéril. Mas como dizer a um marido que sequer ousamos chamar pelo prenome: "O culpado é você"? (Retornaremos a essa questão – a esterilidade de Perón –, ainda hoje debatida na Argentina com uma paixão inacreditável.) Aurelia calou-se e voltou à lã e às agulhas. Certa noite do ano de 1938, quando a família reunida em torno da mesa comemorava o santo padroeiro de Perón, Aurelia desmaiou. Pouco depois, morreria de um câncer no útero.

O ano de 1930 inaugura uma etapa decisiva para o país. Já vimos que a história da Argentina divide-se assim: antes e depois de 1930. Antes, era um país liberal, fundado em 1810 sobre os princípios sagrados da Revolução Francesa. Depois, muito embora o Exército não tenha conquistado o poder absoluto, a Argentina teve de passar a conviver com uma força militar nacionalista. E Perón nisso tudo? Terá participado em 1930 da revolução que derrubou Yrigoyen? Sem dúvida alguma. Com reservas, é verdade, mas reservas formais, não sobre o conteúdo ideológico mas a respeito da falta de organização de um golpe de Estado cujas ideias aprovava e cujo chefe, Uriburu, respeitava: pois não viria a repetir mil vezes, posteriormente, que Uriburu era "um homem honesto, bom e corajoso"? O que não o impediu de se contradizer mais adiante: depois de ter declarado que estava profundamente de acordo com o golpe de 1930, Perón ressalvou que, ao participar da derrubada de Yrigoyen, se limitara a cumprir ordens superiores. Ambiguidade consciente. Suas leituras de estratégia militar iam ao encontro de sua experiência infantil de caçador de *guanacos*: Perón gostava de desconcertar. E o conseguia, multiplicando as versões, posições e ideias, por contraditórias que se mostrassem. Para que optar, eliminar as soluções restantes, excluir hipóteses? Quanto mais se aumentar o número de afirmações, maiores serão as chances de encontrar alguém que concorde com uma ou outra delas. Perón seduzia pelo acúmulo de incertezas.

Em 1931, ele é promovido à patente de major e integrado a uma comissão encarregada de delimitar as fronteiras entre a Argentina e a Bolívia. Publicaria em seguida várias obras, entre as quais três volumes sobre a guerra russo-japonesa, uma toponímia *araucana*, ou *mapuche*, e uma memória geográfica sobre a província de Neuquén, na Patagônia. Em 1936, é designado adido militar no Chile, e logo, na Aeronáutica, chega a tenente-coronel. É no Chile que protagoniza um estranho episódio, relatado igualmente pela viúva de Lonardi e evocado por Tomás Eloy Martínez. Perón entrou em contato com um oficial chileno, Leopoldo Haniez, que tinha de fornecer documentos secretos sobre seu país. Nada de anômalo nisso: a espionagem faz parte das atividades diplomáticas. Mas o fato torna-se surpreendente quando ficamos sabendo, pela viúva de Lonardi, que Perón, tendo arrastado o marido dela para esse caminho arriscado, deixou-o entregue à própria sorte quando os serviços chilenos de contraespionagem surpreenderam Lonardi com Haniez – um encontro de que apenas Perón tinha conhecimento. Enfim, em 1939, tendo galgado mais algumas posições, ele parte para a Itália.

Evita certamente viu uma fotografia em que ele aparece paramentado como esquiador do 14º regimento de montanha, em Chietti. Essa foto tem algo de cômico: lá está Perón de *knickerbockers* e meias espessas de lã, envergando um boné com viseira (prefiguração do célebre boné que usaria mais tarde, após a morte de Eva, numa época em que passara a ser chamado de "Pochito" pelos estudantes, permitindo-se ostentar publicamente um lado seu que até então dissimulava cuidadosamente). O homem que se deixou assim fotografar é um atleta sorridente e cheio de energia, mas com algo que parece falso, mascarado. Será a influência italiana que lhe dá essa semelhança impressionante com o ator Alberto Sordi, ou devemos ver aí simplesmente a atitude física e psicológica de um homem liberado de todo constrangimento num país estrangeiro, e que pode afinal se mostrar tal como jamais ousou em seu próprio país?

Seja como for, viúvo recente e enviado à Europa pelo ministro da Guerra para avaliar a situação em vista do conflito que se anuncia, Perón vivia na Itália dias felizes. Fascinavam-no Mussolini e o fascismo, que considerava a experiência social mais extraordinária e revolucionária da História. E que capacidade de se fazerem obedecer tinham aqueles fascistas! Que magnífica autoridade! Em 1965, Perón diria ao jornalista e escritor Eduardo Galeano, citado por Juan José Sebreli: "Manipular homens é uma técnica, a técnica do líder. Uma técnica, uma arte de precisão militar. Aprendi-a na Itália, em 1940: caramba!, como sabiam comandar, aqueles sujeitos!" Ele também admirava Hitler, tendo lido e relido *Mein Kampf*. A ordem perfeita do nazismo alemão não o fascinava menos, e mais tarde ele só chegaria a lamentar, como tantos peronistas (citemos a título de exemplo o ex-ministro Alberto Rocamora, durante entrevista com a autora deste livro), certos "excessos" cometidos nos campos de concentração.

Acontecia, no entanto, que Perón falava um italiano perfeito, e por isso escolheu a Itália, em vez da Alemanha. Queria tomar um banho de multidão, falar às pessoas, compartilhar seu imenso entusiasmo por aquela transformação estimulante que iria mudar a face do planeta. Ah!, aquele povo italiano, tão parecido com os argentinos, que acompanhava exaltado os preparativos de seu Duce em junho de 1940 para entrar com tudo, vitoriosamente, no conflito mundial! No dia em que Mussolini anunciou, do alto da sacada do Palazzo Venezia, sua decisão de entrar na guerra, Perón se misturava à massa unida e entusiástica que chorava de alegria. Seu próprio entusiasmo era tal que, não obstante sua aversão ao contato físico – era um homem cordial que prontamente se prestava a um abraço, mas que não se deixava tocar –, confraternizou calorosamente com aqueles operários saudáveis e fortes, de olhos ensolarados e cheiro de azeite. Começava ali, naquele exato dia, seu sonho de uma Argentina poderosa e sadia que empunharia a bandeira da "terceira posição". (Perón diria em 1968 ao historiador Félix Luna: "Face a um mundo dividido entre dois imperialismos, os italianos respondiam: não estamos nem com uns nem com outros, representamos uma terceira posição entre o socialismo soviético e o imperialismo ianque." Não é preciso procurar mais longe a origem dessa expressão – "terceira posição" –, que se tornaria a própria definição do peronismo.)

Um sonho nascido de um sentimento. Pois o fato é que, apesar da frieza sentimental de Perón e de seu maquiavelismo de antigo caçador de *guanacos*, não poderíamos ignorar a veracidade desse sentimento, ao qual se manteria fiel: o sentimento de adesão ao fascismo. Ao comunicar a morte de Mussolini, o jornalista Valentín Thiébault disse a Perón: "Um dia será preciso erguer um monumento a ele." E Perón respondeu, com um inusitado arrebatamento: "Um monumento? Só um? Uma estátua em cada esquina, isto sim!" Teria realmente encontrado Mussolini, como declarou várias vezes, ou será que seu desejo de vê-lo de perto foi tão intenso que acabou ele mesmo por acreditar que o fato se deu? Teria tido com ele um encontro privado no dia 3 de julho de 1940? E o teria efetivamente saudado à maneira fascista, com o braço erguido? Só importa, aqui, o desejo: verdade ou mentira, esse gesto instalou-se na imaginação de Perón. Sua única sinceridade reside numa história que talvez nunca tenha acontecido.

Anteriormente, Perón havia sido nomeado comandante auxiliar estrangeiro da divisão alpina Tridentina e da divisão de infantaria de montanha Pinerolo. Dedicara-se com uma assiduidade obsessiva a enrijecer os músculos, empregando sua energia em exercícios euforizantes, desses que esvaziam o cérebro e renovam a alma. Embriagara-se com canções montanhesas rudes e saudáveis, alegremente viris, e com uma neve pura na qual as ambiguidades de sua infância desapareciam como um pesadelo: na montanha branca, a natureza inteira era um uniforme bem-passado e engomado. Ele aprendera os segredos da guerra de montanha na escola de alpinismo de Aosta e na escola de esqui de Sestrières. Posteriormente, fizera cursos de ciências teóricas em Turim, e de ciências aplicadas em Milão. Foi lá que acabou entendendo tudo: o capitalismo e o comunismo eram cosmopolitas. A verdadeira novidade era o nacional-socialismo. Ele pudera imiscuir-se no funcionamento interno e nas armadilhas da economia capitalista, nos métodos da tomada do poder: sindicalismo e propaganda. Pouco antes de começar a guerra, tomara um trem para Berlim, sendo recebido com amabilidade por oficiais da Wehrmacht.

Sentindo-se confortado em sua ideia de um povo alemão trabalhador e totalmente solidário com seu Führer, visitou a linha de Loebtzen, na então Prússia Oriental, e a linha russa de Kovno-Grodno – e os oficiais soviéticos, muito amigos dos alemães, lhe haviam mostrado seu país. Perón visitou também a Hungria, a Iugoslávia, a Albânia, a Espanha, a Áustria e a França.

Entretanto, ao retornar à Argentina em 1941 e tentar compartilhar essa experiência com outros oficiais, sua atitude foi muito mal compreendida: julgaram que ele voltara comunista! E, para se livrar dele, mandaram-no para outras neves imaculadas – para Mendoza, nos Andes, onde passou a dirigir o Centro de Instrução de Montanha. Perón encarou esse afastamento filosoficamente, sem perder a esperança. Segundo ele, a Argentina estava mergulhada na corrupção e na podridão, à espera de um ser imaculado. Uma espera percebida por Ortega y Gasset durante sua visita ao país em 1939: "Cuidado, argentinos, ou tereis um ditador!" Esta espera tampouco escapava à desvelada atenção de outros observadores: segundo Juan José Sebreli, Goebbels registrava em seu diário no dia 3 de maio de 1942: "A Argentina pode se tornar muito importante para o encaminhamento futuro da situação na América do Sul." Um ano depois, e um mês antes da Revolução de junho de 1943, o general Wilhelm von Faupel, chefe da espionagem alemã na Espanha, chegava a Buenos Aires, onde se encontrou com o dirigente nacionalista Ibarguren e com três integrantes do GOU: von der Becke, Perine e Perón.

Falemos um pouco do GOU. Será que a consonância do nome de Perón teria influenciado a escolha dos jovens coronéis nacionalistas que foram procurá-lo em meio à neve já meio derretida, no verão de 1941? Em política, nenhum fator pode ser negligenciado, e o fato é que seria difícil imaginar a multidão argentina, carente de um pai, a gritar ritmadamente um nome de conotações diminutivas como Perine. Já o sufixo espanhol *ón* é aumentativo. Gritar "Perón, Perón" despertaria nas massas um sentimento de grandeza.

Os jovens coronéis, no entanto, ainda não estavam pensando nisso. Iam ao encontro de Perón porque conheciam e compartilhavam suas ideias sobre a Itália fascista, a Alemanha nazista e o futuro da nação argentina. O GOU, Grupo de Oficiais Unidos, ou Grupo da Obra de Unificação, era uma loja militar secreta cujos membros pretendiam se tornar os *gauleiters** da América do Sul após a vitória da Alemanha, que tinham como certa. O nacionalismo argentino era já uma tradição antiga; contava em suas fileiras intelectuais com Diego Luis Molinari, Manuel Gálvez, Leonardo Castellani, Carlos Ibarguren, já mencionado, e muitos outros ainda, todos partidários do peronismo e igualmente do nacional-socialismo alemão, que financiava seus jornais – *Pampero* e *Clarinada*. Quanto ao escritor Raúl Scalabrini Ortiz, embora não aderisse abertamente ao nazismo, foi a Berlim e apoiou Hitler com os argumentos "pragmáticos" caros a Perón. "O que o Sr. Hitler faz na Alemanha não nos interessa", atribui-lhe Norberto Galasso em sua biografia. "Ou só nos interessa na medida em que favoreça a Argentina, o Peru ou a Venezuela. Se ele está contra a Inglaterra, como tudo indica, devemos nos aproveitar ao máximo disso, ignorando a ideologia ou os métodos hitleristas."

Eis portanto a chave que explica o movimento, e afinal o seu aspecto mais positivo: a rejeição do colonialismo inglês. Poderíamos acrescentar, a seu favor, que na época Scalabrini Ortiz ignorava os *detalhes* do que o "Sr. Hitler" fazia em seu país. Para voltarmos a Perón: ele concorda em se integrar ao GOU, que não tem ainda um líder reconhecido mas cujos membros mais ativos são, à parte ele próprio, os coronéis Eduardo Avalos, Enrique González e Emilio Ramírez. E se torna o guru dos oficiais que sonhavam com uma pátria branca como a neve. Mas com um dado contraditório: um "nazismo argentino" não podia ser racista no sentido alemão, pois, como nada neste mundo é simples, esse suposto nazismo queria representar os *cabecitas negras* do interior do país, enquanto o liberalismo, eterno admirador da Inglaterra, assumia a duvidosa honra de desprezar os de pele escura.

A brancura de neve peronista admitia nuances. Em compensação, o manifesto secreto posto em circulação pelo GOU em 13 de março de 1943 e cuja autenticidade foi reconhecida por Carlos Ibarguren,

---

*Denominação alemã para líderes provinciais, muito usada no período nazista. (*N. do E.*)

não podia ser mais claro: "A Alemanha realiza um esforço titânico para unificar o continente europeu. E à nação maior e mais bem preparada caberá governar os destinos do continente em sua nova configuração. Na Europa será a Alemanha. (...) Hoje, a Alemanha dá um sentido heroico à vida. É um exemplo a ser seguido. (...) A luta de Hitler, tanto na paz como na guerra, deverá, a partir de agora, nos servir de orientação." Fiel aos princípios deste documento, Perón fez uma visita a von Faupel e tornou-se amigo do embaixador Edmund von Thermann, mas sobretudo dos dois milionários alemães fixados na Argentina: Ludwig Freude (já encontrado na Itália) e Fritz Mandl.

O restante da história Evita já conhecia: a Revolução de 1943, a nomeação de Perón para o cargo de secretário do Ministério da Guerra e para a *Secretaría* do Trabalho. No que diz respeito ao primeiro cargo, o fato era claro: como o presidente Ramírez havia nomeado o general Edelmiro Farrell ministro da Guerra, grande amigo de Perón, era evidente que este reservava para si próprio um posto mais importante no futuro, ao mesmo tempo que passava a desfrutar de poder, por intermédio de Farrell. Mas e o segundo cargo? Ela lhe terá provavelmente feito a mesma pergunta que os camaradas do GOU haviam feito a si mesmos: por que escolhê-lo? Podemos imaginar a piscadela de Perón, e sua resposta: "Eles pensam que é um cargo secundário, ao passo que na realidade o verdadeiro poder promana dos sindicatos." Acrescentando: "E do rádio", com um novo tremor da pálpebra esquerda, que o transformava de Gardel em *Viejo Vizcacha*, no *gaucho* malicioso do *Martín Fierro* de José Hernández, que distribui conselhos cínicos e astuciosos, exato oposto do *gaucho* nobre e orgulhoso, de destino trágico.

ACESSOS DE CÓLERA

Poucos dias depois de se conhecerem, ele foi assistir ao programa de Evita, acompanhado de Domingo Mercante, seu assessor na *Secretaría*. Pela primeira vez, Perón e Evita eram vistos juntos. Era evidente que ele queria apoiá-la. No entanto, aquela semana, posterior à do festival, não fora fácil nem para ele nem para os demais membros do governo. Desde o início a questão da neutralidade argentina dividira seriamente o GOU. No dia 26 de janeiro, o presidente Ramírez, sob pressão cada vez mais forte dos norte-americanos, acabara por romper relações com o Eixo, revelando a fraqueza – para não dizer a covardia – de um país que tomava tal decisão na última hora, quando a Alemanha já estava quase vencida.

Uma curiosa história de compra de armas levara ao máximo a indignação dos norte-americanos. Em agosto de 1943, o governo de Ramírez solicitou armas a Washington, e, segundo Jorge Camarasa, recebeu a seguinte resposta: "Como poderíamos fornecer armas a um país que continua mantendo relações com os alemães?" Ramírez enviara então uma comissão à Alemanha, para conseguir lá as armas que lhe eram recusadas pelos Estados Unidos. O navio no qual viajava o cônsul argentino em Barcelona, incumbido da missão, foi interceptado pelos ingleses, que confiscaram a bordo toda uma documentação comprometedora, transmitindo-a aos norte-americanos. Navios dos Estados Unidos percorriam a rota para o rio da Prata, e os bancos do país bloquearam os haveres argentinos. O governo viu-se, assim, forçado a romper com o Eixo. Quanto a Perón, limitou-se a declarar que aceitava a decisão de seus superiores. Mas participara ativamente desse curioso episódio, revelador da teimosia dos militares argentinos, que apesar das evidências continuavam acreditando numa vitória alemã. Seja como for, a crise já estava desencadeada. No dia 24 de fevereiro de 1944, o general Farrell substitui Ramírez na presidência da República. Dois dias depois, Perón torna-se ministro da Guerra.

Toda essa agitação não foi suficiente para fazê-lo esquecer a carreira e Evita: no próprio dia de sua nomeação para o ministério, ele volta à Rádio Belgrano. A iniciativa de um fotógrafo ali presente dá uma ideia do estado de espírito de Perón, possivelmente assustado com a rapidez com que evoluíam suas relações com Eva. Ignorando essa relação, que ainda não se tornara pública, o inocente fotógrafo prepara-se para registrar para a posteridade o que tem diante dos olhos: Perón e Imbert sentados, Evita de pé entre os dois, um cotovelo apoiado no encosto de cada cadeira. Perón percebe e grita enfurecido: "Mas o que é isto? Pare com isto!" Policiais cercam o fotógrafo e tomam-lhe o negativo. O profissional não entende nada: "Mas por quê? O ministro não veio oficialmente ao programa de Eva Duarte? Tem alguma coisa a esconder?"

Ele não estava errado: apenas um mês se passara desde a noite de 22 de janeiro, e Perón já assumia publicamente seu interesse pela carreira de Evita. Se o fotógrafo ainda não estava a par do novo amor, ninguém podia duvidar de que, no provinciano mundo do meio artístico e político (como em Los Toldos ou em Junín), a novidade se espalharia como fogo em pólvora. Que tinha ele a esconder? A presença de Imbert, talvez? Ou Evita entre os dois?

Esse incongruente acesso de cólera foi o derradeiro sobressalto do muito masculino desejo de independência de Perón. Naquele mesmo mês de fevereiro, Jaime Yankelevich demonstrou que não ignorava o verdadeiro motivo das visitas de Perón: fez grande publicidade do novo programa do ciclo de mulheres célebres, dedicado daquela vez a Elizabeth da Inglaterra, e assinou com Evita um contrato de um ano, com um salário que ela mesma classificaria, em entrevista à revista *Radiolandia* de 7 de abril de 1945, como "o cachê mais alto jamais pago na rádio argentina". Carente de elegância ou modéstia, o comentário é compreensível numa mulher que viera de tão longe: do *mate cocido* ao palco de ouro, levando de quebra os rapapés do patrão. Já agora nenhum fotógrafo podia ignorar que era a amante oficial do ministro da Guerra. Perón a protegia abertamente e procurava acalmar suas exaltações nervosas, valendo-se de sua própria autoridade para fazê-la respeitada no trabalho.

Em suas memórias, Bonifacio del Carril relata uma cena pitoresca. Evita volta da rádio tremendo de raiva e queixando-se de Yankelevich. Incomodado, Perón tenta acalmá-la e promete cuidar do problema. Temos aí uma nova nuance dessa relação: Perón contornava as explosões de Evita sem jamais enfrentá-la. Atitude de um homem maduro diante das criancices de uma mulher muito mais jovem, que ele, como bom macho, atribuía a descompensações ovarianas? Ou será que, pelo contrário, teria medo dela? Medo de seu temperamento difícil, das crises de raiva que a sacudiam desde a infância, elétrica que era? Ele confiou a Tomás Eloy Martínez que Evita era temperamental, mas que nunca temeu suas explosões porque com ele tornava-se dócil novamente. Arrisquemos uma dúvida não desprovida de respeito: ao fazer tal afirmação, não estaria ele mais uma vez, já na velhice, tentando melhorar sua própria imagem? Dócil, Evita? Os depoimentos nos quais ela aparece chamando de covarde um Perón impassível mas rubro são muito numerosos para darmos crédito a um velho preocupado em se justificar diante de um grupo masculino (a *patota* do tango) que já agora existia apenas em sua cabeça.

Uma dessas explosões ocorreu à mesa, na casa dos Machinandearena, donos dos estúdios cinematográficos San Miguel, que acabavam de contratar Evita para as filmagens de *La cabalgata del circo.** O assunto era casamento – a cena deve ter ocorrido um pouco mais tarde, por volta de abril ou maio de 1944, e foi relatada por uma amiga das irmãs Duarte. Perón desviava o olhar e a conversa. Mas Evita, que nada tinha de um *guanaco*, não era mulher de se deixar despistar, e lhe lançou no rosto, furiosa: "É melhor que cases comigo, pois do contrário direi tudo que sei a teu respeito!" Que teria a revelar de tão comprometedor? Detalhes sexuais (o Perón *toruno*) ou políticos (suas amizades na embaixada da Alemanha)? Seja como for, Perón, ouvindo essas palavras sem reagir, parece um homem posto contra a parede. Mas que parede? A do terrível segredo que ela afirmava deter? Ou muito simplesmente a da necessidade que tinha dela, ele que nunca fora de ninguém nem dependera de mulher alguma – nem mesmo para os cuidados com seus uniformes ou sua roupa de cama, pois dominava como ninguém a arte de passar a ferro uma calça, com paciência e desvelo, dispondo juntamente as costuras para bem frisar o vinco?

Tenderíamos a optar pela necessidade que sentia dela. A suposta "ameaça" de Evita parece-nos ingênua: quem, na Argentina, levaria a sério uma *starlet* de rádio denunciando a impotência ou o fascismo do ministro da Guerra? Em compensação, aquele homem que se cala, que fará tudo para acalmá-la, precisa daquela mulher: é algo que salta aos olhos. Precisa dela pelos motivos anteriormente arrolados:

*A cavalgada do circo. (*N. do E.*)

chamegos, ventosas, lealdade, faro político, propaganda radiofônica. Logo viria somar-se a essas razões a gratidão. Já são motivos suficientes, e mesmo numerosos demais para que não acabasse por imiscuir-se aí algo de irracional, capaz de explicar o silêncio incomodado, esse desejo de ajudar Evita. A fronteira entre a necessidade e o amor é uma linha um pouco indefinida. Nessa época, Perón amava Evita. Amava-a nos limites de sua capacidade de amar, que não era imensa, mas tinha por ela sentimentos próximos do amor. Talvez ela imaginasse, por desespero e autoestima baixa, que só para evitar um escândalo ele a desposaria. Mas se enganava. O pior dos escândalos consistia precisamente em desposá-la, o que ele acabou por fazer, arriscando-se a enfrentar a hostilidade do Exército – que viria efetivamente a se voltar contra ele por causa de Eva. Ao fazê-lo, deixou perplexos os camaradas, mas sobretudo surpreendeu a si mesmo. Por felicidade, um tango (há sempre um para cada caso) descrevia sua situação, tendo-o talvez ajudado a sentir-se menos só. Envergonhado diante da *patota*, o *compadrito* queixa-se à mulher que o domina: *No me has dejao ni el pucho en la oreja./de aquel pasao malevo y feroz.**

A MADONA LOURA

As filmagens de *La cabalgata del circo* começaram em março. Foi para desempenhar um papel neste filme – dirigido por Mario Soffici e estrelando Libertad Lamarque e Hugo del Carril – que Evita ficou loura. Pelo resto da vida, manter-se-ia fiel ao cabeleireiro que descorou seus cabelos, Pedro Alcaraz: foi ele que a acompanhou em sua viagem à Europa, ele criou o coque dourado que se tornaria lendário, enfim que penteou sua cabeça mumificada. Com Pedro Alcaraz, Eva não tinha segredos: mais tarde, o salão desse Fígaro de lábios sempre fechados se tornaria provavelmente seu lugar preferido de encontros, quando passou a suspeitar das paredes do palácio presidencial, ou de seu próprio gabinete.

---

*Não me deixaste nem a guimba na orelha/como lembrança daquele passado malévolo e cruel. (*N. do E.*)

A nova cabeleira loura apareceu pela primeira vez numa foto da revista *Antena* em 1º de junho. O dourado transfigurava aquela morena de brancura opaca, conferindo-lhe uma palidez estranha, que na futura doença se tornaria sobrenatural. A transparência de sua pele era acentuada pelo contraste com o dourado, artifício não disfarçado: como as tinturas não tinham então a perfeição de hoje, aquele colorido exagerado não poderia mesmo passar por natural. Era um dourado teatral e simbólico, com a mesma função que as auréolas e fundos dourados na pintura religiosa da Idade Média, a de isolar os personagens sagrados, mantendo-os distantes das cores da terra, longe do peso e do volume, longe da carne opaca que ocupa espaço e projeta uma sombra. Na Argentina dos anos 1940, como na de hoje, as atrizes e as burguesas sonhavam em se tornar louras, adotando a cor revestida do prestígio de tudo que era imposto pela civilização do Norte: ser loura significava, e continua significando, escapar à maldição do Sul. A lourice é sinal de riqueza e de ascensão social. Evita seguiu a tendência e mandou oxigenar seus cabelos para desempenhar o papel de uma jovem ingênua em *La cabalgata del circo*. Uma vez dourada, ela descobriu que aquela cabeleira radiosa exaltava sua beleza. Mais que isso, fazia-a nascer! Acabavam de se dissipar as brumas matinais que até então a ocultavam: Evita fora criada para irradiar luz. O ouro de seus cabelos a inundava, dotava-a de uma aura. Morena, não passava de uma criatura insignificante. O castanho a limitava e aprisionava, o louro a libertou. Loura, ela não apenas se aproximava de um nível social que apagava toda lembrança de Los Toldos e dos Núñez como penetrava naquele privilégio distanciador da pintura sagrada, que, longe de aprisionar, projeta em mundos distantes e tão desejados.

Ela dispunha agora de uma autêntica auréola, da qual se serviria amplamente a propaganda peronista, trabalhando o inconsciente de um povo "colonizado" para o qual as santas e as fadas só poderiam ser louras. Evita, a bela, nascia ao mesmo tempo que Evita, a Madona. Sua beleza, podia ela mesma perceber agora, dependia integralmente da transparência e do brilho. Dali por diante, o personagem será sempre mais polido e refinado, com a supressão gradual dos excessos ornamentais – primeiro os brincos em forma de banana, logo os vestidos com enormes flores –, ao passo que o ouro de seus cabelos cada vez mais rigorosamente alinhados dir-se-ia que se incrustava no próprio cérebro, embebido por esse halo de santidade até seus refolhos mais profundos – e ela passaria a *encarnar* literalmente um papel de santa, até a mortificação de sua carne. Sim, tudo aquilo haveria ainda de se decantar, mas o processo começou no exato dia em que Pedro Alcaraz aplicou nos cabelos de Evita o produto mágico, o descorante que apagava todo indício noturno para deixar brilhar o sol – como se o negro simbolizasse o pecado, e o louro, a inocência. Ao longo da vida, ela gostava sempre de repetir, rindo: "Sou uma morena arrependida." Um gracejo, naturalmente, mas a referência a arrependimento não deixa de evocar Maria Madalena.

UMA BOFETADA LIBERTÁRIA

A cabeleira novinha em folha da amante de Pérón não foi o único motivo de diversão para os atores e atrizes de *La cabalgata del circo* durante a filmagem. Um filme sob o signo de uma bofetada, a que a estrela Libertad Lamarque teria dado em Evita. Libertad Lamarque – que desde a briga com Eva foi viver no México – já era na época uma estrela incontestada. Era ela que cantava no palco, no Luna Park, no momento em que Perón e Eva se olharam nos olhos pela primeira vez. Houve mesmo quem dissesse que naquela noite Libertad estava sentada ao lado de Perón, e que Eva tomara seu lugar, aproveitando-se do momento em que se levantara para ir cantar. Por inverídica que seja, a história exprime uma rivalidade das mais reais entre as duas.

Morena, roliça, pequena e de pernas curtas, Libertad tinha uma mandíbula inferior maciça, uma boca em forma de coração e grandes olhos sonhadores que erguia para o céu ao cantar, à maneira de Agustín Magaldi. As revistas da época notaram um ponto comum entre Libertad e o ídolo de Evita, Norma Shearer: tanto a cantora argentina quanto a atriz canadense eram ligeiramente estrábicas. Este detalhe poderia ter inspirado a Evita sentimentos mais amenos em relação a Libertad. Mas não foi assim. Libertad interpretava papéis de mocinha ingênua: cabelos encaracolados cor de azeviche (em certos casos muito especiais as ingênuas não oxigenadas eram toleradas!), usando um vestido de ramadas bordadas em renda, ela cantava como um rouxinol ao mesmo tempo em que se esquivava aos avanços de um galã fatal gomalinado e de bigodinho fino. Os que acusam Evita de ter sido atriz medíocre deveriam rever o impagável *Besos brujos*, no qual Libertad Lamarque, soprano ligeiro, canta – banhando-se num rio com água até o queixo e a cabeça sob um salgueiro-chorão cujos ramos acariciam seus cachinhos – uma canção intitulada *Como un pajarito*,* enquanto o *gaucho*, dispondo-se a violá-la (mas conformando-se afinal em respeitar sua inocência, enternecido pela canção), espreita entre os galhos esta casta Suzana sul-americana, modelito 1940.

Como atriz, Evita não teve forças sequer para ser ridícula. Era dura e fria demais para tal, e provavelmente tímida demais. Sua voz podia ser engraçada – para darmos crédito a Gloria Alcorta –, mas pelo menos no único de seus filmes que pudemos ver, e do qual voltaremos a falar – *La pródiga* –, o trabalho de Evita merecia realmente o único adjetivo que seus críticos jamais lhe concederam: "discreto".

Voltemos à bofetada. Em suas memórias, Libertad Lamarque relata ela mesma este episódio que fez correrem não pouca tinta e saliva. Libertad era uma estrela, ao passo que Evita, praticamente desconhecida nas telas, conseguira o papel graças a Perón. Além disso, Libertad estava entre os democratas temerosos da ascensão de um Exército fascista, enquanto Eva chegara ao militarismo pelo caminho da alcova. Mas Libertad afirma que o verdadeiro motivo de sua briga foi de ordem profissional: Evita não cumpria os horários de filmagem. Chegava à tarde para rodar uma cena prevista para a manhã, enquanto Libertad a esperava em seu camarim, já vestindo seu figurino, toda apertada em seu espartilho, morta de fome e sem coragem de almoçar, com medo de que a diva surgisse de uma hora para outra. Finalmente, pelas 16 horas, Evita chegava num automóvel negro reluzente, embora fora de moda, por causa da guerra, que impedia toda importação – um daqueles automóveis quadrados cujo capô achatado

*Como um passarinho. (*N. do E.*)

evocava um barrete militar. Aparentemente sugestionado por essa metáfora guerreira, o motorista do Ministério da Guerra apressava-se a abrir a porta e curvava-se diante da loura Evita. E Libertad cerrava ainda mais as mandíbulas, ela que cedinho tivera de tomar o trem para San Miguel (subúrbio distante de Buenos Aires), já maquiada para ganhar tempo, e atravessara a pé o percurso de terra batida entre a estação e o estúdio.

De acordo com depoimento de Sergia Machinandearena, a cena da bofetada ou da discussão inflamada entre a verdadeira estrela e a *starlet* empistolada ocorreu durante um ensaio de filmagem de um *pericón*, dança folclórica que não exige nenhum talento especial e que qualquer escolar da época era capaz de dançar com destreza. Mas Evita não conseguia que seus pés, por pequenos e delicados que fossem, acompanhassem o ritmo. Foi então que Libertad, que dançava como se tivesse nascido para aquilo, explodiu, não lhe dando uma bofetada, segundo seu próprio depoimento, mas dizendo-lhe tudo. Tudo: que estava farta dos horários absurdos, farta daquele desgraçado *pericón* para o qual fora necessário contratar um professor de dança capaz de desenferrujar a madame!... E enquanto ela falava, Evita, muito pálida, limitava-se a sorrir com uma calma estranha, como anos antes na cena com o Sapo.

Para Mario Soffici, em compensação, Evita era uma atriz que trabalhava com dedicação. Mas essa contradição não significa muito. Boa colega com aqueles que não a tratavam de cima para baixo, Evita pode muito bem ter se divertido em provocar a cantora, que, por mais baixinha que fosse, contemplava-a do alto de sua boa consciência. E além disso, como acontece com todo mundo, ela certamente chegava às vezes na hora e outras vezes atrasada, com a negligência da mulher amada e mimada, os olhos perdidos num devanear eloquente tão irritante, sobretudo para outra mulher. E por sinal ela não se preocupava em esconder nada. Falava de Perón a torto e a direito, e assim seria até o fim. Falava apaixonadamente, com pureza d'alma e sem freios. Não contente de explicar as ideias de Perón a quem lhe desse ouvidos, fornecia detalhes de sua intimidade. Houve no estúdio de San Miguel quem a ouvisse queixar-se de problemas digestivos e, apalpando o ventre, acrescentar: "Quem sabe trago aqui um Peronzinho!..." Cabe perguntar se ela mesma acreditava nesta possibilidade. A atriz Fanny Navarro contou à fotógrafa Anne-Marie Heinrich que Evita perdera um filho de Perón, versão corroborada por Fermín Chávez, sem citar outras fontes. Recentemente, ainda, dois depoimentos vieram reforçar a tese da fertilidade de Perón: o de sua terceira mulher, Isabelita, que garante ter também abortado; e o de uma mulher que se diz filha do ex-presidente. Quanto a Tomás Eloy Martínez, sustentou sempre que Perón era estéril. Há naturalmente quem não consiga suportar semelhante ideia. Um líder tem de ser viril e fértil. E a sexualidade, a capacidade ou incapacidade de gerar, o próprio corpo dos protagonistas dessa história tornam-se questões políticas.

Para voltarmos a *La cabalgata del circo*, o que deixava furiosos certos colegas, entre os quais Libertad Lamarque, era a felicidade ostentada por Evita. Com pureza d'alma? Não é impossível ser franco e "prudente" ao mesmo tempo – conselho de ninguém menos que Cristo. Ela se sentia realmente feliz, mas deixá-lo transparecer era sua forma de vingança. Não é difícil imaginá-la exultante por chegar num carro oficial de capô quadrado, mal se dando o trabalho de umas desculpas *en passant* pelo atraso enorme, ao passo que a célebre estrela já tinha o estômago grudado nas costas e a maquiagem lambuzada de poeira. E quando esta, não aguentando mais, acabou por explodir, podemos imaginar o que se passou na cabeça de Evita pela primeira vez – uma ideia que se refletia em sua palidez e no sorriso estranho: "Espera um pouco, só um pouquinho, para ver o que vou fazer com teu profissionalismo e teu cabelinho encaracolado."

E com efeito, a partir do momento que Evita chegou ao poder, Libertad viu-se sem trabalho e partiu para o México, onde já era célebre e onde acabou por se tornar um verdadeiro tesouro nacional. Na Argentina, ninguém ousaria dar um papel a uma atriz sob a maldição do "*no corre*" ("este não corre mais", expressão famosa que significava muito simplesmente: "Evita não quer mais saber dele").

Certas testemunhas, como Roberto Galán e o ator Pedro Maratea, sustentam no entanto que a suposta maldição nunca existiu, e que

Libertad chegou a solicitar uma audiência a Evita quando esta já era a mulher do presidente.

Numa primeira versão, trata-se antes da filha de Libertad, preocupada com a mãe, que se encontrava na Colômbia durante as sangrentas revoltas que lá ocorreram. Eva teria ajudado a encontrar Libertad e a levá-la sã e salva para o México. Na segunda versão, é a própria Libertad que vai ao encontro de Evita, pedindo-lhe autorização para trabalhar na Argentina. Eva teria sorrido com ironia, respondendo-lhe: "Mas é claro, trabalhe sim, quem a impede?" E como Libertad balbuciasse que não conseguia contratos na Argentina, o sorriso de Eva se teria acentuado: "Será talvez que seus filmes já não despertam interesse aqui?" Tenha a cantora solicitado uma audiência à todo-poderosa Evita ou não, nada muda no fundo da história. Nessa história, temos uma bofetada e uma vingança. A bofetada pode ter sido simbólica, como afirma Libertad, na forma de algumas palavras. A vingança foi gradativa, e a pobre Libertad pode ter se visto forçada a negociar com a rival. Os detalhes variam, mas não o essencial: Eva teve de suportar afrontas, e tratou de se vingar. Afrontas reiteradas? Outra atriz, Nelly Ayllon, também teria *esbofeteado* Evita, durante as filmagens de *El cura de Santa Clara*. Duas bofetadas, então? Por que será que o mesmo episódio se repete tantas vezes, cada um numa versão diferente? Será que a memória, dessa maneira, funciona como os sonhos, recorrendo a símbolos que se assemelham, mas com alguma diferenciação, para melhor desvendar o essencial?

Essa briga de mulheres também tem um motivo econômico e político que não podemos ignorar: a escassez de película. Tendo florescido a partir de 1939 por causa da guerra, o cinema argentino entrava num período de decadência em consequência do relacionamento difícil entre a Argentina e os Estados Unidos. Fabricantes de acetato de celulose, os norte-americanos recusavam-se a vendê-lo a um país neutro. Tanto mais que depois de 1944 o poder executivo argentino baixara um decreto dos mais ditatoriais que lhe permitia apossar-se de toda a celulose importada e distribuí-la a seu bel-prazer – vale dizer, aos amigos. Já no México este problema não existia, o que leva Marysa Navarro a supor que o verdadeiro motivo do exílio de Libertad (e para muitos era a própria liberdade que se exilava) estava pura e simplesmente nas dificuldades enfrentadas pela indústria cinematográfica argentina. Seja como for, Perón e Evita já surgem nesse episódio como os grandes manipuladores da comunicação que viriam a tornar-se; a imagem do coronel impondo sua amante com o argumento incontestável dos rolos de película de que tem o monopólio prenuncia a do presidente e de sua mulher, senhores da imprensa por controlarem a distribuição de papel.

Um pouco mais tarde, em setembro de 1945, a revista *Sintonía* publica uma caricatura: nela, vemos um homem, com um buquê de flores na mão, ser rechaçado à porta de sua noiva por uma doméstica que lhe diz: "A senhorita não quer mais saber do senhor. Ela recebeu película e vai se tornar estrela de cinema." O "velho Kartulowicz" acertava dessa forma as contas com Eva, que nem por isso, como já vimos, deixará de lhe fornecer papel para a revista. Um desses gestos generosos que bem ilustram o que é uma sociedade "de favores": aos cidadãos, nada, aos amigos, tudo. Este lema estava inscrito no próprio ser de Evita, muito antes que conhecesse seu coronel: Mauricio Rubinstein, citado por Borroni e Vacca, conta que, durante seu período artístico, ela costumava dizer: "Os defeitos de meus amigos, não consigo nem enxergá-los, como, aliás, as qualidades de meus inimigos."

UM *TAILLEUR PIED-DE-POULE* POR UM MUNDO MELHOR

No ano de 1944, para variar, não é Evita quem faz as malas, mas Perón. Como vagou um apartamento no prédio de Evita, na rua Posadas, Perón mudou-se para lá, o que permitiu aos amantes viverem ao mesmo tempo juntos e separados. Tratava-se antes de um arranjo conveniente que de uma tentativa de dissimulação: a relação já se tornara pública. Mas na época ainda se impunha um mínimo de precaução: não seria muito conveniente assumir claramente a coabitação. Evita prepara-se então para uma vida de representação, não já teatral, mas oficial.

O depoimento do costureiro Paco Jamandreu, que a conheceu na rua Arenales, pouco antes da mudança de Perón para a rua

Posadas, nos ajuda a entender a atitude mental de Evita àquela altura, ao mesmo tempo alegrando um pouco o perfil de um personagem habitualmente pintado com cores da mais desoladora seriedade. Jamandreu, um homossexual roliço que adora posar para fotos coberto de plumas, fazendo biquinho como quem beija, os ombros desnudos, tem a língua solta e o verbo malicioso. Nisso, faz mais justiça à verdade que os graves adoradores ou detratores de Evita.

Atraída pela fama do jovem costureiro, que vestia atrizes mas também damas da alta sociedade, Eva mandara chamá-lo para encomendar vestidos. Mas suas expectativas iam muito além disso. Ela queria que ele a ajudasse a criar para si uma dupla imagem, que devia corresponder à sua dupla identidade: a da atriz e a da política. Ela, filha ilegítima de um proprietário fundiário e de uma mulher do povo; ela, que sempre suportara passivamente sua dupla identidade, preparava-se para representar um papel duplo de forma consciente, tornando ativo e positivo aquilo que não passara até então de um sofrimento cego.

"Não pense em mim como pensas em tuas outras clientes", disse-lhe ela. "Daqui por diante, terei dupla personalidade. De um lado, a atriz; nesse caso, podes adotar o gênero bicha: *lamê*, plumas e lantejoulas. De outro, o que o chefão quer que eu seja: uma figura política. Agora, no dia 1º de maio, justamente, vou ter de acompanhá-lo num comício. Todo mundo vai ter sobre o que falar: será o primeiro compromisso público do casal Duarte-Perón. Que propões então para a ocasião?" "Um *tailleur*", respondeu o costureiro, "um *tailleur pied-de-poule*, com fileira dupla de botões e gola de veludo."

Nascera Eva Perón. Este *tailleur* foi o primeiro de uma série ininterrupta de tailleurzinhos, tão parecidos e tão apreciados por Evita que Perón se queixava, julgando que fosse sempre o mesmo e sofrendo em sua alma de costureirinha traída por seu desejo de vesti-la como uma princesa. Para Evita, esse *tailleur* tornou-se a roupa de trabalho, e ela viria a ser associada tanto a ele quanto ao eterno coque. Mas o "chefão" que desejava prepará-la para a vida política era naturalmente o coronel Perón, que do quarto vizinho berrava exigindo a presença de Jamandreu. "Vamos, vamos", dizia

Evita, "ele quer vê-lo, e não sabe esperar. Mas que homem impaciente! Ele me deixa louca!"

Ao entrar no quarto, o costureiro deu com o coronel deitado numa cama tão modesta quanto o apartamento inteiro, comendo um sanduíche de *chorizo* e bebendo vinho tinto. Contemplou Jamandreu com curiosidade, "como quem olha para uma coisa que nunca viu na vida", e o costureiro roliço devolveu-lhe o olhar. Dois mundos face a face: a louca dos alfinetes e o líder áspero e rude cujo corpo avantajado ocupava toda a cama. Entre os dois, Eva, sempre no papel do intermediário.

Já nas primeiras conversas que tiveram, Evita revelou a Jamandreu certos aspectos da complexa trama de seu relacionamento com Perón. Deixou claro que o companheiro fazia questão de impulsioná-la, de impô-la e exibi-la: "Este louco quer que o acompanhe à noite de gala no Teatro Colón, dia 24 de maio." "Tenho de visitar uma favela para ver se estou em condições de assumir as funções que, segundo Perón, estou sendo chamada a desempenhar." Vemos por aí que, depois do primeiro espanto com a perspicácia de Eva, Perón passara à ação: era preciso explorar ao máximo o animal político em estado bruto que ela era, assim como aquela imagem carismática, de ternura e bondade, que era capaz de projetar. É verdade que ela deixava transparecer uma leve irritação com o companheiro, declarando que a exasperava, chamando-o de louco, criticando seu sanduíche de *chorizo*. Mas não passava de um capricho de uma mulher com a sensibilidade à flor da pele, que procura não deixar transparecer sua alegria, com medo de que se evapore. Mas havia algo mais: Perón, o autêntico, o Perón de todos os dias, já começava a lhe dar nos nervos.

E quanto mais este Perón a irritava, tanto mais o outro Perón, o ideal, ocupava todo o seu coração. Foi este que ela amou até a adoração e o sacrifício. Por gratidão a este Perón, o redentor que a escolhera, purificara e salvara, é que Evita se teria deixado imolar na fogueira, por ele é que caminhou para sua própria destruição pelo câncer, entoando cânticos. "Ela não parava de me dizer obrigada", contou Perón a seu biógrafo Tomás Eloy Martínez. Mas será que este amor místico que lhe inspirou não o deixava por sua vez irritado também? Já seria ele capaz de compreender que Eva o amava por transparência, para além de seu corpo maciço e de seu sanduíche de *chorizo*? Que amava sua imagem, mais que a ele mesmo? Mas quem seria este "ele mesmo", o "verdadeiro" Perón? E como responder a esta pergunta, se justamente empenhavam-se os dois, de forma consciente e programada, em compor uma *imagem* pública?

Com o tempo, Evita encontraria essas últimas respostas – respostas mortais. Por enquanto, ela apenas esboça um movimento que a afastará de Perón para melhor aproximá-la dele. Chegará o dia em que confessará com ingenuidade, em *La razón de mi vida*, que Perón tinha ciúmes de Perón. Mas quem não o teria, em seu lugar? Como competir com seu próprio duplo idealizado? Que homem seria capaz de alçar-se ainda que fosse aos calcanhares de semelhante herói? Enganar seu marido com ele próprio, eis o pecado maior dessa Madalena que também se enganara consigo própria, ao tornar-se loura e escolher uma imagem antes transfigurada que real.

Em junho de 1944, Evita lançou uma série de programas intitulada *Por um futuro melhor*, destinada a revelar a seus ouvintes a imagem idealizada do coronel. Francisco Muñoz Azpiri, seu roteirista nacionalista, acabava de ser nomeado diretor de propaganda na subsecretaria de Informação, subordinada à presidência da República. *Por um futuro melhor* era obra sua, e nela Evita desempenhava o papel de uma mulher do povo que exaltava a Revolução de junho, mas sobretudo o coronel Perón. Este ainda não era candidato à presidência, mas esses programas não deixavam dúvida de que era o verdadeiro líder dos argentinos.

Vale a pena reproduzir aqui algumas passagens desses textos. Sua retórica *vitalista* é sem dúvida fascista, mas é curioso como não deixa de evocar certa poesia revolucionária de esquerda, que já florescia nos anos 1940 e alcançou seu maior sucesso nos anos 1950 e 1960: uma poesia em que se falava sempre de "vísceras" e de "seiva" – Neruda maldigerido. Quanto ao personagem simbólico de Juan Laguna, Jean Lagune (maneira poética de dizer: Jean Dupont, mas um Dupont alçado à posição de operário-padrão), personagem que veremos surgir nesse texto, a coincidência é ainda mais perturbadora. Foi com esse nome que o pintor comunista Antonio Berni batizaria bem mais tarde um de seus personagens, que tem o mesmo significado: o homem do povo, o homem autêntico, aureolado de todas as virtudes. Nada disso se deve ao acaso. Com a chegada do peronismo, o Partido Comunista dividiu-se entre pró-peronistas e antiperonistas. Nos anos 1970, jovens burgueses de esquerda aderiram ao peronismo por causa, entre outras coisas, de certa afinidade de preferências de ordem retórica e estética. Já vimos que a classe esclarecida – a de um Borges, para sermos claros – jamais poderia ter se tornado peronista, por razões estéticas. Mas uma parte da esquerda podia.

Passemos ao trecho de um desses programas. Música militar ao fundo, tambores e clarins. Um homem de voz clara e viril diz: "Aqui, no misterioso burburinho da rua, onde uma vontade nova em gestação prepara-se para nascer... Aqui, em meio à massa anônima do povo que trabalha, cala-se, sofre e pensa... Aqui, nas pupilas do cansaço ou da esperança, da justiça ou da fraude... Aqui, nessa caravana informe que é o motor de uma grande capital, centro nevrálgico e motor de um grande país americano em marcha... Aqui está a mulher que define nosso movimento através de sua intuição de mãe, de esposa, de irmã ou de noiva... Ouçam-na! É ela!" Eva dizia então: "Lembram-se do 4 de junho? Era uma alvorada de aço, rude e sangrenta! Ninguém poderá esquecê-la, pois dela nasceu uma onda de seiva nova, violenta como uma tempestade que não poupa nada ou ninguém. (...) A Revolução nasceu de algo de angustiante e duro que germinava no interior, na raiz das vísceras... lá onde residem o ódio e a paixão e o senso da injustiça que faz correr o sangue nas mãos... A Revolução de junho foi feita por Juan Laguna, que retornou à sua província natal (...) Um homem que dará ao trabalho seu sentido de redenção; um digno soldado, daqueles que viram Juan Laguna voltar para casa carregando sua cruz de fome; um soldado do povo, que sentiu em seu coração a chama da justiça social, contribuiu de maneira decisiva para a eclosão dessa revolução do povo. Eis aqui sua voz e sua confissão..."

Seguia-se um discurso de Perón. E sua voz contrastava ao mesmo tempo com a virilidade estereotipada do locutor e com o nervosismo de pássaro esganiçado da voz de Evita – que se tornaria mais grave e intensa com o passar dos anos. A voz de Perón tinha cheiro de terra. Fazia pensar em seu sorriso. Nenhuma histeria, ou quase; nenhuma retórica. Uma voz meio velada, que com o tempo acabou por se assemelhar estranhamente à de Borges, ofegante – como se as duas vozes da Argentina acabassem por convergir num ponto: a falta de oxigênio. Àquela altura, entretanto, Perón ainda não encontrara seu timbre definitivo, o da sabedoria *criolla*. Mas era possível perceber ou julgar que se percebia esta sabedoria – o que redundava num efeito tranquilizador, sem chegar a ser confortante. Por um lado, os tambores e clarins, as vozes enfáticas ou nervosas exaltavam os ouvintes. Por outro, aquele homem que falava num tom verdadeiro, como "digno soldado do povo", inspirava-lhes confiança.

É possível que uma certa verdade acabe por se imiscuir na retórica mais vazia, como por contrabando. Encontramos nesse texto palavras que exprimem profundamente a verdade de Evita, de tal maneira que quase julgamos ouvi-la falar de si mesma: "Algo de angustiante e duro que germinava no interior, na raiz das vísceras." Este núcleo de sofrimento foi, em seu ventre, o germe da morte; seu fruto, seu único fruto.

Retornemos ao livro de Jamandreu para completar esse retrato de Evita em 1944. Ao vê-la pela primeira vez, ele a achou apagada, descolorida e malvestida. O apartamento da rua Posadas era um prodígio de mau gosto. Mas Eva já existia. Estava praticamente pronta para dar, por assim dizer, um salto para si mesma. Certo dia, pediu-lhe que a acompanhasse a uma favela para ver "se ela seria capaz". Dentre as pessoas pobres que a receberam, algumas reconheceram sua voz radiofônica, outras não. Mas a ela não puderam deixar de reconhecer: reconheceram uma mulher sincera que lhes oferecia ajuda. E como souberam que era sincera? Vendo-a morder o lábio inferior toda vez que sua pergunta reiterada e quase obsessiva – "Onde está o pai desta criança?" – recebia das mães a resposta de que a criança não tinha pai, era ilegítima. Os não reconhecidos se reconheciam, selando um pacto silencioso.

Outra Evita nasceu então das mãos de Jamandreu – mãos de fada. Aquele "louco" do Perón queria que ela se apresentasse como

Cinderela no baile de gala do Teatro Colón, no dia 24 de maio – o 25 de maio é a principal data patriótica argentina, comemorando, com o 9 de julho, a libertação das antigas colônias espanholas. "Que vestido vais fazer para mim?", perguntou, ansiosa (ela não tinha o problema da carruagem-abóbora nem o dos cavalos-ratinhos, pois chegaria ao teatro no automóvel de capô militar, com o ministro da Guerra como acompanhante).

E Jamandreu criou para ela um vestido de seda negra com saia imensa, muito justa na cintura. O busto e as mangas longas e ajustadas formavam uma rede trançada de fitas de veludo. Uma pérola negra reluzia em cada entrecruzamento. Ao ver este vestido, Perón exclamou: "Tens de posar com ele para uma foto, que sairá numa revista – sim, em *El Hogar*!"

Velho Vizcacha, ele se deleitava em atacar a oligarquia nos pontos mais sensíveis: *El Hogar* só publicava colunas sociais. Nunca dera espaço antes a uma atriz. E jamais uma amante de ministro comparecera a um espetáculo de gala no Colón, no camarote oficial. Perón chorava de rir. O próprio vestido parecia divertir-se com a provocação. Era um vestido malicioso, instalado amplamente no camarote e ao mesmo tempo rebrilhando em mil faíscas negras, como se se deliciasse em ser observado por outros tantos binóculos aos quais se penduravam os olhos revirados de horror das esposas legítimas. Batalha de olhares: uma multidão de pupilas tenebrosas olhando de soslaio para o busto e os braços de Evita.

Parte 2

4
Grata

Um papel premonitório • O fantasma de Martin Bormann • Uma estrela de Davi num cofre de luxo • A Meca dos nazistas • Os militares preferem as submissas • O embaixador norte-americano faz das suas • "Alpercatas, sim! Livros, não!" • A fuga • Perón na ilha• A verdadeira *Pasionaria* era a secretária • Salvar seu homem • O batismo de Evita • A dívida • O 17 de outubro de 1945 • O triângulo amoroso

La Pródiga! A Pródiga! Por algum misterioso motivo, este filme que começa a ser rodado fascina Eva. De repente, toda a sua energia concentra-se nele: a Pródiga é ela mesma. Inútil argumentar que os Studios San Miguel já escolheram sua estrela, Mecha Ortiz, famosa atriz que já interpretava papéis de mulheres célebres muito antes de Evita. O personagem da Pródiga – uma mulher madura – cai-lhe como luva: Mecha Ortiz está naquela idade em que as mulheres deixam de ser belas para se tornarem "interessantes". Quanto a Evita, mal se poderia dizer que começava a tornar-se bela. Mas é dona de uma força rara: conhece seu desejo. Quanto mais nos afastamos das necessidades primordiais – a fome, a sede –, mais os desejos se tornam vagos. Será preciso ficar bem perto do próprio corpo para desejar como Eva, sem nuances, sem remorsos, um desejo nu e cru que move montanhas. Nada a ver com a nostalgia do tango. Eva não tem tendência para essa melancolia tão argentina do tempo condicional; ela quer aqui e agora, imediatamente. Nenhum cuidado, nenhum arrependimento poderá detê-la. Vítima de injustiça, ela sabe que tem direito de desejar muito. A vida deve ser tomada de assalto, como os pequenos lotações portenhos multicoloridos e sempre superlotados: para se aguentar neles, é preciso ter pernas fortes e cotovelos afiados. Mais tarde, Evita berraria, para ser ouvida pelos deserdados, essa mesma mensagem, com outras palavras, mas perfeitamente compreensível para todos: "Façam como eu! Desejem! Exijam o mais caro, o mais belo, o luxo, a felicidade! Tudo lhes pertence! Sirvam-se sem medo!" Por enquanto, porém, esse desejo violento que faz bater mais rápido seu coração tem o rosto da Pródiga.

Homem de sentimentos ambíguos, Perón não podia deixar de admirar a clareza de Evita, suas vontades, seus amores e ódios. Acaba por ceder – ou por outra, instaura um jogo que acabará por se transformar no modo de vida do casal. Suas regras? Levar Evita a agir e fingir deixar-se levar por ela, que julga assim influenciá-lo. Neste jogo, os papéis se confundirão alternadamente: qual dos dois é o senhor e qual é o escravo? "Dobrando-se" ao desejo de sua amante e adotando o ar meio astucioso meio resignado do macho que obedece, com uma piscadela que dá a entender o contrário, Perón faz saber ao dono dos Studios San Miguel que lhe fornecerá película para a rodagem de *La Pródiga*, com uma condição: que o papel principal seja atribuído a Evita. O que foi feito.

Por que desejava ela este papel como se sua vida dependesse dele? Memória do futuro: a Pródiga, personagem criado pelo romancista espanhol Pedro Alarcón, é uma pecadora arrependida que se dedica a obras de caridade. Os humildes julgam-na quase divina e a chamam "*La Señora*", "a mãe dos pobres", "a irmã dos aflitos". Mas Evita não poderia sequer imaginar na época que um dia, não muito distante, se tornaria ela mesma "*la Señora*", "a Dama da Esperança" ou "a Mãe dos Necessitados"? Seria a força de seu desejo tão grande a ponto de transformar a realidade? Por mais que desconfiemos das premonições, a coincidência é eloquente: uma atriz representando na vida um papel que desempenhou na tela (e em várias novelas radiofônicas)! Mas deixemos de lado a premonição e suponhamos que Eva, ao criar sua Fundação de Ajuda Social, tenha pedido a Apold, responsável pela propaganda, que fosse designada como "*la Señora*" ou "a Dama da Esperança". Pois também esta decisão não será surpreendente? Uma decisão artística, tomada por uma mulher de teatro que se torna ao mesmo tempo personagem e diretora?

No entanto, *La Pródiga* nunca chegou a ser exibido na Argentina. Ainda hoje é extremamente difícil conseguir uma cópia: uma maldição pesa sobre o filme. Poucos argentinos puderam ver Evita em seu papel premonitório. Os que a viram consideram-na sem graça. Opinião severa: sua voz é monótona, é verdade, mas tocante. Seu rosto exprime apenas uma eterna melancolia, não destituída de nobreza. Seria jovem demais para o papel? Impossível saber. Nossa atriz é vista sob um penteado *fin de siècle*, revisto e corrigido pela moda de 1940 – um desses penteados que não procuram remoçar, servindo, ao contrário, para acentuar a importância, a dignidade, a majestade. Apesar do frescor da pele, mesmo na vida real ela aparentava mais idade que realmente tinha: o papel que fazia questão de desempenhar obrigava-a a se apresentar como se estivesse disfarçada com os vestidos de sua mãe. Quanto ao filme propriamente, dirigido por Mario Soffici, está cheio de lances absurdos: quando o povo traz a Pródiga, afogada, sua longa cabeleira dourada vem se arrastando na terra, cuidadosamente ondulada e perfeitamente seca. Mas a história do cinema mundial está cheia de absurdos, sobretudo capilares: basta lembrarmos dos penteados anacrônicos do cinema norte-americano dos anos 1950, sempre impecáveis, por revolta que fosse a vegetação onde transcorria a cena. Mas não foram problemas de pentes e escovas que privaram o público argentino das belezas de *La Pródiga*. Não tinha cabimento que a esposa do presidente aparecesse numa tela como atriz, por mais comovente que fosse. Ao tomar o papel de Mecha Ortiz, Eva julgara ter afinal sua própria vida nas mãos, sua vida de atriz. Não imaginava que estava desempenhando seu último papel – pelo menos num contexto artístico.

Tampouco o imaginava ao ser entrevistada pela revista *Radiolandia* do dia 7 de abril de 1945. Não que sustentasse ter tido uma formação teatral acadêmica. E já havia bom tempo que cedera às conveniências, declarando sua preferência pelos "autores clássicos e modernos", a música clássica e a equitação. A novidade, dessa vez, era estar confessando, com encantadora franqueza, que tinha uma casa. O apartamento da rua Posadas? Não, melhor ainda: uma casa grande, uma casa de verdade na rua Teodoro García, num bairro – Belgrano – cheio de nobres residências de estilo inglês, nas quais viviam efetivamente ingleses, mas também alemães. E não fora precisamente um alemão – Ludwig Freude, o milionário que Perón conhecera na Itália e reencontrara na casa do embaixador von Thermann – que a havia presenteado, segundo duas de nossas testemunhas, que querem manter o anonimato? Quinze meses depois daquela noite no Luna Park, Evita já percorrera um longo caminho: se um empresário como Freude se abalançava a lisonjeá-la dessa maneira, é porque ela era considerada a mulher de Perón. Resta saber por que o milionário alemão queria agradar Perón com este "presente institucional" à sua companheira.

A MECA DOS NAZISTAS

Para tentar responder a essa questão, temos de voltar a 10 de agosto de 1944, deixando a Argentina em direção a Estrasburgo, na França ocupada. (Seguimos, aqui, a pista trilhada por Jorge Camarasa em seu livro *Los nazis en la Argentina*.)

Setenta e sete homens estão reunidos nesse dia num prédio da praça Kléber conhecido como Casa Vermelha. Dois meses antes, os aliados desembarcaram na Normandia. Os 77 conjurados, a nata da hierarquia nazista, sabem que os dias de seu governo estão contados. Têm apenas uma preocupação: salvar seus bens. Estão presentes, segundo se diz, Martin Bormann, o número dois do poder hitlerista; Albert Speer, ministro das Armas; o almirante Wilhelm Canaris; os grandes industriais do regime (os Krupp, Thyssen, Messerschmitt e Siemens); e os banqueiros, os financistas, em suma, todos os que, tendo posses, temem perdê-las. Martin Bormann – ou talvez seu representante – resume assim a proposta final da reunião: "A hierarquia do Partido acredita que alguns de seus membros serão condenados. (...) O Partido está disposto a fornecer somas consideráveis aos industriais que contribuam para organizar o pós-guerra no exterior. Pede, em troca, o controle de todas as reservas financeiras já transferidas para fora, ou que estão para sê-lo, para fundar no futuro, passada a derrota, um novo Reich poderoso."

Esse projeto de aposta no futuro não leva em conta apenas os lucros industriais. Mas isso não precisava necessariamente ser revelado aos convivas da Casa Vermelha. Segundo Glenn B. Infield, em *Skorzeny, chef des commandos de Hitler*, Martin Bormann teria descoberto no fim de 1943 "a existência de uma bolada considerável depositada no Reichsbank de Berlim, e constituída sobretudo de prata, ouro e joias roubadas aos judeus nos campos de concentração", depositada em nome de "Max Heilger" e sob a responsabilidade direta do Dr. Walther Fund, presidente do banco. Bormann teria lançado mão desse tesouro, e, com a ajuda de seu colaborador, o Dr. Helmut von Hummel, assim como de Otto Skorzeny (um nome que voltará a aparecer nestas páginas), teria despachado seu butim a bordo de submarinos. Destino: Argentina.

Além disso, os convivas da Casa Vermelha traçam três itinerários possíveis para os futuros fugitivos: os nazistas partiriam de Munique, atravessando a Áustria para chegar a Madri; ou então embarcariam em Gênova rumo ao Egito, ao Líbano, à Síria.., ou enfim a Buenos Aires. Em todos os casos, no entanto, a viagem seria organizada por uma rede conhecida como "rede romana" ou "o caminho dos mosteiros" (senão "dos ratos"). Centro dessa rede: Vaticano. Sua alma: o bispo austríaco Alois Hudal, ajudado por 21 altos dignitários do Vaticano, entre os quais o cardeal italiano Umberto Siri e o arcebispo croata Kronislav Draganovic. Segundo revelações do diário *La Repubblica*, de 29 de maio de 1994, Hudal integrava uma organização do Vaticano, a Pontificia Commissione di Assistenza, ou PCA, cujo Departamento de Estrangeiros, na Piazza Cairoli, era presidido por monsenhor Ferdinando Baldelli. Em 1947, esta Comissão conseguiu junto à Cruz Vermelha Internacional passaportes para 25 mil refugiados alemães e austríacos.

Logo depois da reunião na Casa Vermelha, outro homem de confiança de Martin Bormann, Walter Rauff, instala-se em Milão. Propõe então aos *partisans* italianos entregar-lhes os arquivos do fascismo, que estão em suas mãos, em troca de um favor: organizar a saída dos nazistas pelo porto de Gênova, o que foi aparentemente concedido.

Paralelamente – e seguindo o exemplo de Joseph Goebbels, ministro da Propaganda, que em 1942 depositara uma grande soma num banco argentino –, os industriais alemães e os chefes nazistas transferiram seus bens para o exterior, onde fundaram novas empresas ou financiaram outras já existentes. Dentre os países escolhidos pelos capitais alemães, a Suíça vinha na frente, seguida da Espanha franquista e da Argentina peronista. Esta recebeu 98 empresas. Vários chefes nazistas imitaram o ministro das Relações Exteriores, von Ribbentrop, que transferiu seus fundos pessoais para quatro bancos em Buenos Aires: o Banco Alemán Transatlántico, o Banco Germánico, o Banco Strupp e o Banco Tornquist.

Há muito tempo a Argentina vivia uma história de amor com a Alemanha. História de amor, logo, história de ódio, da qual o velho presidente Sarmiento foi o primeiro a falar. Segundo Luis V. Sommi, em *Los capitales alemanes em la Argentina*, já em 1882 Sarmiento denunciava um artigo publicado na revista *Deutsche Rundschau*, no qual o Sul do Brasil, a Argentina, o Uruguai e o Paraguai eram considerados "províncias alemãs". O expansionismo alemão que indignava Sarmiento ia de par com seu corolário habitual, as teorias sobre a superioridade da raça alemã. A lista das empresas alemãs que se instalaram na Argentina no século XIX é longa demais para que a reproduzamos aqui. No momento da ascensão do nazismo, o terreno estava bem preparado: a comunidade alemã, rica e numerosa, aderiu quase em massa ao movimento nazista, de tal forma que em 1938 o deputado radical Raúl Damonte Taborda e o deputado socialista Enrique Dickmann criaram uma comissão de inquérito sobre as atividades antiargentinas. E encontraram motivos para investigar.

E Perón em tudo isso? Ele flutuava, sobrepairava, feliz por ter encontrado um interlocutor privilegiado na pessoa de Nelson Rockefeller, nomeado para os Assuntos Interamericanos em novembro de 1944. Que aconteceu para que o governo argentino decidisse declarar guerra à Alemanha e ao Japão em 27 de março de 1945, apenas cinco semanas antes da rendição dos alemães? Simplesmente uma troca de piscadelas entre esses dois astuciosos que eram Rockefeller e Perón, cada um à sua maneira; o primeiro oferecendo ao segundo, entre outros privilégios para seu país, o reconhecimento diplomático e a condição de membro das Nações Unidas, desde que tomasse a decisão de guerrear com os alemães, ainda que *in extremis*.

Em 1970, Perón confessaria o seguinte a Tomás Eloy Martínez, citado por Juan José Sebreli: "Muito antes do fim da guerra, já nos havíamos preparado para o pós-guerra. A Alemanha estava derrotada, e nós o sabíamos. Mas os vencedores queriam se apoderar do imenso esforço tecnológico realizado por este país durante dez anos. Destruída a máquina, restavam os homens. Foi então que comunicamos aos alemães que lhes declararíamos guerra para salvar milhares de vidas." Salazar e Franco transmitiram a mensagem aos alemães, que, sempre segundo Perón, se revelariam extremamente úteis depois da guerra.

Ninguém ignora que os vencedores, especialmente os norte-americanos, se interessaram pela "máquina" alemã. Não lhes parecia difícil, portanto, entender aquele líder ambicioso que queria se apropriar do saber tecnológico do gigante derrotado: não era justamente o que eles mesmos pretendiam fazer, argumentando que a ciência nada tem a ver com a ideologia, e que os cientistas alemães eram efetivamente muito úteis? Até aí, nada na atitude de Perón extrapolava o equilíbrio do pragmatismo, ou do cinismo, que se espera de todo político. Mas a história (ou a lenda, segundo alguns) dos dois submarinos carregados de ouro por um Martin Bormann fantasmagórico viria alterar enormemente esse equilíbrio.

No dia 10 de julho de 1945, um submarino alemão, o *U-503*, assestou seu periscópio para o litoral de Mar del Plata, o luxuoso e dissipado balneário aonde Evita fora levada, dez anos antes, por dois jovens oligarcas de Junín. Seu capitão apresentou-se às autoridades argentinas como o tenente de marinha Otto Vermouth. Fascinados com aquela aparição, os argentinos apelidaram o capitão Vermouth de "Cinzano" – tanto mais que um segundo submarino, o *U-977*, comandado pelo capitão de Marinha Heinz Shaeffer, surgiu também em Mar del Plata, demonstrando que efetivamente o primeiro não passava de um aperitivo. Mas que refeição ainda mais suculenta vinham anunciar?

Os dois submarinos com nomes começando com U suscitavam o humor mas sobretudo a imaginação dos argentinos. Projetados de uma hora para outra num cenário de conflito mundial, como no episódio do *Graff Spee*, eles finalmente podiam se sentir no centro dos acontecimentos. A Argentina ficava tão longe! Era a época em que se dizia que nada acontecia nesse país. Um país de crianças, eis o que éramos; um país de filhos de europeus, que, eles sim, eram adultos, tinham guerras, guerras de verdade, enquanto nós, lá no fundo à esquerda do planeta, ficávamos observando a vida passar sem nosso concurso, muito longe. Pois eis que de repente a vida emergia, literalmente, em nosso litoral. Que *frisson* na Argentina! O país inteiro se entregou às conjeturas mais fantasiosas, mais horripilantes e deliciosas.

As declarações de Cinzano e Shaeffer naturalmente não convenceram ninguém. Haviam sido informados da capitulação do Terceiro Reich, no dia 8 de maio de 1945, afirmaram, quando se encontravam em alto-mar; e, apesar do recente rompimento de relações entre a Argentina e a Alemanha, preferiram vir render-se aos argentinos, cuja natural bondade bem conheciam, a entregar-se a adversários tão antipáticos quanto os ingleses. Ninguém deu-lhes crédito, exceto o governo argentino, que tomou tais declarações ao pé da letra e apressou-se a proclamar que os dois submarinos não transportavam *nada nem ninguém suspeito*, e que Hitler, por exemplo – sim, Hitler, modestamente –, não fazia parte da tripulação. Por que Hitler? A simples menção deste nome assustador não seria a cortina de fumaça destinada a ocultar, quem sabe, Martin Bormann, ou seu tesouro?...

O sociólogo Juan José Miguens, intelectual peronista, deu-nos uma versão diametralmente oposta da história. Segundo ele, esses submarinos que todos julgavam ver em toda parte nunca existiram. No fim da guerra, os ingleses enviavam por rádio mensagens desmoralizantes aos soldados alemães, afirmando que seus submarinos fugiam. Os norte-americanos captaram essas mensagens e deram-lhes crédito. Mas os britânicos "esqueceram" de desmentir os boatos, de tal forma que os norte-americanos até hoje acreditam...

Ao lado de semelhante visão das coisas, a descrição de Alain Pujol, detalhando minuciosamente o conteúdo dos submarinos, deixa margem a dúvida. Membro dos serviços franceses de informação, o "Segundo Bureau", Pujol dá conta de dois desembarques, ocorridos nas noites rocambolescas de 7 de fevereiro e 18 de julho de 1945.

A ação se passa nas praias de San Clemente del Tuyú, não longe de Mar del Plata. Homens de aspecto misterioso desembarcam na areia enormes baús, nos quais é possível ler, aproximando-se com uma lanterna, a inscrição: *Geheime Reichssage* (Segredo de Estado). E o sujeito de ar autoritário que dá ordens aos motoristas dos caminhões enfileirados no caminho, ao longo da praia, é ninguém menos que Ernst Kaltenbrunner, chefe da polícia secreta do Terceiro Reich. Para onde se dirigem os caminhões carregados de cofres tão pesados? Para a *estancia* Lahusen, perto do litoral de San Clemente. Três marinheiros do *Graff Spee* testemunham a cena: Brennecke, Detelmann e Achotz. Que há dentro das caixas? São 187.692.400 marcos, 17.576.500 dólares, 4.682.500 libras esterlinas, 24.976.500 francos suíços, 8.379.000 florins holandeses, 54.963.000 francos franceses, 17.280.000 francos belgas, 2.511 quilos de ouro e 4.638 quilates de diamantes e brilhantes. Quem se responsabilizará pelo depósito de tudo isso nos bancos Alemán Transatlántico, Germánico, Tornquist e Strupp? Ludwig Freude, espião alemão em Buenos Aires. E em nome de quem serão feitos os depósitos? Em nome de Juan Domingo Perón e de sua concubina, Eva Duarte.

Dados idênticos constam do livro de um jornalista húngaro, Ladislas Farago, correspondente do jornal inglês *Sunday Chronicle*, membro dos serviços de informação norte-americanos e autor de best-sellers como *Aftermath, Martin Bormann and the Fourth Reich*, publicado em 1974. Neste livro, considerado fantasioso, mas cheio de detalhes de uma precisão impressionante, Farago confirma o papel de Perón na instalação do capital nazista na Argentina – sobretudo, sustenta, os da família Krupp. Ele insiste na presença de Martin Bormann em Buenos Aires – confirmando a versão de um funcionário da embaixada americana, John Griffiths, a quem retornaremos. E Farago acrescenta que Bormann, tendo sido a vida inteira "extremamente frugal", tratava os nazistas da Argentina no mesmo espírito de frugalidade. Vale dizer: não compartilhava generosamente a bolada, o que não agradou a Ludwig Freude e seus três sócios, Heinrich Dörge, Ricardo von Leute e Ricardo Staudt. Um desentendimento que acabaria, a partir de 1949, em tragédia e assassinato, em "suicídio" e em desaparecimento misterioso... É o que examinaremos mais adiante, quando nos detivermos em outro "suicídio" não menos suspeito: o de Juancito Duarte, o irmão de Evita, em 1953.

Ainda segundo esses autores, antes do fim da guerra, Perón teria dado a von Leers, adido militar da embaixada da Alemanha, 8 mil passaportes e 1.100 carteiras de identidade argentinos, firmados e carimbados pela polícia, sem fotos nem impressões digitais. No dia 8 de agosto de 1944 – ou seja, dois dias antes da reunião na Casa Vermelha –, Heinrich Himmler recebia esses documentos em Estrasburgo. A "doação dos passaportes" estaria na origem da célebre "conta suíça" de Perón e Evita, que tanta tinta fez correr. Von Leers também teria comprado uma casa para Perón no Cairo, onde ele mesmo vivia em 1960, no momento da detenção de Adolf Eichmann em Buenos Aires. Eis como a capital argentina se transformou, na expressão de Juan José Sebreli, na "Meca dos nazistas". Um relatório do Comitê Internacional de Estudo de Questões Europeias estima que, em 1947, 90 mil alemães que haviam participado de atividades nazistas desfrutavam de dias felizes na Argentina. Entre eles, o grupo de oficiais da Luftwaffe que Perón chamava jovialmente de "justicialistas do ar": o engenheiro Kurt Tank, construtor do Pulqui II, primeiro avião a jato da América Latina; o general Adolf Galland e os aviadores Hans Ulrich Rudel, Otto Behrens e Werner Baumbach.

Curiosamente, caberia a pesquisadores judeus, israelenses ou não, desmistificar essas histórias de tesouro nazista tão utilizadas pelos antiperonistas nos anos 1950. Simon Wiesenthal, o célebre caçador de criminosos de guerra, seguiu, fascinado, durante muito tempo, as reiteradas "aparições" do personagem de Bormann no mundo inteiro, assim como suas numerosas "mortes" (túmulos de Bormann foram encontrados em toda parte). Mas, em 1972, ele acabou por aceitar a *expertise* do governo alemão ocidental, que ratificava a morte de Bormann na noite de 1º para 2 de maio de 1945, quando tentava fugir do *bunker* da Chancelaria. Declarava Wiesenthal: "Os nazistas usaram Bormann como uma espécie de bandeira. Depois da guerra, ficavam repetindo: *Ele está vivo. Nós voltaremos.* (...) Hoje, sabemos que ele se suicidou. Já não resta a menor dúvida a esse respeito."

Nenhuma dúvida? Não é a opinião de Paul Manning, citado por Jorge Camarasa, que se permite afirmar: "Wiesenthal deixou de cuidar do caso Bormann por causa da pressão dos dirigentes judeus. A organização Bormann não é apenas uma formada por ex-nazistas. É um grupo econômico muito poderoso, cujos interesses hoje em dia vão muito além das ideologias."

Terá sido por mera coincidência que o próprio Wiesenthal – consultado sobre esta triste história durante o congresso sobre antissemitismo realizado na Unesco em 1992 – nos declarou, em tom irritado, revelador de anos de investigações inúteis e esforços baldados: "Não tenho nenhuma prova sobre Perón! Nenhuma! E peço aos argentinos que me deixem em paz!"?

No entanto... Em 1992, durante a visita do presidente Carlos Menem aos Estados Unidos, Gerald Posner, autor de *Hitler's Children*, publicou no *New York Times* um artigo que teve o efeito de uma bomba. Na matéria, intitulada "The Bormann File" (O dossiê Bormann), ele afirma ter enviado várias cartas ao presidente Menem, pedindo-lhe que tornasse públicos os arquivos da polícia sobre os nazistas, sem ter recebido resposta. Faz então a seguinte pergunta: "Por que haveria Menem de proteger arquivos de criminosos de guerra, 46 anos depois do fim da guerra?" E fornece ele mesmo a resposta: "É que a Argentina tem muito a esconder no caso Bormann."

Dessa vez as autoridades argentinas responderam, mas para negar a existência de qualquer dossiê Bormann na polícia federal. O que indignou Posner, que no dia 7 de dezembro de 1992 reagiu com uma segunda carta, igualmente publicada no *New York Times*. "Vi os arquivos Bormann com meus próprios olhos em 1984", escreve. "O dossiê tinha mais de 30 centímetros de espessura. E além disso, se esses arquivos não existem, como explicar que a própria polícia federal tenha respondido à minha carta de setembro de 1991 recusando-me autorização para examiná-los?"

Posner acabou por obter ganho de causa. Os arquivos foram mostrados à imprensa e a representantes do Centro Simon Wiesenthal e do Congresso Judaico Mundial. Diziam respeito a cinco criminosos de guerra: Josef Mengele, Josef Franz Schwamberger, Walter Kutschmann, Eduard Roschmann (o "carniceiro de Riga") e Martin Bormann.

Eram documentos bem ralos, que confirmam a presença nazista na Argentina sem atender às expectativas. Mas essas provas são, afinal, mais que suficientes: os boatos não eram tão "fantasiosos" quanto se poderia crer. Frederick Forsyth, por exemplo, escrevera em seu romance *Odessa* (nome da organização que se encarregava de encaminhar os nazistas para países dispostos a recebê-los): "Eduard Roschmann foi acolhido pela Odessa e hospedado por uma família alemã, os Vidmar, na rua Hipólito Yrigoyen (em Buenos Aires). Em janeiro de 1949, recebeu 50 mil dólares tirados do 'Fundo Bormann', e com esse dinheiro passou a exportar madeira sul-americana para a Europa. Sua empresa chamava-se Stemmier e Wagener, pois em seus documentos falsos ele era identificado como Fritz Wagener." Segundo o dossiê constituído pela polícia argentina, Roschmann – acusado do extermínio de 40 mil judeus na Letônia – vivia efetivamente na Argentina desde 1948 com o nome de Wagener.

Sobre a extrema rarefação dos arquivos Bormann, Gerald Posner comentaria, em entrevista a Alberto Oliva na revista *Somos* de 10 de fevereiro de 1992: "Um dossiê de arquivos de menos de 30 centímetros de espessura é um dossiê expurgado." "Em sua opinião, o que haveria de mais 'quente' nesses arquivos?", pergunta-lhe o jornalista. Resposta: "A logística e o conteúdo dos cinco submarinos que foram dar no litoral argentino. Os arquivos nazistas indicam que esses barcos descarregaram na Argentina 550 onças de ouro, 3.500 onças de platina e 4.638 onças de diamantes, além de centenas de obras de arte e milhões de marcos de ouro, de dólares e de francos suíços."

Por mais modesto que seja o presente, não vamos deixar de lhe dar o devido valor. O que subsiste dos arquivos em questão é suficiente para dar pistas dos dados indisponíveis, e não faltarão biógrafos ou historiadores para ligar os fios. Segundo esse dossiê, em setembro de 1950, um italiano, o doutor Pino Frezza, reconhece Bormann numa cervejaria da rua Lavalle, a ABC. E um relatório "estritamente confidencial e secreto" da Direção de Coordenação Federal, com data de 14 de outubro de 1952, menciona uma casa comprada na região de Ascochinga, província de Córdoba, por um ex-oficial desembarcado em Mar del Plata do submarino *U-235*. O texto se refere a reuniões de dirigentes nazistas em Ascochinga, entre outros Heinrich Dörge e Richard von Leute. Este, presidente do Banco Alemão Transatlântico de Buenos Aires, enviou relatórios a Martin Borman (com um *n* só). E em 1944 este organizara o envio do ouro e dos valores para a Argentina. O texto menciona também a *estancia* Lahusen, na Patagônia, e inclusive Joseph Mengele.

Inicialmente, o congresso sobre o nazismo organizado em Buenos Aires, em setembro de 1993, pela Delegação de Associações Israelitas Argentinas (DAIA) e pela Universidade Torcuato Di Tella não conseguiu esclarecer melhor a questão. Esse encontro tinha a princípio o objetivo de analisar os dossiês. Dentre seus participantes, entretanto, só o canadense Ronald Newton e o alemão Holger Medin se debruçaram sobre o problema concreto dos nazistas na Argentina – à parte o argentino Jorge Camarasa, autor de um bom resumo de todos os dados de que se dispõe a respeito. Conclusões do congresso? Sim, Martin Bormann viveu na Argentina. Não, não existe qualquer prova da existência do tesouro.

Voltemos à atitude tão pouco vingativa adotada por certos judeus em relação a Perón. Coube ao primeiro embaixador de Israel na Argentina, Iaacov Tsur, a iniciativa de desdemonização do líder argentino. Este embaixador lendário, que viveu na Argentina sob o regime peronista, achava o diabo muito menos mau do que lhe haviam pintado. Ou pelo menos fingia. Pois de que servia acusar um regime que reconhecera o Estado de Israel já em 1948, deixando os judeus viverem em absoluta paz?

Examinando Perón mais atentamente é que compreenderemos a verdadeira razão dessa complacência. Em sua edição de fevereiro de 1992, a revista *Humor* reproduz esta sua declaração surpreendente: "Pessoalmente, considero que o que se fez em Nuremberg foi uma infâmia indigna dos vencedores. Pudemos ver então que eles teriam merecido perder a guerra. Nuremberg é uma monstruosidade que a História não perdoará! Quanto aos judeus, lembro-me de que um dos alemães que chegaram à Argentina depois da derrota abordou o assunto comigo. Como pode o senhor supor – perguntei-lhe – que eu vá me meter neste problema, quando Hitler, com seus 100 milhões de alemães, não conseguiu resolvê-lo? Que poderia eu fazer, com 15 ou 20 milhões de argentinos? Se os judeus vivem aqui, não podemos matá-los nem expulsá-los. Só nos resta fazê-los trabalhar na comunidade."

É evidente que o empenho de desdemonização de Perón não se deve unicamente à recusa de procurar conhecer melhor o personagem. Assim é que o professor Leonardo Senkman, pesquisador na Universidade Hebraica de Jerusalém, persiste nesta direção, atribuindo a maior responsabilidade nessa história de nazismo ao Vaticano... e aos norte-americanos.

Basta lembrar Klaus Barbie, usado pelos serviços norte-americanos de informação, que em seguida foi mandado para os cafundós da Bolívia, via Argentina. Basta lembrar do Paperclip, o projeto da NASA de que participavam alemães; e não esqueçamos, por fim, que os norte-americanos, os ingleses e os soviéticos disputavam os cientistas e técnicos alemães mais cotados. A Argentina, segundo Senkman, teria ficado apenas com as migalhas do banquete. Um bom exemplo, ainda de acordo com esse eminente pesquisador, é o caso do general Walter Schreiber, criminoso de guerra e cientista nazista, usado durante vários anos pela Air Force School of Aviation Medicine, em Randolph Field, e depois deslocado para a Argentina, como Barbie, via Washington.

Acrescentemos que, de acordo com um documentário transmitido pela cadeia franco-alemã de TV Arte, em maio de 1994, o criminoso de guerra croata Ante Pavelic, ajudado pelo arcebispo Draganovic, membro do Vaticano, fora anteriormente protegido pelos ingleses. Conhecido por ser ainda mais feroz que Hitler, Pavelic fugira em 1945 para a zona de ocupação britânica da Áustria. Em 1946, encontrava-se no colégio San Girolamo, em Roma, sede na época do governo croata no exílio. Os norte-americanos sabiam que ele estava lá, e, como os ingleses, não o detiveram. É que depois da guerra os tempos eram mais de luta anticomunista que de revanche antinazista. Pelo contrário, muitos nazistas encontraram portas abertas.

Cabe, de qualquer maneira, uma pergunta: por que o fato de jogar a culpa sobre o Vaticano, os Estados Unidos e a Inglaterra contribuiria para eximir Perón?

Mais recente das descobertas: os arquivos do ditador paraguaio Stroessner, encontrados por acaso, revelam que Bormann vivia numa aldeia da fronteira argentino-paraguaia. Tinha um câncer no estômago, e seu médico, Joseph Mengele, não conseguiu salvar-lhe a vida. O mesmo Mengele que viveu na Argentina até os anos 1960, sob seu nome verdadeiro, sem ser incomodado. O mesmo Mengele a respeito do qual Francisco Vázquez, prefeito de La Coruña, revelou (segundo nota publicada pelo jornal *Clarín* de 16 de fevereiro de 1992) ter desembarcado no porto argentino de Vigo, em 1949 ou 1950, ajudado por "uma organização espanhola pró-nazista, *La Araña*".

De acordo com os documentos de Stroessner, Bormann morreu em 1959 e foi enterrado num túmulo sem cruz nem nome, que algumas pessoas acreditam ter localizado.

Cedamos à tentação de transcrever na íntegra, sem omitir olhares de conivência nem silêncios eloquentes, uma conversa particular com pessoas próximas do Mossad (o serviço de informação israelense), em Buenos Aires, em setembro de 1993, pouco depois do mencionado congresso da DAIA.

Para começar, eu manifestava minha surpresa à leitura das preocupantes declarações feitas por Shimon Samuels, representante do Centro Simon Wiesenthal, ao jornal argentino *Página 12*. Samuels sustentava que Israel tratava de sustar as investigações sobre criminosos nazistas empreendidas pelo Centro, o que de certa forma ia ao encontro das suspeitas de Paul Manning, que no entanto não eram mencionadas.

Meus interlocutores deram a entender, com ar claramente irônico, que o Centro Simon Wiesenthal não era considerado a "última palavra" em matéria de caça aos nazistas. Quem seria então o mais qualificado nesse tipo de investigação? O Mossad, naturalmente. Este mesmo que capturara Rudolf Eichmann em Buenos Aires, na década de 1960, durante o governo do presidente Frondizi.

E Martin Bormann? Não haviam conseguido localizá-lo, e mesmo pôr a mão nele?

Resposta ainda mais surpreendente: isolado no cenário internacional, Israel não podia permitir-se participar de dois processos dessa natureza ao mesmo tempo.

– Em outras palavras, o Mossad teria estado a ponto de capturar Bormann e o deixou escapar por razões de Estado?

Longo silêncio reforçado com movimentos de cabeça.

– E o tesouro?

Sorriso.

– Fizeram a mesma pergunta a Perón em Madri, e ele respondeu: *Perguntem ao Jorge Antonio.*

Jorge Antonio: milionário de origem síria e passado modesto, que enriqueceu descomunalmente após o exílio de Perón em 1955. E que ainda hoje é o empresário mais próximo do governo argentino e do presidente Carlos Menem, igualmente de origem síria.

– Quer dizer que Jorge Antonio se apropriou do tesouro?

– Digamos que o administrou. E muito bem, por sinal.

– E continua a administrá-lo...

Silêncio.

– E qual foi o papel de Eva neste caso?

– Ela nada tinha a ver com os nazistas, a não ser oferecer-lhes café quando visitavam seu marido.

– E também aceitar seus presentes...

Silêncio acompanhado de dar de ombros, pois o tema visivelmente não tinha a menor importância.

– Mas existe pelo menos uma prova, uma única, da existência do tesouro?

Como ninguém nasce por geração espontânea, nem mesmo uma "pessoa próxima de um serviço de informação", um de meus interlocutores começou a recordar a infância.

– Vou falar apenas do que vi – avisou. – Em 1955, dentre os objetos pessoais de Perón e Evita, de um luxo exorbitante, exibidos ao público pela *Revolución Libertadora* que os derrubou, chamou-me a atenção uma magnífica caixa marchetada contendo talheres de prata. Na tampa havia uma estrela de madrepérola: a estrela de davi. Eu era ainda criança, e chamei meu pai para mostrá-la. Meu pai chegara à Argentina depois da guerra, era um judeu alemão. Seu rosto transfigurou-se. 'Pode ser um presente do Estado de Israel ou da OIA' [a organização judaica peronista], arrisquei, para impedi-lo de ter o mesmo pensamento que eu. Mas ele respondeu que nenhum dos dois teria presenteado um chefe de Estado cristão com um objeto de uso doméstico contendo a estrela de davi. O autor do presente não podia ser um judeu. Aquele objeto pertencera sem sombra de dúvida a uma rica família judia que já não o tinha em sua posse. Sua presença em meio àquela enormidade de objetos – joias, roupas, calçados ou chapéus às centenas – era uma prova da abjeção do autor do presente, e de uma grande indiferença da parte daquele ou daquela que o recebera.

Esta conversa ocorreu em setembro de 1993. Em 28 de dezembro, o jornal francês *L'Humanité* publicava esta curta nota num canto de página:

"Mengele poupado pelo Mossad, Zvi Aharoni, ex-agente do Mossad (o serviço secreto israelense), afirma que seus chefes ordenaram-lhe que deixasse escapar o criminoso de guerra nazista Josef Mengele, conhecido como 'anjo da morte' no campo de extermínio de Auschwitz. Em entrevista ao diário israelense *Ma'ariv*, o ex-espião israelense conta que encontrara Mengele numa fazenda isolada no Brasil, mas que Isser Harel, então chefe do Mossad, dera-lhe ordem de 'deixar para lá'."

No dia 18 de julho de 1994, uma bomba explodiu em Buenos Aires, matando mais de cem pessoas. O alvo visado era a AMIA, instituição que administra a vida judaica na Argentina. Um alvo simbólico: depois do mortífero atentado de 1992 contra a embaixada de Israel em Buenos Aires – cometido no exato momento em que o presidente Menem abria os arquivos nazistas –, o Hezbollah pró-iraniano, considerado responsável nos dois casos, atingia o próprio coração da comunidade. Reduzidos a cinzas esses arquivos da imigração, desaparecia a memória dos judeus argentinos.

Não é tudo. No quinto andar da AMIA, no número 633 da rua Pasteur, o grupo Testimonio trabalhava no relatório final das conclusões do congresso da DAIA sobre o nazismo na Argentina, realizado em setembro de 1993. Ao longo dos três meses anteriores ao atentado, os pesquisadores do Testimonio haviam finalmente conseguido encontrar pistas. Entre outras, sobre Bormann. Pistas que uma internacional do neonazismo tinha todo interesse em apagar.

BÚFALOS, MOSQUETEIROS E MILITARES FURIOSOS

Em 1945, portanto, Evita era proprietária de uma nobre residência na rua Teodoro García. "A Pródiga" havia sido objeto de grande prodigalidade. E Ludwig Freude, considerado por todas as fontes o testa de ferro do capital nazista, preparava-se para financiar a campanha eleitoral de Perón com a ajuda de suas quatro empresas, instaladas na Argentina a partir de 1942.

As filmagens de *La Pródiga* terminaram em setembro. Dias depois – antes, portanto, da estreia do filme –, a crise estourou. Em 5 de outubro, pretendendo ampliar seu poder no mundo da arte, Evita conseguira a nomeação de seu velho amigo Oscar Nicolini como diretor-geral dos Correios e Telecomunicações. E isso na melhor das intenções: como haveria de prever que, dando este passo, estava arriscando sua própria cabeça e a de seu amante?

Naquele momento, Perón era o titular de três cargos: conservara os de secretário do Trabalho e ministro da Guerra e se tornara também vice-presidente da Argentina. A série de medidas populares (ou demagógicas, para seus adversários) tomadas por esse militar *sui generis* assegurava-lhe a fidelidade dos pobres. Como nunca haviam chegado ao poder, os comunistas, socialistas e anarquistas tampouco haviam podido demonstrar aos operários a veracidade de suas intenções. Perón era praticamente o único a cuidar dos trabalhadores. Já em 1943 a Revolução de junho decretara a baixa e logo o congelamento dos aluguéis. Mais adiante, Perón concedera aumentos salariais, criara tribunais trabalhistas, aperfeiçoara os sistemas de assistência social. Todas essas leis haviam sido votadas muito antes pelos socialistas, mas até então não haviam sido postas em prática. O Estatuto do Trabalhador Agrícola de 1944 transformara o peão explorado pelos grandes proprietários fundiários em operário munido de direitos, como salário mínimo, férias pagas, indenizações em caso de demissão e repouso dominical – o que, sem incomodar tanto assim os estancieros, servira em compensação para arruinar muitos pequenos fazendeiros. Mas não era isso o mais grave: o pior, aos olhos do Exército, era o sentimento de gratidão do povo em relação a Perón. Perigosa gratidão que o tornava perigoso.

E, além do mais, havia Evita. Nesse ponto os militares eram categóricos: não podiam digeri-la. Pois não ousara ela repousar negligentemente o braço no encosto da poltrona presidencial, na cerimônia de posse de um ministro? As esposas legítimas clamavam contra o escândalo. Aquele braço branco demais, desnudo demais, demasiadamente enfeitado de joias surgia como a serpente que era preciso esmagar antes que fosse tarde demais. Eva e a serpente. Faltou pouco para que a poltrona de Rivadavia, o primeiro presidente da Argentina, acabasse identificada à árvore do conhecimento do Bem e do Mal. E quanto a Adão? Quem mais, senão Perón, incitava a serpente a enroscar-se sub-repticiamente na madeira sagrada?

A atitude de Perón era intolerável do ponto de vista da honra, tanto militar quanto viril. Fascinado pela criatura satânico-rastejante, ele parecia se divertir muito com tudo aquilo. A ninguém escapava o brilho malicioso em seus olhos de "Patoruzú" quando apresentava oficialmente uma mulher inapresentável. De que ria? Será que o fato de impor sua Evita já lhe dava uma espécie de antegosto do poder absoluto? Será que julgava poder permitir-se tudo – vingar-se dos bem-postos, dos bem-pensantes, como fizera seu pai ao se casar com uma criada mestiça? Quando seus camaradas do Exército, bigode trêmulo e sobrecenho severo, faziam-lhe ver como repercutia mal ter uma ligação com uma atriz, Perón respondia abrindo seus braços de pinguim: "E daí? Vocês preferiam que eu tivesse uma ligação com um ator?..."

(Estranho senso de humor que não raro dava as costas à sabedoria. Insinuando-se como os lagartos, em zigue-zague, era um tipo de humor perfeitamente comparável ao rastejar da serpente. Um riso que não sabia guardar segredo. De uma hora para outra, escancarava seu desprezo pelo outro e mesmo certo obscuro desejo de autodestruição. Chegaria o dia em que Perón não mais seria capaz de controlar o riso, sua piscadela nervosa. Seu senso de humor se voltaria então contra ele próprio, exatamente como, em sentido inverso, a ambição de trazer tudo sob controle se voltaria contra Evita.)

A oposição democrática compartilhava com o Exército o desprezo pela atriz. Mas tinha outro motivo para detestar Perón: tratava-se de um nazista, diferenciando-se dos outros militares apenas no maior grau de astúcia. Para a oposição, militar era o mesmo que fascista. Em 1943, os liberais anticlericais não viram com bons olhos a instituição do ensino religioso nas escolas. Quanto aos comunistas, estavam na ilegalidade desde o golpe militar. Todo o comitê central do PC, inclusive o pai da autora desta biografia, viveu de 1943 a 1945 numa prisão lúgubre de Neuquén, em plena Patagônia. E todos os livros da livraria comunista Problemas foram queimados. Desnecessário dizer o que os comunistas pensavam dos "botas".

Foi então que chegou Spruille Braden, o novo embaixador dos Estados Unidos. Braden era a própria encarnação do norte-americano tranquilo sem dores na consciência. Parecia ter saído ao mesmo tempo de um romance de Sinclair Lewis e de um *western*: uma mistura de Mister Babbitt e John Wayne. Alto, vermelho, eufórico, convencido de estar com a razão, julgava-se sempre do lado certo. Mas suas boas intenções não eram totalmente desinteressadas. Segundo Ignacio Klinch, Braden dera-se conta da preocupação dos judeus norte-americanos, que julgavam em perigo seus irmãos da Argentina, e se tornara seu porta-voz. Era uma preocupação útil, da qual podia tirar partido. Ora, como já vimos, o esperto Perón refletira sobre o exemplo alemão e não tinha a menor intenção de perturbar os judeus argentinos. Naturalmente, o argumento de que é melhor não tocar nos judeus porque "dá azar" é tipicamente antissemita. Mas, do ponto de vista prático, o que importa é que não foram incomodados, à parte certos "excessos" cometidos pelos "caras" da ultranacionalista Alianza Libertadora.

De duas uma: ou Braden não percebera isso ou não tinha interesse em perceber. Mas teria pelo menos percebido a piscadela de Rockefeller? E dava-se conta de que Perón, não obstante suas declarações antiamericanas, podia tornar-se um aliado na luta contra o comunismo, já então o inimigo número um dos Estados Unidos? Nada em sua atitude indica isso. Foi, portanto, fresco como uma rosa e disposto a intervir livremente que ele chegou a Buenos Aires. E recebeu as boas-vindas de toda a coalizão democrática – oligarcas, radicais, socialistas e comunistas. Diante do perigo nazista, aquele Mister Clean de pele rosada fazia as vezes de messias.

Foi de fato o papel que representou, mas não em benefício daqueles que acaso contavam com isso. Sua condição de emissário do Senhor foi útil a Perón. Braden intrometia-se abertamente nas questões argentinas. Quem podia esperar melhor pretexto? Os nacionalistas radicais, os que sonhavam com um Quarto Reich na Argentina, consideravam Perón um traidor desde que ele rompera relações diplomáticas com a Alemanha; mas agora cerravam fileiras com ele diante do *cowboy*. Perón, por sua vez, usava-os ou tratava de afastá-los, de acordo com a conjuntura. Embora pudessem às vezes ser-lhe úteis, costumava chamá-los de *piantavotos* (gíria ítalo-portenha que poderia ser traduzida como "estraga-votos").

Retornemos ao *cowboy*. Quantas vezes Perón não se divertiu dizendo que, se devia a alguém sua vitória eleitoral, era a Braden? Em junho, segundo Félix Luna, o norte-americano de pele rosada foi visitá-lo. Face a face com Perón, que ostentava uma candura a toda prova, ele mencionou os "bens de origem alemã e até japonesa" de que o governo argentino se teria apropriado. E acrescentou, com um esgar de sobrancelhas inspirado em Groucho Marx: "Mas sabe como é, coronel Perón, se resolvermos essas questões entre nós, os Estados Unidos não veriam o menor obstáculo à sua eventual candidatura presidencial." "Infelizmente, há um problema", suspirou Perón, abrindo os braços. "Qual?" "Aqui em nosso país quem entra nesse tipo de aceno com uma potência estrangeira é um filho da puta."

Pálido, Braden retirou-se sem cumprimentar, esquecendo até o chapéu em sua raiva. Caindo na gargalhada, Perón atirou o chapéu à "sua *patota*" para uma pelada improvisada. "Braden era um búfalo", diria mais tarde. "Eu o deixava enfurecido, e nesse estado ele investia de cabeça contra as paredes... O que era útil para mim: era exatamente o que eu queria." Búfalo. E por que não *guanaco*? É que nosso ex-caçador sabia tão perfeitamente adaptar seu discurso que trocara de espécie pensando nos filmes norte-americanos, embora em seu espírito os animais que se apanham em armadilha fossem com toda certeza patagonianos.

As eleições efetivamente estavam sendo preparadas. Sensível às críticas da oposição democrática e dos setores do Exército que temiam o poder crescente de Perón, o presidente Farrell anunciara ao povo argentino que antes do fim do ano seria chamado a escolher seus governantes. No dia 4 de agosto de 1945, Farrell suspendera o estado de sítio. Os exilados argentinos, refugiados em Montevidéu, segundo a velha tradição que remontava ao tempo de Rosas, retornaram a Buenos Aires. No dia 19 de setembro, em desafio ao discurso pronunciado na véspera por Perón – que repreendia "esta trama de elementos estrangeiros, de espíritos reacionários, de políticos sem esperança e plutocratas egoístas" –, os democratas marcharam pelas ruas da cidade.

Batizada de "Marcha da Constituição e da Liberdade", a manifestação reuniu 200 mil pessoas. À frente, estava Spruille Braden de braços dados com dirigentes comunistas, conservadores, socialistas e radicais. Bela "trama", na verdade, mas o que unia todos esses setores disparatados era o horror aos militares, aos nazistas, e o amor à cultura. Mais tarde, os peronistas e mesmo os que não o eram tanto, mas eram de esquerda (a nova esquerda dos anos 1970), gracejariam muito sobre aqueles manifestantes cultos que marchavam cantando a *Marselhesa*. Fácil rir deles. É verdade que a massa de chapéus masculinos e femininos como os que entraram para a história graças àquela marcha elegante presta-se muito melhor ao ridículo que a massa de operários de rostos *reais* como os que logo depois, em 17 de outubro, inundaram a cidade – especialmente quando vemos tais fotografias quarenta anos depois, quando os chapéus se transformaram na própria imagem, no símbolo do que pode haver de cômico. Só os pobres, que não se vestem na moda, não ficam ridículos com o passar do tempo.

Sejamos justos: para os outros, vestir-se na moda e cantar a canção símbolo de um ideal democrático era inevitável. Cada um comete o erro que lhe está destinado. Os operários prestes a marchar também cometeriam o seu. De sua parte, aquelas pessoas bem-educadas, formadas no amor à Revolução Francesa, julgavam-se, como Briden, cheias de razão quando clamavam com todas as suas forças: "Livros, sim, botas, não!" À resposta peronista, que não se faria esperar ("Alpercatas, sim, livros, não!"), é fácil entender o medo do mundo culto: ele temia a Argentina ignorante, a das novelas de rádio, a de Evita. E, além disso, o humor também envelhece: na época, eram eles, os do mundo de "bem", que achavam ridícula a Argentina do outro lado, ao mesmo tempo em que a temiam.

Uma última observação visual sobre essa "Marcha da Liberdade": todos os participantes eram brancos. É verdade que a tez rosada de Braden contrastava com a palidez romântica de Alfredo Palacios, o dirigente socialista de enormes bigodes de mosqueteiro. Na Argentina, a raça branca, quase sempre de cabelos castanhos, não é rosada, mas branca. Nenhum *cabecita negra* estava ali para entoar a *Marselhesa*. Estivesse o ridículo deste ou daquele lado, neste ponto – a cor da pele – não poderia haver erro.

Foi então que Evita conseguiu, em 5 de outubro, a nomeação de Nicolini. E os militares, que ouviram perfeitamente as palavras de ordem antimilitaristas das damas e cavalheiros durante a Marcha da Liberdade, disseram *basta*. Chega de putas poderosas que servem de pretexto para as pessoas de bem desprezarem o Exército. Dessa vez os oficiais do Campo de Maio, nas cercanias de Buenos Aires, onde se encontrava a guarnição mais importante do país, perderam a paciência. O general Eduardo Avalos foi incumbido de comunicar a Perón a discordância de seus companheiros de armas. Ele parecia o mais indicado, sob todos os aspectos: além de comandar o Campo de Maio, era amigo de Perón. Bem cedo na manhã de 6 de outubro, Avalos apresentou-se no Ministério da Guerra, com ar simplório, e pediu a Perón que revogasse a inoportuna nomeação. O Exército solicitava que em lugar de Nicolini fosse nomeado o tenente-coronel Francisco Rocco.

Perón era sem dúvida um homem matreiro, mas ninguém é sempre o que é, sem fraquejar nunca. Afinal de contas, a nomeação daquele pobre Nicolini não passava de um detalhe. Ele poderia ter cedido. Não demonstrara ultimamente, com efeito, até onde podia ir sua flexibilidade? Não proclamara em alto e bom som sua admiração pelo presidente Yrigoyen, de quem se considerava sucessor (esquecendo sua participação na Revolução de Uriburu, que o havia derrubado)? E ainda, na mesma ordem de ideias, não nomeara, em 2 de agosto, um dirigente radical para chefiar o Ministério do Interior?

É verdade que Hortensio Jazmín Quijano (que nada tinha de hortênsia nem de jasmim), com seu bigode ocultando o rosto avermelhado, a crina empertigada e a gola rija, vestido de negro da cabeça aos pés, com seu sotaque guarani e suas maneiras de dono de *estancia* de tempos idos (os camponeses de sua província – Corrientes, não longe do Paraguai – sabiam que bastava ter um homicídio na consciência para conseguir sua proteção), tinha antes o perfil de um nacionalista impregnado de tradição que de um radical moderno. Mas o fato é que sua nomeação num governo militar tão fortemente marcado pela presença de Perón pusera a matutar não poucos membros de seu partido.

Por que então não mostrar igual flexibilidade diante de Avalos? Perón terá talvez sentido que a exigência do Exército dirigia-se mais a Evita que a Nicolini, e se pôs na defensiva. Para começar, Evita tornava-se para ele cada vez mais intocável; além disso, seu orgulho às vezes o traía, e ele cedia a caprichos... Com isso, parecia estar reequilibrando um comportamento por demais astucioso, de que era ele mesmo o primeiro a se cansar. Como os avaros, que de uma hora para outra desconcertam com um gesto de generosidade quase excessiva – cansados de serem sempre o que são. Pois Perón cansava-se de ser sempre matreiro. Enfurecer Braden era estender-lhe uma armadilha, pois um Braden furioso era mais útil que um Braden sereno; mas que vantagem poderia haver em enfurecer o Exército? Parece pouco provável que ele tenha desejado precipitar as coisas tratando seus próprios camaradas como búfalos: entre um norte-americano sanguíneo e militares latinos, a diferença, do ponto de vista zoológico, salta aos olhos. Ao despachar sem maior consideração o general Avalos, Perón não agia como caçador de *guanacos*, mas simplesmente como homem. Um homem ambivalente, como todos os outros: maleável e rígido, dando piscadelas e deixando-se cegar pelo orgulho. Além disso, um homem que começava a desanimar.

Lutas demais, com efeito, inimigos demais, partidários heterogêneos demais. Que significava exatamente, em 1945, estar com Perón? Seu "partido" compunha-se de uma pitada de marxistas, um toque de nacionalistas, alguns gramas de yrigoyenistas... O povo amava Perón e todos sabiam disso, mas esse povo ainda não fizera sua entrada em carne e osso, permanecendo distante, abstrato, reduzido a uma simples ideia. Além disso, a Marcha da Liberdade fora um enorme sucesso. Tão grande que o general Rawson julgara chegado o momento de tomar a frente de um golpe de Estado, apoiado pela oposição democrática, especialmente o socialista Alfredo Palacios – o do chapéu de abas largas e bigode de d'Artagnan. Resultado único da operação: Rawson e seus asseclas foram detidos sem demora, e o estado de sítio rapidamente restabelecido.

O país, no entanto, vivia um clima de guerra. Em 6 de outubro, enquanto o general Avalos parlamentava com Perón, e logo com Farrell, e novamente com Perón, desfilava pelas ruas de Buenos Aires o cortejo fúnebre do estudante Aarón Salmún Feijoo, morto com um tiro de pistola pelos "caras" da Alianza Libertadora Nacionalista por se ter recusado a gritar "Viva Perón!". Essa cerimônia fúnebre se transformou em violenta manifestação antiperonista: lá estava toda a Universidade argentina. Dias antes, Perón fizera ante os estudantes um discurso empolado que soara falso. Para variar, o grande sedutor que sempre sabia pôr-se no lugar dos outros não encontrou a palavra certa, e foi vaiado. Vinte anos depois, os filhos daqueles mesmos estudantes considerariam a linguagem de Perón – é verdade que transformada com o tempo – imensamente sábia. Foi assim que duas gerações se enganaram: uma por ódio, a outra por amor.

Enquanto Avalos tentava convencer um Perón cada vez mais irritado, Evita, na rua Posadas, também estava na defensiva. Boatos circulavam há algum tempo sobre uma tentativa de assassinato de Perón. E a fotógrafa Anne-Marie Heinrich nos garantiu que, para salvar seu homem, Evita cozinhava ela mesma e provava os pratos. Em compensação, para outras testemunhas (que preferem guardar anonimato), também na casa dos Machinandearena a comida de Perón era provada. Em ambos os casos, o veneno estava no ar, e o abatimento de Evita pode ser perfeitamente compreendido.

Na rua Posadas, a conversa esquenta. Duas vezes Evita exclama: "Não cedas! És tu o chefe!" E por fim, exausta, os nervos à flor da pele: "O que devias era mandar todo mundo às favas de uma vez por todas e ir descansar. Que tratem de se virar sozinhos!" Avalos não suporta a presença dessa mulher. Tudo nela o irrita: os gestos, a voz, a histeria, a vulgaridade, os cabelos maldescorados (com a tensão das últimas semanas, ela nem teve tempo de tingir as raízes, que crescem, escuras, dando-lhe um ar de criadinha...). E vai embora desanimado, os ombros curvados. Decididamente, Perón já não é o mesmo: parece enfeitiçado.

Avalos conseguiu de qualquer forma convencer o enfeitiçado a se encontrar com os comandantes das unidades militares do Campo de Maio. "Está bem", disse Perón, "mas não lá: no Ministério da Guerra, amanhã às 11 horas." O coronel Domingo Mercante, braço direito de Perón, veio vê-lo à noite. Nunca vira o amigo em semelhante estado: Perón passava da cólera ao abatimento. Na manhã seguinte, no carro, o líder arrancou o barrete e o atirou ao chão. Repetia como uma criança: "Estou farto, farto!"

Naquele dia, 8 de outubro de 1945, ele comemorava seu quinquagésimo aniversário.

A reunião no ministério transcorreu em grande confusão. Por um lado, os suboficiais do ministério haviam preparado um *lunch* para comemorar o aniversário do ministro. Por outro, Perón não estava abatido a ponto de esquecer suas estratégias: convidara quarenta militares que se mantinham fiéis a ele. Os entendimentos se prolongaram por todo o dia. À noite, os do Campo de Maio haviam decidido marchar sobre Buenos Aires para derrubar Perón, que o sabia; mas ele se recusou a usar a aviação para reprimir essas tropas, como houve quem lhe propusesse. Amanhecendo, aguardava no ministério o desenrolar dos acontecimentos, cercado de seus fiéis. A visita que deveria fazer naquele dia à Escola de Guerra foi cancelada. Sábia decisão: os alunos se haviam conjurado para matá-lo.

Que esperava ele? Simplesmente o resultado do encontro entre Farrell e os sublevados do Campo de Maio, do qual só participou um civil de crina espessa e gola rija: Hortensio Jazmín Quijano.

Durante o encontro, Avalos resumiu seus próprios sentimentos e de seus camaradas: cansados dos "procedimentos equívocos" de Juan Domingo Perón, queriam se livrar dele. Perón deveria deixar imediatamente a vice-presidência do país, o Ministério da Guerra e a Secretaria do Trabalho. "Tudo?", espantou-se Farrell. "Tudo." Quijano tentou defender Perón. Argumentou que o responsável pela nomeação de Nicolini era ninguém menos que o próprio presidente, que a assinara. Mas sua intervenção só serviu para revelar a verdade: Nicolini já fora esquecido. Tratava-se agora de algo muito diferente: afastar Perón e nomear o general Avalos como seu sucessor. O ar contrito, Farrell dispôs-se a renunciar à presidência. No fundo, a única coisa que lhe dera prazer na vida fora tocar violão naqueles mesmos bordéis de Mendoza que Perón frequentava pouco. Mas lhe foi pedido que ficasse. Ele chamou então Perón ao telefone e disse-lhe: "Infelizmente, terás de assinar tua demissão."

Uma hora depois, Perón redigiu um documento manuscrito ("para que todos possam constatar que minha mão não tremeu") e voltou para casa.

Evita o esperava.

Quem não imaginaria seus sentimentos? Ela sentia-se ao mesmo tempo culpada por ter desencadeado o drama, orgulhosa por ter sido defendida a todo preço por seu homem e preocupada com o futuro. Os três sentimentos travavam verdadeira batalha em seu rosto de cera. Ela ajudou Perón a livrar-se do uniforme branco, justo na cintura, e a vestir um roupão vermelho que acentuava sua palidez quase esverdeada (provavelmente o fígado) e o envelhecia. Os contornos sem precisão da vestimenta contribuíam para tornar ainda menos nítidas as suas formas, já alteradas pela gordura. Decididamente, vestido à vontade em casa, ele parecia totalmente desprovido de energia. Estava mesmo chegando aos 50.

Juntinhos um ao outro, eles ouviram pelo rádio o discurso de Quijano. Ah, aquele *correntino* danado! O ministro do Interior dera um jeito de apresentar a demissão de Perón como um ato voluntário: como o governo decidira antecipar as eleições, que aconteceriam em abril, dizia ele em suma, o vice-presidente dos argentinos resolvera retirar-se para dar a seus concidadãos liberdade de escolha. Com seu sotaque guarani tão tropical, Quijano mastigava as palavras, ao mesmo tempo fazendo-as se arrastarem preguiçosamente. E aquela notícia, ouvida por meio de um aparelho de majestosa cúpula ("era o tempo em que as catedrais eram os rádios", escreveu a poetisa argentina María Elena Walsh), ecoava nas consciências com um peso e uma gravidade desconhecidos hoje em dia: a exemplo de nossa moda minimalista, que dessacraliza o amor, os aparelhos de rádio, cada vez menores, dessacralizam os fatos.

À noite, chegaram amigos. Falavam a meia-voz, como se estivessem à cabeceira de um doente. Mas Perón não perdera o apetite: devorou um jantar frio servido por Evita. Teria ela provado aqueles pratos com a sensação de ser sua protetora, uma espécie de escudo maternal? Pois agora, de qualquer maneira, ali estava a contemplá-lo comendo sua salada russa. Era antes como sua filha que ela se sentia, e por causa de *doña* Juana detestava comida. Perón, por sua vez, tinha horror das mães. Naquela noite, entretanto, ela tinha de envolvê-lo em seu olhar, aprovando com a cabeça cada garfada. Existe na vida dos casais um momento, às vezes imperceptível, em que se joga tudo: basta que um dos dois não perceba o que está faltando ao outro, e será perdido. Pode até nunca vir a saber por quê. Evita percebeu, e ganhou – pelo menos em termos imediatos. Entendeu que aquele homem, solitário desde a infância, precisava ouvir naquele momento: "Isso mesmo, coma."

A notícia deixou os argentinos em estado de choque. Dirigentes sindicais apressaram-se a ir ao encontro do líder caído em desgraça para demonstrar-lhe sua lealdade. A oposição democrática exigiu que o governo fosse transferido à Corte Suprema de Justiça. Farrell corria o risco de ficar sozinho à frente do país: ia perdendo seus ministros um a um, como folhas de uma árvore. Foi quando Perón despiu o roupão vermelho que não combinava com sua pele e apresentou-se, no dia 10 de outubro, na Secretaria do Trabalho para despedir-se. Na rua, 15 mil operários estavam reunidos em frente àquele ministério onde tantas vezes haviam sido recebidos pelo único político que já se preocupara com eles.

Que poderia haver de mais natural que lhes dirigir a palavra, já que ali se encontravam? E por que não transmitir o discurso pelo rádio? A Argentina ouviu Perón pronunciar palavras que em nada tinham a ver com a ideia de derrota. Ele fez um apanhado da obra que realizara e, mais importante que tudo, anunciou que antes de deixar a Secretaria do Trabalho assinara dois decretos: aumento dos salários e criação do salário "móvel, vital e mínimo", indexado ao custo de vida. Recomendou aos trabalhadores que permanecessem calmos, mas concluiu dizendo: "Peço-lhes que respeitem a ordem pública, para que possamos dar prosseguimento à nossa marcha triunfal; mas, se um dia for necessário, vou lhes pedir que lutem."

Evita estava na rua, entre os operários. Pela primeira vez, sentia fisicamente o calor de uma multidão admirando Perón. Ali estava o Perón que amava: um homem vibrante de energia, como uma colmeia. Mas agora que ele se despia das roupas domésticas para lançar um desafio à frente do Exército, era ela, Eva, que sentia medo. Yankelevich já lhe telefonara para avisar que estava cancelando todos os seus programas na Rádio Belgrano. A carreira de Evita acabava de ser interrompida. Tanto pior: era tarde demais para recuar. Será que ao escolher Perón ela havia atraído maus eflúvios? Tempos atrás, certamente se teria feito a pergunta. Mas àquela altura vivia um romance que transformava seu personagem. A ação se tornava vertiginosa demais, ela não podia deixar de ser arrastada pelos acontecimentos. Como ficar fazendo cálculos mesquinhos? A vida de seu amante estava por um fio. Com aquele discurso, Perón acabava de assinar sua própria sentença de morte.

Era meia-noite quando deixaram o apartamento da rua Posadas. Lá estava Mercante, preocupadíssimo com a possibilidade de que Perón largasse tudo. Mas o líder tranquilizou-o, pondo-se ao volante do carro como para deixar bem claro quem estava no comando. A seu lado, Evita. No banco de trás, Juan Duarte e "Rudi" Freude, filho do milionário nazista que dera a Evita sua casa na rua Teodoro García. Ambos jovens e belos, cada qual em seu gênero – um todo pálido, vestido de negro impressionante, o outro dourado, rosa e azul –, como dois pajens acompanhando o casal real.

O objetivo era se recolherem a San Nicolás, cidadezinha do pampa, na casa de um amigo, o médico Román Subiza. A caminho, no entanto, Rudi fez outra proposta: por que não se refugiarem na ilha de seu pai? No delta? A ideia pareceu-lhes sensata. Embora fosse um pequeno porto no rio Paraná, San Nicolás estava situada numa imensidão de terra descampada. Como esconder-se ali? No pampa não há esconderijos. Quem foge por ele permanece visível por muito tempo, até desaparecer no horizonte. Como as montanhas e florestas ficam longe, muito longe de Buenos Aires, os fugitivos da justiça sempre haviam optado pela vegetação espessa e a infinidade de regatos à sombra no delta desse mesmo rio Paraná, nas proximidades da cidade. Nos séculos anteriores, esses fugitivos tinham a pele escura por natureza e por causa do carvão que fabricavam com a madeira das ilhas. O delta tinha igualmente uma conotação erótica, com todos aqueles *recreos*, as hospedarias onde se podia desfrutar dos amores passageiros. Muitas prostitutas francesas, que se fixaram em Buenos Aires nos anos 1920, conheceram o delta. Àquela altura, no entanto, depois da guerra, outra população de fugitivos brancos tomara o lugar dos negros e das "brancas". Belos chalés de estilo suíço-germânico floresciam nas embocaduras do delta. Eis portanto o cenário relaxante ao qual foi aportar nosso casal: uma casa de madeira que parecia surgir da Floresta Negra, cercada de vegetação tropical e de miragens aquáticas.

Para Eva, a escolha do delta certamente teve um efeito reconfortante. Na adolescência, ela conseguira fugir à angústia do pampa. E agora que tudo parecia perdido, voltar à terra sem fim teria sido para ela o próprio símbolo do fracasso. Retornar ao ponto de partida! Que pesadelo! O delta, em compensação, era um lugar líquido, e embora a água, como o pampa, tenha algo de melancólico, existe uma grande diferença. Não é provavelmente por acaso que os namorados se sentem atraídos por paisagens aquáticas. Evita e Perón não passariam naquela ilha mais que uma parte da noite e um amanhecer úmido. Mas graças à água entenderam o que se passava com eles mesmos: naquele momento de suas vidas, assemelhavam-se àquela paisagem fugidia, àqueles riachos enlameados. O delta do Paraná parecia feito à sua imagem e semelhança, e nada pode reconfortar-nos melhor que um lugar capaz de nos mostrar o que vai em nosso coração, como numa projeção.

Enorme rio espesso, como feito de uma carne obscura, que arrasta em seu ventre os detritos das florestas amazônicas, o Paraná forma no delta um labirinto de braços que mal chegam a ser propriamente líquidos. Ali, a terra foi trazida pelas águas. E voltará a partir tal como chegou, levada pelo fluxo que diariamente a desfaz. É um lugar onde as folhas reluzem e apodrecem nos caminhos escorregadios (cada passo faz um barulho de lábios desprendendo-se). Um lugar feito de massa de consistência ideal para a olaria – como sabem perfeitamente os índios charrúas, que ali viveram, e as crianças que tiveram a felicidade de lá brincar. Os primeiros nunca mais voltarão; quanto às crianças, se quiserem depois de adultos orientar-se pela lembrança dos álamos que margeavam o litoral, em busca do lugar onde outrora moldavam pratos de lama, não conseguirão achar nem álamos nem litoral: tudo seguiu adiante, matéria maleável enchendo agora outras ilhas, outras mãos infantis.

O casal passeou ao alvorecer contemplando a terra que era água e a água que era terra. No ponto em que se encontravam convergiam três riachos, daí o nome da região, Três Bocas. Três embocaduras, três direções: o poder, o exílio ou... a morte. Os dois sentiam-se mal recebendo do delta imagens de confusão. Seu destino era obscuro, como as águas que tinham à frente. Naquela manhã de relva úmida no delta, eles se apertavam um contra o outro, solados encharcados, exatamente como a terra se apertava contra a água, misturados, transformados numa só massa, numa só carne, numa só feminilidade arredondada e maternal: como se as duas *doña* Juana os abraçassem com seus longos braços amolecidos pelo tempo.

Foi assim que os encontraram Mercante e Mittelbach, o chefe de polícia.

EVITA ÓRFÃ

Enquanto Perón e Evita contemplavam a água que fazia e desfazia destinos, em Buenos Aires o pandemônio chegava ao auge. Lá estava o dirigente radical Sabattini, recém-chegado de sua cidade, Santa María, na província de Córdoba. Perón sonhara em atraí-lo para seu lado, mas essa esperança caíra por terra. Na noite de sua partida precipitada, ele dissera em tom amargo: "Tudo o que está me acontecendo é culpa desse carcamano de Villa María." E não estava errado: ah, se Sabattini tivesse aceitado apoiar Perón...! Mais uma vez o charme dúbio do condicional. Sabattini, homem inteligente, respeitado e de pretensões presidenciais perfeitamente legítimas, julgara chegada a sua hora: com Perón fora de cena, poderia negociar com militares "democratas", ou menos nazistas que os outros – Avalos, por exemplo. Estaria incorrendo num erro? Certamente: no *seu* erro. Um desses erros que acabam se tornando necessários, de tão inevitáveis; visto sob outro ângulo, cada acontecimento, uma vez concretizado, é perfeito.

No dia seguinte à partida de Perón, um novo mar de chapéus dos dois sexos – idêntico ao da Marcha da Liberdade – tomou a praça San Martín. Havia também estudantes de esquerda, comunistas que viviam na clandestinidade e cujos chapéus, quando usavam, não eram propriamente reluzentes. Mas a História guardou dessa manifestação uma imagem simplista, provavelmente aquela que melhor convinha aos peronistas. Simplista, porque havia entre os antiperonistas tanta mistura quanto entre os peronistas, mas nem por isso falsa.

Sendo assim, lá estavam aqueles cavalheiros e damas novamente reunidos para cantar "*Allans enfants de la patrie*", com a diferença de que dessa vez, previdentes, levavam comida para um piquenique. Que comiam eles? A questão é delicada: os peronistas viriam a acusar os democratas de deixarem na grama restos de caviar. "Absurdo", responderam os acusados, "piquenique com caviar! Decididamente esses infelizes só sabem mesmo fazer novelas de rádio!" De modo que se limitaram a saborear iguarias de charme discreto, quase inodoras, a cujo respeito a História infelizmente só pôde reter informações imprecisas: os célebres restos de comida nada tinham a ver com os pedaços de papel cheirando a gordura e o perfume de escalope à milanesa – característico dos piqueniques populares.

Única nota destoante em meio a tanta discrição: os *palos borrachos* ("árvores bêbadas"). Árvores saídas de um Paraíso *naïf*, com seus troncos inchados na altura da cintura e seus cascos encrespados, os *palos borrachos* espalham pela relva na primavera, como em piqueniques proletários, bolas abertas que derramam uma substância algodoada e cheia de grãos que prefiguram as flores. E que flores! Carnudas, grossas e róseas como orquídeas. E os democratas suspiravam: ah!, como era difícil em Buenos Aires entoar *comme il faut* a *Marselhesa* e mastigar com educação, a boca fechada, quando até a natureza, nojenta e sem educação, sujava tudo a seu redor! Mas era primavera, o tempo estava bom e era maravilhoso estar com a razão, julgar que se agia no sentido do Progresso. A brisa tépida e úmida proveniente do rio lambia, como um cão (vira-lata), a multidão elegante, que olhava na direção do horizonte fluvial, tentando esquecer, tentando negar a pele morena do rio lamacento e percebendo ao longe, quase visível aos olhos da alma, a Europa. A própria escolha da praça San Martín, próxima do porto, os traía. Os democratas civilizados alinhavam-se à beira-rio como de hábito, afastando-se do coração quente da Argentina bárbara – mas às suas costas outras ondas não menos morenas avançavam em sua direção, sem que sequer imaginassem.

Enquanto isso, Mercante falava aos operários. Perguntaram-lhe eles: "Onde está Perón?"

Ele decidiu ir ao encontro do fugitivo. Na casa onde esperava encontrá-lo, no entanto, só os dois pajens, Rudi Freude e Juan Duarte, já interrogados pela polícia, foram encontrados para dar notícias. Foi então que Mercante telefonou para Mittelbach, o chefe de polícia, para pedir-lhe que fosse em sua companhia procurar o coronel. Curiosa decisão, não totalmente desvinculada, ao que parece, das preocupações manifestadas na véspera por Mercante a Perón: ele temia que seu líder viesse a largar o movimento. Por isso é que fora em seu encalço, para forçá-lo a voltar a ser Perón, para o que desse e viesse (e sabendo, aliás, a que risco o expunha). Outros antiperonistas, como Benigno Acossano, sempre atribuíram esse papel a Evita, chegando a excessos caricaturais como o de afirmar que ela "fazia Perón mexer-se com pontapés na bunda", forçando-o a se apresentar diante do povo na noite de 17 de outubro. É esquecer Mercante, filho de operário que viria mais tarde a pagar por seu "crime" de lealdade. Um fujão nunca esquece aquele que veio sacudi-lo para obrigá-lo a ser valente. Nesse caso, o ressentimento caminha passo a passo com a gratidão, e acaba por corroê-la. Exatamente como Eva, e pelas mesmas razões, Mercante, o leal, estava condenado a cair em desgraça.

O barco a motor aproxima-se de Três Bocas. Duas silhuetas surgem ao longe, uma grande e corpulenta, a outra frágil. Não demora para que suas formas se tornem mais nítidas na névoa, como se surgissem da memória, embora Mercante as tenha visto ainda na véspera. É assim mesmo nos momentos decisivos: a tensão do sentimento quebra o tempo. Lá estão Perón e Evita, de braços dados. Ela veste calças, está belíssima. A umidade do ar restaura em sua pele sem maquiagem a textura de madrepérola. Mas sua longa cabeleira, caindo sobre os ombros, ainda traz as marcas do aplique e dos cachos ausentes, como se temesse a liberdade. (Medo dos cabelos reais, medo do verdadeiro: como o corpo, a cabeça ainda se sente prisioneira. É a época das cintas, dos sutiãs de barbatanas, das mulheres que se sentam com as pernas de lado, apertadas uma contra a outra.) Duas travessas sustêm molemente os vestígios de um penteado afetado.

Mittelbach é o primeiro a desembarcar. Diz a Perón que o presidente Farrell deu ordem de prendê-lo, para salvá-lo – pois estão tramando assassiná-lo. "Para onde me levas?", pergunta Perón. "Talvez para um navio da Marinha, talvez para a ilha Martín García." Perón exclama: "Sou um militar e só o Exército pode me prender!" Mittelbach promete falar a respeito a Farrell, e Perón embarca, seguido de Evita.

Após chegarem em terra firme, entram no carro de Mercante. Chove. Choveu sempre nos momentos tristes de suas vidas, e sempre fez bom tempo nos acontecimentos felizes. O povo não deixou de notá-lo, e dizia: "O sol é peronista." Eva chora. Ela, que tão pouco chorou na vida, não faz o menor esforço para conter-se. Deixa-se levar pela onda de lágrimas que a afoga. Os choros de Evita adquirem vida independente, tomam o lugar dos problemas "reais", tornam-se a única realidade. Perón, Mercante e todos os machos que acaso tivessem algum motivo para chorar naquele carro ouvem-na em silêncio, pensativos. Eva soluça, assoa, suspira, murmura "Meu Deus", se lamenta: "Ai." Está lavando o coração. As mulheres têm sorte.

Na rua Posadas, 12 carros negros aguardam Perón. Lá estão eles estacionados em fila, reconhecíveis a distância, como que uniformizados. Mais tarde, sob o reinado de López Rega – o feiticeiro de Isabelita Perón – e durante a ditadura militar de 1976-1982, esse tipo de automóvel das forças parapoliciais seria identificado com facilidade. Mas seu "uniforme" passara do negro, que não deixava de ser elegante, para um azul metálico e glacial, que evocava uma técnica de violência muito mais moderna. Mas voltemos à época da violência artesanal e a Perón, que, lançando um olhar aos automóveis sombrios – cada qual com quatro ocupantes à paisana, mas parecendo estar de uniforme de gala, tão eretos se mantêm –, dá de ombros e sobe para se barbear.

Uma hora mais tarde, o presidente Farrell dá sua resposta, rejeitando a exigência de Perón de ser detido pelo Exército. Com os olhos vermelhos, Evita entra precipitadamente no quarto. Ao receber a notícia, ela urra de dor e implora a Perón que não entre em nenhum daqueles carros. Quando Perón vai saindo, seguido de Mercante e de um policial, ela se agarra a seu braço e prende com a mão crispada a porta do elevador, até que o policial a afaste. Sua mão crispada no vazio. Garrazinha de pássaro.

São já 2 horas da manhã.

Eva está sozinha em seu apartamento, tão calmo de repente. O silêncio que sucede às vozes já não tem palpitação alguma. É um silêncio mortal: Evita não suporta a solidão. É que nunca a conheceu: cercada inicialmente pela família, levou em seguida esse tipo de vida de atriz na qual se compartilha tudo, o quarto, o mate, os vestidos. Necessidade de viver em grupo: quando se tornar mulher do presidente, ele pedirá sempre que esteja acompanhada até tarde da noite, escolhendo seus convidados como uma rainha escolheria seus cortesãos, com um ar imperioso que não esconderá a desolação de seu olhar. Para pensar, para agir e até para sentir ela precisa de companhia. O isolamento a impede de pensar em outra coisa que não seja seu próprio abandono. Ela ama Perón: os últimos acontecimentos fizeram com que o compreendesse. Mas é incapaz de segui-lo em seus pensamentos.

Se o tivesse seguido, ela o teria visto, chegando ao porto, erguer com um calafrio a gola do sobretudo e abraçar Mercante, dizendo-lhe: "Cuide de Evita." Teria visto, como se lá estivesse, que subia com fingida despreocupação a bordo da canhoneira *Independencia*, que o levaria a Martín García, e também as lágrimas no rosto moreno do marinheirozinho que montava guarda. Quem lhe contou, mais tarde, foi o próprio Mercante. Disse-lhe que, ao ver aquelas lágrimas, fora tomado por uma certeza inabalável: o marinheiro era como o povo, e o povo chorava por Perón.

Não, Evita não vê nada nem experimenta qualquer sentimento digno do nome. A solidão a deixa órfã. Ela se volta sobre o vazio que traz em si mesma. Um silêncio pesado como um cadáver. A partida de Perón reproduz a morte de *don* Juan Duarte.

Que fez Eva durante a prisão de Perón? Tudo, segundo uns, e segundo outros, nada. Para os primeiros, foi a heroína dos acontecimentos de outubro, que levariam Perón ao poder. Para os outros, limitou-se a querer salvar seu homem e a tremer de medo.

As duas hipóteses não coincidem necessariamente com o peronismo ou o antiperonismo dos que as sustentam. Muito pelo contrário: para os antiperonistas viscerais, imaginar Eva como mulher de pulso, capaz de obrigar um Perón covarde e poltrão a tomar o poder, era um argumento a mais: coragem não vai bem para senhoras. Quanto aos peronistas, só depois de sua morte viriam a transformá-la em *Pasionaria* do 17 de outubro de 1945; até então, ninguém, e muito menos ela, havia enriquecido seu retrato com essa aura suplementar. Foi apenas depois de sua morte que Perón a santificou, elevando às nuvens sua memória para preservar seu próprio prestígio em declínio. Eis portanto como duas motivações diferentes (denegrir e exaltar Evita) desembocaram numa mesma lenda, que a apresentava como factótum da revolução peronista. O "mito negro" e o "mito branco" nutriam-se de elementos idênticos. Descrédito e exaltação são complementares na medida em que em ambos os casos existe simplesmente uma recusa de ver a realidade do outro. O tango que atira a mulher na lama não adota um método semelhante ao da poesia cortesã, que a eleva alto demais?

Contudo, todas essas lendas que a apresentam dominadora ou intrépida – segundo o gosto – não vieram do nada. Evita podia ter a têmpera de uma heroína, e não é impossível que tenha realmente pronunciado esta frase histórica: "Quando Perón fraqueja eu o reanimo com um bom chute nos colhões." Sim, ela era corajosa. O que não a impediu, durante a ausência de Perón, de se refugiar à noite na casa de Pierina Dealessi, sua *mamma*, para soluçar em seus braços. Pode-se perfeitamente tremer à noite e levantar ao alvorecer, fresco e disposto, para marchar rumo ao martírio. A necessidade de coerência dos historiadores, quando se trata de um personagem célebre, levou-os a considerar o depoimento de Pierina prova irrefutável da fraqueza de

Eva. Mas por que não concluir que Evita era fraca diante de Pierina e firme diante dos raros operários dos sindicatos dispostos a ouvi-la? E que a riqueza extravasada diante de uma possibilitava a firmeza demonstrada em face dos outros? E que tudo, tanto o medo quanto a coragem, era verdade?

Chegando a Martín García (uma ilha bem no meio do rio da Prata, desertificada pelos militares que dela se apoderaram), Perón escreveu duas cartas: uma para Mercante, outra para Evita.

Na primeira, redigida num estilo empolado e contendo um erro de ortografia (erro de afeição? O erro ocorria justamente no adjetivo destinado a cumprimentar Mercante, chamado de "*exelso*" em vez de "*excelso*", eminente), ele dizia, referindo-se aos inimigos: "Tenho o que eles não têm: um amigo fiel e uma mulher que me ama e que eu adoro." E acrescentava: "Cuide de Evita. A pobre está com os nervos em frangalhos, e sua saúde me preocupa. Assim que me reformar vou desposá-la e partir para um lugar qualquer."

A carta a Eva, dos arquivos de Félix Luna, merece ser reproduzida quase integralmente:

> Meu tesouro adorado,
>
> É quando nos afastamos das pessoas amadas que podemos avaliar nossa afeição. Desde o dia em que te deixei, com a dor maior que possas imaginar, não consegui acalmar meu triste coração [*mi triste corazón*]. Agora, sei o quanto te amo, e não posso viver sem ti. Minha solidão imensa está cheia da tua lembrança.
>
> Hoje escrevi a Farrell pedindo-lhe que acelere minha reforma. Assim que a obtiver, vamos nos casar e partir para algum lugar para viver tranquilos.
>
> Escrevo-te pelo correio e te envio também uma carta para Mercante. Mas esta última te mando por um menino, pois é possível que minha correspondência seja interceptada. Aqui estou em Martín García sem saber por quê, e sem que ninguém me tenha dado a menor explicação. Que dizes de Farrell

e Avalos, hein? Que desavergonhados, comportar-se assim com um amigo! É assim, a vida.

Assim que cheguei, a primeira coisa que fiz foi escrever-te. Não sei se recebeste minha carta. Enviei-a registrada.

Peço-te que diga a Mercante que fale com Farrell para que me deixe em paz, pois assim partiremos os dois para Chubut.

Concluí também que será necessário iniciar certos procedimentos legais. Peça ao Dr. Gache Pirán, o juiz federal, um excelente amigo, que encontre um jeito. Diga a Mercante que o contate sem perda de tempo e faça o que ele disser. (...)

Deves manter a calma e cuidar de tua saúde enquanto estou longe, esperando minha volta. Ficarei tranquilo sabendo que não corres perigo e que passas bem.

Enquanto escrevia esta carta, vieram dizer-me que Mazza virá ver-me hoje, o que me deixa muito feliz, pois assim farei contato contigo, ainda que indiretamente.

Fique tranquila. Mazza te dirá como vão as coisas. Tentarei ir a Buenos Aires de uma forma ou de outra, e podes, portanto, esperar-me tranquilamente e cuidar de tua saúde. Se conseguir ser reformado, casamo-nos no dia seguinte. Caso contrário, arranjarei as coisas de outro modo, mas vamos resolver esta situação de abandono em que vives no momento.

Minha pequena, minha alma, tenho teus retratinhos em meu quarto e os contemplo o dia inteiro com lágrimas nos olhos. O principal é que nada te aconteça, pois do contrário minha vida estaria acabada. Cuida-te bem e não te preocupes comigo; mas queira-me muito [*quiéreme mucho*] pois preciso disso mais que nunca.

Meu tesouro, fique calma e aprenda a esperar. Tudo isso vai acabar logo, teremos a vida pela frente. O que já fiz me justifica perante a história, e sei que o tempo me dará razão.

Começarei a escrever um livro sobre tudo isto e o publicarei o mais rápido possível. Veremos então quem tem razão.

O mal de nosso tempo, e sobretudo deste país, são as pessoas ignorantes, e bem sabes que um ignorante é pior que um malvado.

Minha alma, desejaria continuar escrevendo o dia inteiro, mas Mazza te contará tudo melhor que eu. Falta meia hora para a chegada do barco.

As últimas palavras desta carta são ainda para te aconselhar a manter-te calma e tranquila. Beijo-te muito, muito forte. Muitas lembranças a minha *Chinita* [chinesinha] querida. Perón.

Não vamos analisar a prosa de Perón com base nesta carta inábil e sincera. Suas palavras, é verdade, são tiradas de boleros, de tangos (*mi triste corazón, quiéreme mucho*). Mas qualquer carta de amor pode parecer ridícula, exceto as que recebemos. E que palavras poderia ter encontrado este militar arrasado, senão as que tinha no ouvido de tanto ouvi-las no rádio? Aquelas, exatamente, suscetíveis de comover Eva?

A análise cabível é bem outra. Perón preocupa-se com o estado de nervos de sua "pequena". Promete protegê-la, desposá-la, oferece-lhe o ombro e a mão. É a carta de um homem cansado que só deseja agora partir com a amiga fiel para a terra de sua infância, o Sul.

Em sua biografia de Evita, o autor peronista Fermín Chávez tenta explicar esta carta de maneira a tranquilizar seus correligionários: Perón a teria escrito pensando nos militares, que não deixariam de interceptá-la, e aproveitava para fazê-los crer que estava desistindo. Explicação necessária, já se vê, para defender-se da dúvida: como admitir que o líder da Revolução tenha sentido a tentação de largar o barco?

Infelizmente Perón sentiu de fato essa tentação. É o que sua carta diz sem rodeios. Uma carta demasiado *gauche* e melancólica para poder passar por uma mensagem indireta, dirigida a algum *guanaco*. A Argentina deixará de ser um país autoritário no dia que aceitar esta verdade: um chefe não é um pai invariavelmente em plena posse de sua força.

Uma palavra ainda sobre a carta. Por que Perón chama Evita de "Chinesinha"? Na Argentina, as pessoas do interior têm muitas vezes os olhos puxados - olhos de índio. É assim, instintivamente, que se confirma, chamando-os de *chinos*, a hipótese das origens asiáticas do homem americano... Partindo de Perón, é claro que a expressão é apenas afetuosa - mas uma afeição que recorre, como sempre, à expressão do diminutivo, do pequeno, fraco, infeliz. Pobrezinha. Abandonada. Só uma mulher do povo pode ficar a este ponto abandonada. O apaixonado não se deixava enganar pela cabeleira dourada da bem-amada. Nas raízes de sua alma, como nas dos cabelos, Eva era uma *chinita*, e ele gostava disso. No entanto, em Madri, mais tarde, teria uma estranha reação de irritação quando um jornalista lhe perguntou se era verdade que costumava chamar Eva de "*mi negrita*". "Como assim?", indignou-se. "O senhor sabe perfeitamente que ela era loura!" Esquecimento de um velho distraído? Negação surgida de uma ferida social nunca fechada? Seja como for, na hora da confiança e da intimidade, Evita, para ele, tinha os cabelos negros.

Quem desempenharia o papel de mensageiro, segundo a carta de Perón, seria o doutor Angel Mazza, capitão médico e amigo pessoal do coronel. Sua visita deu-se no dia 14 de outubro e tranquilizou Perón, por um lado porque ficou sabendo que certos sindicatos e militares continuavam a apoiá-lo, e por outro porque trocou com Mazza (dessa vez para valer) uma piscadela de conivência. Pois o doutor o fez saber, com efeito, que voltaria a Buenos Aires como portador de uma notícia preocupante: o prisioneiro estava doente! E foi o que fez. Em consequência, o vice-almirante Vernengo Lima, feroz antiperonista que integrava o novo gabinete ministerial, mandou dois médicos à ilha de Martin García para se informarem sobre a doença.

Inútil: Perón não tirou a camisa em sua presença e recusou-se a repetir "trinta e três" enquanto um deles colava a suas costas uma orelha rubra de despeito. Os dois médicos se entreolharam, hesitantes. E se Perón estivesse realmente doente? Não estava mesmo com a cara boa. Não esqueçamos que volta e meia era acometido por pequenas doenças ditas psicossomáticas (entre elas a psoríase), as quais, neutralizando seu mal, lhe permitiram viver por muito tempo.

Não podendo se arriscar a produzir um mártir, Vernengo Lima deu ordem de interná-lo no hospital militar de Buenos Aires. Era o dia 16 de outubro.

Desde o dia 12, quando foi detido, os partidários de Perón se haviam mobilizado, tendo à frente o fiel Mercante, seguido de outros funcionários da Secretaria do Trabalho. Entre eles, Isabel Ernst, secretária e amiga íntima de Mercante.

Pouco tempo depois, esta filha de alemães, grande e loura, tornar-se-ia assessora de Evita, que por sua vez se daria conta um belo dia de que duas louras – sendo uma delas ainda por cima natural – eram demais. Mas a lourice autêntica de Isabel não era a única razão dos ciúmes de Evita. À parte o fato de que depois do casamento, e tendo se tornado "presidenta", também ela optaria pelo moralismo (veremos adiante que preferiu a amizade da Sra. Mercante, a esposa legítima, à de Isabel, relegada por Mercante ao papel de amante), Eva não ignorava que a verdadeira *Pasionaria* da Revolução de 17 de outubro fora Isabel. E isso por uma razão muito simples: em 1945, Evita conhecia ainda poucos sindicalistas, ao passo que Isabel, por seu próprio trabalho, há muito os frequentava. Ajudar Mercante a coordenar a ação entre os sindicatos, entre 12 e 17 de outubro, foi para ela algo tão natural quanto a cor de seus cabelos. Assim foi que efetivamente realizou o trabalho que a propaganda peronista acabou por atribuir a Eva, sobretudo depois de sua morte.

Isabel Ernst: *tailleur* cinza, cabelos cor de linho, maquiagem discreta. Não é esta exatamente a imagem que Evita acabaria por adotar; com os anos, ao mesmo tempo tornando-a mais teatral – e também mais refinada? Isabel (que gracejo da História este prenome da rival, dessa "pré-Evita", o mesmo nome que seria adotado pela terceira mulher de Perón – na realidade Estela – quando decidiu tornar-se uma "pós-Evita"!) era uma mulher simples, calma, segura de si, de uma beleza serena e distinta. A seu lado, a "atriz", com seus cachos em cascata, seus vestidos floridos, a crispação da voz e as mãos, destoava irremediavelmente. Exortados a agir, a salvar Perón, dirigentes sindicais como Cipriano Reyes, Libertario Ferrari, Luis Gay, Montiel e José Argaña parlamentaram sem hesitar com a loura autêntica.

Posteriormente, vários deles seriam destituídos de suas funções, quando não torturados, como no caso de Cipriano Reyes...

Mas não era o momento de subtrair, e sim de somar partidários de Perón, por mais disparatados que fossem. Nos bairros proletários de Berisso e Avellaneda, esses dirigentes operários de diferentes procedências haviam organizado manifestações-relâmpago de apoio a Perón. O caos reinante prestava-se a isso. O povo não fora sequer informado da detenção de seu líder. Pelo contrário, após uma carta aberta que Perón publicou na imprensa, dirigida a Avalos, o governo negou que ele estivesse preso. Quem poderia então continuar a confiar nesse governo? A Argentina sentia que não estava sendo governada por ninguém.

No dia 16, a CGT reuniu-se para deliberar: decretariam greve geral para exigir a libertação imediata do coronel? E deveriam, como propunha Libertario Ferrari, apoiar Avalos, mais próximo de Perón, para liquidar Vernengo Lima, que o odiava? Acabaram por decidir por uma greve de 24 horas para o dia 18 de outubro, com o objetivo de defender "as conquistas sociais obtidas e por obter, hoje ameaçadas em vista da tomada do poder pelas forças do capital e da oligarquia". O nome de Perón não era mencionado no papel em que finalmente conseguiram registrar essa frase tortuosa. Não que seu conteúdo faltasse à verdade nem que esses dirigentes sindicais estivessem afastados da "base" – como teriam dito os comunistas, em seu jargão habitual. É que as pessoas, as pessoas comuns, haviam chegado a um ponto em que pouco estavam ligando para grandes fraseados, como pouco se importavam com a data marcada para a greve. Haviam chegado a um ponto de saturação. No dia 17, sem esperar ordens de ninguém, não foi uma greve que fizeram, mas a Revolução.

VÊNUS CONTRAI UMA DÍVIDA

O dia prometia ser carregado e cinzento, às 7 horas da manhã daquele 17 de outubro, quando os operários iam para o trabalho. Caíam algumas gotas, antes suor do céu que chuva de verdade. Um lugar-comum portenho que podemos considerar fundador de uma identidade: "Aqui em Buenos Aires o que nos mata é a umidade" exprime à perfeição a sensação que se tem sob essas nuvens de chumbo semifundido. Mas daquela vez a umidade não apagou a fagulha. Quem teria anunciado, naqueles subúrbios operários de Berisso, Lanús, Quilmes, Mataderos: "Perón está no hospital militar! Vamos libertá-lo!"? Em Avellaneda, um povo de pele negra vindo das províncias, e que até então nunca ousara aventurar-se pelo centro da cidade – reino dos argentinos de pele branca –, decidiu atravessar a ponte de Riachuelo.

Esse riacho de lama com a superfície brilhante de petróleo era uma verdadeira fronteira. Do outro lado, sobretudo na direção da ilha Maciel de la Boca, o que se via era a miséria de crianças alimentadas a pão e mate, de mulheres que se deitavam para parir sozinhas, um balde d'água quente ao alcance da mão, de natimortos embrulhados em papel-jornal e atirados na corrente escura por falta de recursos para o enterro, de odores nauseabundos sobrepairando o leito oleoso, multicolorido, arcos-íris mórbidos que às vezes se formavam em torno de um cadáver inchado e que só os cavalos descobriam, sobressaltados, por acaso. Fronteira que naquele dia deixou de sê-lo, senão na realidade, pelo menos em sonho: embora ainda hoje ela exista, o fato de ter sido atravessada ainda que uma única vez, em 1945, prova que é possível.

Assim atravessaram o Riachuelo para libertar Perón. E quando foi dada ordem de elevar a ponte para impedi-los, tomaram barcos estropiados, juntaram pedaços de madeira com cordas para improvisar balsas – após o que, tão misteriosamente quanto havia sido levantada, a ponte foi novamente abaixada para permitir sua passagem. Àquela altura, eles já sabiam, instintivamente, que Filomeno Velasco, o novo chefe de polícia, estava com Perón. Não sabiam que este outro *correntino* rude e cabeludo era o único ser do sexo masculino que tinha acesso à intimidade de Perón, o único que ele jamais tratou de tu e por quem se deixou tratar assim. Mas sentiam no ar esta amizade. Em vez de detê-los, os policiais sorriam-lhes com ar cúmplice, e às vezes se desenhava em seus lábios um "Viva Perón!" de absoluta naturalidade, ainda não ensaiado.

Por volta de 10 horas, os primeiros contingentes já chegavam à praça de Maio. À chegada daquele bando maltrapilho, tinha-se a impressão de ouvir, aqui e ali, gemidos de angústia: ilusão auditiva causada pelas cortinas metálicas que os comerciantes temerosos abaixavam às pressas. Duas Argentinas face a face: uma na rua e a outra – a dos descendentes de europeus – nas janelas. Por trás de suas venezianas, estes se horrorizavam: então era aquilo o povo argentino! Aquilo: não o Povo ideal evocado no preâmbulo da Constituição argentina, nem o Povo inodoro, incolor e insípido sonhado pelo socialista Alfredo Palacios, mas *aquilo*: a massa de carnes banhadas de suor e de cabeleiras espessas, formando um conjunto obscuro como é obscuro o desconhecido, negro como o medo. E cheirava a suor, a sujeira, a álcool, gritando grosserias, rindo alto demais, urinando nas paredes e lavando os pés e as axilas nas fontes da praça histórica.

Ocupação, penetração, estupro: Buenos Aires, de repente, recordava-se dos tempos dos *malones*, quando os índios chegavam uivando para raptar mulheres brancas... Lembrança literária saída do poema "La cautiva" (A cativa), escrito um século antes pelo romântico Echeverría, e reavivada pela visão daquele bando de celerados de expressão patibular, operários da carne cheirando a animal, que pareciam saídos de outro romance do mesmo autor: *El matadero* (O matadouro). Um passado carregado de selvageria, de "barbárie", recobrava vida ante os olhos incrédulos dos portenhos. O deputado radical Ernesto Sammartino exprimia essa repugnância ao chamar de "aluvião zoológico" o povo que mostrou seu verdadeiro rosto naquele 17 de outubro.

Quanto a eles, os maltrapilhos, estavam alegres. Violavam a cidade de Buenos Aires proferindo insultos algo cômicos. Uma profanação exultante. Os insultos visavam, é verdade, a alguns inimigos bem escolhidos: os estudantes, os Estados Unidos, os judeus... Mas isso, por enquanto, era secundário. O momento era de festa. Eles mordiam pela primeira vez a maçã suculenta da cidade, e o desejo, o prazer eram mais fortes que a vingança. Queriam apenas Perón – vê-lo, tê-lo para possuí-lo. Sim, possuí-lo. Curioso erotismo que feminilizava a imagem do pai! E no entanto, para eles, aquele Perón que tanto desejavam representava o máximo da virilidade. Nos cantos que iam recriando a partir de melodias conhecidas, o nome do coronel ressoava – na expressão do escritor Leopoldo Marechal – "como um tiro de canhão". É que gritar o nome de Peeeeróóóóón – aumentativo do masculino, dir-se-ia – acalmava qualquer raiva. Um sujeito com um nome desses só podia mesmo ser *macho*.

Evita, por outro lado, não estava assim tão ausente quanto se fez crer: Embora o povo a ignorasse como revolucionária, não deixava de evocá-la de outra forma. Pois não haviam produzido esta rima: *Oligarcas a otra par-te / Viva el macho de Eva Duarte?** Ela já se tornava um elemento necessário no ritual peronista. Sua própria existência provava que ele, Perón, era um macho. A sorte estava lançada: ela passaria a ondular como um estandarte erótico. Se Evita não tivesse existido, teria sido inventada. Mas os impositivos da rima revelavam, ainda que involuntariamente, uma inversão dos papéis: entre os latinos, diz-se normalmente que uma mulher é a "fêmea" de um homem, mas é raro chamar um homem de macho de uma mulher – a menos que esta mulher tenha luz própria. Evita, abelha-rainha no inconsciente do povo.

A riqueza dessas imagens, todavia, está em sua contradição. Evita, a pobrezinha, primeiro protegida, depois usada por um Perón não menos contraditório, não era uma imagem capaz de anular a da abelha-rainha: servia antes para completá-la, enriquecê-la. E é verdade que de certa forma – apesar de tudo que viveu antes do 17 de outubro, e não obstante sua potência feminina, consagrada pelo povo na mencionada rima – Eva "nasceu" naquele dia, "como Vênus do mar", como diria mais tarde, a sério, um de seus cortesãos. Metáfora ridícula, mas tão destituída de sentido. Seu objetivo primordial, naturalmente, era mudar o passado da "atriz", associando Eva à donzela botticelliana que tapa o sexo com as melenas douradas. Mas havia algo mais. Se Eva "nascera" naquele dia de 1945, era graças a um povo que, salvando seu homem, salvou-a também. E qual é o sinônimo de gratidão? Reconhecimento. Para uma filha ilegítima,

*Oligarcas, fiquem de longe/Viva o macho de Eva Duarte. (*N. do E.*)

isso significava renascer, murmurando uma palavra que até então nunca dissera: "Obrigada."

Em *La razón de mi vida*, Eva conta que se sentira "pequenininha, insignificante" ao longo de toda a semana que precedeu o dia 17. Na ausência de Perón, prisioneiro, sua amante se tornava mais incômoda que útil, mesmo para os amigos e partidários. Ela queria apenas salvar a vida do amante, fazê-lo sair do país. Naquele momento, sua causa era o amor, e ela se sentia mais heroína de um homem que de um povo. Sempre tão ágil e rápida, eis que era traída pela própria intuição, que a impedia de sentir o que a História, com H maiúsculo, preparava para Perón e para ela mesma. Assim foi que pediu a Atilio Bramuglia (futuro ministro do regime peronista) que entrasse com um pedido de *habeas corpus* para que Perón pudesse partir para bem longe – com ela, naturalmente. Ela jamais perdoaria a resposta de Bramuglia: "A senhora só pensa em salvar seu homem! Não é capaz de enxergar mais nada!"

E ele tinha razão: enquanto uma revolução estava para estourar, Eva, cega pela emoção, só pensava nas batidas de seu coração. Mas o próprio Perón não havia cedido? E não lhe escrevia no mesmo sentido, falando de casamento e de viagem, muito mais que de sublevação popular? Os peronistas percebiam que seu líder parecia inclinado a fazer as malas; e quanto mais Eva insistia em seu infeliz *habeas corpus*, mais desconfiavam dela, pois os remetia à imagem de um Perón fraquejante, de que nem queriam ouvir falar. No dia 17, Eva compreende seu erro: não estava contando com o poder do povo, deixara-se iludir por seus sentimentos e julgara que a única solução era partir. Por que então não perdoaria Bramuglia? Porque, para sua desgraça, ele fora a testemunha da cegueira de Eva. O inimigo a abater é aquele que nos viu fraquejar.

Sentindo-se mais uma vez vítima e incapaz de compreender por que um homem como Bramuglia a "maltratava", eis que ressurgia com toda força seu velho sentimento de humilhação. Só que agora era muito pior. Eva desfrutara, graças a Perón, de certo poder. E via-se tomada subitamente de uma terrível sensação de nudez. Antes de conhecer seu coronel, ela pelo menos detinha o poder relativo de toda mulher jovem e bela. Agora, estava cercada apenas de indiferença. A amante do prisioneiro deixava de existir. Nada, ninguém: era o que se tornara. Invisível. À noite, chorava nos braços de Pierina, tentando descrever-lhe esse sentimento de perda. E a italiana lhe dizia, sorrindo com indulgência: "Exatamente o que a gente sente quando começa a envelhecer."

Dirigentes sindicais como Cipriano Reyes, Luis Gay e Luis Monzalvo, que estão entre os verdadeiros autores do 17 de outubro, negaram terminantemente que Evita tivesse participado de alguma maneira dos preparativos do movimento. Outros mostram-se menos severos. O dirigente metalúrgico Angel Perelman conta que, na manhã do dia 17, Evita percorreu de carro os bairros populares, convocando os operários à greve. Já Mariano Tedesco, líder do setor têxtil, declarou que Evita fizera contato com os operários de seu sindicato ao longo de toda a semana anterior, marcando encontros "em horas e lugares insólitos". O detalhe das "horas insólitas" é a cara dela. Mas com quem está a verdade? Na vida, como nos sonhos, ela se encontra mais no sentimento que nos fatos. Não podemos por isso ignorar o que a própria Eva nos conta, em suas memórias abstratas, puramente sentimentais e destituídas de qualquer narração dos fatos.

Que nos diz ela? Faz alusão a um episódio que viria a ser esclarecido por Félix Luna. Logo após a detenção de Perón, Evita pegou um táxi para ir à casa de Román Subiza em San Nicolás. Em outras palavras, estava fugindo. Quando passavam em frente ao prédio falsamente medieval da Escola de Engenharia, na avenida Las Heras, o motorista denunciou-a aos estudantes gritando: "Minha passageira é Eva Duarte!"

E os futuros engenheiros a agrediram no rosto, de tal maneira que, mais tarde, quando ela entrou em outro táxi para deixar a cidade, sempre na intenção de ir para a casa de Subiza, não foi reconhecida pelos policiais rodoviários.

São esses os fatos. Quanto aos sentimentos, ela própria os descreve em termos claramente religiosos: "A cada golpe eu pensava estar morrendo, e no entanto a cada golpe sentia estar nascendo. Este batismo de dor foi ao mesmo tempo duro e inefável. Purificou-me de toda a covardia."

Morrer, nascer, purificação: não é este precisamente o sentido do batismo – que o homem novo nasça das cinzas do velho? E que obscuro gozo quando o batismo não é de água, mas de golpes! Que sensação de estar pagando por todos os pecados, tanto os seus quanto os herdados por via materna! O martírio aceito, suportado com delícias, a carne feliz por sofrer por amor a Perón. E ao povo.

O triângulo amoroso acabava de ser formado.

POR VOLTA DE meio-dia, já se perdera a conta dos milhares de trabalhadores que buscavam Perón na região do porto, na prisão de Villa Devoto, na Casa Rosada e, no caso dos mais bem-informados, no hospital militar. Foi lá que uma delegação de trabalhadores ferroviários pôde enfim encontrá-lo.

Ele almoçava tranquilamente, de pijama. Disse-lhes que estava proibido de deixar o hospital. Mentia: nem Avalos nem Vernengo Lima tinham mais condições de proibir-lhe o que quer que fosse. O presidente Farrell e os membros do gabinete estavam na Casa Rosada, contemplando fascinados a multidão que enchia a praça de Maio, maravilhados com o espetáculo, quase a ponto de esquecer sua própria derrota: nenhum argentino podia se lembrar de ter visto um dia semelhante aglomeração.

Um mar de gente, ou melhor, um rio da Prata "cor de leão" ia engrossando de hora em hora. Seriam 200 mil, 300 mil? Um milhão, como sustentaram os peronistas? Seja como for, lá estava toda a massa operária da capital e de seus subúrbios. Alguns haviam trazido seus *bombos*, tambores que davam à cena uma palpitação profunda, de coração e entranhas – calafrios de uma memória antiga. Trepados nos postes de luz e nas árvores, cachos de homens se balançavam, braços erguidos como para imitar o gesto das palmeiras – recordação da era colonial, quando Buenos Aires era mais tropical, antes que Sarmiento mandasse plantar plátanos parisienses para mostrar ao mundo que os argentinos eram civilizados.

No entanto, naquele 17 de outubro, o tempo se incumbia de provar o contrário: sob um céu escaldante, os homens, suados, tiravam a camisa. Por isso é que uma expressão de desprezo – "*desca-*

misados" – usada pelo jornal *La Prensa* acabou por se transformar na palavra sagrada que passou a designar o povo peronista, como "*sans-culotte*" designara os revolucionários em outros tempos e outras latitudes. *Bombos, descamisados*, cachos humanos: seria dito que naquele dia o povo tinha consciência de estar inaugurando um ritual. Cerimônia teatral e religiosa na qual era possível *reconhecer-se*. De uma vez por todas, ele inventava os sinais de conivência que anualmente lhe serviriam, enquanto durou o peronismo, para a celebração da sua Missa.

Perdida naquele mar moreno, Eva nascia, como uma Vênus, não da onda azul, mas da lama nutriente e inicial – e do delta premonitório.

Quanto a Perón, continuava esperando, de pijama. Só despiu sua roupa de doente tarde da noite. É verdade que na época os homens saíam à rua de pijama para uma pequena compra ou uma breve conversa na esquina. Na Buenos Aires de 1945, viver de pijama não tinha o mesmo sentido que hoje. Mas este pijama simbolizava, de qualquer forma, as dúvidas de Perón. Queria dizer: "Continuo por enquanto recolhido ao meu ninho, com os retratinhos de minha *chinita*. Logo, logo veremos." Mais espantado que ansioso, ele perguntava a todo momento: "Mas é verdade que há tanta gente assim?" – sedutor surpreso e meio enciumado por haver despertado um amor que não estava em condições de sentir, *don* Juan, adorando a conquista mas extremamente envergonhado no momento de desfrutar dela. E quanto mais vazio, gelado e paralisado ele se mostrava, mais esperava a chegada de uma multidão crescente, capaz de preenchê-lo, de impulsioná-lo, de aquecê-lo.

Para os autores antiperonistas, como Mary Main ou Benigno Acossano, foi Evita que obrigou violentamente Perón a livrar-se de seu pijama de homem sonolento para apresentar-se no balcão da Casa Rosada. Nada pode ser menos certo: dos três componentes do triângulo, só o povo não teve a menor hesitação, demonstrando um instinto de que carecia o casal. Não satisfeito por fazer nascer Evita de suas ondas morenas, o povo arrastou Perón e o obrigou – mas pela força do amor – a tornar-se ele mesmo. Caberia perguntar, é verdade, se com isso não criou um Perón ilusório. Teria ele sido inventado ou o povo estava descobrindo o verdadeiro Perón – aquele ser luminoso no qual ele próprio não acreditava, no qual, à parte o povo, só Evita viria a acreditar? Mas todo ato de amor suscita a eterna pergunta: estaríamos imaginando o ser amado ou percebendo – às vezes apesar dele – sua luz própria e muito real?

Às 21h30, finalmente, depois de muitos telefonemas e idas e vindas entre a Casa Rosada e o hospital militar, Perón falou ao telefone com Eva.

Ela passara o dia vagando pelas ruas, do hospital à praça de Maio, contemplando a multidão. Aqueles homens e mulheres vindos dos subúrbios certamente lhe haviam lembrado os Núñez – como se a família de sua avó, outrora afastada do perímetro urbano de Los Toldos, se projetasse na escala muito maior de Buenos Aires para finalmente conquistar o centro da cidade. Milhares e milhares de *doñas* Petronas e de Juanas Guaquil e de *coliqueos*... todos ressurgidos do fundo de sua memória e de seu sangue, todos presentes. Naturalmente, ela tentara ver Perón no hospital militar, mas sem insistir muito, para não criar mais um motivo de irritação numa atmosfera já elétrica. Em seguida, muito discreta e bem-comportada, retornara à rua Posadas.

Que se terão dito ao telefone? Será que ela o aconselhou a deixar de lado o pijama, como quem o aconselhasse a deixar o círculo mágico – ela que tão bem conhecia o poder tranquilizador dos pijamas de Perón, imensos, dentro dos quais gostava de se meter para sentir-se pequenina?... Seja como for, ao desligar, ele voltou a vestir sua roupa de homem desperto. E foi então, sempre calado – durante todo o dia não pronunciara duas palavras –, que pareceu aceitar seu destino com o coração mais leve.

Às 23h10, Perón surgiu no balcão da Casa Rosada.

Foi recebido com um urro de paixão.

Ele tremeu, fechou os olhos, cego, tomado de vertigem. Tochas cintilavam na noite de Buenos Aires. Cada braço erguido em sua direção era um pacto de fogo.

Sozinha em casa, sentada diante de sua rádio-catedral, Evita ouve. O locutor esgoela-se anunciando o discurso de Perón, que não começa. Sente-se no ar a animação da massa. Seus gritos, sua exigência de amor elevam-se cada vez mais. Perón não pode deixar de falar.

Tentemos imaginar a ansiedade dessa mulher que não suporta ficar sozinha, mas que nessa noite optou por recolher-se à casa, por perder o espetáculo ou não participar dele. Optou? Digamos antes que recebeu essa ordem, e que, para variar, a voz da razão falou mais alto. Estar do outro lado da barreira, ouvindo pelo rádio, justamente no dia em que é transmitida a novela mais apaixonante de todas, a realidade! Mas sua solidão de hoje difere muito daquela, pesada como um corpo morto, em que mergulhou na noite da partida de Perón para Martín García. A diferença está no rádio, que é quente e vibra pelo quadrado de tecido áspero, onde se pode colar a orelha para não perder um único som, um barulho, nem o mais imperceptível ranger de dentes, nem mesmo o puxar de pigarro de Perón, que ainda não pronunciou uma palavra.

Em que estaria pensando, enquanto espera a voz de seu homem? Mil vezes ela nos relataria, em seus discursos e nas memórias. É simples, forte, definitivo: pensa que deve tudo a Perón e ao povo que o salvou. Confessa a dívida e promete pagar em espécie.

E ele, Perón? Os que estão a seu redor no balcão não deixam de perceber: tem a garganta seca, e dela não sai um som sequer. Para ganhar tempo, ele propõe ao povo que cante o hino nacional: *Oíd mortales el grito sagrado...* O hino está chegando ao fim, entoa-se a última estrofe, que fala dos "lauréis eternos". Mas por que Perón não se decide?

Finalmente, passada uma eternidade, ele diz:

– Trabalhadores!

A multidão urra.

Ele prossegue, mas a massa o interrompe:

– Onde estavas?

Ele não quer responder, a multidão insiste:

– Onde estavas? Para onde te levaram?

Ele se esquiva mais uma vez e fala do povo. A multidão responde, em eco:

– Sim, o povo está aqui, o povo somos nós.

Não que a multidão não o quisesse ouvir: fez tudo que podia para isso. Mas até então, ao longo de toda a sua história, ela se mantivera calada. E eis finalmente que pode falar, dialogar com ele, seu pai, seu filho, seu namorado, todos os papéis misturados. É o diálogo que importa, está nisso a originalidade do ritual que ela inaugura. Na história política, existem muito poucos exemplos de diálogo: um líder tido por autoritário conversando publicamente com seu povo não é coisa que se veja com frequência. Temos um exemplo na história das religiões: o judaísmo. A Bíblia é o único livro religioso em que o homem, discutindo com Deus, molda-O a seu gosto.

Moldado, "arrastado pela multidão", Perón acaba por pronunciar a palavra maldita que nunca mais voltará a dizer: "Mãe." Poucos anos depois, com a morte de sua mãe, *doña* Juana, ele não participaria do velório, limitando-se a enviar um ajudante de ordens. Mas a mãe invocada em seu discurso é outra. "Misturado a essa massa suada", diz ele, "quero apertá-la no mais profundo de meu coração, como faria com minha mãe." E em outro momento: "Disse há pouco que vos abraçava como abraçaria minha mãe, pois acredito que nos dias que correm tivestes as mesmas dores e os mesmos pensamentos que minha pobre velha..." A massa aprova: Perón acaba de atender a um imperativo. Era mesmo preciso que ele invocasse sua mãe, assim como todo jogador de futebol ou cantor de tango deve dizer, no dia de seu triunfo: "Devo tudo isto à minha pobre mãe querida, que tanto sofreu." "*Mi pobre madrecita querida.*"

Encerrado o discurso, o povo afasta-se exultante. E também com violência: os jornalistas do diário *Crítica* e os "caras" da Aliança Nacionalista trocam tiros.

No entanto, Perón só ficará sabendo mais tarde. Não é por esse motivo que ostenta uma expressão de enterro. "Estou com dor de cabeça", diz. Sua atitude dá a entender que é muito bom vencer, que agradece a todos, mas que agora *basta* – pelo menos por enquanto. Irritado, ele pede duas aspirinas e volta para casa.

Não via Eva desde o dia 12.

Podemos deduzir que, depois de beijá-la, constata as manchas em seu rosto. São as marcas do "batismo de dor" que lhe impuseram os estudantes. Foi tudo que ela fez em favor do 17 de outubro, tudo que conseguiu. Teve medo, tentou fugir, tentou salvar Perón para partir com ele, tentou em vão imitar Isabel Ernst e ganhou hematomas. Para um olhar distraído, não é muita coisa.

Porém, não em seu espírito: se em *La razón de mi vida* ela dá tanta importância ao episódio do "batismo" é porque, com toda simplicidade, prepara-se agora para honrar uma dívida impossível de pagar, a não ser pelo martírio.

5
Esposa

Evita sem nome • O salão dos casados • O primeiro discurso é um fiasco • Em busca de uma amiga • Perón presidente • O pássaro cardeal • Evita no palácio • Damas patronesses • A "pequena solução" • Evita toma a palavra • No joalheiro • Evita na favela • "A mulher por trás do trono"

Cinco dias depois, em Junín, *doña* Juana e suas filhas passavam a ferro toalhas de mesa bordadas para o casamento de Evita. De repente o telefone toca e as quatro mulheres correm para atender num atropelo. É ela, chamando de uma cidadezinha da província de Buenos Aires, Luján. "Consegui, meninas!", anuncia triunfante: "Agarrei-o! Acabamos de nos casar."

Uma vizinha de Junín, Dora Dana, viúva do jornalista Moisés Lebensohn, contou-nos esta cena familiar. Com sua aparência inofensiva, esse depoimento, confirmado por um historiador local, Roberto Carlos Dimarco, rechaça a versão oficial, segundo a qual Perón e Evita se teriam casado em Junín, na presença das "meninas". Mas retornemos no tempo para nos debruçarmos sobre outra história de "ferro de passar", ocorrida no início do ano de 1945. Elisa Duarte tentara "desamarrotar" a identidade de Evita, pelo menos em seu aspecto legal, tendo em vista o casamento, e fora à prefeitura de Los Toldos pedir uma cópia da certidão de nascimento de Eva María Duarte.

Por acaso, curiosidade ou as duas coisas, o funcionário da prefeitura acabara justamente de fazer uma descoberta: dando uma olhada nos arquivos para encontrar o que lá havia sobre os Duartes, que se tornavam assunto das conversas, e nada encontrando, ele dera uma busca em "Ibarguren", e lá estava: a tribo de *doña* Juana, catalogada sob este nome. Assim, ele já tinha a resposta na ponta da língua quando apareceu a mais velha das irmãs: Eva María Duarte não existia.

Elisa nem por isso confessou sua condição de filha ilegítima. A época não era para essas coisas. O preconceito contra as mães solteiras era tanto que as mulheres que organizaram uma manifestação antiperonista escolheram como *slogan*: "A mãe de Perón é solteira." Onde o direito não era capaz de dar conta, sempre restavam os métodos mafiosos. Além do mais, o temperamento de Elisa era o mais violento da família, e ao lado de seus acessos de cólera os de Evita pareciam pura brincadeira. Foi, portanto, uma ordem peremptória que o balconista ouviu: "Eu tenho de obter este documento, custe o que custar. Minha irmã vai se casar com o coronel Perón, que será presidente." Impressionado com a autoridade em sua voz (prenúncio da *caudilla* revanchista em que ela se transformaria), o funcionário pedira a opinião de seu irmão, advogado, e a do diretor do estabelecimento. Ambos o aconselharam a nada fazer e, sobretudo, a não falsificar o documento, como sugeria Elisa.

No dia seguinte ao 17 de outubro, habitantes insones de Los Toldos foram surpreendidos em plena noite por uma lanterna ziguezagueando em direção à prefeitura. Ficariam sabendo mais tarde que naquela noite haviam dado sumiço à certidão de nascimento de Eva María Ibarguren. O estado em que ficou a página correspondente após a investida dos falsários e o próprio documento falso fabricado em seu lugar refletem uma grande pressa. Anos mais tarde, a morte de Juan Duarte seria camuflada de forma não menos canhestra. Tanta falta de jeito só pode ter uma explicação: uma tal indiferença à opinião pública que os detalhes não tinham a menor importância, ainda que fossem para enganá-la.

A falsa certidão de nascimento apresentada por Evita no dia de seu casamento dava-a como nascida em Junín no dia 7 de maio de 1922. E efetivamente alguém nascera na cidade nesta data: Juan José Uzqueda, menino natimorto cujo nome fora apagado do registro pelos falsários que lá escreveram o de Evita. Como terá reagido ela ao saber que tomava o lugar de um bebê morto? Nenhuma confidência nos chegou a respeito dessa questão aparentemente tão secundária, uma mera falsificação, vistas as coisas à luz do dia. Nos sonhos, entretanto, a imagem é por demais forte para não ter perseguido, cedo ou tarde, uma mulher que não conseguiu existir com seu nome verdadeiro, nem ter um filho.

O documento falso não se limitava a trocar Ibarguren por Duarte, invertendo também os prenomes: María Eva em lugar de Eva María – o prenome virginal passando a preceder o nome da primeira pecadora do mundo. Legitimada, Eva devia apresentar-se de acordo com as conveniências. Só uma mulher à margem como *doña* Juana podia permitir-se a fantasia de chamar sua filha de Eva María. Para as moças de boa família, a norma era María Rosa, María Clara, María Elena. Não resta dúvida de que María Eva parecia mais cristão que Eva María. Vinte anos mais tarde, nada parecia haver mudado: a terceira mulher de Perón, que tinha o "nome de guerra" de Isabelita, constava como Estela no registro civil, mas adotou o nome de María Estela para assumir suas funções de esposa do presidente.

A história de Evita cabe tanto na de seus nomes quanto na de seus penteados, e poderia ser contada assim: ela se chamava Eva María Ibarguren, mas sua mãe a apresentava como Eva María Duarte; seu nome artístico foi Eva Duarte (ou Durante); depois do casamento, tornou-se *doña* María Eva Duarte de Perón; ao retornar da Europa, era Eva Perón; gostava de ser chamada de Evita pelo povo; e morreu sem que se conhecesse seu verdadeiro nome.

SEGUNDO A VERSÃO oficial, portanto, o casamento civil deu-se no dia 22 de outubro em Junín, versão aceita e inclusive enriquecida por outros cidadãos dessa cidade, que garantem ter visto *doña* Juana passar a ferro, não as toalhas de mesa, mas cortinas: era perfeitamente compreensível que a mãe se desdobrasse para preparar sua casa, o número 171 da rua Arias, para comemorar o acontecimento. O tabelião Hernán Ordiales é que os teria casado bem em frente, em seu escritório do outro lado da rua. Depois da cerimônia, o casal, a família e os convidados teriam atravessado a rua para beber algo e brindar na casa de *doña* Juana. Mas nenhum desses depoimentos é ocular, pois, à parte os mais íntimos, ninguém fora convidado. E seria perfeitamente de se esperar que "as meninas" quisessem comemorar na casa da mãe, mas que o casal as surpreendesse optando por celebrar a união em lugar mais distante. Especialista em dissimulações, Perón as teria deixado crer no comparecimento à festa familiar para melhor desviar a atenção: quanto mais fossem elas vistas a passar a ferro, mais acreditariam os possíveis conjurados que o casamento se daria mesmo em Junín. Após a queda do peronismo, outras versões vieram sustentar que o tabelião Hernán Ordiales infringira a lei, levando os livros da prefeitura de Junín para celebrar o casamento... em Buenos Aires. Como ao longo de toda essa história, a confusão que paira sobre este ou aquele fato pode às vezes ser explicada pela hipótese do simulacro. Mas nem sempre.

Pode-se perfeitamente entender, por exemplo, por que Eva aparece com 23 anos na falsa certidão de nascimento, quando tinha 26. Como vimos, essa mentira não tinha por objetivo rejuvenescê-la, mas ocultar sua condição de filha adulterina. Por que então aparecia Perón como solteiro, quando era viúvo? *Doña* Juana, por razões evidentes, figurava como esposa legítima de Juan Duarte. Mas a certidão de casamento, exigida nesses casos, não foi apresentada. Por quê? Mais uma vez, a falta de cuidado – e o desprezo pela opinião pública que o reflete!

Muitos anos depois do casamento, o tabelião Ordiales forneceu detalhes aos redatores da *Historia del peronismo* (revista *Primera Plana* de 22 de julho de 1965). Segundo ele, a cerimônia transcorreu efetivamente em Junín. Perón e Eva estavam tão emocionados, declara, que quase pareciam tristes. O noivo vestia um terno "acinzentado". Ela, um *tailleur* marfim "que contrastava com seus longos cabelos louros". A bem dizer, os cabelos de Evita deviam, isto sim, confundir-se com o marfim do *tailleur*, e não destacar-se sobre uma tonalidade tão próxima do louro. Em suma, ela estava de marfim da cabeça aos pés. Sua cabeleira descorada, sua tez de cera e seu *tailleur* pálido pareciam "amarelados", para usar o sufixo escolhido por Ordiales, ou "deslavados", parafraseando Paco Jamandreu. Uma silhueta apagada, de acordo com a discrição, senão o mistério, de que o casal quis cercar a cerimônia. Ficam ainda pendentes certos detalhes legais? Junín não seria Junín, mas Luján? Ou Buenos Aires? Consultado por telefone, Ordiales recusou-se a acrescentar o que quer que fosse. "Estou escrevendo um livro no qual contarei tudo", disse.

Igual discrição para o casamento religioso. Estava marcado para 26 de novembro em La Plata, e poucos íntimos foram informados. Mas, apesar do bem guardado segredo, uma multidão acorreu, impedindo que o noivo chegasse à igreja. Adiou-se então a cerimônia para 10 de dezembro. Mais uma vez, a multidão cercava a igreja de São Francisco, e os noivos tiveram de escapar por uma porta traseira.

É tudo que sabemos sobre esse casamento. Nenhuma imagem de uma Evita-Cinderela com sua longa cauda de tule imaculado chegou até nós. O único que fala a respeito – mas sem evocar qualquer detalhe, à parte o nome do padre que oficiava – é o padre Hernán Benítez, ex-jesuíta que se tornaria o lendário confessor de Eva. Uma informação, no entanto, pudemos obter: o casamento de Evita aconteceu às 20h25, detalhe que não teria importância se a hora não coincidisse com a de sua morte "oficial" – que não é, segundo alguns, a de sua morte real.

Benítez e Eva conheceram-se quando se apresentavam na Rádio Belgrano – ele na qualidade de pregador da moda, num programa religioso. Impressionada com sua eloquência, ela manifestara o desejo de ser apresentada a ele. Mas Benítez não comparecera ao encontro marcado. Anos depois, Perón apresentaria a sua mulher esse padre que entrementes se tornara seu amigo. "Já o conheço", disse-lhe ela, sorrindo. "Quis encontrá-lo, há muito tempo, mas o senhor me deixou plantada esperando. É claro que eu não era uma moça da família Anchorena, mas uma atrizinha de nada..." E o padre Benítez bateu no peito, confessando que na época era o padre da elite, sempre cercado de moças e mulheres da aristocracia. Tanto que nem se lembrava do rosto da pobre atriz de anseios espirituais. Acrescentemos que Benítez, como Ordiales, está preparando um livro sobre Eva, a ser publicado após sua morte. Para voltar ao matrimônio, de certa forma

Eva se casara às escondidas. Só no momento da campanha eleitoral é que apareceria diante do povo.

O novo casal passa então alguns dias na casa de Ramón Subiza em San Nicolás, seguindo para a casa de campo de Perón em San Vicente. Uma austera casa de militar, de simplicidade espartana, com armas e arreios ornamentando as paredes. Nas fotografias, aparecem sorridentes e tranquilos diante do pórtico de pedra – Perón de botas e calções de montaria, Eva de calças, os cabelos quase livres. Felizes? Dos dois, era Perón, grande apreciador de churrascos, jardinagem, cavalgadas, cães e pombos, que adorava San Vicente; Evita detestava o repouso forçado dos domingos no campo. As sestas de Perón, sobretudo, enlouqueciam-na. Ela vagava pela casa durante aquelas horas intermináveis, enquanto emanava do quarto conjugal o ronco compassado daquele homem de exasperante serenidade. Com o passar do tempo, dormir se tornaria para ela cada vez mais angustiante, tanto quanto comer. E cada vez mais ela se esquivaria aos vagares e aconchegos do leito compartilhado.

Todavia, ainda não chegamos lá. Por enquanto, o casal ainda estava unido por um sentimento próximo do amor. E dessa vez, por sinal, Perón foi forçado a abreviar a sesta: sua presença em Buenos Aires tornava-se indispensável. Retornando sem demora, eles mudaram-se oficialmente para o apartamento de Evita na rua Posadas. Já lá viviam havia um ano, mas até então Perón fizera uma concessão às aparências, fingindo ocupar o apartamento em frente. E *doña* Juana aproveitara a ocasião para meter-se entre eles, dourando o concubinato com sua presença, senão irreprochável, pelo menos maternal. O casamento permitiu-lhes usar como escritório o apartamento de Perón, e passaram a viver no outro às vistas de todos. Dessa forma, com a maior seriedade, Perón viu-se instalado num quarto de *starlet*, onde suas botas maltratavam a colcha de plumetis enfeitada de babados e fitas azul-celeste.

Para Evita, a decoração do quarto – lugar íntimo flutuando entre o infantil e o erótico – não apresentava o menor problema. Ela mesma a providenciara sem o menor complexo, sem nem se perguntar se devia ou não instalar uma boneca no meio da cama. Já a sala de visitas

– lugar social por excelência – refletia suas dúvidas: certa angústia desconhecida de quem traz um gosto inato, tão reconhecível quanto um traço do rosto. "Parecia decorada por Laurel e Hardy", escreve Paco Jamandreu. "Havia móveis de estilo, mas tão mal dispostos que parecia que estávamos ora no salão de Madame Récamier, num divã de brocado, ora na casa de Milonguita [heroína de um tango célebre], diante do enorme piano que Evita só abria para mandar limpar, tocando em raras ocasiões. Sobre o piano, uma enorme carroça de madeira (...) tendo em seu interior um pote de zinco para plantas, derramando uma água que escorria pelas teclas..." Junto à carroça ("mas é um presente!", exclamava ela, meio aborrecida, meio sorridente, defendendo-se das críticas do costureiro), um papagaio ladeado por duas pombas, os três ostentando cada qual seu par de óculos de metal. "Muito bem, são presentes também!", irritava-se ela, dessa vez a sério. "Esse imbecil do Perón põe de tudo em cima do meu piano!"

Aquele que era assim designado apresentara a Eva certa Madame Artayeta, amiga do embaixador do Uruguai, que a aconselhara a decorar as paredes com miniaturas pendentes de fitas de veludo. Aparentemente estava no auge da moda. Mas Evita era incapaz de fazer algo com moderação, e a frase mil vezes pronunciada por Perón na velhice – "Tudo em sua justa medida e harmoniosamente" – parecia uma mensagem destinada a ela para além da morte. As miniaturas na parede estavam na moda? Ela as espalhava do teto ao piso. "As que ficavam mais embaixo tinham de ser apreciadas em decúbito ventral", detalha Jamandreu.

Depois do casamento, nada era mais urgente que eliminar a velha Eva. Todos os traços de seu passado tinham de desaparecer: gravações radiofônicas, filmes, fotos publicitárias. Yankelevich e Machinandearena ofereceram-lhe de bom grado os que tinham em seu poder. *La Pródiga* foi exibido em sessão privada na casa de Ramón Subiza, enquanto as outras cópias eram destruídas. Eva caiu de amores pelo filme, com uma nostalgia, uma saudade, uma indignação reta que soube transfigurar tornando-se *la Señora*. Que tristeza, aquela sessão de estreia que era também a última! Ninguém mais veria *La Pródiga*. No fundo de sua consciência, ela não ignorava as razões mesquinhas que lhe haviam valido o papel. Muito estranho aquele seu destino: a mulher mais triunfante da Argentina era uma artista fracassada.

Como atriz que era, entretanto, ela continuava a se observar com um olhar não menos crítico que narcisista. Incomodou-se com certas gordurinhas que a tela estampava sem dó nem piedade. "Você me pôs gorda demais", queixou-se a Mario Soffici. E o diretor respondeu que na época da filmagem ela estava mesmo um pouco rechonchuda. Mentira caridosa, pois naquele ano de 1946 a recém-casada estava ainda mais gorda. As bochechas, sobretudo, se avolumavam. É verdade que a mesma se encarregava de ampliá-las com seu sorriso tímido. Mais tarde, ela se daria o luxo de um quase absoluto recato facial, e seria chamada de "masculina", como se apenas o sorriso ingênuo ou o ar néscio fossem dignos de seu sexo. Mas em 1946 ela ainda era "feminina", como demonstravam suas florzinhas, suas argolinhas, seu sorriso e suas formas. Acrescentemos que esse modelo feminino era o da *starlet* pequeno-burguesa. Como tinham um modelo bem diferente, as damas da alta sociedade, carregando no *r*, referiam-se a Evita com a injúria suprema: "*Gorrrrrda!*"

NO TREM

A campanha presidencial preocupava Perón muito mais que as gordurinhas de sua mulher – que nem por isso deixara de criticar na presença de Jamandreu, chegando a insistir que fizesse um pouco de ginástica. Em 1946, ele se defrontava com um problema típico de seu movimento: as disparidades entre seus partidários. Sedutor, parecia concordar com todos que se aproximavam: homens de esquerda, de direita e de todas as origens, os quais, julgando-se de boa-fé "casados" com ele, vinham de anel no dedo exigir o que era seu. Naquele momento, o Partido Trabalhista, fundado por Cipriano Reyes e Luis Gay, entre outros; logo, os nacionalistas, alguns conservadores e comunistas como o historiador Rodolfo Puiggrós viriam cobrar o cumprimento de suas promessas.

Os mais incômodos eram os trabalhistas. Sindicalistas puros e ingênuos, haviam tido a brilhante ideia de escolher Mercante como candidato à vice-presidência, para grande irritação de Perón, que preferia um *caudillo* esperto como Quijano. Honesto demais, Mercante podia fazer-lhe sombra. É verdade que a lealdade também era uma de suas qualidades reais, mas isso Perón não tinha como avaliar, pois era algo em que não acreditava. Nos homens, só era capaz de enxergar a baixeza. Compreendendo o ser ignóbil, podia dominá-lo sem dificuldade. Mas e a criatura leal? "O melhor a fazer com um amigo fiel é mandar vigiá-lo", dizia.

Para unificar todos eles, Perón aboliu o Partido Trabalhista e a Junta Renovadora. Os outros partidos e organizações, demasiado pequenos, iam se dissolvendo naturalmente. Em seu lugar, ele fundou o Partido Único da Revolução, que logo passaria a ser chamado sem rodeios de Partido Peronista. Quanto a Mercante, Perón prometeu nomeá-lo governador da província de Buenos Aires. E Mercante retirou sua candidatura.

Dessa vez, Perón não usou sua mulher para passar a perna em Mercante, como faria mais tarde. Em compensação, tratou de manipulá-la para se livrar de Cipriano Reyes, que o relata em suas memórias. Certo dia, no apartamento da rua Posadas, Reyes conversa com Perón quando Evita entra na sala. "Quero mais radicais* na lista eleitoral, pois eu sou uma mulher radical", foi anunciando, crispada. Autodidata agressivo em decorrência de certo sentimento de inferioridade, Reyes é uma espécie de Savonarola** da luta sindical. Fica lívido. Como? Uma atriz de moralidade duvidosa julga-se no direito de interromper uma conversa de homens, e ainda por cima vestindo um *déshabillé* vermelho, quase transparente, para dar ordens a ele, Cipriano Reyes, o combatente austero e aguerrido? Volta-se então para Perón, na esperança de vê-lo reagir como homem. Infelizmente, a cabeça baixa e procurando demonstrar um mal-estar que está longe de sentir, o líder diz em voz baixa: "Concordo com ela."

---

*Membros do Partido Radical, até hoje o adversário principal do peronismo. (*N. do T.*)

**Girolamo Savonarola (1452-1498), pregador e reformador religioso, mártir da corrupção e do absolutismo nas cidades-Estado italianas e na Igreja Católica, passou à História como símbolo de retidão intransigente. (*N. do T.*)

Procedendo a cortes transversais nos acontecimentos, várias testemunhas conseguiram chegar a uma conclusão sobre a maneira como Perón fazia para se servir de Evita. Não era mais uma questão de tocar a fibra mais grosseira – método reservado aos homens. Um suspiro bastava para atrair-lhe a atenção. Interrogado, ele mal respondia, como a contragosto, como se falasse consigo mesmo. Mas ela não era surda, e bebia suas palavras. Ele queixava-se então de um correligionário ou de um adversário, sempre com ar de homem ferido, como se houvesse sido traído em sua confiança. E pudera avaliar muito bem o fenômeno acústico pelo qual suas palavras eram amplificadas quando passavam através dela. Acústico e térmico: esquentada, Eva atirava-se sobre o objeto de suas queixas (no caso, Cipriano). E ele balançava a cabeça, ao mesmo tempo reprovador e enternecido, exclamando em tom paternal: "Ah, esta Evita! Que garota! Não vai mudar nunca."

Nos discursos dessa época, Perón declarava sua doutrina derivada das encíclicas papais. Tratava-se no fundo de nada mais nada menos que a doutrina social cristã. (O padre Benítez sustenta que estava ele mesmo por trás desses discursos, o que não parece tão improvável assim.) Uma doutrina simples, fácil de entender e ideal para seduzir o povo sem aterrorizar o burguês: pois não dizia ele aos operários que no fim das contas também havia bons patrões? Munido de seu discurso elementar, que lhe servia de estandarte, Perón saiu em caravana eleitoral. No dia 26 de dezembro, tomou um trem, que batizou de *El Descamisado*, em direção ao norte do país. Seus adversários, por sua vez, tomaram um outro, o trem "da Vitória". Para eles, a dita vitória identificava-se com o símbolo da luta antinazista que consiste em afastar os dedos indicador e médio para formar um V. Tanto o trem dos descamisados quanto o da vitória foram alvo de atentados. Violência inusitada para uma campanha presidencial, dando uma ideia da importância do que estava em jogo.

Mas a grande novidade dessas viagens foi a presença de uma mulher a bordo. Nenhuma esposa havia até então acompanhado o marido numa caravana dessa natureza. Evita lá estava, muda ainda, mas presente. E não demorou para ficar perfeitamente claro que, para o povo, bastava vê-la. E tocá-la.

Ela não partiu com Perón; foi a seu encontro na cidade de Santiago del Estero, no dia 31 de dezembro. Por volta da mesma data, a notícia do casamento foi finalmente publicada no jornal peronista *La Epoca*, que pertencia a Eduardo Colom. Por que não a haver divulgado logo, e por que não nos grandes jornais? Era evidente que o casal não queria chamar muito a atenção para um casamento enredado em documentos falsos.

O itinerário do *Descamisado* parecia a inversão exata da antiga turnê artística de Evita. Eles atravessaram Junín, Rosário, Córdoba e Mendoza: os mesmos cenários de sua humilhação e nos quais ela era, dessa vez, delirantemente aclamada. Será que se lembrou de José Franco ("venha deitar comigo ou estará no olho da rua")? Ou terá decidido afastar como a uma mosca a recordação inoportuna? Certamente acudiu-lhe a ideia de uma revanche sobre todos os Sapos deste mundo. Mas não mais que uma ideia: o presente a realizava plenamente. As fotografias dessa viagem são testemunhas de uma felicidade sem passado. É que a vida, quando nos faz justiça, faz-se tão simples que nossos sonhos mais delirantes, uma vez realizados, parecem cair-nos na boca como um fruto maduro. E o aceitamos como se nunca houvéssemos saboreado outros, certamente muito menos deliciosos. É verdade que ela se tornaria uma revanchista. Mas bem mais tarde, quando estava menos feliz. Por enquanto, naquele trem, comporta-se com perfeita naturalidade, como se tudo aquilo fosse normal. Só a felicidade parece lógica. Dir-se-ia que a infelicidade rompe uma lei da natureza, uma ordem sabiamente constituída.

Sua cabeça na janela do trem. Seu sorriso. Sua lourice, que parecia vinda de outro mundo. As multidões morenas acorriam para ver Perón e descobriam Eva: uma presença total, corpo e alma. Exatamente o inverso de seu marido, que não demorou a sucumbir a cansaço de se expor aos rigores do clima, fazendo-se substituir por um sósia. Uma vez pronunciado seu discurso, ele se esquivava discretamente, e outro Perón postava-se à portinhola do trem, sorrindo o sorriso de Perón e saudando como Perón, com os mesmos braços erguidos, bracinhos curtos de pinguim da Patagônia. Uma ideia prática, mas como deixar de pensar, então, no sorriso do verdadeiro Perón, o sorriso que costumava deixar aceso no rosto enquanto se ausentava, retirando-se para um espaço interior vazio de sentimentos? Quantas vezes não terá sido seu sorriso, na verdade, o do sósia?

Eva não se esquivava. A "pampa seca" da província de Córdoba, onde cada montículo de terra queimava como brasa no calor de janeiro, lançava-lhe no rosto uma poeira ardente que rangia entre os dentes. E Santiago! Santiago del Estero! Um sol branco, desabando com todo o seu peso sobre plantas espinhosas. Debruçar-se para fora era como meter a cabeça num forno, correndo o risco de ver a própria pele abrir-se em fendas, como a terra. Mas ela não estava ali para poupar a pele. Em face das mulheres gordas que cheiravam a suor e lhe estendiam os filhos, um só desejo formigava-lhe nos dedos: acariciar. E pelo resto do corpo, o desejo de deixar-se apalpar, testar, reconhecer por aquelas criaturas obscuras e como cegas, que queriam certificar-se de sua existência. Ah, as palmas ásperas de suas mãos. Perón tinha horror de ser tocado, e sua epiderme avermelhada e carcomida pela psoríase dizia o suficiente sobre sua rejeição de toda carícia, ao passo que Eva-pele-de-madrepérola se entregava toda, os braços desnudos. Aqueles braços tão desnudos e brancos. Tocar era selar um pacto. Quanto mais o trem avançava por regiões inóspitas, calcinadas, com seus ranchos minúsculos de lama seca e palha, perdidos no vazio de fogo, mais ela se fortalecia na ideia de pagar sua "dívida" à sua maneira.

À medida que subiam para noroeste, os rostos tornavam-se cada vez mais indígenas. Limitavam-se à mais simples expressão: duas ranhuras para os olhos, como que rasgadas a facão no couro avermelhado. Parecia que o mesmo rosto ia se multiplicando ao longo das estações. Para ele, talvez, mas não para ela. Incapaz de fundi-los numa entidade abstrata chamada "povo", Eva não podia renunciar a identificar cada indivíduo. E nunca renunciaria. Pagar era também não esquecer, fixar cada traço na memória. Uma memória espantosa, que lhe permitiria registrar milhares de rostos. Mais tarde, do balcão da Casa Rosada, ela observaria a multidão imensa tomar completamente a praça de Maio, tentando reconhecer o maior número possível, contá-los, vigiá-los também. E seu rosto contraído, enrijecido, será devorado pela fantástica proliferação das células de seu corpo, réplica da multiplicação fantástica de criaturas em sua memória. Enquanto ele, a seu lado, ligará o sorriso automático de sedutor, saudando a massa informe e indistinta como um campeão de boxe, os braços erguidos.

Nas fotos da primeira viagem, como daquelas que se seguiriam, ela aparece vestindo *chemisiers* e saias rodadas, na cabeça um lenço amarrado "à portuguesa", e parecendo fresca como uma rosa para uma temperatura de cinquenta graus à sombra. Além do frescor primaveril, o que mais chama a atenção é a meiguice: uma certa atitude da cabeça, inclinando-se para o lado, de uma grande gentileza. Gesto de atriz, certamente, gesto de fada, ou de princesa, que ela considera o mais apropriado para a ocasião, mas que emanava do mais profundo de seu ser. Dos dois retratos diferentes que se pintou dela – meiga ou nervosa, olhar extremamente sonhador ou extremamente vivo –, era a primeira modalidade que mais se via naquele percurso: a alegria de estar ali, de ser amada, apagava a preocupação de tudo controlar.

A segunda viagem significou provação menos dura para sua tez de pérola. No navio *París*, o casal percorreu o Paraná para visitar as províncias do litoral: Entre Ríos, Corrientes, onde o molhado e o reluzente substituíam a aridez. O *París* avançava pelo meio do rio, tão largo que mal se viam as margens, altas nas ravinas de lama que anunciavam a cidade de Paraná, ou recobertas de palmeiras, árvores de gestos efusivos que pareciam aplaudir sua passagem. Às vezes, não eram galhos, mas mãos. Em Rosario, a multidão os aguardava à margem, saudando-os a distância, lenços ao vento. E dizer que aquela corrente livre era o mesmo rio que o do delta labiríntico de meses atrás! Mais uma vez, o Paraná refletia a imagem de suas vidas. E de suas almas. A de Evita, em linha reta, e a de Perón, mil vezes ramificada.

Até então, Evita não havia feito discursos. E a Senhorita Rádio que nunca deixara de ser devia sofrer com isso. Finalmente, no dia 4 de fevereiro, fez sua estreia, com o resultado mais desastroso possível. No entanto, o lugar – Luna Park – deveria tê-la inspirado. Uma associação de mulheres peronistas organizara uma reunião para apoiar a chapa Perón-Quijano. Mas contavam apenas com a presença de

Perón. Só que o líder não estava muito bem-disposto, e pareceu-lhe razoável enviar Evita em seu lugar, quem sabe para pô-la à prova. Mas ele só se decidiu à última hora, pois Eva chegou ao Luna Park com duas horas de atraso: o tempo necessário para que seu ex-roteirista, Muñoz Azpiri, escrevesse um discurso que ela pudesse decorar.

As duas horas de espera esquentaram a atmosfera na sala. Aquela gente toda já bufava de impaciência, repetindo ritmadamente "pão francês, chocolate inglês" e batendo com as mãos e os pés. Não se podia fazer nada: as mulheres queriam Perón, e não eram do tipo disposto a fazer silêncio cortês quando a mulher do coronel fez menção de "dirigir-lhes uma mensagem", no melhor estilo das novelas. Evita tentou elevar sua vozinha acima da confusão. Em vão. Mais algum tempo, e a voz se tornaria rude, violenta, autoritária. Por enquanto, era ainda um passarinho se esgoelando a pedir silêncio. Eva, a desmancha-prazeres: o público feminino não estava minimamente interessado naquela loura insípida que desempenhava ali o papel da rival. Era o erotismo político dando seus primeiros passos. Só mais tarde as mulheres peronistas decidiriam identificar-se com Eva, fazer amor com Perón por intermédio dela... Mas naquele dia estavam furiosas. À saída, levantaram as saias para mostrar as calcinhas, dizendo: "Queremos um filho de Perón", e ainda agrediram passantes, especialmente os homens engravatados, os "oligarcas". Foi preciso que a polícia as dispersasse com bombas de gás lacrimogêneo.

Perón recebeu dois apoios inesperados na campanha. Spruille Braden, o embaixador norte-americano – o búfalo –, estava de novo *at home*. Fora ele o cérebro do *Livro azul* publicado pelo Departamento de Estado, denunciando o nazismo de Perón. Uma oportunidade imperdível, que o líder transformou em *slogan* eleitoral: "Braden ou Perón." Nosso político, labiríntico por natureza, tornava-se maniqueísta por conveniência, mostrando ao povo que seu voto devia resolver um dilema intolerável para o coração de um patriota. Entre um norte-americano que se intrometia nos assuntos da Argentina e um dos nossos, nenhum argentino honesto poderia hesitar. Mais tarde, o peronismo levaria a limites preocupantes essa tendência para propostas disjuntivas. E na nova simplificação, "Braden" se transformaria na própria "morte": os gritos de "Perón ou morte" por muito tempo deixariam em palpos de aranha aqueles que, mais dados às nuances, jamais optariam entre uma e outro. Ironia ou tristeza da história: só Evita, a maniqueísta, acreditava nessa alternativa. Perón pouco estava se importando.

O segundo apoio, da Igreja, embora não se escorasse numa acusação invertida, não deixava de ser hipócrita: era preciso saber ler nas entrelinhas. A Igreja proclamou em alto e bom som sua neutralidade, ao mesmo tempo proibindo os fiéis de votar num partido favorável ao divórcio; o que era o caso de todos os demais partidos, fossem liberais ou de esquerda. Outra ironia da história: depois da morte de Evita, Perón conseguiu que a lei do divórcio fosse votada. Naquela época, entretanto, dizia apoiar um programa católico. E os católicos de boa família davam tratos à bola para tentar resolver mais esse dilema: como obedecer a seus bispos sem trair sua classe social, que lhes mandava odiar o líder populista. Fazendo publicamente profissão de fé religiosa – que na realidade vivia como uma superstição (limitando-se a manter num canto uma imagem de santo) –, Perón se distinguia dos fascistas, pagãos por natureza, ao mesmo tempo divertindo-se em dividir seus adversários. Mas não é menos verdade que fascismo algum pôde jamais esclarecer a contradição entre paganismo anticristão e deferência em relação à hierarquia católica.

De um lado, simplificação, de outro, confusão, somadas, naturalmente, ao apoio em massa das camadas populares: eis a equação que levaria em 24 de fevereiro de 1946 à vitória peronista: a chapa Perón-Quijano obteve 56% por cento dos votos.

A PRESIDENTA DE OMBRO NU

Quatro meses transcorreram entre o triunfo eleitoral e a cerimônia de posse. Quatro meses durante os quais Evita levou uma vida intermediária entre a de seu passado e a do futuro. Por suas origens, o estado intermediário lhe convinha às mil maravilhas: era com uma alegria infantil que ela evoluía entre duas condições. Esses poucos meses foram os únicos em que pôde afinal sentir-se jovem. Aos 15 anos ela já lutava para ganhar a vida. Aos 26, podia enfim mostrar-se caprichosa, despreocupada... encantadora. Numa época em que ainda não se haviam generalizado as formas de tratamento mais informais, ela tratava por tu os homens mais importantes, pouco ligando se estavam gostando ou não. A vida lhe pertencia, pois ela ainda era puro projeto. E, sabendo que isso poderia não durar muito, tratava de desfrutar o máximo, exagerando um pouco na fanfarronice para ocultar sua angústia.

Uma morte carregada de peso simbólico veio estragar sua alegria. Anita Jordán, a grande amiga dos tempos de vacas magras, sucumbiu a um câncer. Evita e Anita haviam compartilhado o quarto de pensão, o *mate cocido*, os trapinhos: nas noites em que uma delas saía com o único vestido apresentável que tinham, a outra ficava em casa.

E justamente um câncer, a doença a que todos se referiam com circunlóquios. Aquela mesma que Eva acompanhava com atenção desde 1945. Neste ano, ela havia insistido com perguntas muito precisas junto à fotógrafa Anne-Marie Heinrich, cuja mãe morria da mesma doença. *Doña* Juana, confiara ela a Anne-Marie, apresentava os mesmos sintomas. E a célebre fotógrafa alemã – autora de muitos retratos de Eva, que conhecera ainda adolescente, atrizinha pálida recém-chegada a Junín – surpreendera-se com seus conhecimentos do assunto.

A morte de Anita teve para Eva o efeito daquelas cabeças de defunto que eram pousadas sobre a mesa nos banquetes da Antiguidade, segundo se diz, para que ninguém esquecesse que o prazer é ilusório. Mas Anita representava muito mais que um passado de penúria: representava também um tipo de mulher que Evita nunca mais poderia frequentar. Habituada à solidariedade feminina decorrente da solidão, Eva buscava substitutas: mulheres de outro meio, capazes de orientá-la em sua nova encarnação.

Encontrou duas: Isabel Ernst, que já conhecemos, e Lilian Lagomarsino de Guardo.

Teremos de nos voltar um pouco para Perón, ocupado com a formação de sua equipe, para compreender como e por que Eva escolheu Lilian. O Perón da primeira época temia menos os eventuais rivais do que viria a temer mais tarde. Assim foi que se arriscou a convocar personalidades de comprovada competência e seu primeiro gabinete melhor que os subsequentes. Mas já era possível perceber sua tendência, apoiada por Eva, a designar os colaboradores de acordo com critérios de lealdade – como dizia ela – e maleabilidade – calculava ele –, mais que de inteligência. Entre as nomeações mais reveladoras dessa inclinação estavam as de Rudi Freude e Juan Duarte. O segundo foi nomeado secretário particular do presidente, o que contribuiu para aumentar o poder de sua irmã.

Eva, porém, estava isolada. Privada de um meio social apresentável e que fosse propriamente seu, via-se obrigada a encontrar suas futuras amigas no círculo de Perón. E Rudi, infelizmente, não brilhava pelas mulheres (maledicente, a oposição chegava a insinuar que o alemão, um pouco belo demais, seria amante do presidente). Quanto ao irmão, amigas eram o que não lhe faltava, entre elas as atrizes Fanny Navarro e Elina Colomer, que Evita conhecia muito bem, e que, coitadas, não estavam em condições de lhe ensinar a arte do *savoir-vivre*. Evita estimava a Sra. Mercante, mulher legítima do futuro governador da província. Mas infelizmente foi Isabel Ernst, a amante de Mercante, que lhe impôs como cicerone no terreno sindical. E, por mais que fosse uma pessoa distinta, Isabel não podia nem desejava servir de conselheira em matéria de moda e de comportamento em sociedade.

Outro colaborador de Perón – Alberto Dodero, um dos empresários mais ricos da América do Sul, e que se tornava cada vez mais importante no círculo presidencial – estabelecera um bom relacionamento com Evita. Todo fim de semana era convidado a San Vicente, onde ela aproveitava sua companhia para jogar *rummy* enquanto esperava o fim da sesta de Perón. Sua mulher, Betty Sundmark, era uma norte-americana de Chicago, ex-dançarina de revistas. Mais um motivo, aparentemente, para que fizesse amizade com Eva. Mas foi o contrário que aconteceu. Fazendo-se de difícil, Evita passaria o resto da vida declarando sem rodeios que "no governo, basta uma atriz".

E havia, finalmente, Ricardo Guardo, dentista de boa família que apoiara Perón desde a primeira hora, e que se tornaria – antes de cair em desgraça – presidente da Câmara dos Deputados. Sua mulher, Lilian, seria escolhida como acompanhante de Eva.

Lilian era uma mãe de família das mais tradicionais. Elegante e culta, vivendo num meio fino, tinha quatro filhos, e não se interessava por nada mais. Sua designação caiu-lhe na cabeça como uma bomba. Certo fim de semana, o marido levou-a a San Vicente para apresentá-la ao presidente e sua mulher. Lilian levara até então uma vida tão discreta que Perón se espantou: nem sabia que Guardo era casado. Não é difícil imaginá-la, nesse dia, trajada com toda a simplicidade para visitar amigos no campo. Quanto a Evita, estava em sua fatiota preferida – o pijama de Perón, amarrado na cintura – e de trancinhas. À hora do jantar, Perón pediu-lhe que preparasse uma refeição. Resposta de Eva: "Não estou com vontade. Vou abrir algumas latas."

A anedota foi contada pelo próprio dentista e reproduzida por Navarro e Fraser. Perón, Lilian e ele haviam permanecido no salão, fingindo encarar a resposta como um encantador capricho, quando chegou da cozinha a voz de Evita, chamando Guardo aos berros. Ele acorreu, encontrando-a ocupada em meio a suas latas de conserva. Foi então que ela lhe falou, como *en passant*, do assunto que a preocupava: o vestido que deveria usar na cerimônia de 4 de julho, na qual Perón deveria prestar juramento. "Conversei a respeito com Betty Sundmark", disse ela. "Ela vai me emprestar um de seus vestidos. Mas não sei. Ela não deixa de ser uma estrangeira! Será que saberá me aconselhar sobre o que devo vestir aqui, numa ocasião como esta?" Evita manuseava o abridor de latas como se fosse a chave que lhe permitiria encontrar a resposta. Por fim, tomou coragem. Mal conhecia Guardo, mas fez-lhe um pedido estarrecedor: "Será que não me acompanhavas a uma butique de alta-costura para me ajudar a escolher?"

O mais espantoso, à parte o pedido, foi a resposta. Pois o dentista aceitou sem titubear, sem sequer perceber algo que saltava aos olhos: vendo a jovem esposa daquela forma aureolada de uma atmosfera de luxo e calma, senão de volúpia,* Evita morria de vontade de fazer-lhe

***Luxe, calme et volupté*: referência a um verso do poema "L'Invitation au voyage", de Baudelaire, entrou para a linguagem corrente na França. (*N. do T.*)

o pedido, mas não ousava; sentia-se complexada diante de uma mulher fina, o que pode explicar sua aparente desenvoltura. Ela achava mais fácil recorrer a um homem, por distinto que fosse: aquele tipo de homem ela conhecera bem, e sabia como tratá-los. Suas mulheres, em compensação, eram para ela um mistério ainda.

Se sob seu ponto de vista, entretanto, tudo parece explicável, o mesmo não se dá quanto aos Guardos. Será possível que não lhes acudiu a ideia de propor a ida da mulher no lugar do marido? Devemos concluir que o espanto que lhes causava Eva, por assim dizer, os paralisava? Que perderam o bom senso diante de um tipo de mulher que nunca haviam encontrado?

Foi portanto ele, e não ela, que fez a visita de acompanhamento a Bernarda, casa de costura frequentada pela alta sociedade. A perspectiva de uma visita de Evita estava longe de entusiasmar a proprietária, que declarou sem hesitar: "Não é nosso tipo de cliente." Mas veio uma segunda reação, mais refletida: "No fim das contas, é a esposa do presidente, não é mesmo?" Grande suspiro de alívio de Guardo, que se precipitou ao telefone para dar a boa notícia: a primeira-dama da Argentina havia caído nas graças de uma costureira.

No dia acertado, Evita experimentou todos os vestidos. Não se sentia à vontade nem tinha a menor ideia do que queria. Acabou escolhendo um *tailleur* de botões dourados e ombreiras militares. Guardo mordeu os lábios, e reunindo toda a coragem lembrou-lhe que na cerimônia de 4 de junho não faltariam militares de verdade com genuínas ombreiras de oficial. Dessa vez, foi Eva quem mordeu os lábios. Evitando cruzar o olhar com o da vendedora, optou então por um vestido de noite de seda prateada que deixava um ombro nu, à grega, e um *tailleur* preto com sobressaia de pele em torno dos quadris.

Na véspera da cerimônia, ela estreou seu vestido cinza no banquete oficial. Teria o ombro nu provocado semelhante escândalo se ela não tivesse tido o azar de sentar-se ao lado de um cardeal? Como mulher do presidente, Evita estava numa das cabeceiras da mesa, tendo à esquerda o cardeal Santiago Coppello. Vale dizer, do lado do ombro nu.

O contraste entre os dois parecia ter sido calculado para provocar um efeito cômico. Coppello mantinha-se empertigado, as mãos cruzadas e os lábios comprimidos. Calvo, ainda por cima, e com um minúsculo par de óculos de metal, era a própria imagem de uma criatura pudica e mesquinha. Evita, por sua vez, exibia uma beleza por demais ostensiva. Era antes uma questão de maquiagem que de trajes. Havia, é bem verdade, aquele ombro de deusa, de perturbadora perfeição. Mas havia sobretudo a boca: uma boca enorme que não era a sua, e que ela maquiara além dos contornos dos lábios. Ninguém a havia aconselhado quanto ao uso do batom. Mais tarde, seu grande conselheiro no assunto seria seu confessor, o padre Benítez. Não que bancasse o entendedor. Benítez limitou-se a proibi-la de sobrecarregar os olhos e o rosto. E com isso tornou-a eterna, senão em sua alma, pelo menos na imagem de seu corpo que ficou para nós. Tantos anos depois, Evita continua bela graças à ausência de maquiagem perceptível em suas fotografias posteriores a 1947. Sem qualquer indício de uma época nas pálpebras ou na pele, apenas um toque de batom salientando o contorno da boca, ela continua a nos sorrir como uma mulher de hoje. Eterna contemporânea.

Pouco tempo depois do banquete, Sofía Bozán, atriz do teatro de revista, adorada pelo público, apareceu em cena com um vestido cinza de decote transversal. Preso no ombro nu, um pássaro empalhado. Mas não qualquer um: era o pássaro de crista vermelha conhecido na Argentina como "cardeal".

Para a cerimônia no Congresso, Eva esteve perfeita, com seu *tailleur* preto com sobressaia e um discreto chapéu. Uma esposa perfeitamente apresentável para o presidente. Na fotografia oficial, no entanto, sua crispação é evidente, o olhar terrivelmente fixo. Com a mão direita, ela se agarra ao braço de uma robusta matrona, sólida e protetora como uma montanha: a Sra. Quijano, mulher do vice-presidente de dois prenomes floridos. Mais que a de Evita, é a toalete dessa dama provinciana que chama a atenção: seu volume é recoberto por um mantô sem forma, o conjunto rematado num enorme chapéu vertical, enrolado num tecido que cai sobre o ombro. A seu lado, Eva parece um monge. Mas um monge determinado. Até mesmo em seu jeito de torcer a boca mordendo o interior da bochecha, não deixa de transparecer um temperamento.

Quanto a Perón, perdeu três sóis de prata no uniforme, ganhando no lugar um botão de ouro: acabava de ser promovido a general.

Depois da cerimônia, o presidente e sua mulher foram descansar no palácio Unzué.

A LARANJA DO PODER

Visualizemos um palácio *fin de siècle*, de estilo francês, com 283 cômodos, ou seja, 282 a mais do que Evita tivera à sua disposição ao longo de toda a vida. Erguia-se em meio a um parque cheio de pequenos vales, entre a rua Áustria e a grande avenida hoje denominada Libertador, que na época era a avenida Alvear. A família Unzué pertencia à aristocracia do gado, a qual Sarmiento costumava dizer que cheirava a bosta. Havia vendido a residência ao Estado em 1930. Ali é que residiam desde então todos os presidentes argentinos.

Se aquele palácio de paredes cobertas de ouro e marfim tivesse uma alma, e, com ela, o dom de profetizar, teria tremido até os alicerces no exato momento em que Perón e Eva nele entraram. A presença do casal significava a sentença de morte do palácio Unzué. Por quê? Um palácio pode morrer? Ser condenado? Sim, se seus habitantes forem odiados como seriam aqueles dois. Após a queda do regime peronista em 1955, a *Revolução Libertadora* mandou arrasar a nobre residência, sem deixar o menor traço, para que no futuro nenhum presidente argentino dormisse sob o teto que abrigara tal vergonha. Em seu lugar, os justiceiros mandaram erguer uma moderna Biblioteca Nacional, para substituir a antiga, da rua México, que fora dirigida por Paul Groussac e depois por Borges. O objetivo era claro: construir no exato lugar em que se refugiara a ignorância o símbolo perfeito da cultura. No entanto, seria dito que a nova biblioteca caiu sob a maldição do velho palácio. Iniciada a construção em 1963, ela só seria inaugurada em 1994. Durante décadas, permaneceu incompleta, com seus ferros e blocos de cimento expostos. O material nela empregado é agressivo, pesado e ameaçador. Até sua forma preserva, nos ângulos cortantes, um pouco da violência que a gerou. Uma biblioteca não pode nascer de um ato irracional, de uma destruição cega. Como diz Cabrera Infante em *Mea Cuba* – e esquecendo as aspas, por se tratar de uma frase de Borges extraída de Chesterton: "Há prédios malignos por sua própria arquitetura."

Ricardo e Lilian Guardo os haviam acompanhado à nova residência. A amizade progredia (na fotografia do Congresso, vemos a cabeça de Lilian bem atrás, entre a de Evita e a da Sra. Quijano, esta impressionante). No momento em que subiam ao primeiro andar, Perón deteve-se para contemplar a escada de mármore com seu corrimão de ferro forjado, abrindo-se para baixo como um vestido de princesa. Um movimento de tal amplitude e solenidade que lhe veio de repente a vontade de gracejar. A oligarquia perfumada de bosta punha aos próprios pés o que tinha de mais belo. Mas aquele gosto não era o seu. E, por sinal, ele não tinha gosto algum. Limitava-se a escolher objetos austeros. Quanto às miniaturas pendentes das paredes e os babados de plumetis de sua mulher, ao mesmo tempo o divertiam e realçavam sua imagem de viril simplicidade.

Só que em Perón o divertimento não raro vinha acompanhado da vingança. Uma vingança infantil. Eles iam ver o que ele ia fazer com toda aquela nobreza. "Vamos lá", convocou, dirigindo-se a Guardo, que contaria a anedota. "Vamos apostar corrida no corrimão. Você desce pela esquerda, e eu, pela direita." Os dois subiram a escadaria correndo, passaram cada qual a perna no seu corrimão e desceram até embaixo.

(Posteriormente, Evita, que não compartilhava esse senso de humor nem apreciava as façanhas acrobáticas, também se prestaria aos caprichos de Perón. Já vimos – e o padre Benítez confirmou – que o presidente e sua mulher tinham o hábito de descer ao térreo escorregando pelos corrimões. Até o dia em que as dores e hemorragias obrigaram Evita a se abster da brincadeira, com uma irritação tanto maior porque sempre a achara perfeitamente idiota.)

Os dois visitaram os 283 cômodos, um a um, e escolheram o quarto conjugal, que ainda compartilhavam – não por muito mais tempo. Evita meteu-se no banheiro, reaparecendo num pijama de

Perón e de trancinhas – a fatiota que era um fetiche. E os Guardos contaram a Navarro e Fraser que a mulher do presidente, sentada de pernas dobradas e entrelaçadas sobre a colcha de cetim brilhante, pôs-se a chupar uma laranja lentamente, os olhos perdidos no vazio.

PRIMEIROS PASSOS

E agora?

Iria ela desempenhar o papel decorativo de mulher do presidente? Presidiria a Sociedade de Beneficência, cargo honorífico que as primeiras-damas eram invariavelmente convidadas a exercer? Para sermos claros, tal mistura de água e azeite não poderia se dar, como efetivamente não se deu.

As razões para isso eram muitas. Por um lado, a Sociedade de Beneficência era – para usar a linguagem populista – um "bastião da oligarquia". Criada pelo presidente Rivadavia em 1823, para proteger os órfãos e cuidar dos "partos públicos e escondidos", tivera uma utilidade e um sentido que vinha perdendo implacavelmente com o passar dos anos. Nela se encontrava o que a Argentina tinha de mais aristocrático e mais reacionário: um autêntico símbolo. As senhoras benfeitoras, muito católicas e cobertas de pérolas, vestiam seus orfãozinhos com uniformes de orfãozinhos, pretos ou cinzas, e raspavam-lhes a cabeça. Exibiam-nos pelas ruas durante as coletas de donativos, ostentando cartazes com dizeres do gênero "Criança doente", especificando a desgraça de cada um. Em 1946, sua presidenta era uma senhora das mais distintas, Guillermina Bunge de Moreno. Entregar a presidência da instituição a Evita? Impensável. Ela não fazia o gênero pérolas, mas ouro. Aí estava toda a diferença. Quando se cogitou oficialmente nomeá-la, as senhoras responderam que era muito jovem. Ou é pelo menos a alegação que lhes foi atribuída. E Evita teria dado esta resposta genial: "Nesse caso, nomeiem minha mãe!" Era mesmo uma bela ideia: *doña* Juana como presidenta das aristocráticas patronesses! Se não for uma resposta autêntica da lavra de Evita, passou a ser uma dessas lendas reveladoras que contribuem para explicar o real.

É provável que, de lado a lado, se tenha manifestado uma espécie de acordo no desacordo. Por mais ultrajada que se sentisse, era um alívio para Evita não ter de suportar em carne e osso o desprezo daquela gente. Aliás, para que usar pérolas, se sua pele já era naturalmente nacarada? Quanto aos órfãos, tinha lá os seus planos, dos quais não faziam parte os uniformes.

Entretanto, suspiro de alívio não quer dizer esquecimento. E a Sociedade de Beneficência seria dissolvida pelo governo no dia 6 de setembro de 1946, por iniciativa do Dr. Armando Méndez San Martín, que tão nefasta influência teria sobre Perón nos anos 1950. Seria uma vingança de Evita, como as senhoras proclamaram aos quatro ventos? Para o senador nacionalista Diego Luis Molinari, que propôs o fechamento ao Congresso, o governo simplesmente se dispunha a empreender uma ação social que tornaria desnecessária a das damas. A partir dali, os numerosos hospitais por elas dirigidos estariam submetidos ao Ministério da Saúde. Medida tanto mais compreensível quando se sabe que a Sociedade de Beneficência era em grande parte subvencionada pelo Estado. A instituição, por sinal, era acusada, à boca pequena, de desviar fundos da loteria da Beneficência, e, segundo os boatos, os órfãos e as mães solteiras davam um enorme lucro.

Mas como Evita ocupava seus dias?

Perón planejara mais ou menos suas atividades futuras. "Mais ou menos" é bem a expressão, usada na Argentina com um característico meneio flutuante da mão. Uma das críticas que se fazem ao peronismo é precisamente ter flutuado tanto, vale dizer, improvisado. E o próprio Perón se justificava com esta frase típica do interior argentino: "*Andando se acomodan los melones*", expressão elíptica que poderíamos traduzir assim: "Os melões tratam de se acomodar no caminho, com o movimento da carroça."

É claro que os demais partidos não haviam nascido na véspera. Não lhes faltara tempo para planejar. Já o Partido Peronista estava ainda no berço. Uma vez chegado ao poder, no entanto, deu a partida a toda velocidade: em novembro de 1946, Perón apresentou seu Plano Quinquenal ante uma multidão de operários. De acordo com o ritual do partido, estava em mangas de camisa, uma alusão à condição dos *descamisados*, objeto de zombaria dos antiperonistas, com sua ironia de lógica pueril: "Se são descamisados, não é o paletó que deveriam tirar, mas a camisa!"

Do ponto de vista teatral, na realidade, o símbolo era dos mais fortes, sobretudo no cenário do Teatro Colón, templo da cultura de elite. Conhecido e apreciado pelas maiores orquestras, companhias de ópera e de balé do mundo inteiro, esse teatro de estilo *fin de siècle* com pitadas de Antiguidade grega tinha tamanho prestígio que valia a pena passar por lá. E os operários o sabiam perfeitamente, de uma forma um tanto confusa. Quando Perón decidiu promover a apresentação de conjuntos folclóricos no santuário da música clássica, surgiu uma pilhéria: "Ao Colón! Ao Colón!", gritavam para qualquer tocador de violão ou cantor improvisado que se aventurasse a arranhar o instrumento ou a garganta numa festa. Naquele 26 de novembro, entretanto, o povo ainda não imaginara os *bombos* indígenas amplificados pela acústica de tal teatro, nem inventara ainda essa pilhéria justiceira que, sem ter plena consciência, defendia a Cultura da Elite com E maiúsculo... Naquele 26 de novembro, o povo contemplava o interior do Teatro Colón pela primeira vez. A cúpula azul, os veludos cereja, as molduras douradas e os lustres de cristal inspiravam-lhe um respeito sem limites. Ver seu presidente, de mangas arregaçadas, proclamar-se em semelhante cenário o "Primeiro Trabalhador" e anunciar a nacionalização das ferrovias, além de uma série de medidas sociais, era para dar o que pensar.

No entanto, em toda encenação – e o peronismo era uma encenação – resta sempre uma margem de improvisação. Eva, assim, era para Perón um desses melões que vão sendo acomodados como possível dentro da carroça, mas que acabam encontrando seu lugar, o que não demorou a acontecer.

Imediatamente depois do 4 de junho, a situação se revelaria embaraçosa: habituados a ver Perón em carne e osso na *Secretaría* do Trabalho, os operários não consideravam que precisassem mudar de hábitos. Perón só se tornara Perón graças a eles, que o haviam arrancado às garras dos militares, eles que haviam votado nele. Sentiam-no próximo e acessível, a ponto de irem bater-lhe à porta para perguntar se estava em casa. É evidente que os deveres de sua nova missão impediam o presidente de convidar cada um deles para o café. Mas fora ali que ele conquistara a opinião pública, e entregar aquele cargo a outro equivalia a entregar-lhe o poder em bandeja de prata. Melhor seria entronizar nesse lugar uma sombra, vale dizer, a sua. A única que não apresentava o risco de fazer-lhe sombra, nem de se apropriar do tesouro: Eva. Era pelo menos o que ele julgava.

Nicolini, um homem agradecido, resolveu o problema. Como nos recordamos, sua nomeação como diretor dos Correios e Telecomunicações desencadeara a crise militar que levou ao triunfo peronista de 17 de outubro. Ele teve a ideia de providenciar um gabinete para Evita perto do seu, nos correios centrais, velho prédio da rua Corrientes que não deixava de evocar uma estação ferroviária – com tudo o que isso significa de britânico aos olhos dos argentinos. Instalada em seu escritório, ela receberia as delegações de operários, impregnando-se de seus problemas e levando-os ao marido.

É esta pelo menos a versão comumente aceita, e que não questionaremos. Mas o depoimento de Raúl Salinas, então secretário de Cultura do município de Buenos Aires, que conhecia Evita antes que ela viesse a encontrar Perón, acrescenta um detalhe não desprezível. Segundo ele, Evita constituíra sua própria equipe – uma equipe de militantes – logo depois da posse do marido. Além do próprio Salinas, integravam-na Nicolini, Guardo e Vicente Sierra, outro funcionário do município. O objetivo de Evita não era (ou não era ainda) promover uma política independente. Mas ela queria criar seu grupo de poder. Certo dia, Perón perguntou a Salinas, que ia a seu encontro todas as manhãs às 6h40: "O que está acontecendo nos correios? Vi vários carros oficiais estacionados em frente à porta. Nico [Nicolini] está comemorando alguma coisa?" Juan Duarte, o coronel Castro e José Figuerola (um espanhol de extrema direita que colaborara com Perón na *Secretaría*) estavam presentes. E Salinas teve de confessar que Evita estava reunida com sua equipe. "Perón achou perfeito", acrescenta, "ou pelo menos, se fazia alguma reserva, não disse nada."

Sindicalistas combativos como Cipriano Reyes não gostavam de Evita, mas os simples trabalhadores não compartilhavam essa animosidade. Tanto que suas reivindicações chegavam sem problemas a Perón: ela se revelava uma boa intermediária. Sua eficiência foi recompensada. No dia 23 de setembro, Evita não foi ao gabinete nos correios. Seu carro contornou a Casa Rosada e deteve-se numa pequena rua atrás do Cabildo. Era a *Secretaría* do Trabalho, instalada na antiga sede do Conselho de Deliberação.

Eva entrou no recinto sagrado, onde Perón oficiava outrora como secretário do Trabalho. Foi um dos momentos mais solenes de sua vida: ia ocupar o mesmo gabinete que ele. Ela não era a nova secretária do Trabalho. Não tinha cargo ou título algum. Estava ali apenas representando Perón. Mais tarde viria o desejo de existir de forma mais oficial, de ser nomeada para algum cargo de verdade; tornar-se, por exemplo, vice-presidenta da Argentina, ambição que ela esconderia como quem esconde uma desonra. O extraordinário é que seu poder aumentaria justamente por não se apoiar em qualquer documento escrito. Uma vez mais, ela não poderia apresentar uma certidão de identidade legal, a não ser a de esposa. E era precisamente o que lhe dava total liberdade em seu trabalho, pela qual pagaria bem caro.

Ei-la então sentada diante da grande escrivaninha escura, na imensa sala de madeirames lúgubres. Uma vez mais, o cenário tendia para o estilo inglês: triste, viril e de profunda seriedade. À parte alguns buquês de flores, no entanto, Evita nada fez para torná-lo mais alegre. Muito pelo contrário: sentia uma espécie de respeito religioso pelo antigo gabinete de Perón. Era o gabinete do homem que ela admirava cegamente (e com o qual preferirá conviver pouco, o menos possível, para melhor preservar sua cegueira). Não, a luz não viria de uma mudança de cenário, mas dela. Embora se vestisse cada vez mais frequentemente com um *tailleur pied-de-poule* com barras de veludo negro – sua indumentária lendária –, não raro lhe vinha a fantasia de ir ao gabinete resplandecendo em pedrarias. Seus chapéus e cabelos sempre introduziam um toque luminoso naquele templo concebido para abrigar exclusivamente rostos graves.

Por trás dela, dois passos atrás apenas, discreta mas firme, estava sempre a sombra de Evita – a sombra da sombra –, Isabel Elfride

Constancia Ernst, que lhe ditava respostas a meia-voz. Isabel, a antigafe. A conselheira indispensável, ou inevitável, da qual Evita tentará escapar, e da qual acabará por livrar-se ao retornar da Europa. Isabel: modelo ou imitadora? Era mesmo o caso de perguntar, vendo-as uma atrás da outra, idênticas em tudo: o mesmo *tailleur*, às vezes o mesmo chapéu (com a diferença de que a alemã, com seu 1,76 metro, era 10 centímetros mais alta que Evita). Ou diante da irritação de Eva, que às vezes punha Isabel em seu lugar com tom duro. Teria esquecido os tempos em que saíam os quatro, com Perón e Mercante, quando as duas se tratavam por tu? Quando Isabel ensaiou, no entanto, usar o tratamento íntimo com Evita presidenta, esta não deixou de fazê-la ver que devia perder semelhante hábito o mais rápido possível.

E, no entanto, na carta que escreve a Perón pouco antes de embarcar para a Europa, Eva pede-lhe que estude um aumento salarial para Isabel. Talvez não houvesse entre as duas uma verdadeira antipatia. Mas a alemã via-se na obrigação de desempenhar um papel objetivo que para a outra era insuportável. Felizmente, tinha um ponto fraco: não passava de uma amante, ao passo que Eva era esposa legítima. Mas isso não transparecia no trabalho. Amante ou não, Isabel era de uma acachapante perfeição. Mesmo alguém menos suscetível que Evita teria sofrido uma "ferida narcísica" – expressão que se tornaria muito comum, vinte anos depois, entre os argentinos que passaram a recorrer à psicanálise em consequência das sequelas do peronismo.

Um bom exemplo do papel desempenhado por Isabel é encontrado numa história relatada por Borroni e Vacca: uma delegação da Junta Central das Organizações de Damas Peronistas faz uma visita a Eva, levando-lhe um presente – um missal, obra de operários argentinos abençoada por monsenhor Andrés Calcagno. A mulher do presidente já recebera centenas de presentes e continuaria a recebê-los. Naquele dia, no entanto, decide recusar. "Não posso aceitar", explica-se, "pois o general Perón encerrou as atividades de todas as facções e proclamou o partido único da Revolução." Isso foi dito de maneira tão desagradável que as senhoras se retiraram indignadas. Isabel segue-as às pressas e recebe o infeliz presente, desculpando-se

– afirma – da parte de Evita. Mas seria realmente uma gafe? Sim, se a situarmos na época em que aconteceu. Não, se levarmos em conta que Evita fundaria em 1949 seu Partido Peronista Feminino, ao mesmo tempo dissolvendo todos os grupos de mulheres peronistas, para fundi-los no seu próprio. Sua atitude revela que já pensava nesse desfecho.

A insegurança que demonstrou nesse período, mas também sua fulgurante intuição se refletem no depoimento de um dirigente sindical, José Presta, citado por vários autores. Ele a descreve como uma pessoa tímida. Tímida nos gestos, mas sobretudo na linguagem, da qual parecia desconfiar, perguntando de duas em duas frases: "Compreende o que eu quero dizer?" A angústia de não dominar as palavras era tão grande que a impedia não só de falar, mas de compreender. Instalava-se uma espécie de vazio. Mas ela não cedia, pedia que repetissem várias vezes a mesma coisa. E de repente compreendia, apresentando aos operários uma solução inesperada. Uma soluçãozinha concreta, eficaz e luminosa, na qual ninguém havia pensado.

Retornemos à psicanálise para refletir um pouco sobre a "soluçãozinha" de Evita. Em seu livro sobre Perón, Dr. León Rozichner analisa um texto do líder, que esclarece seu pensamento a respeito do papel das mulheres: "As grandes coisas são sempre compostas de pequenas coisas que não devem ser desprezadas. Na qualidade de líder, um dos trunfos fundamentais da mulher é empregar os pequenos recursos, de uma força extrema, algo que permanece estranho a nós, homens." Segundo Rozichner, o "lado feminino" era um componente de enorme importância na personalidade de Perón. A mãe de classe popular, sabedoria maliciosa e piscadela astuciosa compensava o temperamento dominador do pai, socialmente superior a ela, mas fraco na realidade. Identificando-se com os dois, Perón ocultou sua "pequenez", para surgir diante do povo como pai dominador. Mas sem acreditar em si próprio, conhecendo sua fraqueza e a de seu pai. E precisando de Evita, que lhe permitia dissimular sua identificação com a mãe. Incumbida de representar a "coisinha", ela estava ali para certificar a virilidade de Perón.

POUPAREMOS O LEITOR das idas e vindas de Evita, fervorosa visitante de fábricas, escolas, hospitais, sindicatos, clubes desportivos e culturais. Sua energia era sobre-humana. Diremos apenas que estas páginas poderiam ser ocupadas com a simples descrição de suas atividades. Autores como Marysa Navarro, Fermín Chávez e tantos outros deram-se o trabalho de acompanhá-la dia a dia. Preferimos deixar essa quantidade vertiginosa de inaugurações, apresentações, manifestações e viagens como pano de fundo, para nos concentrarmos na visão de uma mulher que cresce, se desenvolve, se afirma... e faz discursos.

O grande momento chegara: ela falava em público. Muñoz Azpiri continuava à disposição para servi-la com sua pena. Mas desde seu primeiro encontro com trabalhadores, desde o primeiro buquê de flores que uma menininha veio oferecer-lhe, uma coisa ficou clara: ela teria de improvisar. Evita estreou no dia 31 de maio no Teatro Astral, durante manifestação organizada pela Confederação dos Empregados no Comércio. Perón discursara, seguido de um ministro, e o público pediu a Evita que *tomasse* a palavra. A expressão não podia ser mais clara sobre a dominação exercida pelo orador: domínio sobre o público e sobre o espaço sonoro, domínio viril. Na Argentina da época, poucas mulheres, socialistas ou intelectuais, apropriavam-se da palavra. As outras renunciavam a esse poder.

Evita lançou-se. Falava muito depressa, depressa demais, como que perseguida pela matilha dos detentores oficiais da palavra. Sua voz era aguda. Uma menininha feliz por ser cumprimentada no fim do discurso e por merecer a piscadela de Perón. Suas palavras não passavam de um *mea culpa*, ela não parava de se justificar, reiterando a frase que não se cansará de repetir até o último suspiro: "Sou apenas uma mulher." Pouco importa, o milagre operara. Ela dissera alguma coisa, e no momento em que o dizia entendera o funcionamento de um "discurso". Era uma questão de repetir as palavras de seu roteirista e daqueles que a cercavam. Ela não dispunha de outras. Com aquelas palavras, no entanto, faria milagres. Haveria de tomá-las, fazê-las suas, e com isso conseguiria alucinar as multidões, com uma bagagem verbal extremamente pobre e pueril. Seu segredo: a reiteração. Repetir incansavelmente a mesma coisa para despertar a expectativa das palavras já ouvidas e conhecidas, que não demorariam a acudir-lhe, e que tranquilizam o povo: o discurso-litania. Essa remastigação arrebatada iria se tornar, em sua boca, fascinante e lancinante como um ritmo selvagem.

Tentaremos mais adiante analisar as palavras que ela repetia com mais ardor, e que, muito embora tomadas por empréstimo, não deixavam de revelá-la. Mas havia uma palavra – ou antes um nome, "Perón" –, frisada com a cadência insistente de uma música africana, vale dizer, de um tango, que voltava em seu discurso de forma obsedante. Quanto mais ela se afastava do corpo de seu marido, mais lhe saboreava a essência, contida nessas duas sílabas. Não resistimos à tentação de transcrever essas palavras que dirigiu às mulheres argentinas num Natal: "Venho do povo, este coração vermelho que sangra e chora e se cobre de rosas ao cantar. Venho do povo, como o general Perón, e fico feliz, neste Natal do bom *pan dulce* (panetone) de Perón e da boa sidra de Perón, por penetrar nos lares que Perón devolveu à sua dimensão cristã."

Os antiperonistas se punham a gargalhar, porque na gíria argentina *pan dulce* designa o traseiro.

Ora, depois que se começa a rir de alguém, fica difícil parar. Assim como distinguir o joio do trigo, quando se chora de tanto rir. Em compensação, se opta-se por permanecer sério, para encarnar a consciência do país, como ver com clareza através das brumas de uma santa indignação? No dia 27 de janeiro de 1947, quando Eva se dirige mais uma vez às mulheres argentinas, para anunciar o projeto do voto feminino, que está para ser aprovado, as mulheres socialistas se põem na defensiva, pois vinham lutando há décadas por essa conquista. Mas existe voto feminino e voto feminino. Era muito diferente recebê-lo de mão beijada de um personagem tão vulgar. Alicia Moreau de Justo, o modelo dessas mulheres, conquistara seu diploma de médica numa época em que estudar era uma verdadeira proeza para uma mulher. Era digna, lúcida, independente, que não fora moldada pelo marido. O elitismo socialista fazia-se acompanhar de certa hipocrisia: essa história de prostitutas arrependidas ficava muito bem num romance de Andreiev ou Tolstoi, mas não na realidade.

Do outro lado, entre os aristocratas, a escritora Victoria Ocampo previra em 1945 que Evita conseguiria a aprovação da lei. E batera o pé: não e não, aquele voto não era o seu. Uma amiga de André Gide, de Roger Caillois, de Drieu La Rochelle, de Valéry, de Igor Stravinsky, de Rabindranath Tagore não o receberia de mãos tão ordinárias. Mas acabou por compreender seu erro e teve a coragem de confessá-lo. E as argentinas votaram, sem ficar se perguntando se aquele direito seria menos valioso por lhes chegar através de uma atriz ignorante.

E enquanto Evita improvisava seus discursos, tomando a palavra com as duas mãos e apertando-a cada vez mais forte contra o coração, lá estava indefectivelmente, a seu lado, Isabel Ernst, a conselheira indesejada. Em compensação, havia às vezes também – mas por outras razões – Lilian Guardo.

JOIAS MORDIDAS

São ainda obscuras as causas do fascínio de Evita por Lilian. É verdade que precisava de uma amiga católica, casada e mãe irrepreensível para calar as más línguas. E não é menos verdade que Lilian podia ajudá-la na escolha dos vestidos, agora que Evita ousava pedir-lhe diretamente. Mas amasse ou detestasse, Evita era incapaz de limitar seus sentimentos, de modo que Lilian sofreu seu amor como quem sofre uma catástrofe natural.

Meses depois da descida pelo corrimão, o telefone tocou na residência dos Guardos: Eva pedia que Lilian viesse a seu escritório. Lilian gostava da mulher do presidente. Achava-a "encantadora, jovem e bonita". Na *Secretaría* do Trabalho, presenciou uma cena surpreendente. Apresentamo-la tal como descrita a Navarro e Fraser. Junto a Eva desdobrava-se o ministro do Trabalho, José María Freyre, um dirigente sindical nomeado por Perón precisamente por sua mediocridade. Basta lembrar um de seus provérbios preferidos, chinês ou supostamente chinês: "Quando uma espiga se erguer sobre o campo de trigo, corta-lhe a cabeça." Havia também o administrador da residência presidencial, Atilio Renzi, que viria a ser, com Eva, um dos pilares da futura Fundação Eva Perón; a inevitável Isabel; e uma infinidade de funcionários pegajosos. Contemplando as fotografias da época, não podemos deixar de nos deter, com certa melancolia, nesses personagens obsequiosos, gomalinados, de bigodinho, exalando, mesmo através da película, seus perfumes baratos, sorrindo com ar servil e rigorosamente anônimos. Quem seriam? Onde estão hoje? E o que obtiveram em troca dos rapapés?

Felizmente, do outro lado da escrivaninha, os rostos tinham mais dignidade. Operários, mas também, e cada vez mais, mulheres, crianças, velhos. Evita ainda não empreendera sua verdadeira tarefa: a distribuição direta das riquezas. Mas já germinava em sua cabeça a ideia de uma fundação. As pessoas já se dirigiam a ela para pedir um emprego, uma casa, alguns pesos – e para tocar sua pele, e ela já se mostrava capaz de encontrar numa inspiração súbita a solução para cada um.

De vez em quando, Evita interrompia suas entrevistas com os pobres, ou com os ministros, para conversar com Lilian. Temas frívolos, conversa feminina jogada fora, de que tanto precisava. Logo, como estava ficando tarde, Lilian fez menção de levantar-se. Mas Eva pediu-lhe, em tom suplicante: "Fique, por favor. Fico tão mais tranquila vendo-te aqui..."

Lilian insistiu, invocando os quatro filhos que a esperavam em casa, mas em vão. A partir daquele dia, Evita comportou-se como se lhe tivesse encontrado uma ocupação melhor que a de dona de casa: a ocupação de mulher sentada. Sucediam-se os convites telefônicos, verdadeira perseguição, sem dúvida amigável, mas deixando transparecer o espírito manipulador e mesmo algo sádico de Evita. Dir-se-ia que, ao mesmo tempo em que admirava a aura de tranquilidade doméstica de que se revestia a amiga, ela desejava afastá-la dos seus. (Veremos adiante como escolhia as dirigentes do Partido Peronista Feminino, impedindo-as de ter uma vida privada e dando-lhes o exemplo com um fanatismo de madre superiora.)

As pressões sobre Lilian só diminuíam na noite de sexta-feira. Só então, finalmente, a infeliz esposa e mãe era acompanhada à estação e depositada num trem que a levava à casa de campo onde a família a aguardava para o fim de semana. No resto do tempo, permanecia à disposição de Eva, que queria vê-la sentada e imóvel, monumento à mulher sem ambições nem história, que Eva não pudera nem quisera ser.

Além de permanecer sentada, exalando essa paz que tranquilizava Evita, Lilian era capaz de outras proezas – ou de coisas que pareciam proezas aos olhos de Eva. Sabia distinguir um tipo de porcelana de outro e o marfim do plástico. Ajudava Evita a avaliar os presentes oferecidos pelos embaixadores e sindicatos. Dizia-lhe se este ou aquele objeto era belo ou horrível. E a acompanhava ao célebre joalheiro Ricciardi, que, ao vê-las chegar, tratava de esconder às pressas suas peças de valor.

Ah, aquelas visitas a Ricciardi! *Doña* Juana não raro as acompanhava. Finalmente conseguira ganhar sua parte do bolo. Desde que Eva conhecera Perón, e desde a instalação do casal na rua Posadas, ela mal se aguentava em sua distante Junín, impaciente por juntar-se a eles. Jamandreu presenciou conversas telefônicas em que Eva berrava para a mãe: "Espere! Não venha agora! Ainda não! Minha situação aqui ainda não é muito estável!" Durante muito tempo ela conseguira manter a mãe e as irmãs a distância. Mas elas continuavam sendo uma tribo, sentimento que Evita jamais trairia, ainda que a irritasse (prova de que era, nela, muito forte). As nomeações de Juan Duarte como secretário do presidente; de Orlando Bertolini, marido de Erminda, como diretor da Alfândega, cargo interessante para seus negócios de importação; do major Arrieta, marido de Elisa, como senador; de Alvarez Rodríguez, marido de Blanca, como membro da Corte Suprema de Justiça; e de Blanca como diretora delegada para as escolas maternais e primárias deixam bem clara sua fidelidade, senão seu nepotismo.

Doña Juana tornara-se entrementes uma enorme matrona de curvas sensuais (nada a ver com o volume uniforme da Sra. Quijano, bloco monolítico de íntegra moral). Uma matrona de coque e óculos. Mas não um coque qualquer, nem óculos quaisquer: por trás das lentes adornadas de correntes tilintantes brilhava um olhar astucioso, cheio de cupidez. O sucesso da filha despertara nela certos desejos. Seus lábios reluziam, úmidos, como se ela estivesse a todo momento se lambendo. O poder, era evidente, seduzia-a, como seduzia Elisa (Blanca e Erminda mantinham-se discretas). Mas ela tinha sobretudo desejos concretos, desejo de coisas tangíveis e cintilantes, desejo de joias, que levava à boca, como as crianças privadas de amor – e como Eva também costumava fazer.

Quando visitou Eva pela primeira vez, Paco Jamandreu surpreendeu-se com seus casacos de pele e suas bijuterias, "joias de professora previdente e econômica", o que demonstra que Evita pensava nas realidades da vida, mas também que em 1945 as joias resplandecentes do tesouro de Martin Bormann não estavam em seu poder. Estaria este tesouro fabuloso ou fabulado trancafiado em sua distante *estancia* de San Clemente del Tuyú? Por que então aquelas idas a Ricciardi, se tinha com que se satisfazer em casa?

É verdade, porém, que ela era insaciável. E em 1946, suas joias, viessem de onde viessem, já não eram as de uma professorinha. Conhecendo seu ponto fraco, Dodero presenteara-lhe com joias esplêndidas, o que Perón considerava perfeitamente normal: "Para Dodero, oferecer joias é como oferecer flores, para outros", dizia. Se acrescentarmos que *doña* Juana pechinchava descaradamente com Ricciardi, pedindo-lhe descontos, e que o palácio Unzué primava pela irregularidade no pagamento das contas, compreende-se por que o joalheiro escondia suas melhores peças ao ver aproximar-se Evita. "*Señor* Ricciardi", queixava-se ela, "não é uma joalheria que o senhor tem, é uma quinquilharia!"

Lilian ficava chocada com essas cenas e com a avidez da poderosa amiga. Poderosa, mas tão frágil e insegura... Acabou concluindo que, para Evita, as joias eram um meio de sentir-se mais segura, a prova visível de que era amada. Tinham o poder de tranquilizá-la, como a outros o alimento. Não querendo comer, por medo de engordar, ela exprimia sua bulimia por meio desses bombons reluzentes: esmeraldas de menta, rubis de morango. Graças, mais uma vez, a Jamandreu, sabemos que Evita efetivamente chupava e mordia suas joias.

Ricardo Guardo sugerira-lhe que aparecesse com menor quantidade de diamantes em sua próxima visita ao Congresso. E Evita respondera-lhe com um argumento que voltaria a utilizar mais tarde com Franco, quando o ditador mostrou-se surpreso com o ouro e as pedrarias com que se empetecara para encontrar operários espanhóis. "Os pobres gostam de me ver bela", disse. "Não iam querer ser protegidos por uma mulherzinha mal-ajambrada. Sabe como é, eles sonham comigo. Como poderia decepcioná-los?" Franco ficara tão preocupado com isso que, segundo Carmen Llorca, consultou Perón por telefone. Imaginemos a cena: dois tiranos envelhecidos conversando sobre plumas e lantejoulas dos dois lados do oceano. Para grande estupefação do espanhol, o colega argentino, militar espartano, aprovara a conduta da mulher; Eva tinha mesmo de brilhar. Os dois conversaram sobre essa questão delicada, e Eva lhe explicara os mistérios da identificação, que conhecia muito bem desde que desejara tão ardentemente ser Norma Shearer, na adolescência.

Guardo recebeu, portanto, a mesma resposta. Mas no espírito de Eva teve eco o conselho de limitar o número de joias. Logo depois, Perón seria condecorado pelo governo espanhol numa grande festa na embaixada da Espanha. Ela convocou Jamandreu e ordenou-lhe que encontrasse um colar simples para usar com o vestido verde e marrom que ele acabara de confeccionar para ela. "Todas as outras virão empetecadas como árvores de Natal", explicou, justificando seu súbito desejo de recato. "Vou surpreendê-las fazendo exatamente o contrário." Jamandreu saiu arrancando os cabelos. E, atravessando a rua, na vitrine de uma grande loja de departamentos, viu um colar marrom e verde. Retornando triunfante à residência oficial, cruzou com Perón, que lhe disse: "Ufa! Finalmente o senhor chegou! Estou com a cabeça arrebentando por causa dessa história."

Evita envergou o vestido e o colar na famosa cerimônia. Comovida, nervosa, não parava de levar o colar à boca e de mordiscá-lo, para se acalmar. Naquela mesma noite, mandou chamar Paco e o cobriu de injúrias, ouvindo-se repetidas vezes a palavra "bicha". A seu lado, Perón chorava de rir. O costureiro acabou entendendo: o colar era de miçangas pintadas. Ela ouvira os discursos, aplaudira e cantara o hino nacional sem se dar conta de que sua língua e seus lábios estavam lambuzados de verde e marrom.

UMA CABELEIRA DE MOSCAS

Ao lado dessa Evita, entretanto, havia uma outra. E mais outra, e outra ainda. Uma infinidade de Evitas. Quanto mais se está à margem, menos nos apoiamos na ilusão de um ego único. A fragilidade do boêmio é acompanhada dessa força que consiste em saber-se constituído de mil fragmentos. Evita frívola, Evita cúpida, Evita manipuladora, Evita temerosa de gafes, Evita insolente que multiplica as fanfarronices para escondê-lo. Evita sensível, protagonista de uma belíssima história: certo dia, ela visita no bairro de Flores a favela de Villa Soldati. Não é a primeira *villa miseria* que visita, mas é a pior. Famílias inteiras vivem ali em carcaças de carros abandonados. Outras juntaram pedaços de madeira ou papelão para erguer barracos que tombam antes mesmo de concluídos. O desespero, na miséria extrema, impede de fixar solidamente o material duvidoso que serve de telhado, ou de retirar o lixo acumulado bem diante da entrada. Perde-se a vontade de viver. Esquece-se de lutar, e até de se alimentar: quanto menos se tem de comer, menos se tem fome. Há um nível de pobreza que se assemelha à melancolia profunda. Na Argentina, como no restante da América Latina, os pobres são acusados de serem preguiçosos. Na realidade, são tristes.

É o que Eva sabe, ou percebe: a sensação de abandono que lê naqueles rostos lhe é familiar. Vem à sua mente, então, a ideia de curá-los aos poucos, como psicóloga, despertando neles o desejo. Mostrando-lhes, por assim dizer, as vitrines de Ricciardi, para pôr-lhes água na boca. Não serão outras as bases de sua fundação: dar luxo aos pobres para que eles aprendam a desejar. "É preciso querer!", diria ela. "Vocês têm o dever de exigir!" É esta a razão profunda do ódio que despertaria: atirar aos pobres coisas pobres, como faziam as damas beneficentes, vá lá; suscitar neles desejos, jamais.

Determinado casebre de Villa Soldati, mais miserável ainda que os outros, chama-lhe a atenção. Sem saber muito bem por quê, ela afasta o saco esfarrapado de cânhamo plantado à entrada. A um canto, um amontoado de trapos. Mas o amontoado se mexe. Eva debruça-se para ver: e uma criança cujo rosto mal aparece por trás da cabeleira espessa. Como ela se aproxima, a "cabeleira" levanta voo zumbindo. Eva sai correndo, debatendo-se para afastar as centenas de moscas que a perseguem enfurecidas, e que ela tomara por cabelos de um negro profundo.

Ela não consegue mais dormir, lembrando-se da rajada de horror que a atingiu bem no rosto. Três dias depois, retorna à favela com o prefeito de Buenos Aires e o ministro da Saúde. Diante dos habitantes reunidos, anuncia que finalmente terão casas decentes. A partida será imediata. Mas ela insiste num ponto: "Não levem nada, só o indispensável para passar a noite e uma ou outra recordação, nada mais." De qualquer forma, eles não têm nada mesmo. Nada de móveis, apenas caixas com inscrições conto "maçãs de Río Negro", "uvas de Mendoza". Logo não restaria ali mais nada, só pedaços de papelão. E uma imensa solidão.

Todavia, Eva não arreda pé. Determinou que fosse tudo queimado. O incêndio já começou, e o prefeito vem dizer-lhe que ela vai acabar se resfriando naquela umidade (já se encontra ali há oito horas). "Não", responde ela, "quero ver tudo até o fim. Preciso ter certeza de que tudo desapareceu. O senhor sabia que essa gente nasceu na lama? Esta noite, quando estiverem em lençóis limpos, vão sentir falta do cheiro da terra. Eu os conheço: seriam capazes de voltar. E se encontrarem um teto ou alguma coisa ainda de pé, aposto que vão querer ficar."

Essa Evita sensível prenuncia a mulher de infinita paciência que respondia, quando vinham acusar seus pobres de terem arrancado o piso de seus apartamentos novinhos para fazer churrasco: "Providenciem outro soalho. E se for preciso um terceiro. Convencer-se do direito de viver decentemente leva tempo." Prenuncia também outra mulher, obcecada pela ideia de que tem de fiscalizar tudo pessoalmente, como esses passageiros que não tiram o olho do motorista, ao percorrer um cantinho montanhoso, convencidos de que se olharem em outra direção o ônibus se precipitará no abismo.

Na oposição, as atividades da tão odiada *Señora* provocavam reações desproporcionais, ou que assim nos parecem hoje. Silvano Santander, deputado radical e autor de *Técnica de una traición* (livro publicado em 1955, no qual acusava Evita de ter espionado para os alemães), apresentou um projeto de lei visando a "não permitir que esposas de funcionários públicos, civis ou militares, desfrutem das mesmas honrarias que seus maridos ou os representem em manifestações públicas". Como a maioria na Câmara dos Deputados era peronista, o projeto não foi aprovado. Entre os senadores, entretanto, Evita não teve o mesmo sucesso. O embaixador dos Estados Unidos, Messersmith George, conta, em carta enviada a Spruille Braden, que não perdia o interesse pela Argentina, que Evita irrompera no plenário do Senado em plena sessão a portas fechadas. (O verbo "irromper" aparece com frequência nos depoimentos a seu respeito, como se tudo em sua maneira de entrar em algum lugar – da atitude imperiosa às toaletes exageradas – refletisse maneiras bruscas e rudes.) Como o presidente do Senado a convidara a retirar-se, Evita partira soluçando, o que evidencia como se sentira ferida, pois ao contrário de Isabel Perón, que choramingava com facilidade, Eva nunca chorava. Retornaremos adiante a essa característica, que mereceu do padre Benítez este comentário: "Eva era a mulher sem lágrimas."

Naquele dia, Perón enfureceu-se. Como ousavam expulsar sua mulher, por privada que fosse a maldita sessão? Meio século depois, sua raiva nos deixa perplexos. Onde estava o pragmatismo astucioso? Onde estava aquele que proclamava, com uma piscadela: "Há que depenar a galinha sem fazê-la gritar"? Onde estava ele naquele dia? Em vez de depenar o Senado da maneira que melhor lhe conviesse, Perón explodiu. Cabe aqui perguntar se deixou falar mais alto o orgulho ou tratava de mostrar seu poder, inventando uma crise. Seja como for, a mensagem não podia ser mais clara: Evita e ele eram como as duas faces de uma moeda. Quem a ofendesse estava ofendendo a ele. Perón concordava com ela porque ela era ele. (No livro já citado, entretanto, Cabrera Infante o define de outra maneira: "Perón, o homem que foi Evita.") E interpelou o presidente do Senado berrando como um condenado. Na sessão seguinte, Evita estava presente. De pé, altiva, assistia às deliberações, a mão pousada sobre a cadeira do presidente.

Se os comentários sobre Evita se haviam tornado o passatempo preferido dos antiperonistas argentinos, os norte-americanos não ficavam para trás. Em maio de 1946, a revista *Newsweek* publicou um artigo apresentando Evita como "a mulher por trás do trono". Pouco mais tarde, a mesma revista iria se referir a ela como "a presidenta". Quanto a Braden, parecia tão obcecado por Evita quanto seus amigos argentinos. Em suas memórias, ele conta várias piadas que ela inspirou. (Toda uma geração de argentinos cresceu com essas piadas, que ocupavam um lugar considerável nas conversas em família. Nas festas, no Natal, nos aniversários ou casamentos, todos se entregavam à paixão de contar essas histórias que substituíam a tradição perdida, o folclore esquecido, criando sem querer uma memória argentina.) Eis uma das mais conhecidas (sendo a maioria das outras intraduzível): Eva toma o elevador em companhia de um general reformado. O ascensorista, olhando-a de rabo de olho, rosna baixinho: "Puta!" Saindo do elevador Eva queixa-se ao general, que lhe diz: "Não ligue, não. Eu, por exemplo, já faz dez anos que passei para a reforma, e continuam me chamando de general."

Os jornais argentinos, é claro, não ousavam chamá-la de "mulher por trás do trono", de presidenta e muito menos de puta. No entanto, em 1946, a imprensa ainda desfrutava de certa independência. O regime ainda não pusera em funcionamento sua máquina repressora. O jornal *La Nación* sempre dava um jeito de dizer tudo sem fazê-lo claramente. *La Prensa*, por sua vez, assumia mais riscos, e acabaria pagando por isso. À parte *La Epoca*, de Eduardo Colom, os peronistas não tinham um jornal. O governo decidiu comprar *Democracia*, jornalzinho de pouca penetração. Evita tornou-se proprietária do jornal. Detalhe curioso: não tinha em sua conta-corrente dinheiro suficiente para comprá-lo, e o Banco Central, que acabava de ser nacionalizado, tratou de emprestar-lhe.

Nem por isso ela assumiu as funções de direção. Mas sua presença fazia-se sentir, e sobretudo ver: nos dias em que saíam fotos de Evita de vestido de noite, a tiragem logo se esgotava. O diretor do *Democracia*, Valentin Thiébault, teve de render-se à evidência: Evita vendia jornal. Quanto mais bela ela aparecia nas fotos, mais surgiam leitores e, sobretudo, leitoras, ansiosas por recortar sua radiosa imagem para prendê-la com tachinhas na porta do armário, ao lado do santo indígena Ceferino Namuncurá.

Enquanto Evita estava mais que presente nessas páginas, Atilio Bramuglia – o ministro das Relações Exteriores, aquele mesmo que lhe lançara, em outubro de 1945, um: "A senhora só pensa em salvar seu homem!" – tornara-se invisível, anônimo. Evita vingava-se vetando sua imagem e seu nome no jornal, que só se referia a ele como o "ministro", e nunca publicou sua foto. Se aparecesse numa fotografia de grupo, sua imagem era recortada ou apagada. Se acontecia de estar num grupo a ser fotografado, o fotógrafo entregava-se aos maiores contorcionismos para tratar de eliminar sua cabeça do campo. Não faltava quem comprasse o *Democracia* só para ver Bramuglia decapitado. Justo retorno do pêndulo ou dupla injustiça: depois da queda do regime, a imagem de Evita foi anulada totalmente, e seu nome, proibido aos jornalistas. Um e outra apagados, recortados, arranhados, quebrados, descosturados ou queimados, segundo o material que servia de suporte – na maioria dos casos, bronze ou mármore.

E ela mesma, como se via naquele mês de maio de 1947 em que se preparava para partir para a Europa, convidada pelos governos espanhol, italiano, francês, suíço, português e, em menor medida, britânico?

Quem nos fala a respeito é Valentin Thiébault, ex-jornalista do *Democracia*. (Um parêntese: a autora deste livro lhe havia sido anunciada como sobrinha do escritor nacionalista Scalabrini Ortiz, que é efetivamente seu tio. Ignorando o nome judeu do pai de sua interlocutora, e julgando-se em terreno amigo, o ex-jornalista entregou-se a uma longa e arrebatada apologia ao nazismo.) Thiébault mostrou-nos a fotografia gigantesca dada de presente por Evita à redação do jornal em 1947. Ela já era a mulher do presidente; trabalhava todas as segundas, quartas e sextas-feiras na *Secretaría*; anunciara pelo rádio o voto feminino; e, no entanto, ainda não pensara em posar para fotos oficiais. A foto em questão era a mesma que servira em 1945 para a promoção de seus programas de rádio. Uma rosa grande e carnuda como um repolho repousava em sua cabeça. Sob a rosa, de dimensões quase equivalentes, um rosto infantil, redondo, meio adormecido (efeito do peso dos cílios postiços) e de desarmante inocência.

"Veja a assinatura", diz Thiébault.

No canto inferior direito da foto, Evita escrevera com letras desenhadas: MARÍA EVA DUARTE DE PERÓN. MARÍA EVA DUARTE DE em letras pequeninas, sem forçar a caneta e respeitando a horizontal. PERÓN, traçado num movimento ascendente, em letras maiúsculas e impressas com força.

"Na época", conta Thiébault, "nós, os homens do peronismo, não dávamos muito crédito à coisa. Francamente, a ideia de Evita nos representando na Europa fazia-nos sorrir. No jornal, nós a chamávamos de 'a Dama da Esperança' e de 'Primeira Samaritana argentina', título que lhe fora dado pela Associação dos Hospitais e das Clínicas. Mas entre nós... Até que um dia um grupo de mulheres apresentou-se na redação. Haviam lido a notícia da viagem de Evita e queriam encontrá-la. Disseram-lhes que Evita não vinha ao jornal, e elas pediram para me ver."

Thiébault recebeu-as. Eram mulheres humildes, de pele escura vestidas pobremente. Haviam feito um longo trajeto para dizer o seguinte:

"É isto que nos traz aqui, senhor. Evita vai representar as mulheres argentinas na Europa. E queremos que ela esteja muito, muito bela. Por isso, o conselho que viemos dar-lhe é que use um coque. É o coque o penteado que mais lhe assenta. Será que o senhor pode transmitir-lhe o recado?"

Evita vivia naquelas mulheres, foi o que o jornalista compreendeu naquele momento. Elas a acompanhavam em pensamento, como a mãe e as tias acompanham a jovem que sobe ao palco para a festa do colégio. Teriam dado tudo para poder retocar seu coque, pôr um pouco mais de ruge em seu rosto, costurar uma bainha, ajoelhadas diante dela, a boca cheia de alfinetes.

Não sabemos se o recado foi dado a Evita. Mas o fato é que, tendo deixado Buenos Aires com um penteado de cachos sobrepostos, ela voltou de coque. É que os recados nunca chegam em linha reta. Mas sempre acabamos por recebê-los, julgando que os descobrimos naquele momento, ao passo que vozes obscuras há muito tempo já nos sussurravam ao pé do ouvido o caminho a seguir.

6
Mensageira

A partida para Madri • Uma capelina branca no Escorial • Eva odeia o protocolo • Trigo para Franco • Os murmúrios de Pio XII • Um tesouro misterioso • A rainha estará ausente de Londres • Paris é Dior • O metrô Argentina • A Suíça e os banqueiros • Rio, Montevidéu, Buenos Aires: fim do "arco-íris"

Ela parte de avião no dia 6 de junho de 1947, um ano e dois dias depois daquele memorável 4 de junho em que dormiu pela primeira vez no palácio Unzué.

Foi a Perón que Franco endereçou o convite, sem sequer imaginar que ele pudesse fazer-se representar pela mulher. Isolada no cenário mundial, a Espanha fazia questão de agradecer ao único país que a apoiara na ONU. Não apenas a Argentina de Perón mantivera excelentes relações diplomáticas com um dos últimos regimes fascistas ainda de pé, como também lhe concedera um empréstimo para a compra de carne e cereais. E os espanhóis puseram-se a sonhar com o Eldorado argentino, onde praticamente cada um deles tinha um tio ou sobrinho imigrados há muito tempo. Estava em andamento uma espécie de "plano Marshall" à argentina.

Tais sonhos podem parecer surpreendentes se tivermos em mente a imagem de uma Argentina em crise. Mas em 1947, já não era este – não era este ainda – o caso: com a guerra, a Argentina enriquecera. Encontrava-se então entre os países mais prósperos do mundo. A Europa precisava de suas matérias-primas. Os produtos industrializados europeus haviam se tornado raros, a indústria nacional florescia e a Argentina voltava a ser terra de acolhida de imigrantes. Mas os novos europeus que recebia não eram mais camponeses analfabetos, como o tio ou o primo chegados outrora de Lugo ou Pontevedra. Das mais variadas origens e procedências (tanto vítimas quanto carrascos do nazismo), tratava-se agora de profissionais qualificados. Para um governante, a Argentina que Perón acabava de receber era um verdadeiro presente.

Entretanto, que interesse teria ele em manter-se em tão bons termos com a Espanha? A Argentina acabara de restabelecer relações diplomáticas – e comerciais – com a então União Soviética. Fazia parte da ONU. Os Estados Unidos começavam a considerar seu regime mais frequentável do que julgavam até então. E precisamente naquele momento Perón dava a Franco tal aperto de mão?! Certos peronistas de esquerda, como o líder sindical Isaías Santín, um espanhol muito chegado a Evita, diziam-se incapazes de compreender. Mas a coisa não podia ser mais clara: aquela típica contradição de Perón decorria de um cálculo equivocado, propiciado, dessa vez, por um sentimento. O fascismo acoitado no fundo de seu coração levava-o a apostar numa terceira guerra. Maquiavel desconcertado, ele baseava a economia argentina em alicerces ilusórios. E pagaria caro por esse erro, durante seu segundo período presidencial, quando a Argentina tornava-se cada vez menos opulenta, e a nova guerra europeia, cada vez mais improvável.

Perón não podia aceitar pessoalmente o convite dos espanhóis. Condenar ao fracasso todos os seus esforços para se mostrar simpático? Impensável. Em compensação, Evita podia substituí-lo. Embora ignoremos quem lhe deu a ideia, sabemos que Eva agarrou a oportunidade. Ela sonhava com a Europa. Dissera-o mais de uma vez a jornalistas, nos tempos de atriz. Voltar às origens. Realizar uma peregrinação íntima ao mesmo tempo ostentando a prova tangível do sucesso: do ponto de vista psicológico e social, um argentino só desabrocha plenamente se tocar a outra margem. A convidada de Franco entregou-se a uma súbita nostalgia na Espanha, baseada em suas origens bascas. E como a nostalgia hispânica tinha sua retórica própria, Evita preparava-se mais uma vez para encarnar uma estética sintonizada a não poder mais com o novelão nacionalista.

Aceita a ideia da substituição, ainda assim uma visita apenas à Espanha podia ser mal interpretada. Para despistar os verdadeiros motivos da viagem, era preciso que Evita fosse convidada por outros países. O padre Benítez foi a Roma pedir que o Vaticano recebesse "a Maria Madalena argentina", como era chamada nos bastidores. E o governo argentino pôde anunciar no devido momento que *doña* María Eva Duarte de Perón visitaria, além da Espanha, a Itália – em visita extraoficial – e a França – da forma mais oficial. Da pérfida Albion, foi extraído apenas este compromisso ambíguo: Evita seria "bem recebida" na Inglaterra.

Ambiguidade e perfídia estavam na ordem do dia. Do lado argentino, recorria-se a uma imagem poética: Evita ia à Europa para "lançar um arco-íris de beleza" entre os dois continentes. A metáfora não podia ser mais açucarada, mas confirmava seu papel constante de *intermediária*. Mais tarde, ela mesma definiria esse papel com uma imagem bem mais forte: "Sou uma ponte entre Perón e o povo. Atravessem-me!" Um arco-íris, uma ponte: duas maneiras de se colocar entre mundos diferentes que só uma pessoa de identidade esfacelada seria capaz de ligar... Do lado argentino, a indeterminação se explica pela oscilação psicológica que confere ao peronismo suas múltiplas nuances (e talvez também por um objetivo inconfessável, de que falaremos mais adiante). Do lado europeu, tinha basicamente origem econômica. A Europa passava fome. A Argentina estava pondo trigo e gado pelo ladrão. Evita e seu luxo multicolorido suscitavam uma ideia contraditória: fascismo e *rumsteck*. Cada um dos governos em questão tratou o primeiro com todo um *dégradé* de nuances, indo da simpatia à rejeição cortês, para não se privar do segundo.

Em Buenos Aires, os preparativos da turnê iam de vento em popa. A Sra. Perón devia mostrar-se absolutamente deslumbrante – em beleza, mas também em riqueza. Pois não diz a lenda que nos dois extremos do arco-íris encontram-se vasos cheios de ouro? A ostentação serviria, quem sabe, para esconder um tesouro mil vezes mais fabuloso que aquele que era efetivamente mostrado... Seja como for, empetecar-se demais para visitar países devastados pela guerra era uma inconveniência. Mas a moral da história vem a ser bem diferente. Nova rica ou rainha autêntica, Eva tinha razão: será que ainda hoje se lembrariam dela na Europa se tivesse feito aquela viagem na maior simplicidade, para não ofender os nus e os mortos? Poucos teriam compreendido esse gesto de elegância. Já a elegância ostentada por Evita era brilhante, e todos a bebiam com os olhos, avidamente.

Lilian logo foi designada como vítima: dentre as mulheres disponíveis, nenhuma seria capaz de acompanhar melhor a mensageira. A composição do cortejo ficou assim decidida: Juan Duarte, menos inclinado a visitar monumentos grandiosos que senhoras de escassa virtude; Muñoz Azpiri, embarcado à força e sem bagagens ao chegar ao aeroporto para cumprimentar a declamadora de seus textos; Julio Alcaraz, Fígaro mudo e homem de confiança, incumbido da guarda de uma mala de pele de porco, fornecida por Perón para transportar as joias; o Dr. Alsina, médico; duas ajudantes de costura, Asunta, da Casa Henriette, e Juanita, da Casa Naletoff; Alberto Dodero, que segundo Eva financiava a viagem dessa gente toda; um jornalista do *Democracia*; o marquês de Chinchilla e o conde Foxá, da embaixada da Espanha; dois ajudantes de ordem da presidência; e as camareiras. Quanto a Lilian, entrava como intérprete de francês, diplomada em boas maneiras e burro de carga.

Quando Evita falou-lhe pela primeira vez da viagem, ela se recusou a abandonar marido e filhos. Eva apelou então para Guardo, mas sem êxito. Finalmente, Perón decidiu convidar o casal, para convencê-lo. No fim do jantar, chamou Lilian à parte e disse-lhe com voz trêmula: "Aceite, Lilian! É importante para o país! Se você não for, ela acabará cancelando a viagem!" Diante da chantagem sentimental, os Guardos deram um duplo suspiro de resignação e disseram sim. Alegre como uma criança, Evita conseguiu para Lilian, no Ministério das Relações Exteriores, uma bela soma, que Guardo teve o mau gosto de recusar. Foi Eva então quem suspirou: como são chatas as pessoas complicadas! Afinal de contas, era tão difícil assim dobrar-se a seus caprichos?

As joias da maleta foram escolhidas com todo o cuidado. Não eram mais as joias de uma "professora econômica", muito pelo contrário. Fossem presentes de Dodero, aquisições de Evita em Ricciardi ou peças do tesouro fantasma, o resultado era extraordinário. Segundo Jamandreu, uma das joias era um adereço de pérolas negras único no mundo. E, para mencionar só alguns, havia um grande bracelete de pérolas e diamantes, brincos com pérolas em forma de gota e um colar de várias voltas de pérolas com fecho de diamantes. Teria ela então aceitado usar pérolas, em uma última tentativa de aproximar-se das patronesses?

Ainda segundo Jamandreu, ela esperava encontrá-las numa noite de gala no Teatro Colón, à qual deveria estar presente toda a aristocracia da bosta. Mas não demorou para que ficasse impossível esconder a terrível verdade: nas poltronas de veludo cereja, refestelavam-se *au grand complet* as criadas daquelas nobres famílias. Neste meio, só *doña* Adelina Harilaos de Olmos aceitaria receber Evita, por volta de 1950. A velha senhora, muito católica, e que presidira a Sociedade de Beneficência nos anos 1930, precisava pedir um favor ao presidente (uma sombria história de sepultura). E acontece que era marquesa pontifícia. Seria o episódio de *doña* Adelina a origem da obsessão de Evita em conseguir também este título, de que até então não ouvira sequer falar? O fato é que a infeliz ideia alojou-se em sua cabeça, valendo-lhe apenas mais uma decepção.

A respeito do guarda-roupa previsto para a viagem, a espanhola Ana de Pombo relata em suas memórias uma história que diz muito do desprezo de que Eva era cercada na alta sociedade. Ana de Pombo acabava de abrir em Buenos Aires uma casa de costura frequentada pelos grandes nomes da Argentina: Martínez de Hoz, Pueyrredón, Zuberbüller... Certo dia, dois policiais batem à porta. "A Sra. Perón a aguarda amanhã às 7 horas da manhã. Leve seus modelos e seus manequins."

Ana de Pombo apresentou-se no palácio Unzué na hora aprazada, acompanhada de duas auxiliares e um carregador. O arcebispo de Buenos Aires e o ministro da Guerra já estavam esperando, mas ela foi recebida primeiro. Evita estava vestida para sair, e não em *robe de chambre* – que era como costumava receber pela manhã. É que acabava de voltar para casa. "Desculpe-me", foi dizendo, "mas tinha saído para o café da manhã com os pobres." Depois de examinar o conteúdo das caixas, ela manifestou o desejo de ficar a sós com Ana de Pombo, para dizer-lhe o seguinte: "A senhora me surpreendeu. Eu jamais imaginaria que viesse me ver de manhã tão cedo, e tão elegante, com seus modelos e manequim. Toda a alta sociedade de Buenos Aires está contra mim. O que acabam de fazer vai custar-lhes caro. Agradeço-lhe por sua coragem."

Que queria ela então? Um vestido "ainda mais belo que o das rainhas", com uma capa monumental, para subir a escadaria do Palácio Real de Madri.

Ana entendeu perfeitamente, e criou para Evita um vestido de renda azul-celeste, bordado de *strass*: a roupa da fada azul no *Pinóquio* de Walt Disney (ou, apenas um pouco mais pálida, a da fada da noite confeccionada por sua mãe e suas irmãs num já distante carnaval). A capa, de plumas de avestruz não menos azuis, tinha, como o vestido, uma cauda de 2 metros. Seguida por aquela aura azul, reluzente e ondulante, ela daria a impressão de levar um tempo enorme para subir a interminável escadaria. Eva subindo eternamente...: era esse o papel sonhado. Ao retornar, ela encomendou ao pintor espanhol Sotomayor seu retrato de pé. Para que pintasse o rosto, forneceu-lhe várias fotografias, e para o corpo, o vestido azul sobre um manequim. Cabia a Sotomayor perpetuar a imagem celeste.

Três dias antes da partida, Evita inaugurou o primeiro de seus "lares de trânsito", batizado, naturalmente, com o nome de "María Eva Duarte de Perón". (Os seguintes se chamariam "Eva Perón", "Evita" e outras variantes do gênero.) Situado na zona Sul, deveria abrigar 46 mulheres jovens chegadas do interior em busca de trabalho. Para Evita, era um verdadeiro símbolo: anos atrás, ela mesma chegara a Buenos Aires sem ter onde morar. Pois agora, outras jovens como ela "imigradas do interior", teriam à sua disposição tudo que lhe faltara: teto, alimento, companhia. E isso no exato momento em que ela se preparava para uma nova partida!

O interior fora decorado por sua própria iniciativa. Quem mais teria escolhido aqueles tecidos de estilo provençal, com estamparia de grandes flores berrantes? Mas quem mais, antes dela, se preocupara com o bem-estar das jovens do interior? Os adversários de Eva gostavam de gracejar dizendo que ela fizera muito bem o mal e muito mal o bem. O que redundava em reconhecer que *fizera alguma coisa*, que agia. E aliás as cortinas estampadas tinham um sentido: Eva não queria receber as convidadas num lugar triste. Queria cercá-las de luxo e felicidade. Só consegue exibir um vestido de fada azul quem sonhou com ele. Mas para saber imaginar é preciso ter visto. Evita estava ali para dizer-lhes que as fadas existiam (ela própria era uma delas).

DESPEDIDA

Naquela mesma noite, o embaixador da Espanha, José María de Areilza, conde de Motrico, ofereceu-lhe uma recepção na embaixada de seu país. A fotografia em que ficou registrada a ocasião é dessas que qualquer especialista em propaganda trataria de queimar o mais rápido possível, como tantas outras de políticos que são expostas nas ruas em vez de serem escondidas para que os transeuntes não descubram o que se esconde por trás desses rostos. O trio composto por Areilza, Perón e Evita nos olha com ar enlevado, um copo na mão, o que explica a exaltação dos traços dos personagens.

O embaixador tem o nariz *racé* e a sobrancelha elevada de um *señorito* vaidoso, ambicioso e de espírito mordaz. Acabava de apresentar suas credenciais a Perón, numa cerimônia de rara magnificência. Era o diplomata franquista escolhido para a assinatura do "protocolo Franco-Perón", pelo qual a Argentina se comprometia a conceder à Espanha um crédito em pesetas para a compra de trigo. Não demorou para que Areilza, apresentado pelo gordo conde de Foxá mas sobretudo pelo marquês de Chinchilla, pai de uma menininha que Evita adorava, se tornasse amigo íntimo do casal presidencial.

Mais tarde, essa amizade se degradaria: um belo dia, muito depois de seu retorno da Europa, os garçons que serviam à mesa comunicaram à senhora presidenta que ela era objeto de gracejos nos jantares da embaixada espanhola. Certo dia, como esperava num salão do palácio de Unzué, Areilza ouviu-a vociferar: "*¡Ese gallego de mierda que se espere!*" Na Argentina, todo espanhol, seja qual for sua região de origem, é considerado um galego. Areilza lançou mão do chapéu e deixou o recado: "Digam à sua patroa que o galego se foi, mas que a merda ficou."

Na foto em questão, o rosto de Areilza parece amável, apenas um pouco irônico e sem conseguir ocultar a alta estima que seu proprietário traz e de sua nobre linhagem. No meio, um pouco recuado, Perón ostenta um sorriso que não é o de Perón. Não foi, dessa vez, acendido para saudar a multidão de braços abertos. Ele se mantém um pouco à sombra de sua "sombra". Dizer, hoje, que seu rosto é o de um homem vicioso parece fácil: seria como ler um romance cujo fim já se conhece. Mas o fato é que, então como hoje, a astúcia que faz brilharem seus olhinhos repuxados e a sensualidade sem alegria de seus lábios úmidos não enganam ninguém. Ele encosta a mão que segura o copo na estola de arminho de Evita, como para afirmar – mas com que moleza! – a posse da estola e da mulher. Bem poderia estar cantarolando mentalmente o tango que diz *Aquel tapado de armiño/ todo forrado en lamé,** congratulando-se por ter sido muito mais esperto que o protagonista da canção, endividado por esse casaco-símbolo. Seja como for, dos dois cavalheiros ali presentes, Areilza e Perón, o primeiro parece dizer: "Vejam como sou nobre. Frequento estes *parvenus* do fim do mundo porque têm cereais, mas os desprezo." E o segundo: "Vejam como sou esperto. Estou aqui fazendo o papel que mais me diverte: impor-lhes minha mulher. Os verdadeiros motivos da viagem, sei perfeitamente quais são. Quanto ao trigo, veremos..." E ambos exprimem o que têm a exprimir por vias transversas, retorcendo este o supercílio, aquele a boca. Só Evita – apesar de fantasiada como nunca, o chapéu branco pousado como um prato por trás da cabeça, as melenas recheadas de apliques em zigue-zague sobre o rosto e todas aquelas esmeraldas – não parece representar.

---

*Aquele casaco de arminho/todo forrado de lamê. (*N. do E.*)

Engraçadinha, vulgar, ingênua, ela irradia uma felicidade simples e direta. A atriz é ali a única alma cândida: é apenas o que é.

Em matéria de despedidas, a Argentina não fez feio. Numa festa em homenagem a Eva, José María Freyre, ministro do Trabalho, declarou que ela era "a representante mais completa" que se podia encontrar e "o próprio arquétipo da mulher argentina, que mostra sua personalidade não com a vaidade de um pavão, mas como a encarnação de uma requintada feminilidade". Concluído o discurso, Evita declarou, naquele tom rude que reservava exclusivamente aos cavalheiros importantes: "Pare com isto! Que está querendo, que eu te traga um presente?" Ela já começava a se habituar às lisonjas mais servis. Uma canção intitulada *A dama da esperança* acabava de ser composta. Mas preservava um frescor de "flor do lodo e dos *bas-fonds*", como diz ainda o tango. Entre a satisfação de ser adulada e a de humilhar alguém de certa posição, ela escolhia a segunda.

Eva não foi a única a reagir ao discurso do ministro. A Conferência das Mulheres Socialistas publicou o seguinte comunicado:

"1) As mulheres socialistas não se consideram representadas por esta senhora. 2) Deploram e refutam o título de membro *honoris causa* que lhe foi conferido pela Universidade de La Plata. 3) Lamentam que o governo francês, composto em grande parte por camaradas socialistas, a tenha convidado oficialmente." (Outros países poderiam impunemente convidar "esta senhora", mas a França, não. Partindo da França, verdadeira pátria da inteligência, aquele convite era uma traição.)

Do ponto de vista político, as despedidas mais significativas foram as de 5 de junho, na Sociedade Rural Argentina, que ainda era um bastião da aristocracia do gado, onde os proprietários fundiários exibiam anualmente, como continuam a fazer, seus touros e vacas. Nos jornais tradicionais, as fotos desses Shorton e Aberdeen Angus de expressão tenaz sempre figuraram na primeira página, junto às dos militares. Na época da viagem de Evita, seu reduto já se via ameaçado pelas multidões dominicais de *cabecitas negras* que vinham passear bem em frente, no gramado da praça Itália, para em seguida ver o elefante em seu palácio de estilo hindu no jardim zoológico, ali ao lado. Eram coisas jamais vistas antes do peronismo: negros, endomingados, reluzindo de gomalina, aqueles operários e empregadas domésticas, nascidos nos trópicos ou em regiões áridas, desfilavam de óculos escuros. Supremo indício de sucesso na vida: fingir que tinham os olhos delicados, como se viessem de países cheios de brumas! Era o que murmuravam à parte os expositores de vacas gordas, lançando olhares de desprezo em direção à grama rarefeita da praça.

Foi ali que os operários sindicalizados disseram até breve à fada boa que se preparava para partir. Cem mil trabalhadores acorreram para aplaudi-la. A seu lado, Domingo Mercante estava radiante. Evita tomou a palavra para pronunciar mais uma vez a palavra que não saía de seus lábios: *corazón*. "Parto deixando-lhes meu coração."

Chega finalmente o dia 6 de junho. São 16 horas. O aeroporto de Morón, na zona Oeste da capital, é invadido pela multidão. Eva conhece a multidão, seu calor, seus riscos: durante sua última viagem a Tucumán, a avalanche humana deixou um saldo de sete mortos, vários feridos e dois partos prematuros. Ela foi ao hospital visitar os feridos. Fez até questão de ver os mortos. E, ao sair do necrotério, desmaiou nos braços de Lilian, que ficou preocupada com sua saúde débil e seu estado de nervos. Nada disso se repetia hoje, felizmente. Nada de empurra-empurra, todos respeitam seus sentimentos – ela parece comovida. Eva beija Perón. Está com medo de tomar o avião – um percurso tão longo! Sobe finalmente a bordo do DC4 da Iberia como se fosse uma rainha (adivinhem qual) subindo ao cadafalso.

Os membros do cortejo viajam com Eva, as bagagens, num avião argentino da FAMA. Mal o DC4 levantou voo, ela limpa a garganta e anuncia: "Amigos, prestem atenção: a partir de agora, estejam todos muito atentos. Todo mundo está de olho em nós. De modo que todo cuidado é pouco. Nada de besteiras! E ai daquele que lhes der o menor motivo de caírem em cima de nós!" É claro que ela não está pensando nos dois nobres espanhóis nem em Lilian, que a ouvem boquiabertos, mas no irmão. Sua intuição está longe de enganá-la: uma vez na Espanha, Juan Duarte, contando com a cumplicidade de

Dodero, tratará de escapar às cerimônias oficiais para ir ao encontro das ciganas do Sacromonte em Granada. E o padre Benítez cortará um dobrado para tentar justificar, em Roma, o comportamento escandaloso do "adorável canalha".

Evita, porém, não pensava apenas em Juancito. Temia igualmente sua própria falta de jeito. Seu medo das gafes era amplificado pelo medo da morte. Era evidente que o avião ia cair. E, além do mais, seu passado a perseguia. Ela não conseguia livrar-se dele. À meia-noite, escreve esta carta a Perón:

> Meu querido Juan:
> Parto em viagem com muito penar, pois longe de ti não posso viver, te amo tanto que é quase uma idolatria. Talvez não saiba te transmitir tudo o que sinto, mas te afianço que lutei muito na vida por causa de minha ambição de ser alguém. Sofri muito, mas tu chegaste e me fizeste tão feliz que parece um sonho, e como só tinha para te oferecer meu coração e minha alma, dei-os inteiramente, mas é verdade que durante esses anos de uma felicidade cada vez maior não deixei de te adorar nem uma hora sequer, nem de agradecer aos céus pela bondade de Deus me dando a recompensa do teu amor, que procuro a cada momento merecer, fazendo todo o possível ao meu alcance pra fazer-te feliz. Não sei se consegui, mas posso garantir que ninguém neste mundo te respeitou nem te amou mais que eu. Sou tão fiel que se Deus não quisesse esta felicidade, e me levasse com Ele, mesmo depois da morte eu continuaria fiel e te adoraria lá de cima. Meu querido, perdoa-me essas confissões, mas é preciso que saibas, na hora da minha partida, e quando estou nas mãos de Deus, sem saber se não me ocorrerá um acidente, que tua mulher, com todos os seus defeitos, tu purificaste, pois vivo para ti, sinto para ti e penso para ti. Cuide-se bem. Governar é ingrato, tens razão. Se Deus quiser e se acabarmos bem tudo isto, vamos nos retirar para viver nossa vida, e procurarei torná-la o mais feliz possível, pois tuas alegrias são as minhas. Juan, se eu morrer *cuida da*

> *mamãe, por favor,* ela é sozinha e já sofreu muito. Dê-lhe 100 mil pesos; para Isabelita, que se mostrou leal e continua a sê-lo, 20 mil pesos e um salário melhor. E eu lá de cima cuidarei de ti. Minhas joias, guarda-as contigo. Como San Vicente e Teodoro García, pois assim te lembrarás de tua *Chinita* que tanto te amou. É bobagem pedir-te que ajudes *doña* Juana, pois sei que a amas como eu a amo. O que acontece é que, como estamos vivendo numa eterna lua-de-mel, não demonstramos nossa afeição à família, mas a amamos muito. Juan, continue amigo de Mercante, que te adora, e mantenha-o junto a si como colaborador, pois ele é leal. Cuidado com Rudi, que gosta demais dos negócios. Foi Castro quem me disse, e isso pode te prejudicar. O que eu quero é ver teu nome tão limpo quanto tu és limpo; além disso, pode ser duro, mas precisas saber o que ele mandou fazer em Junín. Castro sabe. Juro, é uma infâmia (ninguém tem nada a ver com meu passado, mas tudo isto, na hora da minha morte, precisas saber, é pura falsidade), é doloroso amar os amigos e receber em troca nessa moeda. Deixei Junín quando tinha treze anos. Que maldade, pensar uma tal baixeza de uma menina, é completamente falso. Não posso deixar-te na ignorância de tudo isso; não te disse ao partir porque já estava sofrendo tanto por me separar de ti para aumentar ainda mais meu sofrimento, mas podes te orgulhar de tua mulher, pois cuidei de teu nome e te adorei. Beijos, beijos, mil beijos... Evita.

Quem seria o Castro em questão? É o coronel Juan Francisco Castro, futuro secretário dos Transportes. E Rudi? Rudi Freude, o secretario de Perón, incumbido de receber condignamente os refugiados nazistas que chegavam à Argentina. E que investigação é essa que o filho do bilionário alemão teria feito em Junín? Não podemos deixar de pensar nos dois aristocratas que abandonaram Eva e sua amiga à beira de uma estrada. Mas por que haveria Rudi de tentar desmoralizá-la junto ao marido? Trata-se de um ponto obscuro, e que parece destinado a continuar como tal, assim como este outro: por que Evita nesse "testamento" ditado pelo medo de um acidente de avião, deixa em herança a Perón a casa de San Vicente, que segundo todas as testemunhas já era propriedade dele desde antes do casamento?

O SORRISO DA SENHORA FRANCO

Às 20h35 de 8 do dia junho, numa noite de verão ainda clara e amena, o avião aterrissa no aeroporto de Barajas, escoltado por 41 aviões de caça. Descendo a escada, Eva enxerga na esplanada o generalíssimo Franco ladeado por duas senhoras de negro: sua mulher, *doña* Carmen Polo de Franco, e sua filha, Carmen Franco Polo. Os três avançavam cercados de uma quantidade impressionante de uniformes e batinas. Um pouco mais adiante, um grupo multicolorido de mocinhas da Falange, usando trajes folclóricos, agitava lenços. No solo, quilômetros de tapetes. Por toda parte, flores e bandeiras espanholas, vermelho-amarelho-vermelho, e argentinas, azul-branco-azul. E ao redor do aeroporto, 300 mil madrilenhos em delírio gritando seu nome.

Ao descer o último degrau, no momento exato de pisar a terra espanhola, o corpo de Evita esboçou uma contorção quase imperceptível. A fotografia – publicada, como todas as outras que vamos "analisar", nos jornais espanhóis da época – mostra-a sorridente mas contraída, erguendo o ombro direito, o pé esquerdo enviesado. (Em tempos idos, sua irmã Elisa queixava-se disso: Evita, dizia, caminhava de viés. Não contente de usar seus sapatos sem permissão, ela gastava, com isso, o interior dos saltos.) Esta foto causa certo espanto: o braço direito, rígido e como que engessado, está separado do corpo, enquanto o esquerdo mantém a bolsa apertada contra a cintura, como se ela pudesse ter motivos para temer ser assaltada naquela Espanha católica e presa nas tenazes da ditadura.

Como seu corpo, os trajes tampouco indicavam que estivesse se sentindo à vontade. Suas conselheiras certamente consideraram que se impunha um estilo sério. O resultado é algo contrafeito e afetado, mas não desprovido de humor. O penteado de Evita é uma "banana" que lhe dá a volta à nuca e a faz parecer desprovida de pescoço. Seu chapéu, quadrado, fixado por trás da cabeça e enfeitado com um grande nó de gorgorão empinado, tem um certo ar circense. (Sempre o inconsciente engraçadinho pronto a traí-la na escolha de suas toaletes: basta lembrar como pretendera vestir-se à militar para a cerimônia de 4 de julho.) Quanto ao *tailleur* de paletó longo, pouco marcado na cintura, com enormes - mas não marciais - ombreiras e saia reta de pregas lisas na frente, foi confeccionado num tecido espesso que dá uma aparência massuda à sua silhueta. O conjunto deixa uma impressão de dureza e rigidez, apesar de sua altura, que supera em vários centímetros a de Franco.

No momento que seu corpo pregou-lhe a peça de torcer-se como o de um *gaucho*, sempre oblíquo, Evita ostentava um sorriso tímido. Mas em seguida, preocupada em controlar o pé, deixaria de sorrir, respondendo aos salamaleques de Franco com uma expressão gentil de lábios cerrados. O ditador galego (ele era realmente ambas as coisas) inclinou-se diante dela para beijar-lhe a mão. Ela também se inclinou ligeiramente, num movimento cheio de nobreza que viria a repetir diante de outras personalidades europeias, e a cada vez com mais elegância. Na Argentina, o beija-mão não faz parte do protocolo. De que memória ancestral - ou teatral - nasceria com essa naturalidade, tão perfeita, a curva de seu braço?

Na sequência fotográfica seguinte, a Sra. e a Srta. Franco ostentam dois sorrisos idênticos, cheios de dentes, os cantos da boca muito suspensos. É verdade que abusam do negro. Mas dá para perceber que não ficaram horas tentando decidir o que vestiriam para a ocasião. Como se dizia na época, "conheciam o seu lugar". Suas ombreiras são arredondadas, sem agressividade. E suas capelinas moles - muito mais apropriadas que o chapéu de Eva, que oscila entre a rigidez e o toque circense - aureolam seus rostos de uma atmosfera romântica.

Eva passa as tropas em revista ao lado de Franco. Nesse momento, sua seriedade e sua rigidez justificam-se plenamente. Seriedade e rigidez que ela transforma em atitude altiva, em palavra contundente, quando o infeliz embaixador argentino, o Dr. Pedro Radío, chega às pressas, o paletó meio caído e a gravata atravessada. Pingando de suor, ele se desculpa: a multidão o impediu de chegar na hora. Mas Evita, longe de desculpá-lo ou de achar graça, humilha-o, encontrando a vítima perfeita para se vingar do pé torcido há pouco.

Acalmada depois do acesso de raiva, ela entra no automóvel com os três Francos. Uma longa caravana desloca-se em direção à cidade. O clima ameno começa a fazê-la sentir-se mais à vontade. É que ela está chegando do inverno, e seu corpo preserva ainda a sensação do frio de Buenos Aires no mês de junho. O calor das multidões também opera milagres. Os madrilenhos sabem obedecer a seu caudilho, que lhes sugeriu que ornamentassem as sacadas e balcões ao longo da *calle* Alcalá, por onde passa o cortejo. É domingo, e por isso pôde tanta gente acorrer a Barajas, por isso há tanta gente nas ruas, nos terraços, nas janelas. Amanhã, será feriado e poderão ir à praça do Oriente saudar Evita. Franco é um diretor. Todos os fascismos são uma encenação.

A procissão seguiu a *calle* de Alcalá e desembocou na praça de Cibeles. Extraordinário espetáculo: a porta de Alcalá, a estátua do *Espartero* e a Gran Vía inundados de luz! Há muito os madrilenhos se haviam acostumado a ver sua cidade mergulhada em penumbras. Toda aquela claridade fazia passar-lhes pela cabeça mil ilusões. Se o generalíssimo se entregava a um tal desperdício, era porque confiava nos resultados daquela visita e na loura visitante, cujos cabelos cor de trigo pareciam oferecer uma doce confirmação a suas esperanças.

O percurso terminou no Pardo, o palácio onde Evita e seu cortejo se hospedariam durante a estada na capital. Era a residência da família Franco. Posteriormente, a Sra. Franco se recusaria a receber hóspedes em casa, por mais importantes que fossem: Evita fora-lhe mais que suficiente.

Eva foi coberta de presentes suntuosos: um xale antigo, um leque de ouro e marfim, perfumes, uma mala de couro com os brasões dos dois países e sobretudo um maravilhoso tapete com a reprodução de um quadro de El Greco. Isso feito, cada um desejou-lhe boa-noite e todos se recolheram a seus aposentos. Todos, menos Eva, que convocou Lilian, implorando-lhe que ficasse a seu lado. Ela estava com medo. Mas com todos aqueles valetes e policiais montando guarda? Inútil: ela temia que "alguém" entrasse em seu quarto. Mas quem? Um assassino? Um apaixonado? Um emissário incumbido de atentar contra sua honra? Esconderia aquela viagem algum segredo que a fazia tremer? Ou tratava-se mais uma vez de seu velho pânico da solidão? Ninguém saberá ao certo, mas o fato é que dali por diante Evita compartilharia o quarto com Lilian. Naquela noite, as duas empurraram o armário contra a porta, como se estivessem numa estalagem suspeita. E toda santa noite, ao longo dos três meses de duração da viagem, a Sra. Guardo seria brindada com as preocupações, os sonhos e projetos de Evita, que dormia mal e pouco. Lilian contaria mais tarde em detalhes essas conversas prolongadas até o alvorecer, nas quais dois assuntos voltavam sempre.

O primeiro era Perón. Eva enchia a boca com seu nome formidável e viril. Mas a ideia de que seus inimigos se prevaleceriam de sua ausência para enganá-lo não a deixava fechar os olhos. Se o repouso lhe era absolutamente impossível era porque ela se sentia responsável pelo marido. Essa ideia se tornaria obsessiva no fim da vida, ao longo da doença de que veio a morrer. E o tempo demonstraria que ela estava certa: a neurose que consiste em se julgar indispensável não é incompatível com o dom da clarividência.

O segundo tema de conversa noturna era a História. Já na primeira noite, Evita fez a Lilian uma pergunta sumamente grave, que voltaria a fazer nas noites seguintes, e à qual a acompanhante, já meio sonada, respondia com uma voz cada vez mais débil. A pergunta: "Diga-me, Lilian, o que gostaria de fazer na vida?" "Ficaria satisfeita em ser uma boa mãe para meus filhos", respondeu e reiterou a Sra. Guardo. E Evita suspirava, ardorosa: "Eu não. O que eu quero é entrar para a História."

Quando o convite para ir à Espanha foi aventado em Buenos Aires, Evita disse ao embaixador Areilza que desejava receber a cruz de Isabel, a Católica "nessa praça do Ocidente que vocês têm em Madri". "Do Oriente", corrigira o conde, alçando o supercílio. Eva deixou claro que não dava importância à objeção: "É a mesma coisa!" Pois agora chegara o grande momento: no dia seguinte ao da chegada, ao dar meio-dia, ela deixou o Pardo com Franco para ir ao Palácio Real, situado efetivamente na praça do Oriente.

Fazia muito calor. *Doña* Carmen Polo de Franco trajava mais uma vez vestido negro e capelina de mosqueteira. Só os detalhes haviam mudado: o decote, não mais triangular, era quadrado, e o chapéu, em vez de uma pluma única e reta, ostentava uma cascata de plumas moles. No pescoço, pérolas.

Evita, em compensação, mudara muito desde a véspera. Pedro Alcaraz limitara-se a retocar a "banana" que lhe contornava a nuca. Mas a banana só era visível para quem estivesse à sua esquerda. Vista da direita, desaparecia sob um enorme adorno de plumas, tão moles quanto as de *doña* Carmen, mas sem chapéu, plumas solitárias que acariciavam suavemente o rosto de Evita e pareciam a razão de ser de seu sorriso sonhador. Como na véspera, Evita não sorria abertamente. Usava um vestido de estamparia ondeada e furta-cor, como um veludo de seda. Mas quase não era possível entrever o modelo, pois, apesar do calor, Evita suportou ao longo de toda a cerimônia seu casaco de marta zibelina. À falta do pijama fetiche, ela parecia sentir necessidade de uma proteção envolvente.

Sempre aferrada a seu casaco, ela recebeu a condecoração de Isabel, a Católica, a mesma que fora conferida a Perón no dia em que Evita se apresentara com o colar de miçangas – com a diferença de que a cruz conferida a ela era de ouro, com pedras preciosas. Segurando as abas do casaco, ela ouviu o discurso de Franco, que não poupou elogios a Perón. E ainda debaixo do casaco, ela tomou a palavra.

Seu discurso, redigido por Muñoz Azpiri, era um resumo de todos os lugares-comuns sobre a mãe pátria, e um hino a Isabel, a Católica, "aquela que mais perto esteve de Deus, nos tempos sagrados da Espanha, quando estar perto de Deus significava combater e orar". (Ela não acrescentou: "e matar judeus e indígenas".) Em suma, o roteirista passara em revista cada elemento daquela mesma retórica com que as escolas argentinas contemplam os pequenos descendentes de sírios-libaneses ou alemães do Volga no 12 de outubro, o "Dia da Raça"... Mas ainda assim, comparada ao jornalismo franquista, a prosa de Muñoz Azpiri era de consternante sobriedade. Basta passarmos os olhos nesta joia lavrada pelo célebre escritor espanhol Eugenio d'Ors para anunciar a chegada de Evita: "Quando nos voltamos sobre nós mesmos em busca da ideia da Argentina, o que encontramos nada mais é que a Espanha antiga, o trote de Rocinante, o ardente desejo de cavalaria. Que haveria de mais quixotesco que um *gaucho*?" Rosário de palavras grandiloquentes, onde só faltavam Sancho Pança e o Velho Vizcacha: seja marrana ou mestiça, a veia picaresca não podia combinar com uma ocasião tão solene.

Depois dos discursos, saíram todos ao balcão. A praça estava tomada por uma multidão que gritava: "Franco e Perón." Evita tomou o microfone: "O general Franco", disse, "experimenta neste momento os mesmos sentimentos que Perón quando é aclamado pelos descamisados." Não se sabe se Franco apreciou o comentário, pelo qual Evita lhe atribuía os sentimentos de Perón com o único objetivo de encaixar mais uma vez o nome estrondoso que achava tão belo. Mas também poderíamos atribuir sentimentos a ela, quando, concluída sua improvisação, saudou a multidão como sempre fazia, erguendo o braço direito sem quase mexê-lo ou dobrá-lo, gesto fácil de ser confundido com a saudação fascista. Foi aliás o que a imprensa espanhola não se eximiu de dizer no dia seguinte.

Quantos madrilenhos haviam acorrido? "Centenas de milhares", diziam os jornais da época; 40 mil, precisa Marysa Navarro. Seja como for, a praça estava apinhada de gente, fenômeno que se repetiu em toda a Espanha à passagem de Evita. Parafraseando o título de um filme célebre, no qual Mastroianni e Sophia Loren encarnam os dois únicos cidadãos que não vão aclamar Hitler no dia de sua visita a Roma, tratava-se de "um dia muito especial".* E a explosão de simpatia do povo espanhol não deixava de evocar a da população da Cidade Eterna naquele famoso dia. Mal saídos da guerra civil, os espanhóis passavam fome. Tinham também sede de espetáculo, que a televisão ainda não satisfazia. Evita não podia ser mais oportuna, com seu pão e circo. Era bela e gentil. Além do mais, a Argentina era

---

**Una jornada particolare*, de Ettore Scola, 1977, exibido no Brasil com o título *Um dia muito especial*. (*N. do T.*)

a filha dileta da Espanha, e Evita proclamava suas origens espanholas (esquecendo ou ignorando que Duarte era um nome basco francês). Estavam reunidos todos os elementos para que o prazer visual fosse ao encontro do coração. Teatro, e teatro sentimental.

Evita, entretanto, revelou-se atriz das mais desconcertantes no espetáculo montado por Franco. Naquela mesma tarde, meteu na cabeça que queria visitar os bairros pobres da cidade. Com aquele calor, *doña* Carmen teria sem dúvida preferido fazer a sesta, ainda mais que à noite haveria recepção no Pardo. Mas sua hóspede tinha energia para dar e vender: não contente de percorrer esses bairros de carro, ela entrava em cada casa pobre, perguntando a um homem de rosto cavado se tinha emprego, interessando-se pela doença de outro, deixando no caminho um mar de pesetas e repetindo incansavelmente que não se tratava de caridade, mas de ajuda social. De justiça. Os pobres tinham o dever de reivindicar. E tome Perón, e tome plano quinquenal de Perón e tome revolução peronista. *Doña* Carmen não se desfazia do mesmo sorriso de sempre, como que desenhado em sua boca, cujos cantos não deixaram no entanto de cair um pouco quando Evita pediu a Franco que exercesse clemência com uma *Doña* do outro campo ideológico: Juana Doña, a comunista condenada à morte. Seria possível recusar algo a tão encantadora convidada? Juana Doña salvou-se.

A autora deste livro deve confessar sua ignorância quanto ao vestido usado por Evita naquela noite, na festa do palácio do Pardo. Uma coisa é certa: para a cerimônia do Palácio Real, ela não voltou a envergar seu traje de fada azul. Ter-se-ia consolado enfeitando-se à noite de rendas cor de céu para adentrar o salão do Pardo? Terá sido a emoção de estar finalmente em seu vestido divino que a fez esquecer a cruz de Isabel? Eva efetivamente chegou deslumbrante, mas... sem a condecoração. Franco dá-lhe as boas-vindas fixando-a nos olhos com ar interrogador. Ela logo se dá conta, mas não perde a pose. E ninguém seria capaz de apertar contra a parede a adorável menininha que respondeu assim, fazendo dengo: "Devia estar com ela, não é mesmo? Mas não é grave, vou dar um jeito." Estala os dedos, alguém vai a seu quarto apanhar a cruz, ela a prende ao pescoço... e não se fala mais nisso.

Gafes não faltariam ao longo da viagem, e não raro ela se saía com tocante sinceridade. Foi o caso no dia da visita à catedral de Madri. A anedota foi contada por Joaquín Romero Murube, na época prefeito da cidade. O bispo a aguardava, um genuflexório todo dourado lhe havia sido reservado, e todos esperavam que ela se mostrasse generosa na esmola. Mas Evita vinha de outra igreja, onde fizera uma doação considerável. Uma vez na catedral, entendeu o erro que acabava de cometer, e exclamou, dando com a mão na testa: "Deus meu! Não tenho mais um tostão! Dei tudo na igreja, essa outra de onde viemos. Pensei que era aquela a catedral! Rápido, que vá alguém ao Pardo buscar dinheiro!" Houve ainda o episódio, também numa igreja – se não era a mesma –, onde ela diz ao funcionário espanhol que a acompanhava: "Por favor, diga-me quando tenho de me sentar e me levantar, pois sabe como é, não sou muito instruída." Nos três casos (a cruz de Isabel e as duas igrejas), ela se saíra da melhor forma possível, confessando com humildade e dignidade que não sabia como se comportar. Em outras ocasiões, suas reações de orgulho revelavam seu complexo de inferioridade muito mais claramente que aquele tipo de confissão sincera: no Museu do Prado, foi novamente o embaixador Radío – o mesmo que se atrasara no aeroporto – quem levou as sobras. O diretor do museu comentava um quadro de El Greco quando o embaixador, na esperança de voltar às boas graças, arriscou uma opinião sobre a obra do pintor. "Silêncio!", cortou Evita. "O senhor não sabe nada. Cale-se e deixe o cavalheiro explicar."

No Escorial, ela foi perfeita. A própria imagem da claridade estival: vestido de estamparia sobre fundo branco, acessórios brancos, nada de colar (apenas um broche no canto do decote quadrado) e, surpresa das surpresas, uma bela capelina, branca e flexível, sobre a testa à mostra. Como tinham razão as pobres mulheres que lhe haviam aconselhado o coque! Era uma Evita requintada, de uma elegância despojada, que percorria o palácio de Felipe II mergulhada em suprema indiferença por essa joia austera da tradição hispânica. O Escorial inspirou-lhe um único comentário: "Quantos compartimentos! Que maravilhoso lar não seria para os órfãozinhos!"

Eva teve direito ao programa folclórico completo, inclusive, naturalmente, a *corrida*. Para ela, era uma novidade: a Assembleia argentina de 1813, preocupada em eliminar toda a influência espanhola, proibiu os *toros*. E, no entanto, o *matador* que naquele dia toureava em sua homenagem havia nascido na Argentina. Chamava-se José Rovira, e aquele não foi propriamente seu dia de glória. Para começar, Evita chegou muito atrasada (curioso comportamento que com o passar do tempo ela só viria a exacerbar). E, quando apareceu com sua mantilha de renda de seda na cabeça loura, o público só teve olhos para ela. Por mais que Rovira se requebrasse para valorizar a cintura de vespa e as pequenas nádegas moldadas pela calça brilhante, de nada valeu. "Eles não vieram para me ver, mas por ela", queixou-se amargamente. Seja como for, o vaidoso toureiro ofereceu à sua "presidenta" sua primeira vítima. Para cúmulo da desgraça, a execução do animal não foi das mais brilhantes: o touro era desses que logo se conformam. Inundado de cravos, era o camarote de honra que brilhava realmente.

O leitor será poupado dos detalhes do programa, fácil de imaginar, como qualquer catálogo de lugares-comuns. No dia 15 de junho, Evita partiu em viagem pelo interior, acompanhada de sua escolta argentina, mas sem os Francos. Foi nessa ocasião que dirigiu às mulheres espanholas uma mensagem radiofônica na qual definia (leia-se: Muñoz Azpiri definia) o século como o "século do feminismo vitorioso". Palavras ousadas, prontamente contrabalançadas por outras que o eram bem menos, como estas, que um de seus "negros" porá em sua boca em *La razón de mi vida*: "A mulher só é livre na escravidão do amor, e só é escrava na liberdade do amor." As penas masculinas postas a seu serviço não mediam esforços em termos de sentimentalismo barato, de exaltação a Perón e de submissão da própria Evita que, como não se cansava ela mesma de repetir, "não passava de uma mulher". Contraste chocante entre essas palavras ditadas por homens e seu próprio desejo de ser "alguém". Acrescentemos que neste discurso, como em todas as vezes que tomou a palavra na Espanha, ela pronunciou o *ll* à espanhola, cortesia destinada a poupar aos ouvidos espanhóis o estranho sotaque argentino, mas também docilidade de menininha que lê sua redação na escola pronunciando como a professora exige. Por enquanto, ela dizia as palavras dos outros com um sotaque estrangeiro.

Ei-la então na Andaluzia. Em Granada, diante do túmulo dos Reis Católicos, alguém observou: "Veja como a cabeça de Isabel repousa mais profundamente sobre o travesseiro. Dizem que o cérebro da rainha pesa mais que o de Fernando." Alusão maliciosa à sua própria inteligência, comparada à de seu marido? Seja como for, ela não se eximiu de "traí-lo" (logo ela, sempre tão fiel), respondendo com a mesma malícia: "É sempre assim..."

Quanto mais desce em direção ao sul, mais ela provoca a idolatria popular. Em Sevilha, fez de carruagem o percurso entre o aeroporto e o Hotel Alfonso XIII, onde a aguardava uma suíte forrada de brocado vermelho, com móveis de museu. Sevilhanas em trajes de flamenco atiravam-lhe pétalas de rosa. Uma delas fizera a promessa de oferecer a pluma do chapéu de Evita à Virgem de Macarena. Não se sabe se conseguiu tirar de uma para dar a outra. Mas uma coisa é clara: para aquela andaluza, ambas eram figuras sagradas. Outra jovem, numa província argentina, fizera promessa semelhante, embora menos fetichista: a de *ver* Evita. Conseguira introduzir a cabeça no carro de seu ídolo, desmaiando depois de gritar: "Eu a vi." Voltando às Virgens, foi a do Pilar a mais regiamente homenageada: em Saragoza, Evita fez uma oração diante do altar. Na igreja de Los Toldos, ela vira um dia uma cópia dessa estátua. Pois agora, num impulso um tanto estudado, mas perfeitamente no espírito das duas outras mulheres, ela tira os brincos de ouro e diamantes e, os olhos voltados para o céu, oferece-os à Virgem de sua infância.

Eva visitou (enumeramos fora de ordem) Huelva, Toledo, Ávila, Vigo, Santiago de Compostela. Chegara o momento de ir novamente ao encontro de *doña* Carmen. As duas se reencontraram no aeroporto de Barcelona. Entraram na cidade num automóvel conversível, seguidas de duzentos carros. O prefeito deu-lhes as boas-vindas, e o bispo ofereceu-lhes um *Te Deum* na catedral. A argentina e a espanhola mal podiam olhar uma para a outra, e a cada dia tornava-se mais difícil dissimular a antipatia recíproca. A Evita dessa etapa da viagem era já uma mulher à beira de uma crise de nervos. Fizera o possível para comportar-se bem em sociedade, mostrando-se extremamente aplicada, como essas crianças que põem a língua para fora quando não querem errar no desenho. Mas trazia a anarquia em suas entranhas. Muito se tem analisado sua inclinação para desmistificar tudo que fosse solene e rígido, definindo-a ora como "espírito revolucionário", ora como "anarquista de direita", ora como "jacobina plebeia". Digamos apenas, por enquanto, que dentro dela um diabinho malicioso a incitava a boicotar a máquina do franquismo.

Após um momento de repouso no Palácio Pedralbes, o programa previa uma representação teatral: *Sonho de uma noite de verão*. Dessa vez, Evita chegou ao anfiteatro do Palácio Nacional de Montjuic com duas horas de atraso. *Doña* Carmen, que a esperava, não se eximiu de fazer uma observação em seu estilo muito próprio (provavelmente abaixando 1 milímetro os cantos do sorriso). E ela replicou: "Que esperem. Não é à toa que somos presidentas. A mim, ninguém me dita horários, nem mesmo meu marido."

Felizmente para *doña* Carmen, Franco chegava no dia seguinte. Desde 1937, quando um acidente aéreo custara a vida de seu amigo, o general Emilio Mola, ele não viajava de avião. Ao meio-dia, hora de sua chegada, Evita não deu as caras: estava almoçando no *Hornero*, barco de Dodero. E lá, em família, na companhia do irmão, que contava suas aventuras na terra dos galegos – ou antes, das galegas –, ela ria como há muito não fazia.

Ainda não chegara ao fim o rosário de banquetes, Virgens, tropas passadas em revista e discursos. Em 24 de junho, no Palácio Pedralbes, o padre Benítez tomou-lhe a confissão, e diante dele ela acabou por desabar. O protocolo era algo que não conseguia suportar: "Que foi que fiz, eu, uma filha ilegítima que todo mundo sempre chamou de *China*, para merecer tantas homenagens?"

Finalmente, no dia 26 de junho, ela toma o avião para Roma, exclamando, a mão no coração: "*¡Adiós, España mia!*"

Em sua bagagem havia agora trajes regionais que dançarinas folclóricas de cada uma das regiões espanholas lhe haviam depositado aos pés durante uma comemoração na Plaza Mayor de Madri, numa noite em que Evita se apresentou sob um manto de arminho que a cobria da cabeça aos pés. (Esses trajes foram expostos em Buenos Aires após seu retorno. A renda das entradas seria destinada a reforçar o caixa da Fundação Eva Perón, mas foi insignificante. Foi então que o embaixador Areilza, que ainda não era o *gallego de mierda* que já conhecemos, contribuiu do próprio bolso, o que mereceu críticas de alguns de seus compatriotas: Mas como?! Evita ia ajudar os pobres na Espanha, e Areilza fazia o mesmo com os da Argentina?) Eva levava também um pano de chaminé, uma miniatura do navio de *don* Juan Diaz de Solís (o explorador do rio da Prata devorado pelos índios *charrúas*), 1 metro cúbico de perfume e sobretudo um *gobelin* autêntico do Museu do Prado, representando a morte de Dario.

Este último presente decorria de uma aposta. Julgando-a sentimental, o ditador galego dissera-lhe: "Se conseguir conter as lágrimas diante do Escorial, dou-lhe este tapete." Ele realmente não a conhecia. Evita vertendo lágrimas arquitetônicas? Perón era perfeitamente capaz de se emocionar diante da bandeira argentina; fosse espanhol, o Escorial teria operado este milagre. É possível que os dois ditadores compartilhassem a mesma sentimentalidade abstrata, mais voltada para os símbolos que para o humano, aquela mesma a que se refere Dostoievsky ao descrever assim o velho Karamazov: "Era um sentimental. Sentimental e mau." Quanto a Evita, pôde muito bem definir suas emoções ao longo dessa viagem. Quando alguém lhe perguntou se não se emocionava diante daquelas obras de arte, ela respondeu: "Não. Fico maravilhada, mas não emocionada. Só me emociono diante do povo."

Mais tarde seria possível descobrir o que era capaz de fazê-la chorar. Em seu livro, a irmã Erminda enumera as raríssimas ocasiões em que isso ocorreu. Ela não derramou uma lágrima ao saber que ia morrer. Mas chora, retornando à Argentina, ao anunciar sua decisão de dedicar-se ainda mais intensamente aos pobres. Chora ao conceder pensões aos velhos. Chora diante da miséria dos habitantes de uma aldeia da cordilheira dos Andes – ordenando que fosse construída para eles, naquele mesmo lugar, uma bela cidadezinha batizada de Las Cuevas. Às vezes, as lágrimas são premonitórias: deixando o leito de doente para visitar uma última vez seus orfanatos, ela chora porque os encontra insuficientemente cuidados, e bem sabe que sua obra social não sobreviverá à sua morte. Em suma, chora apenas pelo que se *faz* ou *desfaz*. Só sua tarefa e sua missão são capazes de comovê-la. Mas o Escorial... Não podia ter sido mais fácil ganhar aquele tapete.

Na bagagem ia agora, também, uma nova experiência. Eva "tomara a palavra" diante dos trabalhadores, em Madri, numa escola de formação profissional; em Granada, numa fábrica; em Vigo, na Casa do Pescador. E em toda parte, falando de Perón, de suas realizações sociais, soubera despertar interesse. Do ponto de vista de seu marido, essa etapa da viagem fora um sucesso. Chegado o momento da partida de Evita, ele dirigira uma mensagem aos espanhóis, oferecendo-lhes a Argentina como terra de acolhida: "Tendes aqui uma pátria que é o prolongamento da velha terra hispânica, e que vos receberá de braços abertos se quiserdes." Precisando de braços, ele abria generosamente os seus.

Franco, por sua vez, esfregava as mãos à espera de seu trigo. Mas a revista *Time* publicou uma história que vinha estragar sua alegria. Antes de partir, Evita oferecera-lhe um barco cheio de trigo. Comparado ao dinheiro gasto pela Espanha para bajulá-la, não era grande coisa. O ditador não podia, portanto, ficar satisfeito com isso: queria crédito, o que fora estabelecido no protocolo elaborado pelo embaixador Areilza. E teria respondido, com frieza: "Obrigado, senhora, mas não precisamos de nada. Aqui na Espanha temos tanto trigo que nem sabemos o que fazer com ele." Ao que Evita teria replicado: "Nesse caso, por que não o usar para fazer pão?" Mentira, afirma Thiébault: a piada já corria pelos cafés madrilenhos antes mesmo da chegada de Evita. E além disso, segundo ele, Eva ainda era por demais tímida, nessa época, para ousar semelhante resposta.

Como acontece com frequência, no entanto, a suposta piada contribuiu para esclarecer a realidade. E, no caso, chegou mesmo a antecipá-la. Após seu desentendimento com Areilza, Evita acabou por se opor ao envio de trigo aos galegos. E Franco se queixaria nestes termos: "Não entendo por que esta senhora tomou implicância conosco, depois de todas as atenções que tivemos com ela."

No aeroporto de Roma esperavam-na o conde Carlo Sforza, ministro das Relações Exteriores do gabinete de Alcide De Gasperi, acompanhado da mulher; o embaixador da Argentina, Rafael Ocampo Jiménez; e representantes do Vaticano. O cortejo dirigiu-se para o prédio da embaixada na Piazza dell'Esquilino.

Redecorada para a ocasião, a embaixada parecia perfeitamente digna de receber uma visita de honra. Placas de mármore haviam sido aplicadas na entrada, e da calçada havia sido retirado um daqueles mictórios públicos típicos da cidade, que ocultavam o essencial do usuário, deixando à mostra o rosto concentrado e os pés afastados. Em suma, a visita de Evita privara os romanos de um de seus monumentos. Mas não foi esse o motivo da maneira como reagiram à sua presença. Apesar de enfeitada, a embaixada estava muito mal localizada: bem em frente a uma célula do Partido Comunista.

Cerca de 5 mil pessoas haviam se reunido na praça para esperar Evita. Mas nem todas gritavam os mesmos *slogans*. Foi por isso provavelmente que o embaixador Ocampo cometeu um equívoco tão grande: seu ouvido deve ter captado apenas alguns, e não outros. "Venha à sacada, senhora", disse à recém-chegada. "O povo a está aclamando." Ela certamente teria acedido se uma certa Sra. Alzaga – que entendia melhor o italiano, ou talvez, dotada de ouvido menos seletivo, captasse também os *slogans* desagradáveis – não interviesse para impedi-la. O que clamavam lá embaixo? Alguns gritavam que tinham fome – pelo menos a darmos crédito a Román Lombille, um desses autores antiperonistas cujo ódio por Evita quase se parece com amor. Outros repetiam: "Du-ce! Du-ce!", como quem dissesse: "Pe-rón! Pe-rón!" E outros ainda, mais de acordo com a "linha do partido": "Perón fascista!" ou: "Nem Mussolini nem Perón!"

Na manhã seguinte, às 9h30, Evita tinha uma audiência no Vaticano. Não se sabe se foi a contrariedade provocada pelos comunistas do outro lado da calçada que a impediu de levantar-se na hora, ou se o fato se deveu a uma segunda contrariedade, que o padre Benítez tratara até então de poupar-lhe, mas que teve afinal de comunicar:

Dodero não seria recebido na audiência papal, em represália a uma recente visita em que se apresentara diante do papa com uma jovem que não era sua mulher. Ah!, sempre aquele clima de imoralidade a envolvê-la como uma fatalidade, por culpa sua ou dos que a cercavam! Teria Evita passado a noite em claro por causa dessa notícia? Seja como for, quando o diplomata argentino incumbido de conduzi-la ao Vaticano chegou, às 9 horas, ela ainda dormia. E ninguém ousara despertá-la.

Ela teve de se vestir às pressas, enquanto Pedro Alcaraz improvisava em seus cabelos um penteado com dois apliques assimétricos (o da direita mais alto que o da esquerda) erguidos de ambos os lados do rosto. Presa por trás, uma mantilha negra, presente de *doña* Carmen. No peito, a cruz de Isabel, a Católica. E um longo vestido negro de seda, quase um hábito de religiosa, como lhe recomendara o confessor. Tudo nesses trajes de grande majestade parecia determinado pelo protocolo. Exceto o penteado, piscadela de cumplicidade entre um cabeleireiro e uma atriz compartilhando as saudades de um estúdio de cinema. Contemplando a foto de Eva no Vaticano, uma lembrança surge, irresistível: a mulher de expressão grave, enlutada da cabeça aos pés e com os cabelos erguidos em composição assimétrica, não é outra senão *la Pródiga*.

Infelizmente, o "segredo" compartilhado pela senhora e seu cabeleireiro não era tão secreto assim. Pio XII estava perfeitamente informado de seu passado artístico. O padre Benítez tivera dificuldade para sobrepor seus argumentos aos de um espesso dossiê recheado de fotografias "escandalosas" de Evita, enviado por católicos antiperonistas. A oligarquia argentina podia acaso aceitar que o papa, não contente de recebê-la, a fizesse marquesa? Comentava-se que o próprio monsenhor Coppello – logo ele que não faltava às cerimônias peronistas – solicitara ao ex-monsenhor Pacelli que não prodigalizasse atenções excessivas à mulher que o havia transformado em cardeal decorativo... Román Lombille chega a fornecer o nome do padre incumbido de entregar o dossiê nas mãos de monsenhor Tardini, secretário de Estado pontifício: um certo Cucetti. Apresentado por Tardini, Cucetti teria sido recebido por Pacelli. Teria lhe mostrado um memorando assinado por monsenhor X e monsenhor Y (é como Lombille se refere a eles), com fotografias nas quais a atriz – *vade retro* – aparecia de *short*. O Vigário de Cristo teria exclamado: "*Ma questo non è possibile!*" E teria acrescentado essas palavras estranhas: "Neste caso, cabe unicamente a mim assinar!" Dizendo isso, teria rasgado a folha com as assinaturas "por cima da cabeça humilhada e triste de Cucetti". Eis por que, ainda segundo Lombille, Evita não se teria tornado marquesa: nem tudo estava muito certinho em sua vida pregressa. Mas o texto de Lombille deixa pairar ainda uma dúvida: por que teria Pio XII, por horrorizado que tenha ficado com as pernas de Evita, destruído o documento dos misteriosos prelados? E por que o mencionado Cucetti, tendo cumprido com êxito sua missão, abaixaria tristemente a cabeça?

O despertar tardio de Evita não deixou de ter consequências: ela chegou à audiência com vinte minutos de atraso. Esperando-a no pátio de San Damaso, sem demonstrar impaciência, estavam um religioso minúsculo de capa violeta e óculos pequenos – monsenhor Bieniamino Nardoni – e um grande cavaleiro todo vestido de negro, o colarinho branco pregueado, uma venda no olho direito – o príncipe Alessandro Ruspoli. Evita gracejou num murmúrio para um dos membros da comitiva: "E a venda? Faz parte do uniforme?" "Não", respondeu o interpelado sem muito humor, "ele é caolho". "Certamente por causa de uma dessas lanças", fez ainda ela, indicando com o queixo a guarda suíça. "Não deviam exibi-las desse jeito se nem sabem usá-las direito."

Depois de longo percurso por salões e antecâmaras, nos quais outros monsenhores lhe prestaram homenagens, Evita viu-se diante de Pio XII na biblioteca papal.

Naquela mesma noite ela diria a Perón, por telefone, que a voz do Vigário de Cristo soava "como num sonho, apagada e distante". Os retratos desse papa de rosto macilento não parecem mostrar-nos um homem de voz calorosa. Mas como esquecer o delicado equilíbrio que precisava manter entre o clamor indignado dos católicos argentinos e seus próprios vínculos com os criminosos nazistas que faziam a "rota dos mosteiros" rumo a Buenos Aires? Ninguém teria propriamente urrado de alegria em seu lugar. Aquela visita o deixava em situação das mais embaraçosas. O Vigário de Cristo contemporizava. E disso nos fornece uma imagem fiel o personagem de Cucetti – real ou imaginário – *curvando humildemente a cabeça quando precisamente atingia seu objetivo.*

Que disseram Evita e o papa um ao outro? Pio XII pronunciou algumas palavras em espanhol, para abençoar a visitante e sua comitiva. Murmurou que acompanhava com atenção o trabalho de Perón, seu "filho dileto", que àquela época provavelmente ainda considerava um precioso anteparo ao comunismo. Em seguida, ofereceu a Evita um rosário de ouro, e a entrevista chegou ao fim. Durara vinte minutos: concedera-se à não marquesa o mesmo tempo reservado às rainhas. Benítez insistiria neste ponto para demonstrar que a visita não fora nem uma frustração nem um fracasso, como diziam seus detratores. Mas Hugo Gambini conta em *Historia del peronismo* que Evita e Dodero haviam feito um acordo. Se, após a audiência, Evita lhe dissesse que tudo correra bem, significaria que não seria feita marquesa. Se dissesse "muito bem" significaria que seria necessário fazer uma doação de 150 mil pesos. A resposta foi "bem", e a doação, correspondente.

Mais inquietante que essas questões de vaidade ferida parece-nos a versão de Jorge Camarasa, com base em um artigo publicado em *Izbor*, a revista da comunidade croata da Argentina. Nesse texto, publicado em maio de 1954, dois anos após a morte de Evita, os croatas diziam: "Vagamos sem destino por todos os países da Europa, até o dia em que nossa dor bateu à porta do coração mais nobre que palpitava então no mundo, o de Eva Perón, que se encontrava então de visita a Roma... E o ilustre presidente da nação argentina, *don* Juan Domingo Perón, não demoraria a nos abrir as portas desta terra abençoada." Com efeito, Ante Pavelic, o Quisling* croata, obteve em Roma um visto de emigração para a Argentina, no dia 5 de julho de 1947, dez dias depois da audiência concedida pelo Vigário de Cristo

*Vidkun Quisling (1887-1945, ano de sua execução). Chefe do governo pró-nazista norueguês a partir de 1942. (*N. da A.*)

a Evita. Munido de um passaporte da Cruz Vermelha Internacional, ele chegou a Buenos Aires em setembro com o nome de Aranjos Pal e usando batina. Entre 1941 e 1945, fora o responsável pela morte de 800 mil pessoas nos campos de concentração de Lobor, Jablanac, Mlaka, Brescica, Ustica, Stara Gradiska, Jastrebarsko, Gornja Rijeka, Koprivnika, Pag e Senj.

Camarasa reproduz, em apoio à sua tese, um despacho da agência France-Presse publicado pelo jornal *La Razón* de Buenos Aires em 8 de maio de 1986. Afirma-se nele que os serviços de informação do Exército norte-americano haviam desaconselhado a detenção de Pavelic, ex-chefe do regime croata reconhecido pelos alemães, em razão de seus contatos com o Vaticano (sobretudo com Giovanni Battista Montini, o futuro Paulo VI, e, como já vimos, com o arcebispo Draganovic, que estava no centro da rede croata em Roma). Foi graças a esses contatos que Pavelic conseguiu chegar à Argentina. No entanto, seu nome encabeçava a relação dos criminosos de guerra que os aliados haviam prometido extraditar para a Iugoslávia.

Por que o plural usado no artigo de *Izbor*? Porque Pavelic não viajava sozinho. Os que haviam "batido à porta do coração de Evita" chamavam-se, entre outros, Vjekoslav Vrancic – condecorado por Hitler por sua participação em planos de deportação em massa –, Petar Pejacevic, Ivan Herencic e Branko Benzón, todos ex-dignitários do regime. Benzón tornou-se médico de Perón e conselheiro do Departamento de Migrações, dirigido pelo antissemita Santiago Peralta, que criou obstáculos para a entrada de judeus na Argentina. Este "grupo dos *ustachis*",* entre muitos outros, colaborou com a Alianza Libertadora Nacionalista e a polícia peronista, fornecendo uma experiência em matéria de tortura que esta última se limitou a aperfeiçoar.

Teria Evita evocado a questão dos croatas em seu encontro com o papa, como dá a entender Camarasa? Seria difícil acreditar: chegada a Roma ao cair da noite, sua audiência no Vaticano estava marcada para a manhã do dia seguinte, e aliás cedo demais para seu gosto. Mas

**Ustachis*: membros da Ustacha, Partido Nacionalisa croata, que em 1941 proclamaram a independência da Croácia com apoio da Alemanha hitlerista. (*N. do T.*)

é possível que os tenha encontrado em algum momento de sua estada em Roma. As afirmações dos croatas coincidem com as datas dos vistos e da viagem. Em defesa de Evita, só poderíamos invocar sua ignorância crassa. Supondo-se que Perón tivesse previsto o encontro com os *ustachis*, ele, sim, sabia perfeitamente com quem estava lidando. Já ela, toda imbuída de seu papel de fada benfazeja, terá provavelmente guardado na memória, desse encontro, apenas o distraído gesto da mão estendida àqueles homens de olhos azuis que a tomavam para um beijo respeitoso.

No dia seguinte à entrevista com Pio XII, Evita recebeu a grã-cruz de São Gregório, o Grande, em nome de Perón. O padre Benítez nos garante que ela recebeu também, em seu próprio nome, o hábito da terceira ordem franciscana.

Numa entrevista coletiva, ela agradou a uns e desagradou a outros ao se pronunciar contra o divórcio. Era o seu cavalo de batalha (e o de Perón, antes da briga com a Igreja). Mas, numa recepção oferecida por uma associação feminina, ela agradou àqueles que até então a julgavam desagradável, reiterando seu apoio ao voto feminino. "Meu nome", disse, "transformou-se em senha de mobilização para as mulheres do mundo inteiro. Já é tempo de termos direitos iguais aos dos homens." A imprensa argentina publicava diariamente notícias da viagem de Eva, e reproduziu essas palavras que, para as mulheres socialistas, eram a caricatura de meio século de luta política.

Se seus anfitriões esperavam lisonjeá-la oferecendo uma *Aída* sob o céu estrelado, no cenário impressionante das termas de Caracalla, enganaram-se redondamente: ela chegou tão atrasada quanto ao teatro de Barcelona. Quanto mais avançava a viagem mais ficava evidente que não era exatamente a beleza artística que a emocionava. À parte os desfiles de moda, nenhum espetáculo, exposição ou divertimento era capaz de encantá-la realmente. O mundo que atravessava era tanto mais desconhecido por não ser capaz de despertar nela qualquer lembrança livresca, ou de desviá-la 1 milímetro sequer de sua única obsessão: a obra social. Só os orfanatos a fascinavam. Ela observava de perto as instituições laicas ou religiosas às quais era levada, a seu pedido. Ao retornar, diria a Perón: "A Europa está velha.

Os palácios são belíssimos... dariam ótimos hospitais. E eu pude ver muito bem o que fazem lá em matéria de assistência... o suficiente para não fazer o mesmo que eles."

Em Roma, fazia calor e ela já dava sinais de cansaço. No dia 28, depois dos orfanatos e das grandes expansões vocais de *Aída*, sentiu-se mal. Seu médico, o Dr. Alsina, desaconselhou-a a dar prosseguimento à turnê, pelo menos naquele ritmo; mas bastou que o dissesse para que Evita decidisse o contrário. Em companhia do conde Sforza e, naturalmente, de todo o séquito, ela rumou para o norte, pois fazia questão de ver o estande argentino na Feira de Milão. À noite, o segundo ato de *Orfeu* já terminava quando ela chegou ao Scala. Para cúmulo de seu prazer, foi instalada no camarote real. E o espetáculo pareceu-lhe tanto mais maravilhoso por ter acabado logo.

De volta a Roma, ela visitou – como escapar? – o Fórum, as catacumbas e o museu da Villa Borghese. Mais uma vez, passaram-lhe completamente despercebidos a graça, o horror e a nobreza dos monumentos que percorria como às cegas, sempre falando de Perón. É sempre assim com os viajantes sem cultura, que fingem indiferença por complexo de inferioridade. E era o que se dava com ela. Mas havia também a cegueira indispensável à eclosão de obra. Eva não podia dispersar-se em êxtases de diletante, como faria outra mulher, de ambição e cultura médias. Ela concentrava suas energias. Inesperadamente, aquela viagem, por absurda que fosse, tinha um caráter de iniciação: em vez de abrir-se para o mundo, ela se fechava em suas próprias ideias. Semelhante empobrecimento indicava um espírito acanhado, mas também, por paradoxal que pareça, digno de grandeza: nem sempre é desejável enriquecer-se do ponto de vista cultural e mesmo espiritual. Foi o que compreendeu Goethe, quando escreveu: "O gênio reside numa limitação consciente." A mulher ignara, altiva, cheia de ressentimento, exibindo ostensivamente joias de origem suspeita, vaiada com razão pelos antifascistas, estava em processo de refinamento de seu próprio talento, senão de seu gênio: o de amar os pobres, pondo-se em seu lugar como ninguém mais foi capaz de fazer.

Em seu roteiro estavam previstas visitas a Veneza, Florença e Nápoles. Mas no dia 3 de julho ela foi recebida por De Gasperi. O

Partido Comunista opunha-se vigorosamente à sua presença na Itália, e o presidente democrata-cristão confessou a ela que não podia garantir sua segurança.

No dia 4, ela recebeu um telegrama do marido pedindo-lhe que fosse ver o embaixador dos Estados Unidos, James Dunn. Exatamente como o Vigário de Cristo, Perón contemporizava.

Ela concedeu a si mesma um último dia, o dia 5, para assistir à canonização de uma religiosa portuguesa. O camarote de honra devia ser ocupado, com todo direito, pela princesa de Bragança. Mas o diplomata argentino que cuidava da questão disse a seus colegas italianos, menos elegante que eficaz: "Se quiserem trigo, deem um jeito para que a *Signora* fique no camarote de honra." Evita foi instalada no camarote de cima, a princesa, no de baixo, e a Itália ganhou seu trigo. Teria Evita sonhado com a santidade durante a cerimônia? Com a canonização? E a memória do futuro sussurrou-lhe acaso que depois de sua morte a possibilidade de pedir ao Vaticano que a proclamasse santa Eva chegaria a ser contemplada, sendo posta de lado apenas por receio de amargar uma resposta negativa?

O cansaço foi o pretexto invocado para cancelar o resto de seus compromissos na Itália. No dia 6, Evita partiu para Rapallo, para repousar numa casa de Alberto Dodero. Visitou Portofino, San Remo e Gênova. A Riviera azul e verde cintilava a seus pés. Ela nunca tomava banho de sol, pois sua pele delicada não o toleraria. Mas saía, flanava, passando a imagem de uma simples turista entregue aos prazeres das compras e da ociosidade.

CORTINA DE FUMAÇA

Como iam as coisas na realidade?

Os adversários do peronismo sempre disseram que a viagem de Evita foi antes uma cortina de fumaça que um arco-íris. Sua verdadeira finalidade teria sido depositar em bancos suíços a fabulosa fortuna herdada dos nazistas: o tesouro de Martin Bormann. Mas só em julho de 1972 uma revista argentina, *Ultima Clave*, publicaria um relato a respeito. Suas conclusões nunca foram confirmadas. Decidimos reproduzi-las aqui apenas para abrir um leque de possibilidades, e também porque o artigo tem origem numa intrigante questão que faz todo o sentido: por que o itinerário de Evita torna-se tão delirante a partir de Rapallo?

No dia 17 de julho, ela retorna a Roma para tomar o avião para Lisboa. Em seguida, Paris, a Côte d'Azur, a Suíça e retorno a Lisboa para tomar o avião para Dakar, onde embarcaria no navio de volta à Argentina. Isso quanto ao zigue-zague inexplicável. Quanto à explicação proposta pela *Ultima Clave*, é a seguinte: no dia 10 de junho, Evita teria encontrado em Rapallo o *comendatore* Giovanni Maggio. Dias antes, um barco argentino lançara âncora no porto de Gênova. Trazia 90 toneladas de trigo, oferta da Argentina à Europa faminta. A descarga foi controlada por funcionários da embaixada argentina. Mas, segundo a revista, os louros grãos dos cereais dissimulavam barras de ouro, a serem depositados numa conta suíça com a ajuda de Maggio. A viagem a Lisboa, tão intempestiva quanto ilógica, teria tido a finalidade de encontrar o ex-rei Umberto da Itália, mais uma vez para tratar do tesouro escondido.

O encontro efetivamente se deu, em 20 de julho, na pousada La Barraca, situada na praia portuguesa de Guincho, a cerca de 15 quilômetros de Cascais. Além do monarca deposto, estavam presentes ao almoço sua mulher, Maria José, e dois generais italianos: Graziani e Cassiani. O artigo não diz se uma parte das joias teria sido depositada em Lisboa, graças a Umberto, ou se o único objetivo do encontro teria sido conseguir, por intermédio dele, a transferência para a Suíça. Finalmente, Evita teria feito um acordo com bancos suíços em Bar-au-Lac, em 7 de agosto de 1947. Neste dia, com efeito, ela compareceu a uma recepção dada em sua homenagem por duzentos banqueiros.

Umberto não foi a única alteza encontrada em Lisboa por nossa desconcertante viajante. *Don* Juan de Borbán também foi visitá-la. Um diplomata argentino lhe havia sugerido que receber um pretendente ao trono que não gozava da simpatia de Franco podia ser mal interpretado, e Evita respondeu, dando de ombros: "Se o baixote se zangar, pior para ele."

Ela permaneceu três dias na capital portuguesa, onde não despertou amor nem ódio. A cidade levava sua vidinha sonolenta, mergulhada na mesmice imposta por Antonio de Oliveira Salazar. Nesse clima de pasmaceira, Eva percorreu os Refeitórios da Alegria no Trabalho (versão portuguesa do *doppolavoro* mussoliniano) e tomou o avião para Paris.

Em Rapallo, pouco antes, todo um jogo diplomático dos mais complicados desenrolara-se à sombra. Objeto das negociações: a viagem de Eva à Grã-Bretanha, onde o anúncio de sua visita provocara enorme gritaria. Os trabalhistas eram contra, mas os moderados da ala direita consideravam que a Argentina era, afinal de contas, um parceiro econômico importante, enquanto os intransigentes de esquerda achavam intolerável a presença de uma "fascista" no país. Lorde Strabolgi, um socialista que visitara a Argentina, tomou a defesa de Evita, chegando a chamá-la de "Eleanor Roosevelt sul-americana". A comparação era importante, pois a Sra. Roosevelt fora oficialmente convidada a visitar a Inglaterra em 1942, e Evita ambicionava a mesma honra. Quanto aos banqueiros conservadores, ficariam encantados em recebê-la.

O Foreign Office acabou por desatracar os beligerantes da maneira que já sabemos: Evita seria "bem-recebida". A imprensa londrina publicou todo um programa de homenagens, tão extenso quanto contraditório: num dia, falava-se de convite formal da rainha, no dia seguinte, desmentia-se. O embaixador da Argentina, Ricardo de Labougle, fora a Rapallo, aparentemente para convencer Evita de que não corria o risco de sofrer uma afronta: a rainha dispunha-se de bom grado a tomar o chá com ela. Nessa versão, Evita teria dito: "Se ela não é capaz de me convidar oficialmente, não quero vê-la." E, como o embaixador insista: "Se estou dizendo que não irei é porque não irei, e *basta*!" Para outros, tendo por demais prolongado suas férias em Rapallo, ela só teria chegado a Londres passados muitos dias do mês de agosto, e àquela altura a rainha, como todos os mortais europeus, já se fora de férias para o interior.

Seja como for, no dia 17 de julho é que Evita teria decidido sua partida para Lisboa. Por que não ver nessa decisão um simples capricho nobiliárquico, ou melhor, real? Afinal, um percurso em zigue-zague era algo que melhor não podia assemelhar-se a ela. Conhecendo-a, poderíamos imaginar que Evita só efetuou esse percurso absurdo para lançar dois reis no rosto da rainha. Apesar de afastados do trono, um Umberto da Itália e um Juan de Bourbon bem que valiam uma Elisabeth da Inglaterra.

A versão da *Ultima Clave*, no entanto, é bem diferente. Segundo o artigo em questão, Ricardo de Labougle teria sido o diplomata incumbido de ocultar o verdadeiro objetivo da viagem. Aquelas idas e vindas, todas aquelas explosões de orgulho ferido teriam por objetivo pura e simplesmente desorientar os banqueiros ingleses, que esperavam a chegada de Evita com a mesma esperança que os suíços, e pelos mesmos motivos.

Mais uma vez, *todas* as explicações parecem válidas: a versão de um complô destinado a depositar o tesouro na Suíça não exclui a explicação psicológica. Reduzir o papel de Eva ao de simples instrumento é uma das duas atitudes típicas que ela suscitou. Os que a conheceram ou que, sem a conhecer, refletiram a seu respeito dividem-se em dois grupos: para uns, ela foi usada por Perón; para os outros, foi o contrário. É mais provável que cada qual se tenha utilizado do outro à sua maneira, mas que Evita tenha transcendido a relação de utilidade recíproca. Como? Esquivando-se às tramas e armadilhas por surpreendentes desvios. É claro que se o plano imaginado por Perón existiu realmente, ela foi sua cúmplice. Perón pode inclusive tê-la manipulado a distância, chegando a provocar algumas de suas reações. No entanto... Com suas insolências e ataques de mau humor, ela conseguira esquivar-se às manipulações da máquina franquista. Da mesma forma, foge às maquinações de Perón, ao mesmo tempo que se presta a elas, mas evoluindo para uma dimensão mística de si mesma. Teria então conseguido esquivar-se a ele no episódio do tesouro? Voltaremos ao assunto.

Qualquer que fosse o mistério da viagem, teve uma consequência inesperada: cada país europeu reagiu de forma tão diversa que a presença de Eva serviu de catalisador e teste. Na França, a notícia de sua chegada provocou reações à francesa, ou seja, a meio caminho entre a galanteria e a ironia, com uma pitada de indignação, em nome da boa consciência.

France-Soir publicou a foto em que Eva aparecia nua sob um tecido que cingia seu corpo. Como já vimos, os Bemberg haviam fornecido ao jornal essa imagem que consideravam vergonhosa. Era ignorar que a França não tinha o coração suficientemente empedernido para apontar um dedo acusador contra uma bela mulher pouco vestida. A visita da fascista provocou protestos do PCF, da CGT e de associações de resistentes. Mas, no fim das contas, tudo transcorreu em clima ameno. Aquele mundo que outra bela argentina, Victoria Ocampo, batizara de "os aborígines de Paris" não levou a coisa a sério.

Quanto à família Bemberg, pagou caro pela brincadeira. Milionários de origem alemã, eles haviam enriquecido na Argentina como fabricantes de cerveja. O pai morrera na Suíça nos anos 1930, e seus descendentes argumentavam que, como a morte se dera fora do país, estavam isentos do pagamento de impostos. O processo se arrastou por muito tempo, e em 1948 o Supremo Tribunal deu o veredicto esperado, a favor do Estado. Foi quando o Congresso, cada vez mais obsequioso com a *Señora*, decidiu que os 97 milhões de pesos pagos pelos Bemberg não iriam para a Receita Federal, mas para a Fundação Eva Perón. Era mesmo de se esperar: na foto em questão, não tem ar de tola a mocinha envolta no pano, que com uma mão pressiona o seio e com a outra, o ventre. Se os Bemberg tivessem observado melhor a fotografia, teriam se eximido de entregá-la à imprensa.

O capítulo dedicado a Evita por Suzanne Bidault, mulher do ministro das Relações Exteriores, Georges Bidault, em seu livro *Je n'ai* *pas oublié**, exprime às maravilhas o clima meio indignado e meio divertido em que os aborígines de Paris a envolveram. Transcrevemos uma primeira amostra:

"Em 1947, a França precisava da Argentina, ou, mais precisamente, de seu trigo. Por essa razão é que Evita foi convidada, apesar da antipatia que o regime peronista inspirava. Decidiu-se até conferir-lhe a Legião de Honra.

"Dias antes de sua chegada, o embaixador da Argentina visitou o ministro das Relações Exteriores para explicar-lhe que seria de grande valia conferir logo a condecoração em forma de roseta à visitante: e seu dedo indicador, depois de desenhar um pequeno círculo no ar, foi pousar no paletó do ministro: 'E pronto! Assim vocês terão muito mais trigo!', explicou.

"O ministro respondeu-lhe, com toda a cortesia necessária, que a Sra. Perón teria de se contentar com a fita, o que já era grande coisa."

O início do texto da Sra. Bidault parece-nos tanto mais delicioso por exprimir também uma inveja bem feminina, além de desinformação: "Era bela a Sra. Perón? Inclino-me pela resposta afirmativa. Meu marido não tem a mesma opinião, e eu o considero um homem difícil. É verdade que, nela, alguma coisa parecia errada, algo que as fotos não deixavam transparecer: tinha um rosto absolutamente pálido (a leucemia, já?) sob cabelos descorados, e nada fazia para compensar, pois – segundo me explicou – seu confessor permitia-lhe usar batom, mas sem qualquer outra maquiagem no rosto!"

Não podemos deixar de sorrir dessas palavras, tantos anos depois, quando sabemos que em 12 de julho, no momento em que Evita descia do avião em Orly, Georges Bidault, esperando-a ao pé da escada, não se conteve e exclamou: "Como ela é jovem! E bela!" Quanto à suposição de leucemia, era mais uma manifestação do boato que acompanharia mais tarde a doença de Evita, e que parecia justificado por sua palidez.

Sempre dada a encenações, ela deixou passar alguns minutos antes de aparecer no alto da escada. Estava toda de branco. Haviam

*"Eu não esqueci". (*N. do E.*)

se passado apenas uns quarenta dias desde sua chegada à Europa, e já um verdadeiro abismo separava aquela mulher, estilizada, da outra que desembarcara, tensa, no aeroporto de Barajas. É verdade que não menos abissal distância separava o "baixote" espanhol do francês mundano de olhinhos brilhantes. Mas será que ela se tornara mesmo tão desenvolta quanto dão a entender suas fotografias de Paris? Nada é menos certo. Eva devia seu recém-conquistado desembaraço a um novo e melhor costureiro. E, durante sua estada na França, ela se veria confinada a um daqueles papéis mudos em que se especializara no teatro. Na Espanha, fizera o papel da criança mimada. Na Itália, não fora tão fácil, mas, como todo argentino, ela se julgava capaz de falar italiano. E os diálogos baseados nesse mal-entendido não deixavam de ser possíveis, embora não raro tivessem efeito dos mais cômicos. Na França, ela dependia, para se fazer entender, da pobre Lilian, ou da bastante antiperonista embaixatriz argentina. Eram intérpretes nas quais não confiava muito, e não sem razão.

O embaixador da Argentina, Julio Victorino Roca, também a esperava no aeroporto, em companhia de outros embaixadores latino-americanos. Quarenta automóveis a escoltaram até o Hotel Ritz. Uma menina ofereceu-lhe um buquê de flores. Ela estendeu a mão a Bidault para que ele aproximasse dos lábios a pequena superfície de pele na qual, segundo se dizia, Ante Pavelic pousara os seus; agradeceu o gesto de Vincent Auriol,* que pusera à sua disposição o automóvel que fora de De Gaulle, usado também por Churchill em suas visitas a Paris; e subiu para descansar.

No dia seguinte, Evita foi homenageada com um jantar no Quai d'Orsay, para comemorar a assinatura de um acordo comercial franco-argentino. Para a compra de trigo e carne, a Argentina concedia à França um crédito quase tão alto quanto o do protocolo Franco-Perón. A cerimônia parecia copiada da moeda do país que concedia o crédito, com o desenho de uma espiga de um lado e de uma vaca do outro. Na realidade, tudo transcorreu nos limites da mais estrita hipocrisia, com seu verso de trigo dourado e seu an-

*Presidente da França (1947-54). (*N. do T.*)

verso... mal-intencionado. Muita tinta havia corrido na imprensa europeia por causa dos atrasos de Evita, tanto em Barcelona quanto em Roma. E a Sra. Victorino a prevenira: deixar franceses esperando seria inconcebível. Assim foi que ela chegou "maravilhosamente na hora" (aspas para as confidências da Sra. Bidault). Sentado ao lado de Evita, o ministro tentava sustentar uma conversa que a embaixatriz "nada fazia para animar". Muito pelo contrário, ao cabo de algumas tentativas, Bidault ouviu dessa senhora argentina um murmúrio de lassidão: "Não precisa se cansar, já está muito bem assim!"

Evita, no entanto, queria falar. Se o diálogo se arrastava, não era por culpa sua, ao contrário do que dá a entender a Sra. Bidault, que acrescenta, não sem maldade: "Embora fosse ao que se dizia tão eloquente com os *descamisados*,* ela não tinha conversa. Acontece até com grandes oradores." É que Evita, fosse no original ou em tradução, ignorava a arte tão parisiense do *coq-à-l'âne*.** E como a embaixatriz evidentemente a deixava entregue à própria sorte, ela pediu a Lilian que explicasse ao ministro as realizações de Mercante na província de Buenos Aires. Lilian, escolada o suficiente para não impingir aos anfitriões, em pleno jantar, um discurso de propaganda, ia deixando passar. E Evita, os ouvidos atentos, insistia, vermelha de indignação e elevando o tom: "Mas Lilian, não a ouvi ainda pronunciar o nome de Mercante!"

Terminado o jantar das incomunicabilidades, os convidados foram levados ao gabinete do ministro. Lá é que teria lugar a condecoração com a Legião de Honra ("o que já era grande coisa"), "sob o olhar plácido de Maria de Médici" retratada por Rubens, a única que aparentemente assistiu à cena com benevolência. A essa altura, o texto da Sra. Bidault abunda em alusões oculares aguçadas: "A Sra. Perón usava um vestido de cetim violeta sem ombreiras, e no momento fatídico os assistentes voltaram para o ministro um olhar carregado de curiosidade maligna: como se sairia ele? Saiu-se muito

---

*Em castelhano no texto. (*N. do T.*)

**Literalmente, "passar do galo ao asno". Conversa muito fluente em que se passa com mundana facilidade de um assunto a outro. (*N. do T.*)

bem: o drapeado do vestido oferecia dobras facilmente destacáveis, e ele soube espetar a cruz sem faltar ao decoro."

No dia 22, Evita foi convidada pelo presidente Auriol e mulher para um almoço no castelo de Rambouillet. Era um dia tórrido, mas ela se mostrava fresca e encantadora em seu vestido de cores claras, com decote quadrado. Infelizmente, além de trazer na cabeça uma capelina branca, teve a ideia de prender uma rosa no cabelo. Já em Barcelona, discursando para operários, e na Itália, durante um passeio, ostentara a mesma rosa inútil, que neutralizava o efeito romântico do chapéu de abas largas, dando-lhe ares de cantora de *zarzuela*.

Fazia calor, mas nem por isso se haveria de descumprir o programa, que previa um passeio pelo bosque. Logo depois do café, fecharam-na num carro com duas mulheres que não nutriam propriamente os sentimentos mais afetuosos a seu respeito: as Sras. Bidault e Victorino Roca. Não demorou nada para que as três estivessem de lencinhos na mão a secar os rostos reluzentes de suor. Dezenas de automóveis deixavam o parque, levantando uma poeira pérfida que se intrometia pelas frestas: eram os convidados, que, sem esperar a volta da ilustre visitante, escapuliam do calor. As três Graças encharcadas voltaram ao castelo com a pele conspurcada por um marrom-avermelhado.

Esperavam-nas apenas o presidente e sua mulher. A Sra. Auriol parecia Helena Rubinstein, com seu coque negro, reluzente e severo. Ajudada pela nora, esforçou-se por encontrar assunto, e a moda lhe veio em socorro. Ainda segundo a Sra. Bidault, as duas Auriol, a jovem e a menos jovem, "aconselharam vivamente a Sra. Perón a vestir-se com Maggy Rouff", conselho que Evita não fez questão de seguir, pois sua escolha, modestamente, recaíra sobre Christian Dior. E Suzanne Ridault, sempre a postos em matéria de inveja, acrescenta: "O presidente, que sabia um pouco de espanhol, tagarelava com a temível fascista, o que nem de longe parecia agradar sua mulher, que não se esquivou de comentar, desabusada, quando a convidada se afastou, contemplando-lhe o bracelete no braço esquerdo: 'É realmente incomparável!'"

O calor forneceu excelente pretexto para não visitar nem o Louvre nem qualquer outro museu. Em compensação, como de hábito, Eva quis visitar os bairros pobres, para oferecer presentes. O padre Benítez organizou para o dia 23 a visita a uma escola. Sua chegada já era aguardada com caixas prontas, cheias de açúcar, toucinho e presunto. As crianças agitavam bandeirolas argentinas à espera. Mas nada de Evita. O confessor telefona-lhe, sem êxito: ninguém atende. Desesperado, ele toma um táxi para o Ritz, e ao chegar dá-se conta do desastre: o infeliz do Dodero pregara mais uma de suas peças! Evita queria examinar modelos de grandes costureiros. A embaixatriz aconselhara que fossem trazidos ao Ritz, e Dodero, sempre empenhado em atender aos menores desejos de Evita, organizara um desfile de moda. Os manequins das maiores casas de costura já lá se encontravam, vestindo-se num dos salões. E Evita, maravilhada, esquecera a escola e as caixas de presunto. Benítez armou uma cena, irado, acusando Dodero de seduzir Evita com frivolidades, e Evita de deixar-se seduzir. Toda envergonhada, a visitante cancelou o desfile, para indignação dos costureiros. Mas não iria embora de Paris sem deixar suas medidas com Dior e Marcel Rochas. O primeiro se tornaria o criador de suas toaletes mais famosas, que lhe enviava regularmente a Buenos Aires. Quanto a Rochas, Evita só usaria dali por diante seu célebre perfume *Femme*.

Acompanhada de Suzanne Bidault, ela visitou outra escola, em Sèvres, que na época era o subúrbio comunista de Paris. Evita, "era evidente, ali estava com certa sensação de desconforto, e sem dúvida por espírito de contradição julgou oportuno pronunciar uma frase elogiosa sobre o regime hitlerista. Eu entendo o espanhol, mas não falo, e sofri terrivelmente por não ser capaz de pô-la em seu devido lugar, como merecia".

Não faltou, entretanto, oportunidade de "pô-la em seu devido lugar", levando-a à Federação Nacional dos Deportados da Resistência, onde, segundo Fermín Chávez, Evita fez uma doação de 100 mil francos. Esta organização dava assistência às vítimas de Auschwitz e Dachau. Eva via-se, assim, face a face com uma realidade da qual nada sabia: se ouvira alguma vez falar da questão judaica, fora certamente de forma abstrata, quase sempre do ponto de vista dos nazistas, apresentados como perseguidos, e em circunstância alguma sob a forma dessa insuportável verdade; na Argentina de 1947, só as vítimas sabiam realmente o que se passara. Para os demais, a Europa ficava muito longe. E Perón pouco estava se importando com o destino dos judeus. Foi, portanto, em Paris que ela ficou sabendo. Fotos foram mostradas a ela, que nunca vira crianças como aquelas, nem mesmo na favela de Flores. Teriam essas imagens surtido em Evita o efeito de uma advertência? Cinco anos depois da visita à França, ela se assemelharia muito aos esqueletos febris que haviam feito questão de mostrar-lhe em Paris.

No dia 24, foi a vez de a embaixada da Argentina oferecer uma recepção no Ritz. Por razões visuais, não resistiremos à tentação de citar a Sra. Bidault uma última vez: "Sentado a seu lado num canapé, o corpulento Edouard Herriot* fazia-lhe a corte: ele falava italiano, ela, espanhol, e pareciam entender-se muito bem." Mas nós dispomos da fotografia do canapé e da amável conversa. Impossível enganar-se: a prosa dessa senhora é por demais precisa para que nos fique a mínima dúvida. A foto existe, foi publicada e nos permite rever a cena: o político e escritor, efetivamente bem gordo, e já não tão jovem, olha Evita com uma sensualidade que impregna seu único olho visível, o lábio um tanto saliente e as mãos cabeludas. À sua direita, Evita parece ter acabado de sair da Maison Dior, vestida de branco, sem chapéu, os cabelos apanhados. Perfeita. Fala animadamente (de Mercante, talvez?) enquanto brinca com seu anel, gesto habitual seu. Herriot é massa pesada, sombria, meio animal, de instintos despertos; ela, beleza radiosa.

Seu brilho, no entanto, não é o da carne. Uma descrição do embaixador Areilza, reproduzida por Carmen Llorca, vem-nos à lembrança quando a contemplamos: "Eva era uma pessoa desconcertante, fotogênica mas não bela, com um impressionante ar de arrogância, mas insignificante e sem qualquer *sex appeal*. Tenho para mim", prossegue o *señorito*, "que os pecados capitais se anulam mutuamente. O

---

*Escritor e político, então presidente da Assembleia Nacional. (*N. do T.*)

excesso de avareza anula o excesso de gula, como o excesso de cólera anula o excesso de luxúria. A paixão pelo poder a devorava, e não deixava muito lugar para outra coisa." Voltando a Herriot, percebe-se curiosamente em seu olhar uma expressão de desconcerto. Sentado naquele canapé (que possivelmente lhe recordava Madame Récamier, tema de um de seus livros), ele parece transido de perguntas inquietantes, e que permanecerão sem resposta, como o enigma jamais resolvido da célebre Juliette.

O momento culminante da visita foi a recepção em sua homenagem na Casa da América Latina. Nunca será demais falar dos vestidos de Evita: eles nos dizem tudo a seu respeito, de seus receios e audácias. Naquela noite, seu vestido de lamê dourado era espetacular. Román Lombille afirma que ela parecia inspirada nas produções de Samuel Goldwyn – certamente por causa do dourado. E aproveita para entregar-se a outras reminiscências cinematográficas: "Representaria ela uma imperatriz romana? Ou a mulher de Salomão? Ou Salomé? Não, era Cleópatra, a mulher de um Ptolomeu e de um César." A silhueta de Eva-rainha-egípcia parecia esculpida nas dobras enviesadas de uma saia moldada, prolongada por uma cauda que se abria em leque. O corpete, sem mangas nem alças, muito justo e nitidamente sustentado por barbatanas, culminava num busto armado e pregueado que valorizava os seios – muito melhor que as meias emboladas da Eva adolescente. O desenho do colar, os três pesados braceletes, os brincos compridos e os sapatos dourados com pedras incrustadas no salto evocavam realmente Roma ou o Nilo.

É impossível duvidar do efeito causado por semelhante aparato. E se Evita, como todo espírito barroco, não sabia quando parar, alguém em seu círculo deveria convencê-la a não ir ainda mais longe, acrescentando um véu dourado sobre a cabeça. Como a rosa à direita da capelina, este véu era uma verdadeira obsessão. Paco Jamandreu já conseguira uma vez livrá-la do curioso ornamento, quando se preparava para uma noite de gala no Colón. Ele não a temia, e fizera uma observação cruel a respeito do véu, que ela então arrancara raivosamente, ao mesmo tempo desmanchando a laboriosa arquitetura capilar preparada pelo fiel cabeleireiro. Mas aquela "bicha louca" pertencia ao mundo de Eva. Podia dar-se o luxo de uma franqueza que ela seria incapaz de tolerar na embaixatriz ou em Lilian. De modo que naquela noite não houve quem se arriscasse a desaconselhar o véu dourado acrescido aos cabelos bem estirados, culminando num coque cacheado. Quase daria no mesmo empetecar-se de uma coroa de estrelas ou de asas de fada. O que contava era a intenção, e a mensagem era: "A moda sou eu."

Román Lombille não deixou de observar seu comportamento naquela noite: "Normalmente tagarela, nervosa, inquieta, sempre se movimentando, Eva manteve-se hierática ao longo das duas horas que durou a recepção." Voltemos aos "pecados" de Areilza: Evita parecia paralisada numa espécie de sonho, pois estava desfrutando de seu único prazer: dominar. Vestir-se daquela maneira absurda equivalia a exercer seu poder. Uma sensação intensificada pelas exigências do protocolo: as mulheres dos embaixadores latino-americanos que vinham cumprimentá-la eram quase que compelidas a fazer uma reverência, recuando em seguida três passos. Só faltava uma escrava abanando a senhora com plumas de pavão.

Os jornalistas, entretanto, não se privaram de submetê-la ao habitual bombardeio, e com suas perguntas conseguiram como que despertá-la, arrancando-a de seu sonho. Pela primeira vez, Evita respondia à ironia com ironia, confessando sua falta de cultura com a maior naturalidade. Seu autor favorito? Plutarco. Mas costumava lê-lo mesmo? Não, nunca o havia lido, nem pretendia fazê-lo. Sua música preferida? "A mais curta."

Depois da recepção, Dodero convidou o grupo ao Pré-Catelan no bosque de Boulogne. Os dourados de Eva causaram sensação: certos clientes chegaram a subir nas mesas para não perder um só detalhe. Ela sorria, sempre "hierática". Naquela mesma noite – ou teria sido outra –, Dodero teve a ideia de levá-la a uma boate.

Sobre esse episódio, como no caso do desfile de moda, dispomos de versões contraditórias. (No caso do desfile, escolhemos a que nos foi confiada por Roberto Galán, que parece englobar as demais.) Eis, portanto, três dentre as versões sobre a noitada na boate:

1) Evita teria preferido ir ao circo, temendo que a visita a uma boate prejudicasse sua reputação. No circo, um palhaço lhe teria oferecido um buquê de flores. Como ela fizesse menção de apanhá-lo, o palhaço o teria retirado, fazendo-a ir embora irada.

2) Evita teria ido ao restaurante Les Ambassadeurs, onde dois palhaços disfarçados de camelo lhe teriam ofertado um buquê de flores, enfiado no ânus do animal, ou no lugar que supostamente o representava. E ela teria deixado o restaurante indignada.

3) Evita teria concordado em ir a boate, onde dois palhaços fantasiados de camelo lhe teriam ofertado um buquê de flores colhido num vaso, entregando-o pelo traseiro do animal, ou seja, por entre as pernas do palhaço posterior. E ela teria deixado o restaurante etc.

Talvez exista em toda refração da verdade uma espécie de jogo, de malícia oculta. Por isso é que se divertem tão pouco aqueles que se julgam donos dela. E se a importância da história consistisse precisamente em captar o riso, por meio das sinuosas manifestações do sentido das coisas?

Por trás desses falsos esplendores, no entanto, havia alguém cuja influência sobre Eva aumentava dia a dia. Era o antiboate, o antidesfile de moda, o antiDodero: Benítez. O arrebatado ex-jesuíta, convertido a um ardente populismo, tornava-se ao longo da viagem a consciência de Evita. Pudemos ter uma ideia de sua ascendência no episódio do desfile e na proibição de toda maquiagem, à parte o batom. Seu fanatismo ia ao encontro do da bela pecadora, e certamente a estimulava. É curioso que Isabelita, a terceira mulher de Perón, também tenha tido seu guru: o feiticeiro López Rega. Perón, por sua vez, admirava Benítez, que lhe dava ideias para amolecer a Igreja. Mas, depois da morte de Evita, o padre jamais voltaria a vê-lo. Por quê? Uma das respostas pode contribuir para melhor compreender a paixão de Evita (no sentido religioso do termo). Benítez jamais perdoaria Perón sua degradação moral dos anos 1950, nem a frieza que demonstrou em relação à mulher na fase fatal da doença. Em compensação, Perón manteria até o fim da vida relações cordiais e de dependência esotérica com o candidato a feiticeiro que era López Rega.

Sob essa ótica, o ponto culminante da estada em Paris não foi o vestido de Cleópatra, mas a visita a Notre-Dame, cuidadosamente preparada pelo padre Benítez. Foi à noite, no mesmo dia do almoço no castelo de Rambouillet.

Evita chegou a Notre-Dame escoltada por couraceiros de capacete e penacho. Toda de branco, adiantou-se ao cortejo e avançou pela nave central. Tendo ouvido as palavras de monsenhor Vaussart, que lhe dava as boas-vindas, ela foi sem qualquer hesitação ajoelhar-se diante do altar da Virgem. Argentinos que assistiam à cena – e que eram tão pouco versados na matéria quanto ela – perguntavam-se estupefatos como pudera identificar o altar, sem sequer consultar alguém com o olhar. Um toque final inesperado deixou-a visivelmente emocionada: há muito abandonado, por causa da guerra, o órgão de Notre-Dame havia sido reativado. E de repente ressoavam pela catedral os acordes do hino nacional argentino. Evita baixou a cabeça, digna e graciosa, como para esconder as lágrimas. Entre os assistentes, um enorme prelado se extasiava, em italiano: "*E tornata l'imperatrice Eugenia di Montijo!*" Era monsenhor Angelo Roncalli, núncio apostólico e futuro papa João XXIII.

O padre Benítez seria o único a dar notícia da conversa, segundo ele decisiva, entre Evita e Roncalli. Apresentou, como prova, uma carta do núncio, firmada em 23 de julho e com alguns erros de datilografia, na qual o sacerdote recomenda a Evita o arquiteto da basílica da Paz, em Lisieux: um certo Sr. Reynes, portador de uma carta endereçada à "Senhora Presidenta" pela irmã de Santa Teresa do Menino Jesus.

Ainda segundo Benítez, a conversa foi longa e proveitosa. Aquelas duas criaturas, tão diferentes na aparência, haviam sido feitas para se entenderem. Como Evita, Roncalli era de origem humilde, filho de camponeses. No Vaticano, não impressionava ninguém pelo brilho de sua inteligência: pelo contrário, sua rudeza e candura eram motivo de comentários.

Por isso, segundo Benítez, é que ele estava em Paris. Bidault apresentara ao Vaticano uma longa lista de religiosos colaboracionistas, pedindo que fossem expulsos. O papa, como era de se esperar, não apreciara a iniciativa. E sua vingança tinha um nome: Roncalli. Chegado o momento de substituir o núncio de Paris, ele designara esse arcebispo apagado que cumpria seus deveres em Alexandria, e que era considerado o último entre seus pares. Inicialmente surpreendido com a nomeação, o prelado rústico não demorara a entender: era como sinal do maior dos desprezos que uma criatura tão agreste como ele fosse designada núncio numa cidade tão cheia de espírito quanto Paris. Mas a história, como sabemos, seguiria seu caminho à sua maneira. Sem querer, um homem de inteligência salutar acabava de ser descoberto. E o último dos arcebispos se tornaria o mais simpático dos papas.

De que falaram os dois? Das obras de caridade, que Evita teimava em chamar de ajuda social, senão de justiça. Ela expôs detalhadamente suas ideias. Pensava o tempo todo na fundação a que pretendia dar impulso ao retornar. E Roncalli deu-lhe dois conselhos fundamentais, que ela seguiria ao pé da letra. Primeiro: não se emaranhar em papeladas oficiais, preservando a flexibilidade de uma organização antiburocrática. Segundo: dedicar-se *sem limites* a esse trabalho. Ele talvez não soubesse como estava sendo profético. A menos que admitamos – o que podemos fazer sem o menor esforço – a verdadeira santidade desse Papai Noel mediterrâneo. Nesse caso, vale dizer que o futuro Giovanni compreendera Eva do fundo do coração. E a estava aconselhando simplesmente a ir até o fim de suas próprias inclinações, custasse o que custasse.

No último dia, Evita visitou o palácio de Versalhes, fechado desde o início da guerra e reaberto em sua homenagem. Fez questão também de ver o túmulo de Napoleão, que muito admirava, pois Perón o considerava um de seus modelos – e não era o peronismo definido como um bonapartismo? (Ela admirava igualmente Maria Antonieta, e foi o que disse à mulher de Bidault, mas eximindo-se naturalmente de expor os motivos dessa admiração, e sobretudo de evocar suas recordações de adolescente.)

Finalmente, sua visita teve como consequência inesperada a mudança de nome de uma estação do metrô parisiense, que deixou de ser Obligado para chamar-se Argentina. Como boa aluna, Evita fizera ver a Vincent Auriol que a batalha de Obligado não fora uma vitória francesa, como pareciam acreditar os franceses, mas argentina. Quem nos explica a questão, em sua história do metrô parisiense, é o historiador francês Pierre Miguel: "Argentina: é a única estação com o nome de um país amigo. Não existe uma estação Brasil, Estados Unidos ou Grã-Bretanha. Por que Argentina? A rua Argentina, da qual a estação deriva seu nome, chamava-se inicialmente rue de la Pelouse de l'Étoile,* em referência ao aspecto campestre da planície situada a oeste do Arco de Triunfo. Em 1868, seu nome foi mudado para rue d'Obligado. Foi em Obligado, a 20 de novembro de 1845, que uma esquadra franco-britânica desembarcou fuzileiros navais para garantir o acesso ao rio da Prata durante a ditadura de Rosas, cujas colunas militares ensanguentavam o pampa e que, segundo se dizia em Londres, arregimentava seus partidários a cacetadas até mesmo nas ruas de Buenos Aires. Denundava-se o tirano que pretendia fechar seu país aos interesses europeus: a vitória de Obligado satisfez plenamente os financistas da City. O comércio argentino passava a se abrir sem reservas às empresas inglesas e francesas. Podia-se finalmente exportar para a Argentina quilômetros do novo tipo de arame farpado que permitia aumentar os lucros dos criadores de gado, ao mesmo tempo protegendo os produtores de cereais. Em 1945, a França passava fome: navios foram imediatamente carregados de trigo e carne para atender às necessidades do governo francês. Agradecida, Paris decidiu dar o nome de Argentina a uma de suas ruas, sem prestar muita atenção no novo ditador que se instalava nesse país: Juan Domingo Perón. Mais tarde, o governo argentino se incumbiria da decoração da estação Argentina. Por especial privilégio."

Nesse texto hábil, o historiador furta-se a contar o fim da história. Em 16 de junho de 1848, a França suspendeu o bloqueio do porto de Buenos Aires. A Segunda República não desejava manter uma situação de conflito com a Federação argentina. E, no dia 31 de agosto de 1850, o contra-almirante Le Prédour assinou um tratado de paz

*Rua da Relva da Estrela, sendo Estrela o nome da praça do Arco de Triunfo, de onde irradiam as mais famosas avenidas de Paris. (*N. do T.*)

semelhante ao que a Inglaterra acabava de firmar, e no qual aceitava as exigências de Rosas. As duas potências europeias retiravam suas tropas do rio da Prata, reconhecendo a soberania argentina sobre os rios interiores, e devolviam a ilha de Martín García, que haviam ocupado.

O texto de Miguel evita igualmente mencionar Evita. Foi ela, no entanto, que se imbuiu da doutrinação nacionalista necessária para lembrar a Auriol que, em 1848, em Vuelta de Obligado, a França não ganhara a guerra, mas uma batalha. Nesse ponto, por sinal, os nacionalistas não estavam errados: uma guerra empreendida por potências colonialistas para instalar seus arames farpados inspira muito pouca simpatia, o que não impedia os opositores de ter razão, pois Rosas era um ditador. A atitude da França – dividida em 1947 entre uma fome muito relativa e a tentação de baixar a crista diante de um ditador argentino, cem anos depois de havê-la baixado diante de outro – pode talvez ser interpretada como uma perfeita demonstração de que a soma de razões parciais acaba equivalendo à verdade.

Evita estava em Monte Carlo, levada pelo frívolo Dodero, quando um navio ancorado em Brest explodiu, destruindo parte da cidade. Ela mandou um telegrama a Bidault, com um cheque: 500 mil francos para as vítimas. E, antes de deixar a França, acrescentaria 200 mil francos, "para os pobres de Paris".

Outra história de cheque, mas de nível moral bem inferior, ocorreu nesse período de férias. Aristóteles Onassis tornara-se cidadão argentino. Conhecia Dodero, que também era armador. Não é, portanto, impossível que o tenha visitado no mesmo hotel parisiense (o Beach Hotel, segundo alguns) onde Dodero se hospedava, com Evita e seu séquito. Depois da morte de Evita, esse colecionador de mulheres célebres contaria que se deitara com ela, e que lhe deixara um cheque "para suas obras de caridade". Tais afirmações incluem Onassis para sempre na raça dos Sapos. Quanto a Evita, dormia sempre com Lilian. Até mesmo seus detratores mais virulentos – portanto mais ambíguos –, como Lombille, são categóricos a esse respeito.

Lombille acrescenta Biarritz ao périplo de Evita. Biarritz é um pequeno castelo bem no alto de um penhasco, e que pertence, naturalmente, a Dodero. Juancito Duarte adora Biarritz. Este rapaz simples e cordial que até o fim da vida continuaria frequentando o bar de Junín, para beber com os amigos da juventude, descobria agora seu lado tiete, frequentando o Cassino para ver Rita Hayworth com Ali Khan, e Jean Marais, e Sacha Guitry... Ah, os ricos e famosos! Mas Eva torce o nariz. As outras estrelas não a interessam. Bons vinhos? Champanhe? Ela praticamente não bebe. Aos poucos, sua indiferença vai assumindo contornos estranhos. Juancito não entende. Estaria sua irmã ficando meio mística?

DEPOIS DE RECEBER a medalha de ouro do principado de Mônaco, ela toma o trem para Genebra. Estamos no dia 3 de agosto. O embaixador da Argentina, Benito Llambí, conseguiu para Evita um convite oficial do governo suíço.

TOMATES E MISTÉRIOS

Durante cinco dias, que seriam dos mais misteriosos de sua existência, ela passeia pela Suíça. Além de Genebra, vai a Neuchâtel, Berna, Zurique e Saint-Moritz. Em Berna, um jovem suíço que viveu na Argentina atira pedras em seu carro. O para-brisa se quebra e o motorista sai ferido. Eva mantém-se impassível. Pouco mais adiante, na mesma cidade, novo atentado, dessa vez mais burlesco: atiram-lhe tomates. Novamente, no entanto, ela sai intacta. Em compensação, o ministro das Relações Exteriores, Max Petitpierre, indivíduo dos mais solenes, e que estava sentado a seu lado, fica coberto de massa de tomate. Os membros do cortejo acorrem, consternados. A *Señora* sentiu medo? Eva mantém afixada a máscara de Cleópatra, de *Imperatrice Eugenia*. "Quando estamos representando um Estado, não podemos ter medo", sentencia.

Uma velha e digna senhora que presencia esse último atentado exclama, entusiasmada: "É o dia mais belo da minha vida!" Trata-se da viúva de Afonso XIII, o rei da Espanha exilado em 1931. Ela fez absoluta questão de ver o cortejo de Evita – há mesmo quem diga que fez chegar a seus ouvidos que gostaria de encontrá-la. Evita, no entanto, no auge da arrogância, teria respondido: "Se quer me ver, basta esperar a passagem do carro, como todo mundo!" Como a curiosidade da velha rainha era maior que seu orgulho, ela teve a incrível sorte de chegar no momento exato de contemplar a rainha de fancaria debaixo da chuva de tomates. A anedota serve apenas para acentuar a sensação de ambiguidade deixada pelas aventuras de Evita na Europa: se a viúva de Afonso XIII a desprezava de tal maneira, por que insistia em vê-la? A resposta, mais uma vez, está no espetáculo. Importantes ou humildes, as pessoas se entediam. E acrescentam um último pecado à enumeração de Areilza: aquele que um santo cristão denominou "concupiscência dos olhos".

Isso quanto à crônica exotérica: todos os jornais do mundo falam desses tomates, dessas pedras e desse Max Petitpierre. Haveria algo mais? Sim, conjeturas. Nada mais do que conjeturas.

A primeira leva de suspeitas diz respeito às contas bancárias abertas por Evita. Mas os relatos nesse sentido parecem bem estruturados demais. Como erigir especulações tão perfeitas sobre dados jamais confirmados? Naturalmente, é muitas vezes difícil, para um pesquisador, limitar-se a um discurso "esfacelado": a paixão da descoberta e a necessidade de explicar tudo levam a melhor sobre a prudência – e sobre o discernimento. Mas nem por isso devemos rejeitar em bloco tais discursos. Os fatos que nos apresentam, relevantes e numerosos, justificam nossa decisão de expô-los.

Glenn I. Infield, historiador norte-americano já citado, especialista no período nazista, é desses que preferem a afirmação à dúvida. É verdade que sua tese escora-se em documentos até então inéditos, encontrados nos arquivos de Washington, da CIA, do FBI, nos National Archives, no Centro de Documentação de Berlim, na Defense Intelligence Agency, no Departamento de Estado e no Escritório de Informações e Segurança do Exército dos Estados Unidos, o que nos impede, pelo menos em princípio, de considerá-la absurda e caprichosa. Em seu livro sobre Otto Skorzeny – o chefe dos comandos de Hitler celebrizado por ter libertado Mussolini em 1943, e que o autor encontrou pessoalmente –, Infield escreve: "Foi através de Rudolf Ludwig Freude (...) que Evita ouviu falar pela primeira vez do dinheiro do Terceiro Reich transferido para a Argentina. Freude cuidava desses fundos quando chegavam à Argentina e providenciava seu depósito no Banco Aleman, ajudado por Heinrich Dörge. (...) Com a cumplicidade de seu marido, ela simplesmente conseguiu convencer Freude e Dörge de que seria mais seguro e do interesse de todos pôr o tesouro em seu nome enquanto se esperava a chegada de Martin Bormann."

Assim foi feito. Mas o tempo passava, e Bormann não chegava a Buenos Aires. "Perón designou-se então administrador-gerente dos bens estrangeiros, com a intenção bem clara de apoderar-se deles no devido momento, mediante confisco. Evita, por sua vez, convenceu Dörge e Freude, que se consideravam os verdadeiros depositários da confiança de Bormann, a esquecerem o caso!"

Foi então que surgiu Skorzeny. Ele só chegaria à Argentina em 1948, tendo fugido da prisão com a bênção dos norte-americanos. Mas estava perfeitamente a par da existência do tesouro, que o deixava preocupado em sua cela: "Sua viagem à Europa [a de Evita] me intrigava. Teria alguma ligação com a parte de nosso dinheiro que ela controlava?", pergunta ele a Infield, que viu nessa preocupação, não sem razão, uma confirmação da realidade da bolada subtraída por Bormann.

Uma vez em Buenos Aires, Skorzeny não demorou a conquistar a confiança de Perón, que admirava nele o libertador de Mussolini. O resto de seu relato torna-se tão fantasioso quanto os sonhos de Onassis: ele afirma ter se tornado amante de Evita. Mas se ignorarmos esses devaneios, afinal desculpáveis, não é menos verdade que ele desempenhou um papel importante no regime peronista, como instrutor da polícia argentina – assim como o croata Ante Pavelic. E, em julho de 1949, impediu um atentado contra a vida de Evita.

"Seja como for", prossegue Infield, "já no início de 1950 (...) Evita e Juan Perón haviam devolvido a *Skorzeny* aproximadamente um quarto dos fundos enviados por Bormann." (Vale observar que o autor do livro não está entre os que acreditam na presença de Bormann em Buenos Aires. Outros, como Ladislas Farago, afirmam que Perón devolveu essa soma "ao vice-Führer Martin Bormann". Mas ambos fazem referência ao padre católico pró-fascista Egido Esparza, que participou da transação.)

Com a morte de Evita, em 1952, Juan Duarte torna-se o único depositário dos segredos das contas na Suíça. Acuado por Perón (e, *dixit* Infield, por Skorzeny), enfraquecido pela morte de sua protetora e além de tudo doente, o infeliz Juancito viajou docilmente à Suíça, onde "assinou documentos que davam a Perón acesso ao dinheiro e às joias de Evita guardados nos cofres de um banco de Zurique, assim como a todas as outras contas abertas na Suíça em seu nome. Era o mesmo que assinar sua própria sentença de morte". Voltaremos a esta morte, ocorrida em 9 de abril de 1953. A essa altura, quatro outros personagens envolvidos no caso já haviam deixado este mundo: Heinrich Dörge, cujo corpo foi encontrado numa rua de Buenos Aires em 1949; Richard von Leute, assassinado em 1950; Richard Staudt, mesma coisa, mesmo ano; e finalmente Ludwig Freude, encontrado diante de uma xícara de chá envenenado, em sua casa, em 1952.

Por que, então, antecipar assim os acontecimentos, se ainda estamos na Suíça, em 1947? Por uma razão muito simples: os cinco misteriosos dias de Evita no país dos relógios poderiam ser esclarecidos à luz desses fatos. Ainda que optássemos por ignorar as supostas revelações da *Ultima Clave* sobre o navio ancorado no porto de Gênova, o *commendatore* Giovanni Maggio e o rei Umberto da Itália, o fato é que a última viagem de Juan Duarte à Suíça e o suicídio ou assassinato que se seguiu fazem soar o alarme. Um sinal nitidamente ouvido pelo povo argentino, que sempre associou os dois fatos, com uma percepção intuitiva que às vezes falta aos historiadores.

A segunda leva de conjeturas refere-se à saúde de Evita em 1947. Não se trata de afirmações claras, tampouco vagas. Trata-se antes de uma sensação, uma impressão: tão cedo ainda, não faltou quem já farejasse sua doença. Assim é que Raúl Salinas sustenta que ela sentiu os primeiros sintomas durante a viagem, que o diagnóstico já teria sido feito, certamente ainda impreciso e que seu médico pessoal, o Dr. Alsina, "não a largava um minuto, por causa das injeções de que precisava". "Morfina", afirma Lombille. É verdade que na época a morfina era usada com liberalidade em casos médicos. Ana Macri, um dos pilares do futuro Partido Peronista Feminino, exprime, por sua vez, a mesma convicção: "Antes de partir", diz-nos ela, "Evita tinha vontade de trabalhar. Mas ao retornar já não era uma vontade, era uma mania. Tenho certeza de que ela já sabia que estava com os dias contados."

Mais que isso não sabemos. Primeiro, porque os médicos inspiravam em Evita "um medo animal" (na expressão de Salinas): divulgar seus problemas de saúde era algo que lhe apetecia tão pouco quanto admiti-los. Depois, por causa da hipocrisia que na época envolvia qualquer doença, e o câncer. Veremos adiante o verdadeiro jogo de esconde-esconde a que se entregariam Perón e Evita, para dissimular um ao outro que "sabiam". No que diz respeito, portanto, ao período da viagem, tudo que podemos invocar é uma intuição. Mas uma intuição que não pode ser ignorada, pois ajuda a entender a vertiginosa mudança que se operou em Evita na Europa. Mais uma vez, convém ouvir, aqui, a *vox populi*. O povo argentino sempre se interrogou sobre os motivos de semelhante transformação. Frequentar os grandes do mundo (que por sinal só lhe inspiraram tédio e zombaria, à exceção de Roncalli) e vestir Dior são coisas perfeitamente capazes de mudar a cabeça de uma mulher. Mas não a esse ponto. Havia algo mais. Uma luz e uma aura diferentes. E se, ainda por cima, o padre Benítez contribuiu consideravelmente para a transformação, poderíamos ver nisso a tão procurada indicação: teria o padre exercido uma ascendência tão grande sobre uma mulher jovem ainda gozando de plena saúde e convencida de ter *tempo*?

TAPETE VERMELHO

Em 10 de agosto, ela encerrou seu périplo ziguezagueante voando para Lisboa. Em Dakar, tomou um navio da companhia de Dodero, o *Buenos Aires*, a bordo do qual seiscentos emigrantes viajavam para a Argentina. Mas não os acompanhou até a terra prometida, fazendo escala em Pernambuco, onde tomou um avião para o Rio de Janeiro. A então capital brasileira sediava uma Conferência Interamericana pela Paz e pela Segurança no continente. A delegação argentina era presidida por Atilio Bramuglia, tão detestado por Evita que ela apagara sua imagem de seu jornal *Democracia*. Mulher do mundo, entretanto, ela soube dissimular, e os dois compartilharam em harmonia homenagens e banquetes, assistindo lado a lado à reunião plenária da conferência. George Marshall pronunciou o discurso, e o chanceler brasileiro, Raul Fernandes, fez um brinde a Evita, sorridente por trás de seu véu respingado de veludo – pois não fora ela na Europa, e especialmente na Espanha, a alternativa argentina ao Plano Marshall? No Brasil, a coisa não era ignorada. E os muros do Rio estavam cobertos de cartazes onde se lia, sob uma gigantesca fotografia de Evita: "À mulher brasileira, que luta, como a argentina, ao lado de seu povo, por um futuro de justiça, trabalho e paz." Mas não demoraria para que seu sorriso fosse conspurcado nos cartazes por suásticas e a inscrição "Nazista".

Esses símbolos infamantes não foram a única nota falsa no Rio. Nos bastidores, Lilian encarregou-se de outra. Entre as autoridades argentinas que recepcionaram Evita estava Ricardo Guardo. O episódio nos foi relatado por Raúl Salinas, grande amigo do dentista. Ao ver o marido, Lilian não se conteve, finalmente explodindo. Alterada, em lágrimas, ela acusou Evita de havê-la atormentado ao longo de toda aquela viagem pavorosa. Em seu *élan*, chegou inclusive a acusar Evita de ter flertado com seu marido. Estaria se referindo ao episódio do vestido para a cerimônia no Congresso? Seja como for, a conferência pela paz no Rio marcou o início da guerra entre Evita e Guardo, que naturalmente defendeu ardorosamente sua mulher. Mais adiante, na chegada a Buenos Aires, Evita, identificando Raúl Salinas na multidão, convidou-o a instalar-se em seu carro, entre ela e Perón. Durante a viagem, ela conversara com o marido toda noite, por telefone, mas o estava encontrando agora em carne e osso pela primeira vez depois de três meses de ausência. O clima não era, entretanto, para duetos de amor, mas de raiva. "Você tem um amigo que é um traidor", foi dizendo a Salinas. "Quem?" "Guardo."

Mas estamos ainda no dia 21 de agosto, e a viajante é recebida pelas autoridades uruguaias em Montevidéu, a cidade onde usara sua primeira toalete digna do nome, durante a turnê de sua companhia. Dessa vez, os cartazes nas ruas não anunciavam *Las inocentes*, mas "À mulher uruguaia", com mensagem semelhante à endereçada à mulher brasileira. Evita almoçara com o presidente Luis Batlle Berres (no Brasil, fora recebida pelo presidente Eurico Gaspar Dutra) e tomara o *Ciudad de Montevideo* para atravessar o rio da Prata.

No sábado 23, às 16 horas, o navio ancorou no porto de Buenos Aires. Um tapete vermelho estendia-se do cais até a Alfândega. Perón, *doña* Juana, as três irmãs e todos os membros do governo a esperavam numa tribuna improvisada. A multidão, mais uma vez, era imensa. Todos ali leram dia após dia as notícias dos sucessos de Evita. Sentiam-se como pais cuja filha passou com brilhantismo nos exames. Alegria e orgulho enchiam os peitos. Da ponte do navio, Evita saudava. E, antes mesmo que acabassem de instalar a passarela, precipitou-se para desembarcar. Sua impaciência era tal que errou de direção e teve de fazer meia-volta para afinal beijar Perón.

Em seguida, tomou a palavra. Tudo nela mudara, menos as palavras, desfiadas como de hábito: "amor", "*corazón*", "mensagem de paz". Como sempre, a reiteração, com seu poder mesmerizante: era com reverência que a ouviam. E ela estava tão bela, tão aureolada pelo prestígio quase religioso de haver "triunfado na Europa" – o sonho argentino – que quase passam despercebidas as únicas palavras essenciais de seu discurso, pronunciadas com a voz embargada pelas lágrimas: "Segunda-feira estarei novamente com vocês: mãos à obra!" Naquele momento, ninguém percebeu: ela estava prometendo que a partir de agora só importava a missão que tinha a cumprir.

Ao longo da viagem, Evita tornara-se uma pérola de refinamento: nenhuma das senhoras patronesses podia mais comparar-se a ela. Sua elegância perfeita já não se limitava ao esplendor das roupas, impregnando-a por inteiro. Uma mulher de seu círculo observou que Evita não torcia mais os saltos dos sapatos, como se tivesse afinal encontrado seu equilíbrio ao cumprir o ritual da oligarquia. À parte alguns tomates, a Europa a recebera como a nenhuma outra – nem mesmo Victoria Ocampo. Ela ficou naturalmente lisonjeada, mas a hipocrisia e o aparato lhe haviam inspirado apenas zombaria. Sua vaidade estava satisfeita. Seu ressentimento já não tinha razão de ser. Era chegada a hora de arregaçar as mangas e passar às coisas sérias.

Sua verdadeira história começa na segunda-feira, 25 de agosto de 1947, quando volta ao trabalho na *Secretaría*. Até então, limitara-se a ensaiar seu papel. Pois agora subia o pano.

Parte 3

7
Fundadora

O coque de Evita • O voto das mulheres • Censura e propaganda • Evita faz muito bem o bem • O tempo urge • "As Delícias" • A Fundação Eva Perón • Os pobres têm direito ao luxo • Dentaduras e máquinas de costurar • O beijo no leproso • As balas malditas • Evita e os operários • Evita e seus poetas

No fim de 1947, Evita decide de uma vez por todas: o coque na nuca, já conhecido de todos, torna-se seu penteado exclusivo. Houve quem visse nisso a influência de Christian Dior. Outros o negam. Segundo eles, Evita inspirou-se numa dama argentina, Hortensia Ruiz González de Fernández Anchorena, que conheceu em Paris. E por fim Pedro Alcaraz jurou ter sido o único inventor do coque, que teria inaugurado para que Evita, que ia de manhã cedo para o escritório, pudesse, "graças a um aplique e alguns grampos", ficar impecavelmente penteada até o fim do dia. Seja como for, o coque, tecido como duas mãos fortemente entrelaçadas, transcenderá a moda ou o argumento prático para transformar-se em símbolo da nova Eva. E do novo regime.

A partir de agora, sobressairão mais claramente as características de ambos, acentuando-se o paralelismo entre a mulher e o regime político. E a primeira *encarnará* o segundo, de tal maneira que bastará contemplar Eva para observar o peronismo. O período que começa em 1948, terminando pouco antes de sua morte, em 1952, abole os antigos cachos em "liberdade condicional". O autoritarismo caminha lado a lado com o penteado severo. Tratava-se, para Eva, de tomar a pulso o país. Por isso é que passaria a usar na nuca um arremedo de um punho.

Todavia a nuca, como bem sabia Atlas, é um ponto doloroso que evoca excesso de carga, mas também humilhação, fracasso, degola. E a realidade escorre por entre os dedos, por mais forte que os apertemos. Tudo que Evita fará por vontade de poder desaparecerá sem deixar traços. Quanto às coisas que faria por amor, tampouco deixariam marcas visíveis, mas uma energia liberada flutuando em torno de sua memória, contraimagem do coque severo. Não terá sido por acaso que a juventude peronista de esquerda, que passou a empunhar a bandeira nos anos 1970, tanto apreciava a única foto em que sua *Pasionaria* aparecia com os cabelos soltos sobre os ombros. Como sua visão romântica do peronismo a impedia de encarar de frente a imagem dura da cabeleira presa, a juventude optava pela imagem livre e flamejante da Evita que desejava ter para si. Eva, mais uma vez, *encarnava* um ideal.

Neste capítulo, tentaremos resumir o essencial de sua obra, apresentando as realizações de Evita ao longo dos cinco últimos anos de sua vida. Realizações, mas também controle, absolutismo, verticalidade. Um resumo que poderá parecer brutal, pois num apanhado fulminante encontramos Evita aprisionada em dois papéis únicos: o que poderia ser comparado ao rigor do coque e outro que, à falta de melhor, chamaremos o "dos cabelos soltos" – ou do amor.

Assim procedendo, corremos o risco de imitar Perón quando queimava etapas, descrevendo Evita como se sempre a tivesse conhecido loura; há o risco, em suma, considerando em bloco esses anos, de não mais acompanhá-la em sua evolução, como fizemos até aqui. Mas essa decisão é justificada por uma evidência: ao retornar da Europa, Evita não muda mais, nem no modo de vestir-se nem no comportamento, e ainda menos no trabalho. Sua vida divide-se em dois momentos: antes e depois da Europa. Só a doença modificaria o personagem de comportamento estrito que ela passa a representar, como se o núcleo gelado incrustado em sua memória (e com o qual a doença não deixa de ter relação) tomasse tudo. E essa contração da alma, dos músculos, essa extrema concentração inscreve-se no tempo, de tal forma que temos a sensação de uma Evita que, voltando da viagem, inaugura de repente os anos 1950. De uma hora para outra, nada mais de ombreiras nem decotes quadrados, mas ombros arredondados, paletós bem cintados com folhos em torno dos quadris e saias "sereia". De repente, também, uma Evita segura de si, de voz enrouquecida e expressão voluntariosa, o rosto marcado. A crispação prenuncia o espasmo. Ela própria não se cansará de repetir, como fazia sua mãe: "Não tenho tempo de parar", ou: "Estou numa corrida contra o tempo." O tempo urge, e ela o submete a medidas de compressão. No entanto – e aí está a contradição –, trata-se de um tempo de revolta. Um tempo em que ela dirá e repetirá: "Agora. Imediatamente. Estamos vivendo uma revolução."

Um mês se passara desde sua volta quando ela pronunciou um discurso memorável da sacada da Casa Rosada. Com sua voz ainda aguda e nervosa, voz de corça acuada pela matilha, leu estas palavras: "Acabo de receber, das mãos do governo da nação, a lei que consagra nossos direitos cívicos. E a recebo diante de vós, com a certeza de que o faço em nome de todas as mulheres argentinas, e sinto minhas mãos tremerem ao contato com o laurel que proclama a vitória. Temos aqui, irmãs, reunida na escrita densa desses artigos, uma longa história de lutas, contratempos e esperanças." Era o dia 23 de setembro de 1947. Diante de uma multidão entusiástica convocada pela CGT, ela apresentava a lei 13.010, que concedia à mulher o direito de voto.

Não era verossímil a certeza que ela afirmava sentir de estar agindo em nome de todas as argentinas. Eva nunca se dirigiu senão às mulheres do povo, e não podia ignorar a reação indignada das outras mulheres, sobretudo socialistas. Por outro lado, não se pode afirmar que conhecesse assim tão bem a "longa história de lutas" à qual se referia. Uma história que remontava a 47 anos, quando Cecilia Grierson, a primeira médica argentina, fundou em setembro de 1900 o Conselho das Mulheres, depois de descobrir que a lei a impedia de exercer sua profissão.

No mesmo ano era criado o Centro Feminista, sob a presidência de Elvira Rawson de Dellepiane. Será que os nomes de Julieta Lanteri, Carmela Horne de Burmeister, Alicia Moreau de Justo, Luisa

Berrondo ou das irmãs Tcherkoff, que em diferentes épocas haviam lutado pelo voto das mulheres, diziam alguma coisa a Eva? E será que sabia que o último projeto neste mesmo sentido havia sido apresentado em 1938 por Susana Larguía e Victoria Ocampo? É possível que não. E aliás, mesmo no contexto do peronismo, Eva não era a responsável por essa lei. Já em 1945 o governo de Farrell – do qual Perón era vice-presidente – a havia anunciado. O jornalista Eduardo Colom assegurou a Navarro e Fraser ter sido o inspirador do projeto. E o primeiro a beneficiar-se dele seria Perón, obtendo 60 por cento dos sufrágios graças ao voto feminino.

Caberia enxergar aí apenas uma armadilha, uma a mais, para se utilizar das mulheres – da sua e das outras? Ou será que ele, ao contrário, é que viria a cair na armadilha de sua mulher – uma armadilha terrível, a da absoluta sinceridade? Apesar de contradito por suas palavras, o feminismo de Evita era muito mais visceral do que se poderia julgar pelas aparências – e foi de certa maneira o que sua morte provou. Mas o decorrer dos acontecimentos se encarregaria de demonstrar que, na corrida ao poder, as trapaças de um e a retidão da outra caminhavam lado a lado.

A CGT, que organizara a mobilização, mudara muito desde o glorioso 17 de outubro. Em fevereiro de 1947, Luis Gay – um dirigente do sindicato dos empregados da telefonia – fora substituído como secretário por Aurelio Hernández. Gay ousara convidar à Argentina um grupo de sindicalistas norte-americanos, mexicanos e italianos que Perón não desejava ver pela frente. (Sindicalista próximo do movimento anarquista, Gay frequentara Josip Broz Tito na época em que o iugoslavo vivia numa pensão em Buenos Aires, tendo-o visitado mais tarde em Belgrado.) Desafiando a proibição de Perón, Gay recebera os líderes sindicais, sem suspeitar de que no salão do hotel onde se desenrolava o encontro haviam sido instalados microfones, por ordem do presidente. No dia seguinte, ele foi convocado por Perón, que lhe disse com simplicidade: "Demita-se ou quebro-lhe a cara."

Hernández ficou no cargo por apenas um ano. Em 1948, José Espejo tornou-se o secretário da CGT, função que desempenharia até a morte de Evita, em 1952. O percurso sindical de Espejo (cujo nome significa "espelho") nada tinha de notável. Foi precisamente este o motivo de sua eleição: no terreno sindical como nos outros, o que interessava a Perón eram homens nos quais pudesse espelhar-se. Mesmo ponto de vista quanto a Evita: seus colaboradores seriam cada vez mais levados a refleti-la. Até então, suas relações com a CGT eram distantes. Com Espejo, no entanto, ela passaria finalmente a dispor de uma CGT lisonjeira e tranquilizadora, deixando-lhe claro que era ela "a mais bela de todas". Espejo iria se tornar mais claramente seu espelho mágico que de Perón.

TORTURAS

No dia 20 de setembro de 1948, o cerco se fechou sobre Cipriano Reyes. O governo denunciou um complô destinado a assassinar Perón e Evita. Entre os 21 acusados, o próprio Reyes e John Griffiths, ex-adido cultural da embaixada dos Estados Unidos, anteriormente transferido para Montevidéu por ter declarado que Martin Bormann vivia em Buenos Aires com a bênção do presidente. À exceção do norte-americano, que não se encontrava ao alcance, todos os outros foram encarcerados. O processo jamais aconteceria, de modo que Reyes ficou na prisão até a queda do peronismo, em 1955.

O episódio foi relatado por Walter Beveraggi Allende, exilado em Montevidéu e torturado, como os demais. Em 13 de setembro, Reyes recebeu a visita de dois personagens que se apresentaram como oficiais da Aeronáutica. O primeiro, Walter Pereyra, era-o efetivamente, embora se apresentasse sob nome falso. O segundo era ninguém menos que o comissário Salomón Wasserman, um caso duplamente curioso, pois, sendo judeu, não só conseguira entrar para a polícia como exercia funções de torturador. Durante uma segunda reunião na casa do tabelião García Velloso, membro do Partido Trabalhista, Wasserman e Pereyra opuseram um "plano revolucionário" para derrubar Perón. Antes de concordar, os dirigentes trabalhistas pediram um encontro com os cabeças do movimento. E o brigadeiro Francisco J. Vélez marcou encontro com eles na Direção de Aeronáutica Civil.

Era uma armadilha. O grupo de Reyes foi levado à Seção Especial da Polícia Federal, onde o chefe, um outro Cipriano – o célebre carrasco Cipriano Lombilla –, submeteu suas partes sensíveis à tortura elétrica. Quinze dias depois, Reyes ainda apresentava uma monstruosa inflamação nos órgãos genitais. Segundo um persistente boato, teria guardado graves sequelas desse incidente. Como o próprio Reyes jamais confirmou ou desmentiu o que quer que fosse, os peronistas aproveitaram para negar tudo.

Um curioso depoimento poderia pôr em dúvida a credibilidade de Reyes. Muito antes de seu encarceramento, ele se queixara de ter sido atacado e espancado na cabeça por um bando de peronistas. Apresentava-se nas sessões do Congresso com a cabeça enfaixada como uma múmia. "Mentira", afirma o ex-cabeleireiro do Congresso, Tito Di Ciano, que por sinal nos contou outras anedotas capilares, especialmente sobre Quijano, "muito difícil de barbear porque seu bigode emendava nas costeletas". (Tito acrescenta que, na época, os homens – ou pelo menos os peronistas – barbeavam-se só duas vezes por semana. Mas Perón, abençoado seja, introduzira o hábito do barbear-se diário, ordenando aos deputados de seu grupo que fizessem o mesmo.) "É uma mentira deslavada", repete Tito. "Cipriano Reyes vinha fazer a barba comigo. Eu tirava as ataduras e não havia nada, nem um arranhãozinho. Depois, ele se enfaixava de novo e ia bancar a vítima."

Retomemos um depoimento menos divertido, o de Beveraggi, por demais claro para que não atribuamos o silêncio de Reyes a um pudor masculino perfeitamente compreensível – tanto mais que seus carcereiros haviam feito questão de humilhá-lo, divulgando fotografias em que aparece ao lado de um urinol. Que procuravam saber, então, seus torturadores, naqueles interrogatórios pontuados de choques elétricos? Não se cansavam de perguntar por John Griffiths, que queriam envolver no caso, embora os prisioneiros negassem já tê-lo encontrado alguma vez. Mas nem os torturadores nem Perón, quando falou pelo rádio para anunciar o "complô", estavam preocupados com detalhes. Acusavam os supostos conjurados ora de pretender impedir a reforma da Constituição (tema crucial que abordaremos mais adiante), ora do contrário. O importante não era ser coerente, mas punir: não resta dúvida de que livrar-se de Reyes ao mesmo tempo vingando-se do mais irritante dos diplomatas norte-americanos era um golpe de mestre.

Na época colonial, a Argentina só vivenciara de longe a Inquisição e suas torturas: para as fogueiras de alguma importância, a capital era Lima. Buenos Aires, cidade sem interesse por carecer de minas de ouro ou de prata, tivera direito apenas ao suplício do cavalete. Conquistada a independência, a Assembleia de 1813, que proibira as touradas, aboliu também a tortura. A prática seria retomada em 1930, sob o regime de Uriburu, pelo comissário Lugones, filho do poeta Leopoldo Lugones, tão admirado por Borges, e mais tarde, em 1945, pela polícia de Perón. Além dos já citados, também fariam jus à triste celebridade de que desfrutavam durante o peronismo torturadores como Cardoso, Amoresano, Solveyra Casares, Simón Etcharte e Nievas Malaver (acompanhado de seu cão Tom).

No entanto, todos eles não passavam de artesãos. Mal sabiam simular uma execução, enfiar uma longa agulha, cingir o membro a estrangular numa toalha molhada, enfiar uma cunha sob a unha e, é claro, aplicar a geena – invenção argentina, a darmos crédito a um velho manual publicado na França para uso policial. Comparadas aos métodos da Triple A (*Alianza Argentina Anticomunista*), criada por López Rega em 1974, e da ditadura militar que se seguiu, essas modestas tentativas inspiram apenas piedade. Há, com efeito, quem dê de ombros quando se fala das torturas do primeiro peronismo. É verdade que em 1977 os torturadores da Escola de Mecânica da Marinha começavam onde seus precursores haviam culminado: na geena. Mas será que devemos por isso sentir saudades desses pioneiros, como dos primeiros motores a tração ou do último bonde?

Outro dar de ombros que também causa espécie: o argumento dos policiais cujo zelo vai além das ordens recebidas. Segundo os defensores dessa tese, em todos os regimes ocorrem excessos. Poderíamos responder que na Argentina só se falou de tortura nos períodos até agora mencionados. Que se saiba, nenhum policial "foi além" desse tipo de ordens nos governos dos radicais Illía, nos anos 1960, e

Alfonsín, nos anos 1980. Seria possível, aliás, "ir além" das ordens num sistema de poder como o peronista, que vigiava cada indivíduo de perto? E um dos papéis de Evita não consistia precisamente em "estar a par de tudo" para transmitir a Perón?

Mas manter sob controle um país inteiro, com um marido que é um gênio da dissimulação, não é nada fácil. O episódio que passamos a relatar, e que nos foi contado por Raúl Salinas, contribui com novos esclarecimentos sobre o caso. Perón acabara de "descobrir" o complô de Cipriano Reyes e convocara uma reunião na Casa Rosada para decidir sobre as medidas a serem tomadas. Mas parecia hesitar: o "leão herbívoro" que ele mesmo se dizia não parecia ter claramente a intenção de punir os "conjurados" como mereciam – para darmos crédito a suas próprias declarações. Para Eva, tanta fraqueza era insuportável. Ela insistia em que os "assassinos" fossem castigados como exemplo, o que parecia absolutamente normal e esperável, em sua ótica em preto e branco. Vendo, entretanto, que Perón ainda hesitava, ou fingia hesitar, ela se encolerizou, passando a chamá-lo de traidor, arrancando-lhe o quepe de general e atirando-o pela janela.

Impassível, o presidente dos argentinos pediu ao ajudante de ordens que descesse para recuperar o acessório no pátio. E a punição que acabou por infligir ao grupo de Reyes já sabemos qual foi. Mas Evita, comportando-se dessa maneira, não parece ter acreditado de boa-fé no complô urdido contra sua vida? Ninguém joga um quepe pela janela se não estiver realmente tomado por um acesso de raiva. Tudo leva a crer que, mais uma vez, Perón montou uma encenação para provocar a indignação de Eva, para que ela exigisse vociferando aquilo mesmo que ele estava muito mais disposto a fazer do que dava a entender.

Isso equivale a admitir que, indignada, ela era capaz de alguma crueldade. É o que nos permitem supor o fanatismo e o sectarismo que ela mesma confessava. E um boato não confirmado mas persistente dá conta de que Evita teria dado pessoalmente a ordem de torturar os empregados da Companhia Telefônica. O sociólogo Juan José Sebreli o tem como certo. Mas todas as testemunhas consultadas, peronistas ou não, foram unânimes em nos confessar sua ignorância a respeito, acrescentando que os episódios de tortura ocorreram em sua maioria após a morte de Eva.

Não é o caso dos empregados em questão, presos e torturados quando ela ainda estava viva. No entanto, Raúl Lamas não menciona Evita em seu livro *Los torturadores*, resumo extremamente convincente dos depoimentos sobre a tortura, publicado em 1956. Cita, em compensação, dois de seus colaboradores: Espejo e Nicolini.

A Companhia Telefônica fora nacionalizada em 1949. Quarenta e três empregados recusaram-se a aderir ao Partido Peronista. Nicolini declarou-os fora da lei, e Cipriano Lombilla ordenou que documentos comprometedores fossem plantados em seu local de reunião. Irene Rodríguez, Nieves Boschi de Blanco, Dora Fernández, Paulina Manasaro, Segunda Gil, Luci Vial e Raquel Soto, entre outras, foram torturadas com choques elétricos na vagina. Grávida, uma delas perdeu o filho.

ASFIXIA

O cerco também apertava cada vez mais sobre a imprensa.

No dia seguinte à Revolução de 1943, o novo governo militar dera o tom investindo contra o jornal socialista *La Vanguardia*, o diário comunista *La Hora*, vários jornais do interior e o diário popular da família Botana, *Crítica*, cujo diretor, Raúl Damonte Taborda, teve de exilar-se em Montevidéu. Mas os grandes jornais continuavam independentes. Pouco mais tarde, Eduardo Colom propôs a Perón apoiar sua candidatura nas páginas de seu jornal, *La Epoca*, pedindo em troca um generoso subsídio. Perón não precisava que ninguém lhe refrescasse a memória sobre a importância da imprensa e aceitou. Já em 1944 nomeara Muñoz Azpiri diretor de propaganda na Subsecretaria de Informação. A seu lado trabalhavam dois outros especialistas no assunto, Oscar Lomuto e Roberto Pettinato. Como a Argentina dispunha apenas dos serviços de notícias da United Press International e da Associated Press, surgiu na mesma época o projeto de criar uma agência de notícias argentina, entregando-lhe o monopólio da informação radiofônica. Essa agência durou pouco, mas apoiou vários jornais nacionalistas (*Bandera Argentina, El Pampero, Crisol*), franquistas (*Diário Español*) e nazistas (*Deutsche La Plata Zeitung*), fornecendo-lhes informação gratuitamente.

Segundo o historiador norte-americano Robert Potash, os Correios, dirigidos por Nicolini, impediram a distribuição dos jornais antiperonistas durante a campanha eleitoral. Perón tentou corromper Yankelevich, que não cedeu, para transformar a Rádio Belgrano em estação oficial de seu movimento. *La Prensa* e *La Vanguardia* competiam em matéria de imaginação, chamando Perón de "demiurgo de *candombe*" (a dança dos negros partidários de Rosas) e "autocandidato aprendiz de estadista". Mas, após seu triunfo eleitoral, Perón pressionou Farrell, que ainda ocuparia a presidência por quatro meses, obrigando-o a assinar um decreto pelo qual os excedentes de papel de imprensa seriam entregues à Subsecretaria de Informação. A escassez de papel era real; Perón a utilizou para asfixiar os jornais de seus adversários.

Todavia, não se limitou à imprensa escrita. Em maio de 1946, determinou que todas as estações de rádio reproduzissem no horário das 20h35 as informações da rádio estatal. Os programas radiofônicos – estava escrito com todas as letras – deviam "abster-se de toda crítica". Os jornalistas que infringissem a regra sujeitavam-se a processos por atentado à ordem pública. Outros intelectuais foram punidos com mais humor: Borges, empregado numa biblioteca municipal, foi nomeado inspetor de aves e ovos nos mercados de Buenos Aires. Preferiu privar-se de tamanha honra, ficando desempregado durante todo o regime peronista. Em 1953, Victoria Ocampo seria encarcerada junto com prostitutas, após manifestação antiperonista.

Enquanto isso, prosseguia a céu aberto a queda de braço entre *La Prensa* e o governo. Perón recomendava aos operários que não comprassem esse jornal de oligarcas. Mas outra queda de braço bem mais imprevisível ocorria nos bastidores, dentro do próprio peronismo, opondo Eduardo Colom à *compañera* Evita. (Baseamo-nos aqui em *Perón y los medios de comunicación*, de Pablo Sirvén.)

Colom queria expandir sua empresa jornalística comprando *La Razón*, vespertino que não estava à venda. Com esse objetivo, entrara em contato com o diretor do Conselho Econômico Nacional, Miguel Miranda, industrial espanhol que promovera uma espécie de milagre econômico, caindo depois em desgraça. Evita gostava de dizer que, quando precisava de dinheiro para sua Fundação, bastava Miranda bater com o pé e ele aparecia. Mas Miranda não se interessou por *La Razón*: acabara de comprar *Democracia* para Evita, com a ajuda de Alberto Dodero e Orlando Maroglio. Entusiasmada com o sucesso de seu jornal, Evita pensara em comprar... *La Epoca*, esbarrando na recusa de Colom.

Ela voltou-se então para outro negócio, a editora Haynes, grupo poderoso que publicava uma dezena de jornais e revistas – entre outras, *El Hogar*, aquela mesma em que Perón mandara publicar a primeira foto de Evita de vestido de noite, para chocar as senhoras da sociedade. O governo comprou 51 por cento das ações do grupo. Diretor designado pela *Señora*: o major Carlos Vicente Aloé, conhecido na oposição como "o cavalo".

As piadas a respeito de Aloé nada ficavam a dever às que Eva inspirava. Infelizmente, não são menos intraduzíveis. Mas até hoje os argentinos trocam piscadelas linguísticas inspiradas em Aloé: basta acrescentar ao subjuntivo do verbo *zozobrar* (soçobrar, naufragar) o subjuntivo gaguejado do verbo *faltar* (faltar) para que um argentino ou argentina de seus mais de 50 anos se identifique como antiperonista, evocando uma piada na qual Perón e Aloé amontoam toneladas de ouro num barco para fugir.

Aloé era velho amigo de Perón, e seria nomeado governador da província de Buenos Aires em 1952. Homem rude e dócil (um peronista ideal), viu-se à frente de um gigantesco império jornalístico batizado de Alea S.A. Caberia deduzir que se tratava de uma variante do nome Aloé. Engano: era um latinismo caro a Perón, que impôs o ensino dessa língua clássica nas escolas. *Alea jacta est*: a sorte estava efetivamente lançada. Além do grupo Haynes, Evita acabara por botar a mão em *La Razón*, *Noticias Gráficas*, no lendário *Crítica*, no qual haviam colaborado as melhores canetas da Argentina, e muitos outros. Um moderno e imponente arranha-céu foi construído para abrigar cerca de uma centena de diários, semanários, revistas, brochuras de propaganda etc., publicados por Alea. Finalmente, *La Vanguardia*, *Argentina Libre* e muitas outras publicações foram fechadas pelo governo, sob pretextos tão absurdos quanto eficazes, como o mau funcionamento dos toaletes. Quanto à revista *Qué sucedió en siete dias*, foi fechada por ter publicado na capa uma foto de Libertad Lamarque. Diz-nos o jornalista Ambrosio Vecino que Quijano deu ordem para que a revista voltasse a sair, mas outras ordens, vindas de Evita, prevaleceram sobre a autoridade do vice-presidente, dando o golpe de misericórdia na publicação.

Paralelamente, criou-se uma comissão para investigar as "atividades antiargentinas". Não se tratava mais, no entanto, de investigar o nazismo na Argentina, como fizera antes a comissão homônima presidida por Raúl Damonte Taborda e Enrique Dickman, mas quase de impô-lo... Ela era presidida pelo ex-conservador José Emilio Visca e pelo advogado Rodolfo Decker, ligado a Mercante. Os dois se lançaram numa campanha de intimidação, invadindo redações e torcendo braços. Visca chegou a proibir dois livros encontrados numa editora comunista, a Lautaro. Temos de reconhecer que os títulos – *Existencialismo*, de Henri Lefebvre, e sobretudo *Tratado da douta ignorância*, de Nicolas de Cuse – eram mesmo de causar desconfiança.

Sessenta jornais do interior foram fechados em 1950 por terem deixado de inscrever sob o título: *Ano do Libertador General San Martín*. O diretor de *El Intransigente*, também fechado, encontrava-se na prisão, assim como os dirigentes socialistas Alfredo Palacios, Carlos Sánchez Viamonte e Nicolás Repetto. Já Américo Ghioldi, outro líder socialista, fora obrigado a deixar o país. Mas nada disso é de surpreender quando se sabe que o próprio Eduardo Colom recebera em 1949 a visita de Aloé e do muito evitista deputado Héctor Cámpora, interessados na compra de *La Epoca*, que tampouco estava à venda, como *La Razón*. Dessa vez, Colom entendeu perfeitamente a mensagem, vendeu seu jornal por uns trocados e saiu de cena.

A história termina com um fechamento inevitável: o de *La Prensa*. O jornal de Alberto Gainza Paz, fundado por um de seus antepassados em 1869, vira suas páginas reduzidas à metade por "falta de papel". Mas o pretexto final não foram seus artigos corajosos contra o regime nem a comissão Visca, mas Napoleón Sollazo, líder sindical dos jornaleiros, que encerrou sua carreira em 1951, ao declarar que seus "companheiros" de sindicato não podiam distribuir "as folhas da traição". Gainza Paz exilou-se, e seu jornal foi desapropriado. Ao tomarem conhecimento do episódio, jornalistas europeus e norte-americanos envergaram braçadeiras negras em sinal de luto.

A versão peronista de *La Prensa* saiu em 19 de novembro de 1951. Diretor: o secretário da CGT, José Espejo. Esta edição do novo jornal era pródiga em retratos de Perón e Evita. Nela, escrevia a mulher do presidente: "Desejo que a infâmia da antipátria, que por tanto tempo pregou a injustiça e a exploração do povo, dê lugar à pregação dos trabalhadores, inspirados pela doutrina peronista."

Não era tudo. No dia em que Evita partiu para a Europa, a Rádio Belgrano transmitia um discurso de Perón quando o distinto público ouviu uma voz que dizia: "Não acreditem numa única palavra, é tudo mentira." Alguém captara as ondas, e a rádio foi punida. Fechada por tempo indeterminado, veio a ser comprada por Evita, que teve, no entanto, a gentileza de nomear Yankelevich diretor. Finalmente concretizava-se a velha ideia de Perón. Em setembro de 1947, à volta de Evita, Miguel Miranda recebeu um comunicado dos Correios – vale dizer, de Nicolini – com a ideia de comprar todas as rádios privadas. Assim foi feito. Algumas passaram a integrar o grupo Alea, outras entraram para a rede de Yankelevich. Como este último, voltando dos Estados Unidos, não parasse de dizer maravilhas da televisão, Evita, já então muito doente, foi direto ao ponto: "Muito bem, já entendi. Mande televisionar a manifestação do próximo 17 de outubro." E foi assim que a Argentina tornou-se o segundo país do continente americano a ter uma emissora de televisão.

UM DISCÍPULO DE GOEBBELS

Em janeiro de 1947, o jornalista Raúl Apold, velho conhecido de Perón e Evita, foi nomeado diretor de difusão na Subsecretaria de Informação. Apagara-se a estrela de Muñoz Azpiri. "Cometi o erro de rejeitar uma ideia que um sujeito viera propor-me", relatou ele aos autores da *Historia del peronismo*. "Ele queria mandar fazer distintivos com a imagem do general, para usar na lapela. Eu disse não, levando em conta fatores psicológicos: não acreditava que pudessem ter aceitação, tendo em vista o temperamento argentino. No dia seguinte, Eva me telefona: 'Você enlouqueceu? Mas como? Virar a cara assim para um sujeito que te propõe uma propaganda dessas? Perón está furioso contigo!'"

Mil e cem pessoas trabalhavam com Apold. Uma de suas tarefas fundamentais era exaltar a ação de Evita na Fundação Eva Perón. E por sinal, segundo Raúl Salinas, o inventor deste nome – Eva Perón – não era outro senão o próprio Apold. Ao partir para a Europa, ela ainda se chamava *doña Maria Eva Duarte de PERÓN*. Mas, ao retornar, aceitou a ideia de Apold, passando a usar apenas aquele nome. Curto e sonoro, ele substituía o arrastado nome tradicional de esposa, como o coque tomara o lugar dos cachos. Mas na Argentina não é comum eliminar o nome de solteira para dar lugar ao nome do marido. Em geral, acrescenta-se a partícula "de", sem conotação nobiliárquica, como na França. Poderia ser traduzida no sentido de posse: María Eva Duarte "é de" Perón, pertence a ele. A mulher casada torna-se, assim, propriedade do marido. Mas nem por isso perde o nome do pai, e ninguém jamais pensaria em designar um casal como "Sr. e Sra. Jean Dupont". Não sabemos qual terá sido a verdadeira reação de Evita ao ver-se privada de seu nome, Duarte, que tanto lhe custara conquistar. Mas sabemos que não gostava muito de seu novo "Eva Perón". Em *La razón de mi vida*, ela estabelece uma nítida diferença entre Eva Perón e Evita. E trata a primeira com desprezo: Eva Perón não passa de um papel social, de mulher de presidente, fácil de interpretar, e ao qual de modo algum se identifica. Podemos ler nas entrelinhas: um nome imposto. Quem é ela, então? Evita. Evita, como a chama o povo, e como nenhuma outra classe social tem o direito de chamá-la. Evita em sua forma diminutiva, mas exaltada pela ternura. Evita simplesmente, sem nome de pai, de mãe nem de marido.

Apold sempre foi acusado pela oposição de montar uma máquina de propaganda semelhante à de Goebbels. E, depois da queda do peronismo, encontrou-se com efeito, em seu cofre-forte, um estudo detalhado da estrutura do Ministério da Informação Pública e da Propaganda do Terceiro Reich. Ele moldava a imagem de Evita, apresentando-a como uma espécie de fada de luz, em filmes nos quais o ator Pedro Maratea desempenhava o papel de um pobre operário subitamente maravilhado por uma revelação: Eva existia! Outras vezes, era a atriz Fanny Navarro, a amiga de Juan Duarte, que caía em êxtase diante da Dama da Esperança toda radiosa. Aqueles que se espantam com o fetichismo dos fãs de rock, que compram objetos representando seus ídolos, ficariam surpresos de saber que Apold criara, na Argentina da época, milhares de cinzeiros, lenços, broches, caixas de fósforo e agendas com a reprodução dos perfis superpostos do casal "real". Foi igualmente ele o inventor do *slogan* que surgia pelo país em letras garrafais, em enormes cartazes "Perón realiza, Evita dá a dignidade". E também do brinquedo infantil em que os vencedores esmagavam os antiperonistas. Ideia de precursor, pois os jogos neonazistas vendidos na Alemanha baseiam-se nas mesmas regras: para ganhar é preciso esmagar os judeus.

A Subsecretaria de Informação contava também com uma Divisão de Questões Especiais, responsável por toda informação sobre as atividades dos opositores, mas também dos peronistas. Escritores e professores constavam dos fichários dessa divisão.

Por fim, derradeira astúcia, nada desprezível: Apold centralizava a atribuição de automóveis isentos de impostos a artistas, jornalistas, juízes, escritores e outros que demonstrassem suas boas intenções em relação ao regime. Dizia-se que o ator cômico Luis Sandrini recebera cinco Mercedes-Benz. E também que o general von der Becke recebia de quatro a cinco por mês. Esse tráfico se fazia por meio do Ministério da Indústria e Comércio. O empresário Jorge Antonio, muito amigo de Juan Duarte, e de quem já falamos a propósito do tesouro nazista, estava envolvido nessas operações: em *Jorge Antonio, el testigo*, de Osvaldo Granados, ele mesmo conta que Evita, informada de suas importações de Mercedes-Benz, o convocou para pedir-lhe que a incluísse no rol dos beneficiados.

Apold desempenharia um papel ainda mais importante após a morte de Eva, como veremos. Mas, para completar o perfil desse homem que os velhos peronistas são unânimes em considerar uma figura ignóbil, vale a pena relatar o seguinte episódio: à morte de Eva, Apold telefona à fotógrafa Anne-Marie Heinrich. Conhecendo-o desde adolescente, quando era *boy* no Teatro Colón, ela não tem motivos para desconfiar dele. "Precisamos de todas as fotos que você tirou de Evita desde o início da sua carreira, para publicar um livro", diz ele. Heinrich entrega-lhes as fotos, guardando consigo apenas uma, que jamais mostraria a quem quer que fosse, "por respeito e por consciência profissional": a primeira fotografia de Evita, aos 16 anos, morena e pálida, trajando maiô. Dias depois, a polícia chega, ameaçando destruir seus arquivos se ela não entregasse os negativos. Forçada a aceder, a fotógrafa não dispõe mais de qualquer amostra de seu trabalho sobre Eva, que se estendeu por vários anos. O livro de Apold jamais seria publicado. Em compensação, as fotos de Evita tiradas por Anne-Marie Heinrich sairiam nas páginas de *Life* e *Paris-Match*, vendidas por Apold, que assim engenhosamente aumentava ainda mais sua fortuna.

O MATE DA VERGONHA

O torniquete apertava igualmente os atores e atrizes de rádio, teatro e cinema; e também os cantores, músicos e dançarinos. Se o medo dos fichários tinha aí um papel importante, o mesmo se pode dizer da necessidade de ganhar a vida. O peronismo instituíra o "número vivo" – um *sketch* ou momento musical, nos cinemas, logo antes do filme – para dar trabalho aos artistas? E não decretara que fossem de música argentina 50 por cento dos concertos e transmissões musicais? A ameaça andava lado a lado com a tentação. Muitos artistas sucumbiram, por conveniência e medo do "*no corre*", o veto de Eva que lançava qualquer infeliz no desemprego. Um veto que nem sempre era explicável: se podemos compreender os motivos de Evita ao vingar-se de Libertad Lamarque, o mesmo não se dá com a loura Tilda Thamar, "a bomba atômica argentina", que ela maltratou sem razão diante de uma testemunha: Raúl Salinas. Tilda teve de exilar-se em Paris, onde filmou, entre outros, *La gitane blonde**, e onde viveu

*"A cigana loura". (*N. do E.*)

muito tempo feliz, como se em certas circunstâncias "*no correr*" fosse antes uma sorte que o contrário: exílio, teu nome é Argentina.

No rádio, era obrigatório falar de Perón cinco minutos contados no relógio – para elogiá-lo, naturalmente. Era o que não hesitava em fazer a cantora de tango Tita Merello. Os que se recusavam podiam estar certos de receber ameaças telefônicas e perder o emprego. Todos os artistas eram obrigados a trazer na lapela um distintivo com a imagem de Eva, fabricado, naturalmente, por Apold; e ai deles se fossem apanhados em pecado de omissão pela verdadeira multidão de espiões que estavam em toda parte – e que felizmente haviam sido todos identificados: segundo uma testemunha do meio artístico, que prefere conservar o anonimato, Pedro Maratea e Pierina Dealessi estavam entre os delatores. Já a loura Elina Colomer e a morena Fanny Navarro, amantes oficiais de Juancito Duarte, não tinham esta triste fama. É verdade que muitos outros, como o cantor Hugo del Carril e o poeta do tango Enrique Santos Discépolo, apoiavam de coração o regime. Mas a maioria aceitava com resignação ou se aproveitava abertamente da situação. O próprio Perón confessara a Colom, com um misto de lassidão e sensação de vitória (pois sua visão dos homens se via confirmada): "Só me procuram para delatar ou propor negócios."

Em Junín, em escala reduzida, a mãe de Evita também fazia o duplo jogo do medo e da cobiça. Uma habitante da cidade relatou-nos o seguinte: diante da casa de *doña* Juana, formava-se diariamente uma fila de pedintes, dispostos a tudo para agradá-la. Esquecendo que outrora lhe dedicara profundo desprezo, a mulher de um médico viera também pedir-lhe um favor. Depois de ouvi-la, *doña* Juana disse: "Sirva-me um mate." E a mulher do doutor lançou mão sem pestanejar da chaleira e da cabaça, despejou a água sobre a erva e estendeu o mate à anfitriã, uma vez, duas, dez, até que a matrona, satisfeita, a detivesse com um gesto. Para perceber todo o alcance dessa humilhação, devemos ter em mente que, assim como beber mate a dois ou em grupo é um ritual social, servi-lo sem sentar-se nem tomá-lo também é próprio da *chinita* – algo que *doña* Juana sabia por experiência própria.

O voto feminino fora aprovado pelo Congresso. Para comemorar, a nova CGT reuniu seus militantes diante da Casa Rosada, sinal claro que todos entenderam: as deliberações dos deputados e senadores iam se tornando uma mera encenação. O poder não estava mais sob a cúpula de estilo pastelaria italiana, mas um pouco mais adiante, subindo a avenida de Maio. Outras ditaduras dissolveriam o Congresso, mais tarde, mas Perón nem se deu o trabalho: pois seu regime não foi definido como uma "ditadura de votos"? Tendo maioria nas duas casas do Congresso, ele podia deixar que os legisladores da oposição se esgoelassem à vontade. E quando alguém o incomodava além da conta, como foi o caso do deputado radical Ernesto Sammartino, em 1948, ele se limitava a suspender sua imunidade parlamentar. Expulso do Congresso, Sammartino vingou-se pronunciando um discurso célebre, no qual dizia: "Não estamos aqui para nos inclinar reverentes diante do chicote nem para dançar gigas para divertir uma Madame Pompadour."

Héctor J. Cámpora sucedera Guardo como presidente da Câmara dos Deputados. Como o antecessor, era dentista (quase se diria que era a condição *sine qua non* para ocupar o cargo). E se tornaria o arquétipo do servilismo peronista e, sobretudo, evitista. Seus próprios *compañeros* diziam que quando Evita lhe perguntava "Que horas são?", Cámpora respondia: "A hora que quiser, madame." Em 1973, ele seria presidente da Argentina durante um mês, à espera de que Perón voltasse do exílio para retomar o lugar. E surpreenderia a todos com uma benevolência e um esquerdismo que lhe valeram o apelido de "tio", o amor da juventude peronista e a ira de Perón. Em 1948 e nos anos seguintes, no entanto, Cámpora foi o personagem mais obsequioso do regime, o que não é pouca coisa!

Sua mulher, Georgina Acevedo de Cámpora, substituíra num movimento simétrico Lilian Lagomarsino, assim como seu marido tomara o lugar de Guardo. Evita passaria a participar das manifestações oficiais em companhia de Georgina, conhecida como Nené. Também Isabel Ernst saíra de cena, e, no mesmo movimento simétrico, sua substituta era ninguém menos que Elena Caporeale de Mercante. Esposa legítima contra amante: de acordo com o novo código moral de Evita, ela saía ganhando. Mas Elena não se limitava a seu papel de esposa. A mulher do governador da província de Buenos Aires estava pronta a agir em sua província como Evita no país inteiro.

Quanto aos tribunais, basta contar esta história que nos foi relatada por Mike Gallaher – oficial da Aeronáutica que entrou para os serviços de informação – para avaliar o grau de "independência" de que desfrutava o terceiro poder. Os fatos deram-se em 1948 ou 1949. O Supremo Tribunal é presidido pelo Dr. Casares. Eva chega ao Palácio de Justiça para a inauguração do ano judiciário. Faz menção de instalar-se junto aos ministros, e Casares intervém gentilmente, mandando-a sentar-se ao lado de sua esposa. Vermelha, Eva chama Gache Pirán, o ministro da Justiça, e vai dizendo: "*Che Gachecito* [Meu Gachezinho], este presidentezinho do tribunal, mande-o para os ares, e logo! Não quero mais vê-lo aqui." Embaraçado, o ministro tenta sorrir e consegue balbuciar: "Ah, senhora! Que senso de humor!" Um ano depois, Casares não estava mais na função.

E, aliás, Román Subiza, grande amigo de Juancito Duarte, recebera, como secretário de Assuntos Políticos, um memorando manuscrito e assinado em que Perón afirmava: "Para o inimigo, nem mesmo justiça." Segundo Juan José Sebreli, um juiz peronista declarara durante o julgamento a que era submetido pela *Revolución Libertadora*: "Eu não era um juiz, mas uma marionete que obedecia às ordens de Subiza." E, em 1946, quando Perón desencavou velhas leis para demitir quatro juízes, Justo Alvarez Rodríguez, o cunhado de Evita, estava entre os quatro novos membros do Supremo Tribunal.

Desaparecera então toda a justiça? O fato é que foi o peronismo que eliminou qualquer diferença entre filhos legítimos e ilegítimos! Até então, a menção "ilegítimo" constava das certidões de nascimento. E, segundo o jornalista Enrique Oliva, Evita, ao ser informada de que o cardeal Caggiano não ficaria muito satisfeito, fora categórica: "De duas uma: ou fazemos assim ou então faremos constar dos papéis do pai: 'Pai ilegítimo'."

Já citamos a frase da oposição segundo a qual Evita fazia muito bem o mal e muito mal o bem. Pois chegou o momento de manifestar nossa discordância. Como acabamos de ver, Evita fez muito bem o mal. Agora, tentaremos demonstrar que também fez bem o bem.

Esta ideia nos serve para evocar mais uma vez a questão do *tempo*. Para Evita, ao retornar da Europa, o tempo urgia. Por isso talvez ela compreendesse muito bem a urgência dos outros. O faminto não pode esperar: é algo perfeitamente simples, mas ignorado por aqueles que imaginam de estômago forrado os planos econômicos voltados para um futuro radioso. Evita lembrava-se dessa pressa. Melhor ainda: continuava a viver um dia após o outro, como na época da boemia. E só existia no presente, como os ciganos. Por sinal, a "soluçãozinha" a que se referia Perón, tipicamente feminina, era também uma solução imediata. Um dia acabaremos todos por entender que a diferença fundamental entre homens e mulheres está no tempo. No amor e em tudo mais, a diferença está no ritmo.

Mal chegara ao palácio Unzué, Evita começara a receber cartas. De um menino do Norte do país, pedindo uma bola de futebol, ou de uma senhora de idade que precisava de um colchão. A maioria pedia alimentos ou roupas. O espantoso era a modéstia dos desejos, e seu caráter concreto. Os sonhos dos pobres não são vagos. E como haveriam de ser? Só a fartura torna nebulosos os desejos. E também aqui Eva tinha do que se lembrar: por mais tonta que ficasse em meio a suas centenas de vestidos, chapéus e sapatos, ela sabia perfeitamente o que queria – como nas filmagens de *La Pródiga*. O que desejava no momento? Demonstrar a maior prodigalidade com pessoas que pediam tão pouco.

Para isso, acumulara um poder que só Perón podia contestar. Disso, no entanto, ele se eximia por enquanto: agindo em seu nome e proclamando cada vez mais alto que Perón era tudo e ela nada, Evita prestava-lhe um valioso serviço. E temos de reconhecer que só um poder dessa natureza permitiu-lhe agir com tanta liberdade.

Assim foi que ela começou a acumular uma infinidade de objetos numa garagem desativada da residência presidencial: calçados, açúcar, panelas, calças, farinha... Essa lista, embora incompleta, poderia levar-nos a "cometer uma enumeração", como dizia Borges. E, com efeito, a vida de Evita torna-se a partir de então enumerativa. Assistimos a uma multiplicação de objetos e atividades cujo caráter ilimitado provoca a mesma preocupação que os dois personagens borgesianos: Funés, o memorioso, condenado a se lembrar de cada uma das coisas que viu na vida, e o poeta "enumerativo" de posse de um Aleph "inumerável" no qual giram ao mesmo tempo todos os seres e objetos do universo. Como a Fundação de Evita tem a ver com os dois, descrevê-la provoca, além de admiração, uma angústia que com toda a certeza reflete a de sua criadora.

Objetos, portanto. Objetos que, caída a noite, e estando já recolhido ao leito o marido de hábitos regulares, ela ia organizar e embalar para em seguida cuidar pessoalmente de distribuir (10 mil pacotes aqui, 9 mil ali, 5 milhões de brinquedos para o Natal de 1947...), durante suas turnês pelo interior ou nos bairros da capital. Renzi, o administrador da residência oficial, ia ajudá-la, acompanhado de outros empregados. Toda noite Evita os convocava àquele reduto secreto que, galhofeira, ela mesma batizara de "Magazine As Delícias". Nome que evoca as *Mil e uma noites*, mas também as lojas sírio-libanesas nas cidades argentinas. Ela vivia suas aventuras noturnas com tal delícia e tal paixão que suas mãos, amarrando os sacos de açúcar, tremiam como as dos quarenta ladrões apropriando-se do ouro da caverna. Renzi contou a Borroni e Vacca que, em seu entusiasmo, Evita derrubava mais açúcar que o que conseguia verter dentro dos sacos.

A coisa remontava ao período anterior à viagem, quando os desamparados ainda iam bater à porta da residência oficial. *Democracia* não se eximia de noticiar essa afluência, e logo os operários dos sindicatos começaram a doar a Evita artigos que eles mesmos fabricavam, e que não demoraram a abarrotar o "Magazine". Estas atividades levavam o nome de Cruzada (ou Obra) Social "María Eva Duarte de Perón". Por decreto de setembro de 1946, proposto pelo ministro da

Economia, Ramón Cereijo, foi aberta no Banco Central uma conta especial para a qual deviam contribuir os diferentes ministérios, "com o objetivo de adquirir roupas, calçados, alimentos, medicamentos" etc. etc. destinados aos menos favorecidos.

No entanto, a Fundação Eva Perón, tal como existiu e funcionou até a queda do peronismo, em 1955, só seria criada oficialmente no dia 8 de julho de 1949. Antes disso, e paralelamente à ação de Evita em seu gabinete na *Secretaría* e em sua caverna de Ali Babá, Méndez San Martín, que encerrara as atividades da Sociedade de Beneficência, reorganizara os orfanatos e hospitais a ela subordinados. E a enfermeira Teresa Adelina Fiora fundara em junho de 1948 a Escola de Enfermeiras, batizada, para variar: "María Eva Duarte de Perón". Essa escola formou uma equipe de 858 enfermeiras capazes de substituir os médicos, de dirigir um jipe sozinhas no interior mais acidentado, mas também de desfilar, todo 17 de outubro, bem atrás dos soldados do Exército: o uniforme azul, tendo bordado o perfil e o nome que podemos imaginar, o paletó bem cintado e a expressão orgulhosa e radiosa que convém a esse gênero de desfiles, sejam fascistas ou soviéticos. A escola mudaria de nome em 1950, quando foi integrada à Fundação, passando a chamar-se "7 de Maio". Será preciso lembrar que é o dia do nascimento de Evita?

Todavia, a Fundação Eva Perón manteve seu nome fetiche, assim como sua função inicial - acumular coisas. E transformou-se num "Magazine As Delícias" em escala gigantesca. Vejamos a *enumeração* desses objetos e obras. Pouparemos o leitor da maioria dos números, citando apenas os que podem ser considerados indispensáveis para dar uma ideia da amplitude da organização, na qual trabalhavam 14 mil pessoas, e cujo ativo chegava a 200 milhões de dólares.

Mil escolas e 18 lares-escolas foram construídos nas províncias. Os alunos, cerca de 3 mil, vinham de famílias que viviam em ranchos de adobe e dormiam no chão. Evita em pessoa cuidava de cada caso, decidindo se a criança devia passar as noites no lar-escola ou voltar para casa. Em Córdoba e Mendoza, mandou construir também cidades estudantis. Mas suas duas grandes paixões eram a cidade estudantil de Buenos Aires, que ocupava cinco grupos de casas, e a

Cidade Infantil Amanda Allen, inaugurada em 14 de julho de 1949. Amanda era uma enfermeira da Fundação, morta num acidente aéreo quando voltava à Argentina depois de levar a ajuda de sua instituição às vítimas de um terremoto que abalara o Equador. Ao receber a notícia, Evita, que acabava de ser designada "Cidadã das Américas" pelos agradecidos equatorianos, tivera uma crise de choro, a mais terrível de sua vida, segundo sua irmã Erminda.

Cidadezinha construída na escala apropriada para as crianças de 2 a 7 anos que nela viviam, a Cidade Infantil parecia surgida das lembranças daquelas cabanas montadas no fundo de um jardim, na aldeia de Los Toldos. Agora, Eva oferecia a outras crianças pobres casinhas de anão de verdade. Ninguém o fizera antes dela, fosse pelos pobres ou pelos ricos: uma "cidade" onde os pequeninos pudessem finalmente sentir-se num mundo do seu tamanho. Telhados vermelhos, paredes brancas, com um pouco de pedra ou tijolo aparente para acentuar o aspecto rústico, a meio caminho entre o estilo espanhol e o balé *Giselle* (venezianas verdes de madeira com coraçõezinhos recortados). Era a arquitetura "evitiana": enquanto Perón mandava construir monoblocos, Evita preferia o estilo chalezinho acolhedor. Havia na cidade um banco em miniatura, "farmácias" e "padarias" em modelo reduzido, uma capela e uma piscina minúsculas. Mas também uma escola, um circo e um refeitório de tamanho natural, para evitar que os adultos que cuidavam das crianças tivessem de recurvar as costas. Como em todos os lares inaugurados por Evita, os detalhes eram cuidados com aquele senso da perfeição que nela chegava a ser uma obsessão. (O filho de Mercante relatou-nos o episódio em que ela saiu rubra de indignação do banheiro da CGT, berrando para os sindicalistas: "Como é que não têm aqui essas toalhinhas de linho bordado que tinham absolutamente de estar aqui?") Na Cidade Infantil, portanto, havia janelas com cortinas assimetricamente arrumadas; adoráveis caminhas, mesinhas, pratinhos e copinhos; lindos afrescos representando castelos encantados, elefantes e palhaços.

E as crianças! Os menininhos de cabelos gomalinados e risca feita a régua! As menininhas de vestido branco de plumetis, cabelos negros e curtos, divididos ao meio, franja reta e brilhante, como o

Príncipe Valente, parecendo que um batalhão de Pedro Alcaraz acabava de acariciar com suas escovas ligeiramente recobertas de talco aquelas pequenas nucas tosquiadas! Um batalhão de Alcarazes para um batalhão de Evitas moreninhas: aquelas menininhas com seu corte reto e seus vestidos impecáveis, como se tivessem sido lavados por *doña* Juana, eram como imagens multiplicadas daquela de Los Toldos, exatamente como as casinhas dos Sete Anões reproduziam as cabanas do fundo do quintal.

"São figurantes", diziam os adversários do regime. "Esta Cidade Infantil não passa de um cenário vazio para mostrar aos visitantes." E é verdade que nas fotos de propaganda, encomendadas por Apold, as crianças pareciam mesmo estar fazendo "figuração". Pode-se por isso deduzir que não moravam realmente ali? À parte a finalidade de propaganda, aquele excesso de asseio, de correção, exprime um *gosto* popular. Quanto mais humildes as origens, mais se aspira ao terno escuro com gravata, ao vestido vaporoso. Nas favelas latino-americanas, as mães costumam endomingar as filhas com vestidos de plumetis. Evita era capaz de adivinhar a decepção de suas moreninhas se as tivesse vestido com roupas práticas. O conto de fadas exige uma saia franzida, um laço de fita rematando a cintura nas costas, um colarinho Claudine e mangas-balão.

O depoimento de Lunazzi, militante anarquista e assessor pedagógico numa fábrica de brinquedos, evidencia a que ponto ela se interessava por cada detalhe, e com que independência: sabendo que Evita faria uma visita para escolher uma grande quantidade de brinquedos, ele desenvolveu um jogo pedagógico em torno da figura do *Libertador* San Martín (era o ano dedicado a este herói nacional, cujo culto era imposto por Perón a tal ponto que chegava a dar engulhos naqueles que em princípio nada tinham contra ele). Evita examinou os brinquedos um por um e escolheu os mais belos segundo critérios tradicionais: bonecas, bolas, triciclos. Já ao jogo de inspiração patriótica, ela nem mesmo lançou um olhar.

Como tantas outras, aquelas crianças só conheceram o mar e a montanha graças a Evita. Além das colônias de férias criadas em Ezeiza, perto de Buenos Aires, ela mandou construir "unidades de turismo" em Chapadmalal (nas proximidades de Mar del Plata), Uspallata (Mendoza) e Embalse Río Tercero (Córdoba). Cada uma dessas unidades possuía conjuntos hoteleiros com acomodações para 3 mil a 4 mil pessoas - operários, aposentados, estudantes, grupos de colônias de férias.

Calçar sapatos de verdade era para certas crianças um sonho tão distante quanto passar as férias à beira-mar. E os campeonatos de futebol "Evita" permitiram-lhes trocar as alpercatas, ou mais simplesmente a crosta de lama sob a sola dos pés, por calçados decentes e tênis brancos. Milhares de crianças inscreviam-se para participar: 100 mil em 1949, mais que o dobro em 1953. Vinham de todas as províncias. Eram vestidas para a viagem a Buenos Aires, recebiam os apetrechos esportivos, e os médicos e assistentes sociais aproveitavam para verificar seu estado de saúde e suas condições de vida. As partidas eram disputadas nos maiores estádios de futebol de Buenos Aires, em meio a grande publicidade. E os pequenos campeões recebiam muito mais que uma bolsa de estudos, uma bicicleta motorizada ou uma temporada à beira-mar: voltavam para casa com a lembrança do sorriso de Evita - que dava o pontapé inicial na final - e uma medalha, naturalmente de ouro, na qual seu sorriso permaneceria para sempre. O peronismo era uma encenação; era também uma profusão de medalhas, verdadeiros símbolos da Aliança. À menor dúvida, bastava levar a mão ao pescoço para encontrar a prova de que não se estava sonhando. E se a dúvida persistisse, bastava contemplar o perfil e o nome de Evita bordados no uniforme com as cores da equipe.

É claro que não se esperava o início dos campeonatos para cuidar dos problemas de saúde. O Dr. Ricardo Finochietto assessorava Evita em questões médicas. Só em Buenos Aires, a Fundação construiu quatro policlínicas. Conjuntos hospitalares semelhantes foram inaugurados em nove províncias. Em Termas de Reyes (Jujuy, Nordeste do país) e em Ramos Mejía (subúrbio de Buenos Aires), foram construídas clínicas pediátricas. Em Catamarca, também no Nordeste, uma grande policlínica para crianças estava para ser concluída quando sobreveio a *Revolución Libertadora*, que decidiu dar prosseguimento à obra, contrariando suas próprias tendências destruidoras. O mesmo não se deu com o hospital infantil de Buenos Aires e com outro hospital de Corrientes, no litoral argentino, projetos abandonados com a queda do peronismo. Todos esses hospitais (doze no total) eram muito diferentes do velho modelo hospitalar à francesa, até então imitado na Argentina. Nada mais de imensas e sinistras enfermarias de paredes marrons ou verde cáqui: para Evita, era inconcebível instalar mais de três doentes em cada enfermaria. Modernos, bem iluminados, com excelentes equipes importadas dos Estados Unidos e médicos bem remunerados, esses hospitais recobertos de mármore eram absolutamente gratuitos, inclusive na distribuição de medicamentos aos pacientes que iam se consultar.

Em 1951, um trem sanitário fretado pela policlínica Presidente Perón percorreu a Argentina de alto a baixo, oferecendo gratuitamente seus serviços de radiologia e análises. Por outro lado, a ajuda fornecida ao Equador nada tinha de excepcional: Evita enviou roupas, medicamentos e alimentos ao Peru, à Colômbia, a Israel, à Turquia, a qualquer região do planeta onde uma catástrofe natural ou provocada se abatesse sobre outros *descamisados*.

A Declaração dos Direitos dos Anciãos foi solenemente proclamada pelo Ministério do Trabalho em agosto de 1948. E, em julho de 1950, no Teatro Colón, Evita derramou-se em lágrimas ao fazer a entrega das mil primeiras pensões a idosos que, por sua vez, também choravam: típica cerimônia peronista, com obrigatoriedade de olhos marejados. É verdade que Evita mal saía de uma operação de apendicite, que permitira diagnosticar seu mal. Mas se é provável que já pensasse naquela mesma velhice à qual não chegaria, o fato é que seu choro a transcendia. Uma vez mais, Eva chorava sem egoísmo.

Tanto na Declaração dos Direitos quanto na outorga das pensões, Evita pronunciou discursos, invocando Perón com o uso do vocativo, como se costuma fazer com Deus, ou exaltando o imenso amor do líder pelos vovôs e vovós. O que arrancaria o seguinte comentário do jornalista norte-americano Philip Hamburger, citado por Navarro e Fraser: "Na Argentina, tudo é amor, amor, amor... (...) Perón e Evita estão constantemente, loucamente, apaixonadamente, nacionalmente em estado de amor." E não deixa de ser verdade que o objetivo do regime era provocar a emoção: o ritual sentimental aureolava a pensão da velhice e o prêmio conquistado por um minicampeão esportivo de uma aura ainda mais impressionante. Mas os velhos *gauchos* que vinham do fim do pampa, onde já se haviam conformado em morrer no abandono, não se perguntavam, ao receber aqueles pesos inesperados, se era mesmo verdade que Perón ficava com o coração na mão ao pensar em seus sofrimentos.

Amados ou não por Perón, os velhos podiam terminar seus dias em quatro lares novinhos em folha. O de Burzaco, perto de Buenos Aires, estendia-se por 32 hectares, com acomodações para duzentas pessoas. O ambiente ali era tão alegre e acolhedor que Evita, em *La razón de mi vida* (que "escreveu" quando sua doença já era uma realidade), chega a sonhar com o dia, quem sabe?, em que poderia também recolher-se a ele. Por outro lado, ela assestara um duro golpe na oligarquia, ao desapropriar a *estancia* de Pereyra Iraola. Os proprietários fundiários continuavam de posse de consideráveis extensões de terra. Perón jamais cumpriu sua promessa de uma reforma agrária. Mas aquela *estancia* era um símbolo. Suas árvores centenárias haviam sido plantadas para a felicidade. Evita transformou esse paraíso em Parque dos Direitos dos Anciãos, aberto a todos.

Outros lares de trânsito seriam criados, depois do que ela inaugurou pouco antes da viagem à Europa. Acolhiam mulheres sem trabalho nem teto, enquanto um e outro eram procurados para elas. Segundo o padre Benítez, a duquesa Edmée de La Rochefoucauld, que os visitou em companhia de Evita, ficou espantada com o luxo das instalações. Eva, por sua vez, repetiu-lhe mais uma vez o que dizia sempre: "Quando o rico pensa nos pobres, atribui-lhe desejos pobres." E acrescentava não pretender agir do mesmo modo, mas, ao contrário, proporcionar a todos os sonhos a que tinham direito.

A duquesa hesitava ainda entre a admiração e a moral puritana do "rico que atribui ao pobre desejos pobres" quando o depoimento de uma das mulheres acabou de convencê-la. Era uma empregada doméstica expulsa da casa onde havia trabalhado a vida inteira. No dia em que chegara ao lar da Fundação, quisera dormir no soalho e até enrolar o tapete num canto para não o estragar. Como haveria de conspurcar com seu corpo de empregada aquela colcha de cetim (se não fosse de plumetis) e aqueles lençóis bordados de renda? Mas acabara por aceitar a ideia fundamental que Evita não se cansava de martelar, com virulência, para bem introduzi-la nas cabeças dos humilhados e ofendidos: ela *merecia* aquela cama. "Veja a senhora, esta cama é uma cama de patroa", dizia ela à duquesa, cada vez mais comovida. "É o tipo de cama que sempre fiz para outros. E de repente sou eu que durmo nela! Eu! A senhora entende o que isto significa?" Madame de La Rochefoucauld beijara Eva dizendo apenas: "Entendi."

Por sinal, as empregadas domésticas agora tinham o seu sindicato. Todas aquelas provincianas de olhos policiados, tímidas e caladas, haviam sempre odiado suas patroas de viés; pois agora permitiam-se encará-las de frente, os punhos nas cadeiras. E acenar-lhes com leis! E exigir férias e direitos trabalhistas! As donas de casa preferiam não recorrer às "desavergonhadas do sindicato" de ânimo revanchista. Um ânimo atiçado por Eva, que lhes dissera mais ou menos o seguinte num discurso: "Vocês têm o dever de vir à praça de Maio no dia 1º de maio. Peçam autorização a seus patrões. Eles dirão que a roupa a lavar está esperando. Lavem-na. Voltem a pedir permissão. Eles vão lembrar que falta passar uma saia. Passem-na. Peçam uma terceira vez. Se eles fizerem outra exigência, abram a geladeira, peguem uma garrafa de cerveja e acertem-lhes a cabeça."

(Ela dissera uma vez a sua colaboradora Rosa Calviño: "Há oligarcas que me dão vontade de mordê-los, como quem parte uma cenoura ou um rabanete nos dentes.")

Contudo, a menina dos olhos de Evita era o Lar da Empregada, na avenida de Maio, que abrigava quinhentas jovens chegadas à capital para trabalhar. Cada andar fora decorado de acordo com as indicações muito precisas de Evita: o primeiro em estilo provençal, então na moda; o segundo, em estilo inglês; o terceiro, à Luís XV, e assim por diante. "O salão", disse um visitante citado por Mary Main, "poderia passar por uma das salas de recepção da Casa Rosada. Era iluminado por vários lustres de cristal; sobre o piano de cauda de estilo eduardiano, a requintada mantilha bordada, verdadeira peça de museu, que fora presenteada a Evita na Espanha; as cadeiras Luís XV eram forradas de um brocado muito pálido; sobre as mesas e *étagères*, peças de porcelana de Dresden, e, nos cantos, grandes vasos de Sèvres. Em cada extremidade, dois quadros a óleo cobriam a parede inteira: os retratos de Eva e Perón."

Conta-nos o ex-deputado Angel Miel Asquía: em visita de inspeção às obras recém-concluídas, Evita percebeu que a cortina de um dos quartos pendia para um lado. Antes que os assessores pudessem detê-la, subiu numa cadeira e resolveu o problema. "Pronto", disse, triunfante. "A bainha não está mais torta." A palavra argentina que usou para dizer torta, ou enviesada, foi *chingada*. Acontece que no México a mesma palavra é uma inqualificável obscenidade, que quer dizer "violada". Octavio Paz explicou a relação constante do mexicano – que repete esta palavra a qualquer pretexto – com sua antepassada indígena violada pelo conquistador espanhol. Na Argentina, dir-se-ia que o sentido da palavra evoluiu para o terreno dos tecidos: cortina ou saia defeituosa, parecendo ocultar sob suas pregas uma lembrança distante, uma suspeita de humilhação feminina. Inconscientemente, Evita não podia tolerar *isto* em seu lar maravilhoso.

Isto seria o sexo? A "imoralidade"? É o que parece pensar a Sra. Salinas, mulher de Raúl Salinas. Ela nos contou que Evita reagiu indignada quando Gisele Shaw, uma dama da aristocracia que fundara um lar para mães solteiras, foi pedir-lhe ajuda. Segundo ela, Eva não podia enfrentar as más línguas cuidando de tão infames mulheres, ainda por cima férteis. "Saia já daqui!", ordenara à dama não menos estupefata que caridosa, mostrando-lhe a porta.

Fiquem tranquilos, entretanto: os lares de Evita acolhiam também mães solteiras com seus filhos. Pois não era a condição de filho ilegítimo sua preocupação fundamental nas visitas às favelas? À parte o fato de que sua tendência moralizadora aumentava com o passar do tempo, seria talvez a especialização do "lar para mães solteiras" que Eva rejeitava na proposta da aristocrata. Viver num lar assim designado era quase o mesmo que carregar o cartaz "criança doente" nas coletas de rua organizadas em outros tempos pela Sociedade de Beneficência. Mais uma vez manifesta-se, no caso, a intuição que levava Evita a respeitar os sentimentos dos humilhados, até mesmo em suas nuances mais sutis. Toda a delicadeza de que ela era capaz dirigia-se para eles. Sua preocupação era não os ofender com a mais leve palavra ou o menor gesto fora do lugar. Diplomada em vexações, ela farejava sem pestanejar a diferença entre o presente bem-vindo ou não. Se alguma coisa a vida lhe ensinou, foi a saber doar.

O padre Benítez descreve as visitas de Evita a seus diversos lares, nas horas mais inesperadas: no meio da noite, para ver se seus pequeninos dormiam em paz; nos horários de refeição, para inspecionar os cardápios e contar as provisões: havia óleo suficiente? E açúcar? Sabão em pó? E o bochechudinho que se sentava sempre naquele lugar ali, onde estava? Gripado? Ela subia ao quarto para fazer-lhe um carinho.

Suas listas de compras pareciam intermináveis: uma dona de casa cósmica – e os poetas bajuladores não se eximiriam de chamá-la "mãe universal". A Fundação abrira uma cadeia de lojas de artigos baratos em todas as cidades do país. Mas, à parte essas listas e medidas sociais, havia os que se mantinham isolados, de alguma forma à margem da vida. E aqueles que não podiam gozar férias em Chapadmalal, nem viver numa das "casas do caminho", nem tratar-se numa policlínica toda de mármore, nem pagar os preços já muito baixos das lojas da Fundação, simplesmente porque não haviam chegado ao nível de um operário ou de um camponês, vivendo ao abandono, esses então escreviam a Evita para pedir que os recebesse.

AMOR PROFUNDO

Ela recebia em média 12 mil cartas por dia. Todas eram lidas e arquivadas por uma equipe de assistentes sociais escolhidas por Evita por sua experiência com o sofrimento: para entender aquelas cartas, em vez de rir delas, era preciso conhecer a dor. As assistentes poderiam incumbir-se de responder a cada um e de enviar os pacotes, ou os caminhões, com os artigos solicitados. Mas não se tratava apenas de artigos solicitados. Tratava-se de Eva. Era sua mão que devia estender o dinheiro, sua orelha que devia ouvir, seu rosto que precisava certificar a existência da beleza. No dia em que se começava a desistir da ideia de ser recebido pela Senhora da Esperança (ou da Ilusão?), chegava finalmente a carta, com data e hora da audiência. A menos que uma menininha tivesse a ideia de acrescentar à carta de sua mãe, que pedia uma máquina de costura, o seu próprio pedido de uma boneca. Neste caso, nada era impossível. Podia acontecer, por exemplo, de a campainha tocar: mãe e filha corriam para abrir a porta, e lá estava Evita de pé, segurando uma grande caixa transparente que permitia ver os cachinhos louros de uma boneca de sonho. Toda sorrisos, feliz de ali estar como uma aparição, dizia ela à menina: "Bom dia, senhorita. Foste tu que pediste isto?"

Seus dias começavam por volta das 7 horas. Perón já saíra (chovesse ou fizesse sol, ele se levantava às 5h30) quando Evita recebia suas primeiras visitas. "Ministros, funcionários", conta o padre Benítez. "Ela marcava as audiências bem cedo, para forçá-los a se levantarem."

Ela saltava da cama e metia-se num *robe de chambre* mais para o comum, geralmente azul-celeste. Seus pijamas e chinelos tampouco faziam o gênero luxuoso. Evita só se vestia com finalidades teatrais: longe do público, nada de toaletes. Em casa, mesmo cercada de gente, ela perdia o interesse por si mesma, como se seu corpo não lhe pertencesse, como se ela não passasse de imagem pura. Certo 17 de outubro, recorda-se o poeta Héctor Villanueva, ela estava na Casa Rosada, em meio aos ministros, vestida e penteada para aparecer no balcão diante de 1 milhão de pessoas, mas de chinelos bordados de pelúcia. Sua parte inferior, invisível para a multidão, era a de uma dona de casa de pés inchados, que recebe perfeitamente à vontade. A parte superior, a que os outros viam, era Evita.

Assim, os visitantes das primeiras horas da manhã tinham direito a uma Eva ao natural, exatamente como saía da cama e antes mesmo que fizesse sua toalete. Os que a haviam deixado *duas horas antes* – como o Dr. Decker (o da Comissão Visca, que era, com seus 24 anos, o deputado mais jovem do país) – mal conseguiam abrir os olhos. E ficavam ainda mais espantados por encontrá-la tão bela, fresca e disposta. Mas que diabos estavam fazendo ali, se a haviam deixado às 5 horas da manhã? Ela simplesmente lhes havia telefonado às 6h30, dizendo: "Vamos lá! Não me diga que está dormindo! Tome uma boa ducha e venha imediatamente."

Enquanto ela conversava com sua trupe sonolenta de cavalheiros importantes (que lá estavam para serem tratados por tu, sacudidos e mesmo maltratados, mas que pelo menos tinham o direito de assistir à toalete da rainha), Pedro Alcaraz desmanchava as madeixas noturnas e passava a inventar para Eva um coque diferente a cada dia, sempre refinado, fosse trançado ou sutilmente entrelaçado como numa tapeçaria. Irma Gatti, a manicure, polia suas unhas, pintadas de vermelho vivo. Irma Cabrera, a camareira, propunha-lhe a toalete do dia: vestido ou *tailleur*, sapatos, chapéu. Evita concedia-se um único momento de prazer, mergulhando em seu banho. Como desjejum, dois goles de mate. Uma vez vestida, tirava da bolsa um minúsculo espelho e ali mesmo, diante da assistência, passava batom nos lábios. Nada de pó de arroz. Nada nos olhos, que brilhavam de candura, de malícia, de cólera ou alegria. Uma gota de Femme atrás da orelha e estava pronta para sair ou para dar prosseguimento às audiências na residência oficial, onde se alternavam uma delegação de operários, que ela permitira levantar-se mais tarde que os ministros, ou a chegada de um vestido vindo de Paris. Alternâncias dessa natureza ocasionavam cenas extraordinárias, nas quais operários que vinham pedir aumento de salário acabavam por se divertir à larga, dando seus palpites em questões de moda com um gosto e um bom senso populares semelhantes aos de Perón – que certa feita, quando ela experimentava uma capa de Dior, toda de plumas, lhe dissera: "Mas assim você fica parecendo um avestruz!"

Seja como for, os operários sabiam com quem estavam lidando: jamais acontecera de recorrerem a ela sem obterem muito mais do que pretendiam inicialmente. Naquele regime, o importante era pedir. Era um dever, dizia Eva, acrescentando quase a contragosto uma palavra que já não apreciava tanto: um direito. Era portanto um direito. Mas um direito que, segundo a oposição, excluía outros. Durante um debate no Senado sobre um projeto de imposto destinado a subsidiar a Fundação, o deputado radical Dávila dissera: "Desde que sejam eliminados o providencialismo e o personalismo. (...) que a doação não se transforme no símbolo vergonhoso da justiça social neste país. (...) que o povo argentino não deva seu bem-estar a uma pessoa mortal e passageira, mas possa vê-lo fundamentado num regime democrático (...) de compreensão, de desinteresse, sem luxo nem ostentação, para que aqueles que detêm o poder possam semear o bem entre seus semelhantes sem colher o fruto do prestígio político nem causar a dor dos opositores."

Belo rosário de votos piedosos objetivando uma Argentina melhor que a da realidade. A Argentina do direito, não do favor. A Argentina da razão, e não do mito. A socialista Lilia Reta exprimiu à perfeição seu amor da "condição" ideal – vale dizer, racional –, ao dizer-nos: "Os mitos populares da Argentina são repugnantes. O da *difunta* Correa, que se casa com a morte e a maternidade, parece-me particularmente detestável." A falecida Correa é a mãe lendária adorada no Nordeste do país, que morre numa terra distante e árida, sob um sol inclemente, mas cujo corpo fornece sombra ao filho, enquanto o leite não para de escorrer de seu peito para alimentá-lo...

Todavia, Eva, a mortal, a passageira, estava bem viva naquela manhã de 1948, 1949 ou 1950, quando a acompanhamos à *Secretaría*, onde se acotovela a multidão da Argentina real. As velhas mulheres chegadas dos territórios da falecida Correa, e que a esperam desde o alvorecer, têm olhos de ver, enquanto a Argentina ideal permanece cega. Veem que ela emagrece, empalidece, e se perguntam por que se levanta vez por outra da cadeira e nela apoia um joelho, dobrando-se em duas. "Parece que sente dores", comentam. "Parece que está se matando de trabalhar." E mais baixo, bem mais baixinho, cedendo a um sonho, a um desejo de natureza muito diferente do desejo do deputado: "*Desde que* ela possa alimentar ainda por muito tempo... e até depois."

Na *Secretaría* já pairava um cheiro forte quando Evita aparecia. Famílias inteiras, vindas de longe, cheiravam a viagem. Este odor sobrepunha-se ao da miséria, que nem sempre é um odor de sujeira, mas um outro, que Evita conhecia muito bem: o do tecido desbotado de tanto ser lavado, embebido de suor e quase queimado pela exposição ao sol. Acrescentemos os odores diferentes de acordo com a província de origem: odor de vaca ou carneiro, de cabra, de cavalo, de mate, de folhas de coca, de *chicha* (bebida feita de milho fermentado), tudo misturado ao perfume do sabonete conhecido na Argentina como o "amarelo", o sabão neutro. As crianças sujavam as calças. Cheiro de leite também: numa sala ao lado, Evita mandara instalar fogareiros para esquentar as mamadeiras dispostas em prateleiras até o teto, prontas para serem cheias.

Magra e apertada em seus *tailleurs* severos, ela atravessava aquela atmosfera pesada como se aspirasse única e exclusivamente o perfume Femme, de Rochas. Seu passo era vívido e rápido. Iluminada pelos flashes dos fotógrafos ou pelas câmeras das "atualidades" cinematográficas, ela irradiava por sua vez uma luz própria saída de seus cabelos, da pele, das joias, e da certeza de estar fazendo o que tinha a fazer. Em lugar algum sentia-se tão ela mesma. Ali onde se encontrava agora, não podia haver hesitação nem gafe: cada gesto saía com absoluta naturalidade.

Aos operários sindicalizados, ela se dirigia com uma familiaridade de velha companheira: "Alô, rapazes!" Uma vez instalada em sua escrivaninha, logo tratava de virar para outro lado o relógio que ganhara, incrustado numa agenda: mesmo camuflado, um relógio era um objeto incômodo. A quem caísse na besteira de perguntar-lhe o motivo, ela respondia invariavelmente: "O tempo é meu pior inimigo." Consultava então suas notas, escritas em tinta verde. Às suas costas agitava-se permanentemente uma pequena multidão de secretárias e assistentes sociais. E começava o desfile.

Ouçamos mais uma vez o embaixador Areilza: "Havia grupos de operários, líderes sindicais, camponesas com seus filhos, jornalistas estrangeiros; uma família de *gauchos* com seus ponchos, o pai com seu enorme bigode negro e sedoso; havia refugiados da Cortina de Ferro, pessoas chegadas da Europa do pós-guerra, intelectuais e universitários dos países bálticos, padres e freiras, mulheres gordas de meia-idade, exuberantes, banhadas em suor, jovens funcionários e jogadores de futebol, atores e artistas de circo... Em meio a esse caos aparente, a essa festa ruidosa e confusa, Evita prestava atenção a tudo que lhe pediam, do aumento salarial à implantação de uma indústria, passando por um pedido de casa para abrigar uma família, de mobiliário, de um cargo numa escola, ou de alimentos, quando não era a autorização para rodar um filme ou todo tipo de ajuda financeira, queixas contra um poder exercido abusivamente ou ainda entrevistas, homenagens, reuniões, inaugurações, encontros políticos femininos, doações as mais diversas."

Diante desse oceano de problemas, a atitude de Evita variava. Prontamente ela identificava os "engravatados" e os fazia esperar. Quanto aos "humildes", deixava-os à vontade com uma cortesia perfeitamente natural, comportando-se como mulher do povo que por acaso do destino tivera sorte e queria estender esse benefício aos outros, restituindo, reparando, distribuindo favores. Nada disso seria possível, naturalmente, se se apresentasse cheia de si. No mínimo por uma questão de eficácia, deviam ser deixadas de lado a vaidade, a cobiça, a trapaça, a sede de revanche. Milton Bracker, da *New York Times Magazine*, reproduz uma frase de Evita que exprime à perfeição esse sentimento real: "Meu trabalho", disse ela, respondendo a uma pergunta, "são *essas pessoas*. Eu não sou nada, meu trabalho é que é tudo."

"Eu não sou nada", já dissera ela a Perón naquela noite do Luna Park. Mas já agora não se tratava de um "nada" negativo, nem de uma aspiração a ser "preenchida" pelo "tudo" masculino. Tratava-se de um "nada" criativo: ela instaurara um método que, aparentemente desorganizado, permitia-lhe fazer as vezes de corrente de transmissão, para que a riqueza de uns fosse, pelo menos em parte, repassada a outros. Não se tratava de sua própria riqueza: Evita não distribuía seu próprio dinheiro. Mas era uma riqueza que ela tratava de encaminhar. E para isto – para entregar-se a essa missão 18 horas por dia, até morrer – era mesmo preciso esvaziar-se do Ego – ou dos Egos de que se desvencilhara.

Como os pobres lhe pediam sempre menos do que precisavam, ela dava sempre mais. Para sentir-se amada? Certamente. Mas também por clarividência: ela percebia com facilidade uma situação, uma história humana, e tentava resolvê-la integralmente. Uma mulher precisa de um colchão. E sozinha, sem marido. "A senhora tem uma cama?" "Não, senhora!" "Anotem uma cama para esta senhora. Tem filhos?" "Cinco." "Eles têm camas?" "Não, senhora!". "Anotem cinco... Mas espere! Há espaço na sua casa para todas essas camas?" "Não, Evita, vivemos num cômodo único." Breve conversa com os assistentes: "A senhora será convocada para o novo bairro de Saavedra." E a mulher se vai, sonhando já com seu chalé de arquitetura "evitiana", disposto com outros em meia-lua ao redor de um campo de esportes, e cuja igreja tem um padre importante: o padre Benítez. Mas Evita a chama para uma última pergunta: "A senhora tem dinheiro para a condução?"

Esse cuidado trai sua memória de menina pobre: só quem já se viu um dia sem dinheiro para voltar para casa teria tal lembrança. Em momentos como esse, seu vestido e seu chapéu parecem ter sido emprestados. De um momento para outro, ela parece exposta ao risco de perder o que tem e de ver-se na contingência de pedir um dinheirinho para a condução. Aquela a quem acaba de dar uma casa onde possa ser instalado o colchão sente-se confiante e quase seria capaz, afastando-se já, de piscar o olho, como quem diz: "A gente se vinga."

O olhar de Evita avalia uma situação em seu conjunto, mas também se fixa num detalhe. Uma família pede móveis, panelas, zinco para o telhado. A menininha é estrábica. Evita promete o que lhe foi pedido e acrescenta: "E um oftalmologista para tratar da mocinha." Uma jovem pede dinheiro para visitar o noivo que mora longe. "Querem se casar?" "Sim, mas ele tem o trabalho dele lá." "Encontrem uma colocação para o noivo em Buenos Aires. E uma casa. E móveis." Uma mulher desdentada quer roupas para os filhos. "Roupas e uma máquina de costura para ela aprender a fazê-las ela mesma. E um dentista para providenciar-lhe uma dentadura. É preciso estar sempre bela para agradar ao marido", acrescenta, dirigindo-se à pobre mulher, que evidentemente não pensa nessas coisas há muito tempo, e com esta inesperada exortação ajeita uma mecha do cabelo.

As máquinas de costura e as dentaduras parecem uma obsessão de Evita. As máquinas, trata de distribuir como se fossem uma panaceia: pois não foi graças à sua Singer que *doña* Juana deu a volta por cima? E não faltam anedotas nas quais ela distribui dentes falsos ou propõe que sejam providenciados, ou ainda – como relata em *¿Quién mató a Rosendo?* o escritor Rodolfo Walsh (desaparecido durante a ditadura militar de 1976) – responde alegremente a uma mulher que se mostra encabulada por estar talvez abusando de sua boa vontade: "'Não senhora, está muito bem assim! Ninguém me pede dentes! Pelo contrário, precisamos de pessoas que precisem dessas coisas, para que os médicos possam estudar, fazer pesquisas.' E ainda agradeceu à mulher, brincando, por lhe ter pedido dentaduras para ela e o velho marido."

Era inevitável que sua influência e a sabedoria que lhe atribuíam acabassem por transformá-la em uma espécie de psicóloga. Alguns daqueles miseráveis que a procuravam mostravam-se mais hesitantes, menos seguros do que queriam: nem colchões nem máquinas de costura nem dentes. O quê, então? Conselhos. Eram suas "audiências secretas": ao pé do ouvido, contavam-lhe histórias terríveis, e que a deixavam rubra de indignação. Histórias de injustiça. Evita não recua: ouve, capta tudo num átimo, respeita o segredo fazendo um gesto para que os indiscretos se afastem ou isola-se num cômodo ao lado com a criatura arrasada e em lágrimas que veio contar-lhe tudo. E inventa uma solução. No ato. Exatamente como resolve um problema corporativo. Uma solução ao mesmo tempo prática e psicológica – pois não é seu o poder absoluto, inclusive o de curar as feridas do coração?

Evita pode também mudar um destino. Quantas vezes não interveio para corrigir o traçado de uma existência, acolhendo na residência presidencial crianças achadas na rua ou na *Secretaría*, coçando-se desesperadamente? "É sarna?", perguntava ao Dr. Lobo, sempre presente nesses encontros. E, como o médico respondesse afirmativamente, dizia ela à mãe: "Senhora, não quer deixar suas crianças comigo por uns dias?" No palácio Unzué, as crianças eram lavadas, tratadas e mimadas – e que outra utilidade poderiam ter seus cinquenta banheiros? Nessas mesmas e esplêndidas banheiras, aliás, já se banhavam os pobres esfarrapados que vinham bater-lhe à porta desde 1946. As crianças sarnentas ou as velhinhas malcheirosas saíam curadas e perfumadas. Mas não era isso o mais importante: acima de tudo, saiam transfiguradas. Para tomar um banho ou passar algumas noites, haviam estado na casa do presidente, num palácio de sonho. Perón e o povo haviam purificado Evita. Ela recriava agora com todas aquelas pessoas – nas quais se projetava – o espaço mágico da tribo enroscada em *doña* Juana. E, por sua vez, era também fator de purificação, com banhos e objetos limpos e asseados, lutando centímetro a centímetro contra o avanço de roupas informes e cabeleiras hirsutas configurado na miséria, tão próxima do pecado. O banho era um símbolo, como também os objetos, por mais úteis ou "ricos" que fossem. Essas cenas desenrolavam-se diante das câmeras, e no entanto pareciam transcorrer muito longe dali, numa espécie de éden de felicidade e calor humano, como banhadas nas águas pré-natais. Evita e os pobres estavam em osmose, isolados do mundo, que não podia compreender nem jamais compreendeu esse mistério.

Estariam todas aquelas pessoas vivendo um sonho ou, pelo contrário, a verdadeira vida? Para Evita, aquela "intervenção" era plenamente consciente: era precisamente para fazê-los reagir que lhes mostrava as delícias de uma existência principesca. A rebelião nasce da comparação. Graças aos telefones brancos revelados pelos filmes de Hollywood é que ela conseguira sair de Junín. Pois também os seus pobres precisavam ser sacudidos pela visão de uma abundância que, em vez de apaziguar sua revolta, a alimentava. Neste sentido, Evita foi revolucionária, e mesmo precursora: experiências teatrais e pedagógicas realizadas ainda hoje na França e no mundo, em subúrbios desfavorecidos ou com crianças delinquentes, provam que o desejo de riquezas e de beleza nunca é insensato. Como a felicidade, o luxo parece lógico. A penúria é uma "ferida absurda", como diz o tango. E as crianças de Evita voltavam para casa com a sensação de ter tomado conhecimento de algo mais normal que sua miséria, que de uma hora para outra se tornava insuportável de tão absurda.

Infelizmente, as fotografias que mostram Evita estendendo o braço para dar (dinheiro, um cheque) só nos permitem ver seu perfil, o olho cada vez mais fundo na órbita. Na *Secretaría*, ela trabalhava para valer, sem nunca virar-se para a câmera. Mas a expressão ao mesmo tempo atenta e maravilhada das menininhas que a contemplam é um verdadeiro espelho. As mães desmancham-se em sorrisos de agradecimento, em reverências melosas. As meninas têm todo o tempo necessário para estudar Evita, fixando-a gravemente para melhor registrar o fenômeno.

Que veem elas, com os olhos escancarados? Uma bela mulher ainda jovem que sequer almoçou, às 15 horas, e que esquece sobre a mesa o copo de leite que lhe foi trazido. Ela não se levantou uma única vez para ir ao banheiro: cruza e aperta bem as pernas para não precisar ir. A doença espreita, o tempo é seu pior inimigo: só mais tarde, por volta de 1950, ela se verá obrigada a ir ao banheiro, para trocar o algodão que lhe contém o sangramento.

Que veem as meninas, além disso? Uma bela mulher ainda jovem que não está preocupada com contágio de espécie alguma. Aparece uma mulher com o lábio rachado pela sífilis? Evita a beija na boca. O poeta José María Castiñeira de Dios conta que tentou impedi-la, mas Evita retrucou: "Você faz ideia do que isto representa para ela, que eu a beije?"

"Eu a vi beijar leprosos, tuberculosos, cancerosos...", confirma o padre Benítez. "Eu a vi tomar nos braços pessoas em andrajos para catar piolhos." (De manhã cedo, Pedro Alcaraz não se limitava a descolorir seus cabelos até obter a nuance dourada que a transformava em Madona: cuidava também de passá-los no pente fino, com vinagre, para matar os invasores.) Certa vez, Irma Cabrera quis limpar com álcool o rosto de Evita, que acabava de beijar um homem coberto de pústulas. Mas a garrafa lhe foi arrancada da mão e atirada contra a parede por aquela que cada vez mais era chamada de "a santa".

E que mais conseguem ver nossas jovens inquisidoras? Sentem-se também observadas por aquela Virgem de olhar penetrante. Pois Evita deixa o tempo revelar claramente com quem está lidando. "Ela sabia que as pessoas se comportam de maneiras diferentes quando se dirigem a nós e quando esquecem de se controlar", comenta o ex-deputado Angel Miel Asquía. "Na *Secretaría*, tinha tempo de sobra para estudá-los nos momentos em que não se sentiam observados. E assim é que detectava o mentiroso, o ladrão ou a pessoa honesta, e mesmo o eventual colaborador." Pois não esqueçamos que ela estava sempre em busca de partidários fervorosos – e especialmente de partidárias. Ao mesmo tempo em que ajudava a velhinha, observava sua filha, para ver se encontrava, por trás da gratidão, o fervor. Seu Partido Peronista Feminino surgira desses olhares trocados: a única virtude buscada por Evita era o fanatismo.

Apesar disso, os desonestos não lhe inspiravam desprezo, e sim piedade. Por sectária que fosse, ela mostrava-se tolerante com os que pretendiam abusar de sua generosidade. Quantas vezes não retornavam para pedir a mesma coisa, supondo que ela não seria capaz de se lembrar? A memória de Eva os surpreendia. "Já vi o senhor aqui", dizia. "Mas não faz mal, vou lhe dar alguma coisa, mas prometa não repetir isso." Foi o caso da mulher a quem dera dinheiro para ir ao dentista, e que retornou, mais desdentada que nunca. "Já te dei dinheiro para os dentes. Que fizeste com ele?" "Meu marido tomou." "Ah! E a mandou vir aqui de novo, para tomar mais uma vez o dinheiro! Pois então, nada de dinheiro. Marquem consulta no dentista para esta senhora, nós mesmos pagaremos a conta."

Renzi controla o dinheiro (se é que há algum controle). A certa mulher que vem pedir várias vezes – e que Renzi, mais severo, recusa-se a ajudar novamente – Evita entrega os brincos de diamantes tirados na hora das orelhas.

O dinheiro sai de um envelope estufado de tantas cédulas. Ali estão valores que ela não é capaz de avaliar, e que vai distribuindo, seja qual for o pedido, em maços de cinquenta pesos. Quando a boiada acaba, ela endereça aos pobres um aparte bem teatral: "Bom, não tenho mais aqui nem um tostão, mas vou tirar daqueles ali, estão vendo? Aqueles de gravata..." Estimulada então pelo riso de seus semelhantes, de seus irmãos, que se aproximam mais ainda para não perder a cena, ela chama um ministro, um cavalheiro importante, e ordena: "Abra sua carteira."

Escolados, os cavalheiros engravatados passam a comparecer com duas carteiras, uma delas vazia. Pois é esta que será aberta no momento certo, com a resposta: "Lamento, mas também não tenho um tostão." Só que ninguém engana Evita. Todos que assistiram a essas cenas, mil vezes repetidas, são unânimes: "Passe a outra carteira", diz ela, a mão estendida. E na expressão do cavalheiro percebia acaso uma ponta de revolta? "Ora, vamos, você não está ganhando nada mal. E, aliás, quanto é que ganhava antes de vir trabalhar conosco?"

A GUERRA DAS BALAS

De onde saía o dinheiro do envelope? E o depósito da rua Uriburu (mais tarde transferido para um prédio de estilo greco-fascista, no *bajo* [baixo] Buenos Aires), quem se incumbia de mantê-lo sempre cheio?

A romancista María Granata transmitiu-nos uma visão dantesca desses imensos hangares divididos em seções de impecável organização. Em 1953, Apold lhe encomendara um texto sobre a Fundação. E ela percorrera todas aquelas prateleiras cobertas até o teto de panelas, calças de crianças, bonés, queijo e aspirina. De vez em quando ressoava pelo alto-falante uma voz: "Calçados de criança de oito anos, pretos, um par. Bola de futebol, criança, uma. Jogo de seis pratos rasos e seis fundos. Um conjunto de roupas de cama de casal." Evita já estava morta, então, mas a Fundação continuava funcionando. As assistentes que trabalhavam na *Secretaría* telefonavam ao depósito para pedir os artigos, que seriam levados à porta dos necessitados em caminhões azul-celeste. Uma senhora muito católica, Adela Caprile, membro da comissão criada após a queda do peronismo para liquidar a Fundação, relatou-nos uma impressão semelhante: "Eu jamais pensara que fosse possível reunir tal quantidade de raquetes de tênis. Era um desperdício, um delírio, mas não era uma fraude. Ninguém conseguiu jamais acusar Evita de desviar um peso que fosse para seu próprio bolso. Eu bem que gostaria de dizer o mesmo de todos que colaboraram comigo na dissolução da instituição."

Quem, afinal, contribuía para semelhante acumulação, naquela desordem viva e isenta de trapaça? Em primeiro lugar, os próprios operários. A partir de 1948, suas contribuições deixam de ser espontâneas. Eles eram obrigados a ceder à Fundação uma porcentagem dos aumentos salariais obtidos graças a Evita. Favor contra obrigação: os operários só viriam a se queixar mais tarde, quando começou a cair seu nível de vida. Em 1950, a CGT decidiu oferecer à Fundação as bonificações salariais correspondentes aos feriados de 1º de maio e de 17 de outubro. Os protestos surgem então em quantidade e intensidade suficientes para que Evita, fingindo recuar, anuncie que serão devolvidos os descontos obrigatórios. Recuo estratégico: Espejo faz uma série de declarações com o objetivo de envergonhar os operários, que acabam por implorar a Evita que aceite seu dinheiro. E ela responde, em discurso pronunciado em 27 de dezembro: "Confesso, francamente, que não esperava outra coisa de vocês."

Ela sabia como tratar seus operários: em janeiro de 1951, retirou-se de um banquete no palácio presidencial para ir ao encontro de ferroviários em greve em plena noite, numa linha desativada. Subiu na dresina que eles utilizavam em seu trabalho e os repreendeu, balançando a cabeça, mais penalizada que furiosa, como alguém que repreende crianças meio rebeldes mas muito amadas. Ao vê-la tão frágil mas tão determinada, eles sentiram a mesma vergonha do episódio da contribuição para a Fundação. A oposição não se cansava de invectivar esse "maternalismo". Mas estávamos então em 1951, e na Argentina, onde a mãe é a heroína do tango.

Naturalmente, os bem-pensantes de esquerda consideravam que Perón e Evita compravam o movimento operário para contê-lo. O peronismo era uma revolução de mal-pensantes.

Convém acrescentar alguns dados a respeito da greve. Ela fora organizada pela *Fraternidad*, uma associação de condutores de locomotivas que resistia ao peronismo, numa época de recessão econômica: o regime enfrentava dificuldades cada vez maiores. E Evita insistia em continuar trabalhando, apesar das dores no ventre. Foi, portanto, com um sentimento de fim de percurso e de temor do futuro que ela repreendeu os operários nestes termos: "Parem de fazer besteiras que fazem o jogo do adversário."

Até onde poderia ela ir em sua vontade de tomar as rédeas do destino? Segundo o sociólogo e historiador Juan José Sebreli, tropas de choque da Fundação, que já haviam reprimido outras greves, atacaram a *Fraternidad*. E Perón, depois de um violento discurso contra os grevistas, mandou demitir 2 mil e encarcerar trezentos dentre os comunistas ou socialistas que não reivindicavam mãe nem pai, mas apenas seus direitos. Quanto aos outros, exatamente como Evita, nunca haviam conhecido outra coisa senão a autoridade e os favores.

À parte as doações "voluntárias" dos operários, a Fundação "solicitava" a ajuda dos industriais, que tinham todo interesse em se inclinar. Na realidade, o que havia de chocante nessas "solicitações" eram as aspas: à parte a maneira cínica e autoritária de fazer o pedido, nada distinguia essas iniciativas daquilo que em outros países é praticado com o nome de "imposto sobre as grandes fortunas". Além da contribuição exigida da família Bemberg, os dois casos mais conhecidos foram o do laboratório farmacêutico de Arnaldo Massone e o das balas Mu-Mu. O primeiro tivera o azar de presidir a Câmara de Comércio Argentina, muito antiperonista. Por volta de 1950, a Fundação lhe pediu que fornecesse vacinas, naturalmente a título de doação. Ele recusou o pedido. Do dia para a noite seu laboratório foi mergulhado em trevas, por falta de energia. Apresentou-se, então, uma comissão de inquérito para analisar seus medicamentos, nas piores condições possíveis, já que os refrigeradores não funcionavam. *Don* Arnaldo mal teve tempo de meter-se num navio rumo ao exílio no Uruguai, enquanto seu laboratório permanecia fechado até a queda do regime.

No caso das balas Mu-Mu, a história foi idêntica: os irmãos Grossman, proprietários da fábrica, tiveram a audácia de cobrar à Fundação pelas balas fornecidas, e foram acusados de não garantir a seus operários as indispensáveis condições de higiene. Toda uma geração saiu traumatizada do episódio: as balas de leite Mu-Mu, de uma bela coloração dourada, e que ficavam um longo tempo grudadas aos molares, eram a delícia das crianças argentinas. E de uma hora para outra eram acusadas de conter pelos de rato! Três anos depois, a fábrica pôde reabrir, graças a uma proposta generosa: os irmãos Grossman doariam à Fundação um percentual de suas vendas futuras. Mas o estrago já havia sido feito: o pretexto encontrado para o fechamento era um achado tão brilhante que ninguém voltaria jamais a dissociar a imagem das balas da dos ratos. Até hoje, a história das balas Mu-Mu – como as piadas sobre Evita e Aloé – é lembrada por toda uma geração de argentinos.

EVITA AO ALVORECER

Finalmente, por volta de 15 horas, Evita era convencida a comer alguma coisa no Lar da Empregada. Almoçar com Perón, como fazia no início de sua atividade, tornava-se impossível: àquela hora, ele estava despertando da sacrossanta sesta para retornar ao gabinete. Evita via-o pouco, cada vez menos, em alguma cerimônia oficial ou às quartas-feiras, quando toda a *Secretaría* o visitava solenemente. Essas visitas tinham um objetivo evidente: mostrar ao verdadeiro chefe, Perón, as realizações de sua delegada, Evita. E como relata ela mesma em *La razón de mi vida*, Perón podia nessas ocasiões restabelecer contato direto e familiar com os operários – vale dizer, voltar a seduzi-los de alguma forma, explicando-lhes suas ideias, como uma espécie de guru, mas também como um amigo que reflete em voz alta, e que até precisa deles para melhor configurar as ideias. Como, no entanto, nada nesta vida é simples (por mais simplificador que fosse o discurso de Perón), essas quartas-feiras tinham também um objetivo secreto: mostrar ao ex-patrão que sua pretensa suplente estava ganhando poder. E tudo se passava da melhor maneira possível, pois Evita não perdia a menor ocasião de reiterar que ela não era nada, nem Perón de demonstrar enorme satisfação com o sucesso de sua mulher.

Voltando ao almoço: a mesa de Evita era animada e ruidosa, como nos bons tempos da boemia, mas ela não comia. Mal chegava a esmigalhar um pedaço de peixe com o garfo, que também usava para mexer no copo a água mineral gasosa. E quando se ia, permaneciam na toalha as migalhas de um biscoito que quebrara entre os dentes.

Todos os seus gestos eram nervosos e tendiam a destruir o alimento e a bebida que lhe eram servidos.

Nos dias em que não tinha inaugurações a presidir nem medalhas a pespegar no peito de algum jovem promissor, de um velho ou de um operário, ela recebia em seu antro até 2 ou 3 horas da manhã. Numa foto célebre, podemos vê-la num carro, acenando para o fotógrafo com a mão. Estava naquele momento voltando do trabalho, fresca e sorridente sob seu chapeuzinho à Maurice Chevalier. O relógio da Torre dos Ingleses, por trás da praça San Martín, marca 4h40.

À tarde, a paisagem humana mantinha-se igual na *Secretaría*. Havia entre os pedintes quem a esperasse há horas. Mas não arredavam pé, convencidos de que ela acabaria por chamá-los. Nada de impaciência. Pelo contrário, os que resistiam marcavam pontos aos olhos de Evita: eram criaturas persistentes e que conheciam seus próprios desejos. Aliás, era a corrida de Evita contra o relógio que prolongava a espera: era preferível esperar agora para não ter de esperar pelo resto da vida uma solução econômica que dificilmente chegaria. Eis aí o sentido profundo de sua "ajuda direta": enquanto Perón preparava planos quinquenais que resolveriam todos os problemas (era efetivamente o que ela achava), Evita cuidava dos mais apressados. Sua Fundação dedicava-se aos casos urgentes, e nela podiam ser atendidos aqueles para os quais já é sempre tarde demais. Evita jamais pronunciou esta frase tipicamente administrativa, que se tornou conhecida pelo cronista espanhol Mariano José de Larra: "Volte amanhã."

Todavia, na Argentina, esperar não era novidade. O país há muito se acostumara à tradição da *amansadora* (aprisionamento ou domesticação), muito cara aos governos, especialmente o do presidente Yrigoyen. O "Tatu" também fazia esperar horas e horas, e acabava concedendo o que era pedido. Uma tradição paternalista e de favores, herdada dos *caudillos* conservadores que, como o pai de Evita, *don* Juan Duarte, distribuíam *empanadas* em troca de votos. Com a diferença de que Evita se apresentava antes como a filha de *doña* Juana que como filha de um proprietário fundiário. Preservava uma fidelidade de classe autêntica e consciente, que ostentava em seus discursos, mas, sobretudo, em sua atitude na vida quotidiana, e que o povo sabia ser sincera.

A *Secretaría* era também o local privilegiado para seus encontros. Ali é que Evita recebia pessoas que nada tinham a pedir nem qualquer relação com as camadas populares. Com isso, revelava uma intenção pedagógica: confrontar os peronistas afastados da terra com a miséria, mas também com o calor do povo. Ela gostava de repetir outra frase de Perón, que não deixava de ter seu fundo de verdade "Na Argentina, o que temos de melhor é o povo." O que havia de verdadeiro nisso? É que, com o peronismo, o povo argentino revelava suas virtudes (e também seus defeitos, é claro). Sentindo-se confiante, podia exprimir-se com mais naturalidade do que consegue hoje, por exemplo, o povo europeu. Na Argentina, os hábitos coloniais haviam sido muito simples, sem a rigidez e as tradições cortesãs de cidades como Lima e Bogotá. A entrada maciça de imigrantes contribuíra ainda mais para dar às relações humanas um caráter fraternal e democrático. Por todos esses motivos, os códigos sociais nunca haviam sido rigorosos. E o regime peronista, autoritário mas popular, não teve qualquer dificuldade para instaurar normas extremamente abertas de comportamento, inconcebíveis sob o império das elites cultas, no qual a democracia, mais formal que real, marginaliza o analfabeto. Nas ruas, era comum saudarem Perón, passando em seu carro oficial, com a maior intimidade: "Tchau, Juancito", "*Peroncito*, por favor não morra nunca!", "Te amamos".

Tudo isso, que Evita sentia de maneira confusa, era o que desejava mostrar aos *compañeros* "tíbios", como alguém que faz questão de exibir os filhos: tão orgulhosa da simpatia, do humor, da humanidade de "seus humildes", ela não duvidava um só instante que, ao vê-los, todos os partidários hesitantes redobrariam de ardor. E é verdade que intelectuais do peronismo (embora para a oposição houvesse aí uma contradição em termos) saíam maravilhados desses encontros. Assim foi que nasceu a *Peña* (Círculo) Eva Perón.

Em 1950, José María Castiñeira de Dios foi nomeado subsecretário de Cultura do país. Era um jovem poeta nacionalista e católico que apoiara a revolução peronista já em 1945 para depois afastar-se. Eva obteve sua nomeação para o cargo. Como de hábito, convocou-o para uma audiência na *Secretaría* e pediu-lhe que ficasse para presenciar o espetáculo de seus *grasitas* (graxinhas), como os próprios pobres se chamavam. Foi um dia decisivo na vida do poeta "oligarca" (definição, naturalmente, de Evita), que pôde ver as cenas aqui descritas. Uma mulher pedia três camas. "Por que três, se a senhora tem seis filhos?" Volta e meia, Evita dizia a Castiñeira: "Está vendo agora o que é a dor dessa gente?"

Antes, no entanto, ela não o tratara nada bem. Para começar, pedira-lhe que mandasse sua mulher ir trabalhar com ela. Castiñeira, que se dizia um "galego das cavernas", retrucou que não fazia a menor questão de que sua mulher deixasse o recesso do lar. E Evita desafiara: "Por que essa paixão por Franco? Eu o detesto, a ele e a todos que o cercam." Ao mesmo tempo humilhado e fascinado, Castiñeira escrevera naquela mesma noite um poema em que jogava com os nomes de María e Eva, comparando aquela mulher prodigiosa ao pelicano que alimenta os filhotes com as próprias entranhas.

Evita, como sabemos, sempre apreciara as "poesias", senão os "versos". Ficou, portanto, encantada e ordenou a Apold que providenciasse uma edição de cem exemplares do poema. E propôs-lhe que todas as noites de quarta-feira reunisse poetas no Lar da Empregada, com uma única condição: que o objetivo supremo desses encontros poéticos fosse falar de Perón. Que nem uma única palavra fosse pronunciada, senão para exaltá-Lo.

Decididos a enfrentar o descrédito em que se incorria nos meios intelectuais com manifestações ostensivas de peronismo, vários poetas atenderam ao chamado: Fermín Chávez, Héctor Villanueva, Julia Prilutzky Farny, Claudio Martínez Payva, María Granata, Juan Oscar Ponferrada e muitos outros. Resultado: 17 plaquetes de poesia laudatória publicadas por Apold. Naquelas noites, Evita, descumprindo às vezes ela mesma a obrigação que impusera de incensar Perón, exibia um lado diferente de sua personalidade: brincava, ria alto, mostrava-se eloquente e viva. Encontrava enorme prazer em reviver suas noites de boemia, a despreocupação de outros tempos.

Presumindo-se que tivesse desfrutado algum dia de momentos de descontração, podia agora recordá-los. Ou será que os desfrutava agora pela primeira vez?

Fermín Chávez relata um acesso de riso que a tomou, num desses encontros, ao ouvir o discurso do Dr. Salomón Chichilnisky, membro da Organização Israelita Argentina (OIA), formada pelos poucos judeus partidários do peronismo. Evita não era antissemita: é o que nos diz sem hesitar Dora Dana, viúva de Moisés Lebensohn, o jornalista de Junín. O acesso de riso de Evita ao ouvir Chichilnisky não tinha fundo xenófobo, mas auditivo: este médico judeu, nascido na Rússia, transformava em *oi* todo ditongo *ue*. *Abuela*, avó, transformava-se em *aboila*. A certa altura, Evita não pôde mais conter-se e explodiu em gargalhadas. Chichilnisky olhou-a por cima das folhas. Evita virou-se então para Chocha Nicolini, sentada a seu lado. A filha do velho amigo de sua mãe era para ela como sua própria filha. E passou a ralhar com ela: "Fedelha malcriada! Não te ensinaram a respeitar os mais velhos? Vá já para o banheiro e fique lá até que o doutor termine seu discurso!"

Leopoldo Marechal, grande poeta e autor de *Adan Buenosayres* – romance essencial para entender a Argentina –, não queria saber desses ágapes. Mas era um partidário do peronismo, o que Evita não poderia esquecer. Sua peça *Antígona Vélez* devia abrir a temporada do Teatro Nacional Cervantes em 1951. O texto fora entregue a Fanny Navarro, a amante de Juancito Duarte, que faria o papel principal. E Fanny o perdera. Como não fizera uma cópia, Marechal deixara de lado o projeto. Certo dia, Eva o chama. "O senhor é um grande poeta e um grande peronista", diz-lhe então. "É absolutamente imperioso que esta peça seja representada no dia 25 de maio. O senhor certamente ainda a tem na cabeça. Faça um esforço para reconstituí-la." Conquistado por sua energia, Marechal pôs-se ao trabalho com sua mulher, Elbia Rosbaco (a "Elbiamor" de seus poemas). Dois dias depois, a peça voltava a existir.

No fim de cada encontro, conta-nos o poeta Héctor Villanueva, Evita designava a sua "corte", apontando com o dedo cada um dos que deveriam acompanhá-la à residência oficial. Quem eram? Por que escolhia uns e não outros? Nem eles mesmos sabiam. Tantos anos depois, o aspecto físico de Villanueva, Castiñeira ou Decker (que não participava da *Peña*, mas de outras reuniões) permite-nos imaginar qual o denominador comum entre eles. Na época, todos os três tinham entre 20 e 30 anos, e rostos lisos com narizinhos arrebitados: o tipo de homem que não a atraía, inspirando-lhe sentimentos de companheirismo fraterno e não apresentando, portanto, riscos para ela. Nunca aconteceu nada de "indecente" durante aquelas esticadas que iam até pouco antes do cantar do galo. A fidelidade de Evita era tão evidente que a oposição não católica, em desespero de causa, resolveu acusá-la de não ser suficientemente feminina.

Ela escolhia, portanto, companheiros que não apresentavam risco (vale dizer: muito diferentes de homens maduros e de compleição atlética como Perón ou Kartulowicz) para mais uma ou duas horas de companhia. Ficar sozinha à luz do alvorecer era como morrer. Deixando o Lar da Empregada por volta de 4 horas da manhã, o grupo ia terminar a noitada num salão do palácio Unzué. "Psiu!", advertia ela ao abrir aporta. "O velho está dormindo."

Ela já idealizara Perón o suficiente, alçando-o às nuvens durante horas seguidas, para permitir-se enfim um momento de descontração, chamando-o de "velho". Num discurso pronunciado antes de 1949, referira-se a ele como "o velho general Perón". Certamente terá levado um puxão de orelhas, pois a partir de então sempre se referiria a ele com reverência. Exceto às 4 ou 5 da manhã, quando tomava nos braços sua cadela Tinolita, para impedi-la de latir, e dizia ao bando de amiguinhos de narizes empinados: "Subam na ponta dos pés. Vamos fritar umas batatas, estalar uns ovos e beber uma cerveja."

Os amiguinhos partiam pouco antes das 6 horas, quando começavam a ouvir o "velho" remexer-se na cama. À saída, acontecia com frequência darem com Juancito Duarte, que por sua vez voltava para casa, fazendo sinal de silêncio com o dedo na boca: todas as manhãs, às seis horas em ponto, Perón batia à porta de seu quarto, trazendo o mate; Juancito fingia então levantar-se e mandava chamar o barbeiro para pelo menos dormir um pouco enquanto lhe fazia a barba.

Às 7 horas, Evita telefonava a Castiñeira, a Villanueva ou a Decker, dizendo com voz cantante: "Espero não estar te acordando... Vamos, venha logo para cá."

Em 1950, sua doença já fora diagnosticada. Ela já não convocava seus cortesãos tão cedo com finalidades simplesmente educativas. Estava pedindo socorro. O verdadeiro motivo era sua solidão.

8
Renunciadora

O partido de Evita • A glória de Evita anuvia o rosto do general • As mulheres • *La razón de mi vida* • Evita expõe suas riquezas • Os tailleurzinhos • Um estranho casamento: o Sol marca encontro com a Lua • Evita cai doente • Sagrada pelo povo • A renúncia • Comprar armas • Último discurso

Vinte e seis de julho de 1949: a relação de Eva com a mulher assume um caráter político. Mil mulheres peronistas que participaram da reunião do partido no Luna Park seguem para o Teatro Nacional Cervantes, onde as espera Evita, agora a fundadora do Partido Peronista Feminino.

Embora possa parecer ridículo tentar a todo custo encontrar nas coincidências de datas um sentido psicológico ou esotérico, vale a pena assinalar que Evita morreu num 26 de julho.

Por que criar um partido independente do partido dos homens? Rosa Calviño de Gómez nos responde sem hesitar: "Porque Evita dizia que os homens usam as mulheres."

Não foram estas suas palavras no Teatro Cervantes, e para tal não se prestaria mesmo o nobre cenário espanholizante da velha casa de espetáculos portenha. Os problemas das trabalhadoras, explicou ela a suas mil seguidoras, eram duas vezes mais dolorosos que os dos trabalhadores: elas se sacrificavam em casa, suportavam a brutalidade dos patrões e ganhavam salário inferior ao dos homens. Por todos estes motivos, a mulher devia se organizar de uma outra forma. Mas atenção! Evita de modo algum assumiu um papel independente do de Perón: "Para a mulher, ser peronista é antes de tudo manter-se fiel a Perón e depositar nele uma confiança cega." Seguia-se um panegírico do Líder no estilo que já conhecemos, porém ainda mais exagerado. Nos anos anteriores, Evita louvara Perón sem moderação, mas sem por isso chegar a divinizá-lo.

O ano de 1948 fora para ela o da conquista do poder. O de 1949, o da criação de seu partido: o ano das lutas internas e do poder em jogo. Os anos de 1950 e 1951: apogeu e declínio. E em 1949 Perón passa a ser, na boca de Evita, nada menos que "o Sol". A própria exacerbação do elogio desperta suspeitas: será que o adorava cada vez mais? Seu amor aumentava infinitamente? Ou será que estava assim "comprando" sua liberdade, como já a vimos fazer nas noitadas da *Peña* Eva Perón, prolongadas até o alvorecer, com a garantia de que só se falaria Dele? Tudo isso parece esclarecer-se quando ficamos sabendo (por Rosa Calviño) que Evita dizia aos íntimos: "Perón é mesmo como o Sol. Mais vale não se aproximar muito para não se queimar."

Desse modo, ela tinha momentos de desabafo em que deixava transparecer uma imagem de Perón bem mais calcinante que luminosa. Na intimidade, já dissera coisa muito pior a Guardo (que a repetiu para Hugo Gambini): "Perón é um banana."

No entanto, por mais estranho que pareça, suas declarações de idolatria eram sinceras. Ela considerava Perón o mais genial dos estadistas. Exaltando-o, restabelecia seu próprio equilíbrio, inchando pelo aspecto lendário um amor que murchara na realidade. Por que o exagero? Era algo que estava em seu temperamento. Por outro lado, como ocultar – senão por trás das hipérboles – seu desencanto e ao mesmo tempo seu sentimento de estar em falta com ele? Pois o fato é que, quanto mais ambicionava, mais Eva se sentia culpada em relação àquele estranho Sol que operava na sombra. E, por sinal, Perón não pestanejava nem a interrompia, sequer esboçando um gesto de pudor, quando ela se derramava em seus ditirambos. Quem melhor que sua própria mulher poderia fazer sua apologia? E ela a fazia, portanto, porque precisava acreditar no que dizia, porque sabia que o ponto fraco de Perón era a vaidade, e, por fim, para aplacar-lhe o ciúme. Nas viagens, ou durante as cerimônias da praça de Maio, quando o povo aclamava Evita com ostensivo ardor, Perón assumia um ar maravilhado, maravilhado até demais. Como deixar de comparar aquelas ovações às que eram destinadas a ele? Evita era aplaudida mais ruidosamente que Perón. E o Líder alargava o sorriso. Mas nos olhinhos de índio o ciúme brilhava como um raio. Perón com inveja? Era o que a fazia tremer. Já em 1946 ela havia confiado a Raúl Salinas que temia o marido.

Uma vez deixado bem claro que a ambição pessoal, pecado nefasto, devia ser totalmente banida, ela tinha toda a liberdade de criar seu próprio partido. Para começar, tratou de dissolver todas as associações femininas peronistas criadas até então, sobretudo a da irmã Elisa: chegando ao Teatro Cervantes, ela ouviu um grupo de mulheres a gritar ritmadamente o nome da irmã, exatamente como faziam como seu. O sangue subiu-lhe rapidamente à cabeça, e não foi preciso mais para que a carreira política da *caudilla* de Junín, em escala nacional, terminasse naquele mesmo dia.

A cerimônia do 26 de julho marca o início de uma série de entrevistas nas quais Evita testaria as mulheres com uma finalidade precípua: encontrar delegadas com a necessária disposição para fazer o recenseamento de todas as peronistas em potencial, filiando-as ao peronismo em todo o país. O resultado foi uma equipe de 23 mulheres (uma para cada província), escolhidas segundo critérios não menos específicos: fanatismo e aptidão para o trabalho. Essas delegadas deviam abandonar a família, o lar, a profissão, para dedicar suas vidas à Causa. A maneira como foi selecionada Rosa Calviño ilustra bem os métodos dessa pastora de almas que era Evita.

Rosa tinha com o marido uma padaria no bairro de Caballito, na zona Oeste da cidade, e nela havia pendurado os retratos de Perón e Evita. Atilio Renzi, administrador da residência presidencial e colaborador fundamental da Fundação, era seu cliente. Certo dia, comunicou-lhe que passaria a residir com sua mulher no palácio de Unzué. O tempo passou, ele voltou para vê-la e ela lhe pediu um emprego. Munida de um diploma de professora, Rosa nunca chegou a exercer a profissão. E então foi nomeada para uma escola, por iniciativa de Evita. Em 1949, um grande lance teatral: Evita manda avisar que a espera para audiência no palácio. Duas outras mulheres são igualmente convocadas. Evita chega, analisa-as com o olhar e lhes explica que terão de trabalhar em Unidades Básicas do Partido Peronista Feminino. Trabalhar dia e noite, fique logo bem claro. As duas outras esquivam-se. "E a professorinha?", pergunta Evita. "Estou disposta, mas tenho um filho de três anos." "Você terá uma casa no bairro de Saavedra. Será a sede da Unidade. Poderá trabalhar ao mesmo tempo em que cuida do menino." Foi assim que, no dia 27 de janeiro de 1950, a padeira-professora viu-se à frente da primeira Unidade de Base do Partido Peronista Feminino, entrou para o círculo íntimo de Evita e tornou-se, um ano depois, senadora da nação.

A trajetória de Ana Macri não é menos reveladora. Ela fora empregada da Sociedade de Beneficência e trabalhava agora num dos hospitais integrados ao Ministério da Saúde pelo Dr. Méndez San Martín. Evita solicitou a este uma lista de "mulheres honestas" que pudessem trabalhar com ela. E Ana foi nomeada para o lar de trânsito nº 2, na rua Lafinur, em Buenos Aires. Depois da reunião no Teatro Cervantes, tornou-se uma das 23 delegadas enviadas por Evita aos quatro cantos da Argentina. "Ela deu um papel a cada uma de nós, endereçado ao governador da província", recorda-se Ana. "Tínhamos de nos virar com aquilo. Se o governador fosse simpático, ajudava-nos pondo um carro à nossa disposição. Mas não raro os homens do peronismo não nos viam com bons olhos e boicotavam nosso trabalho. Quando me encarregou da província de Santa Fé, Evita me avisou: 'Já mandei para lá uma moça muito boazinha, mas sem temperamento para a coisa. Ela se deixa devorar pelo engenheiro Caeza, o governador da província, um peronista frio que quer se apropriar de nosso partido e usar o trabalho de nossas mulheres. Vá e imponha respeito.'"

Ana Macri, uma lourinha que não chegava ao 1,50 metro de altura, percorreu caminhos a pé, atravessou rios de canoa, fundou 658 Unidades de Base e recrutou 5 mil mulheres. Por sorte, uma célebre "vovó", fervorosa evitista de coque branco, fora enviada antes para preparar sua chegada: alugara uma sede para o Partido e comprara móveis, permitindo que Ana se dedicasse à sua missão sem perda de tempo. Ao volante de seu jipe, ela percorria todas as aldeias da província, dirigia-se à praça e convocava as mulheres por alto-falante. Às recém-chegadas, repetia frases de Evita: "Na política, a mulher deve estar ao lado do homem, mas sem jamais aceitar que ele se meta em seus negócios." "Nem um único homem numa Unidade de Base: na política, o pior inimigo da mulher é o homem." Às vezes a Unidade funcionava na sala de jantar de uma residência. Mas o marido era proibido de entrar nos horários de trabalho.

A sede do partido feminino na capital federal foi inaugurada no dia 29 de outubro de 1949 pela delegada de Buenos Aires, Teresa Adelina Fiora, que também dirigia a Escola de Enfermeiras da Fundação Eva Perón. Pouco depois, Elena Caporeale de Mercante inaugurou a primeira Unidade provincial. Com a ajuda de dezenas de subdelegadas, essas 23 tinham também, além da missão de recrutar filiadas, de encontrar personalidades femininas capazes de assumir um mandato de deputada. Como escolhê-las? "Pouco estamos ligando para diplomas", respondia Evita. "Escolham as mais trabalhadeiras e as mais peronistas." O processo assemelhava-se a um cerimonial iniciático, a uma espécie de consagração mística: as candidatas deviam ignorar que corriam o risco de chegar ao Congresso. Evita exigia de suas *muchachas* um juramento de silêncio a esse respeito, e expulsou uma delas – uma certa *señora* de Coronel – que falou demais. Com isso, pretendia evitar que as eventuais legisladoras fossem movidas apenas pela ambição. Só a fé devia movê-las.

Entre as enfermeiras e donas de casa ou professoras que constituíam o grosso desse contingente, havia de qualquer forma uma advogada, Elsa Chamorro Alamán. E também uma cantora de tangos, Juana Larrauri – uma das raras relações do passado artístico de Evita que chegaram a frequentá-la na época do poder político. Segundo Ana Macri, no entanto, as "diplomadas" só apareceram quando "os homens" quebraram propositalmente o segredo, espalhando a notícia das eventuais nomeações como deputadas e senadoras. Quanto a Evita, como o intelecto era a última de suas preocupações, só lhe interessavam trabalho com afinco e obediência, coisas que sabia como obter.

Em 1955, Delia Degliuomini de Parodi, delegada na província de San Luis, e que fora a colaboradora mais fervorosa de Evita, confessou diante da comissão de inquérito da *Revolución Libertadora*: "Logo depois das eleições de 1951, nas quais foram eleitas senadoras e deputadas do Partido Peronista, todas as congressistas da bancada feminina foram obrigadas a escrever e assinar cartas endereçadas a parentes ou amigos contendo expressões de deslealdade em relação ao partido. Era uma exigência da Sra. Perón, transmitida pessoalmente ou por meu intermédio: na época, ela já estava doente. Esses documentos foram preparados na residência oficial e entregues ao Sr. Renzi." Renzi confirmou essas espantosas declarações: "As cartas deveriam servir como arma à Sra. Perón para eliminar as signatárias das funções legislativas, caso viessem a desobedecer a ordens suas."

Por mais autoritária que fosse, entretanto, a iniciativa não deixava de ser original. Na maioria dos países, os representantes do povo são escolhidos em função de seu domínio da língua; na França, só pode chegar ao poder aquele que sabe falar. É bem verdade que na Argentina os códigos socioculturais são bem menos rigorosos. Mas o são o suficiente para que Evita mandasse ministrar cursos de eloquência a suas mulheres. Só que sua audácia e seu desafio consistiam em escolhê-las ignaras. É claro que seus motivos não eram absolutamente inocentes: aquelas mulheres não estavam capacitadas a fazer-lhe sombra, e ao primeiro sinal de alerta eram mandadas embora. Mas, apesar de tudo isso, persiste certa margem de frescor, de real impertinência, que consideramos revolucionária. Nunca sobraram propriamente no mundo padeiras transformadas em senadoras.

Originalidade do evitismo: nas Unidades Básicas, as mulheres do bairro podiam aprender a costurar, a cozinhar, a se pentear, mas também qualquer outra coisa que uma delas fosse capaz de ensinar. Originalidade do peronismo como um todo: segundo o jornalista Enrique Oliva, professores operários calçando alpercatas davam cursos na Universidade de Cuyo, em Mendoza. Partia-se do princípio – excelente princípio, totalmente destituído de preconceitos – de que cada um sabia fazer algo e era capaz de transmiti-lo aos outros.

O Partido Feminino prolongava o braço da Fundação, pois o recenseamento permitia controlar o país casa a casa. O que era útil para a polícia, que controlava cada rua e cada quarteirão: o peronismo estava de posse de listas infindáveis, com o nome, os hábitos e as ideias de cada um. Mas a enumeração tinha suas vantagens: ninguém era invisível nem anônimo, e a indiferença não existia. Numa aldeia perdida do Noroeste, na fronteira com a Bolívia, uma *coyita* (índia) ia casar-se. A delegada da província de Salta ou de Jujuy ficava sabendo. Transmitia então a notícia a Evita, que toda noite telefonava a suas mulheres nas horas mais absurdas. Pouco antes das bodas, batem à porta da *coyita*. É o carteiro, trazendo uma caixa gigantesca com o vestido de noiva e todos os acessórios: véu, buquê, sapatos. E até um tecido de cor discreta, para o vestido da madrinha, e um chapéu combinando.

A seriedade e o decoro obcecavam Evita tanto quanto as dentaduras e as máquinas de costura. Difamada e acusada por razões de "moralidade", ela queria que suas mulheres respeitassem as normas. Muito jovem na época, Ana Serrano conta-nos os conselhos que dela recebiam: "Prestem muita atenção! Tenham um comportamento e maneiras irretocáveis. Vistam-se com elegância. Eu cometi erros, mas fui salva porque sou a mulher de Perón. Mas vocês, ao menor passo em falso, eles cairão em cima." "Eles" eram uma força obscura composta de inimigos os mais diversos: oligarcas, padres, militares, homens... Em 1951, debatia-se numa reunião do Conselho Superior do Partido Peronista o número de congressistas – homens e mulheres – a serem apresentados pelo movimento. Evita queria incluir oito senadoras nas listas, mas teve de se contentar com seis. "Mas quem decidiu?" "Os homens", responde-nos Rosa Calvino. "E Perón os apoiou, dizendo: 'Peço à presidenta do Partido Feminino que renuncie a essas duas senadoras. Ela certamente nos dirá sim: as mulheres são tão generosas!' Evita naturalmente concordou. Mas, ao sair, teve um acesso de vômito."

A história de seu livro, *La razón de mi vida*, está muito associada à de seu Partido Feminino. Em *Historia del peronismo*, publicado na revista *Primera Plana* em 1967, Hugo Gambini descreve um personagem estranho: Manuel Penella de Silva. Este jornalista espanhol tivera uma vida movimentada. Filho de um músico famoso que não chegou a conhecer, fora criado pela mãe e as quatro irmãs. Mais tarde, casando-se com uma alemã, teve cinco filhas, donde se depreende que conhecia e compreendia as mulheres. Depois de escrever um livro sobre Hitler (antinazista, ele fora expulso da Alemanha por ter previsto a derrota do regime), tivera de repente uma ideia brilhante: ao império nazista haviam faltado mulheres. "Nem Agripina nem Lucrécia. Hitler escondera Eva Braun e todas as que a antecederam. Símbolo e modelo do homem germânico, o Führer tinha de ser um macho sem fêmea."

Essa revelação deu-lhe a ideia de analisar a participação feminina em todos os regimes políticos. E, aos poucos, ele acabou imaginando uma Câmara reservada exclusivamente às mulheres, uma vez que os parlamentos dispunham de duas. Mas não ousou fazer ele mesmo a proposta: se continuasse por esse caminho, raciocinava, acabariam por nomeá-lo "mulher honorária"! Mas já poderia ser um início ir aos Estados Unidos falar a respeito a Eleanor Roosevelt. Ele estava em Zurique com a família, razoavelmente mal alimentados todos os sete, quando encontrou o embaixador da Argentina, Benito Llambí, que lhe disse: "Conheço uma pessoa indicada no caso: Eva Perón."

Penella de Silva juntou seus últimos centavos para ir a Buenos Aires, onde pretendia apresentar seu projeto a Evita e redigir a biografia da "Dama da Esperança". Seu primeiro encontro com Perón foi um daqueles que, partindo de um mal-entendido, acabam por determinar todo o futuro relacionamento. Perón costumava seduzir seus interlocutores estrangeiros manifestando a maior simpatia por seus países – e chegando às vezes a afirmar que nele nascera seu avô. Julgando que o nome Silva fosse brasileiro, lançou-se então num elogio ao Brasil. Ao perceber o erro, ficou tão desapontado que não conseguiu mais deixar de ser desagradável com o jornalista. Foi só com grande dificuldade que Penella de Silva conseguiu encontrar-se com Evita. Ela só seria informada de sua ideia, pelo embaixador Llambí, no momento da viagem à Suíça. E ao retornar passou a encontrar Penella com tal assiduidade que Aloé lhe sugeriu deixar de vê-lo a sós para evitar os comentários. Sugestão que ela se apressou a aceitar, sempre preocupada com sua reputação.

Evita ficou impressionadíssima com as palavras do jornalista. Decidiu-se que ele escreveria a história de Evita, na primeira pessoa e pondo em sua boca suas próprias ideias, que ela achava formidáveis. "Quando ele começou a escrever e a ler-lhe o manuscrito", escreve Gambini, "Evita chorava como se estivesse lendo um folhetim: 'Isso mesmo! Foi assim que aconteceu! Exatamente assim!'" Ela não compartilhava, no entanto, seus critérios de escritor: Penella redigia o livro num estilo simples, algo canhestro e extremamente sentimental, que refletia a candura de Evita e sua inteligência em estado bruto. Ela, pelo contrário, queria um estilo mais enfeitado, cuidado, burguês, de acordo com sua maneira de vestir-se e com seu gosto moralizador.

No entanto, foi Perón quem se opôs ao livro, como à ideia da Câmara feminina, que achava ridícula. Evita, entretanto, a lançou durante o Congresso Hispano-Americano de Mulheres que se realizou em Buenos Aires: o Senado seria reservado exclusivamente às mulheres e se tornaria um organismo consultivo, instrumento da paz no mundo. "Baboseiras", dizia Perón, e a ideia e o manuscrito foram parar no fundo de uma gaveta.

De acordo com Penella, Evita consolou-se extraindo de Perón o apoio à criação do partido feminino. Era sempre assim, e Perón, que viu nesta ideia uma oportunidade de conseguir votos femininos, não se opôs. Com isso, segundo o jornalista espanhol, o presidente avalizava um fato consumado: o poder bicéfalo.

Penella, porém, não ficou satisfeito com esse arranjo, e o disse a Evita, certo dia em que estava com ela no carro, em companhia de Raúl Mendé, ministro de Assuntos Técnicos, e Armando Méndez San Martín, ministro da Educação, que iam almoçar em Olivos, a outra residência presidencial, num subúrbio elegante de Buenos Aires. No percurso, Evita repetia incansavelmente as frases que já conhecemos sobre a obediência a Perón (certamente exageradas pela presença de duas testemunhas): "É preciso trabalhar por Perón, dedicar-lhe nossa vontade. É ele quem manda, ele quem sabe aonde está indo. É o homem mais extraordinário do mundo." Exasperado, o jornalista interrompeu: "É o que a senhora não se cansa de clamar aos quatro ventos. Mas ele, em compensação, nunca a elogia, nem em público nem em particular." Evita calou-se obstinadamente pelo resto do percurso. Chegada a Olivos, não convidou o espanhol a descer. Mais tarde, ele ficaria sabendo que no almoço ela dissera a Perón: "Penella acha que você nunca me elogia." E quando o espanhol a censurou por ter falado demais, ela respondeu, como se fosse a coisa mais natural do mundo: "Que queria que eu fizesse? Era melhor que Perón ouvisse de mim que de Mendé."

Pois seria a Raúl Mendé (um dos servidores mais obsequiosos de Perón) que o presidente confiaria a revisão de *La razón de mi vida*. Estávamos em 1951. Evita, muito doente, dissera ao marido que desejava ver a publicação antes de morrer.

O padre Benítez quis encarregar-se pessoalmente das "correções", para preservar o essencial de um trabalho que considerava importante, ao mesmo tempo tranquilizando Perón de que detestava seu aspecto feminista. Raúl Mendé, em compensação, tornou-o irreconhecível. Não satisfeito de escoimá-lo das concepções fundamentais, salpicou-o de elogios a Perón, grandiloquentes e desvairados. Eis um exemplo:

"Assim como uma mulher alcança sua eternidade, sua glória, e é salva da solidão e da morte dando-se a um homem por amor, acredito que nenhum movimento feminista atingirá talvez no mundo a glória e a eternidade se não se der à causa de um homem.

"O importante é que a causa e o homem sejam dignos de receber esta entrega total!

"Acredito que Perón e sua causa são suficientemente grandes e dignos para que o movimento feminista de minha Pátria se entregue totalmente a ele. Mais ainda: todas as mulheres do mundo podem oferecer-se a seu justicialismo. Dando-se por amor a uma causa que pertence a toda a humanidade, elas crescerão como mulheres."

Para o autor do artigo em questão, esses parágrafos saíram "de um cérebro inflamado que define a adesão das mulheres a Perón em termos de erotismo exaltado". E conclui: "Isto coincide perfeitamente com certas manobras posteriores do círculo de Perón, visando a provocar nele um verdadeiro delírio sexual. Ainda não haviam começado a injetar-lhe certos hormônios. O tratamento era apenas verbal."

Teremos oportunidade de voltar ao "delírio sexual" de Perón por ocasião da morte de Evita, e ao papel desempenhado neste delírio por Mendé e Méndez San Martín. Fiquemos, por enquanto, nas declarações atribuídas então a Evita, para ocultar, senão a sua, pelo menos uma palavra masculina mais propícia às mulheres. "Enquanto o livro era o que eu havia escrito", disse Penella, "era também o dela. Simples, ingênuo, necessariamente violento, como ela era, o livro era o seu retrato." Desistindo dele, ela traíra o escritor e, da mesma forma, seu próprio feminismo instintivo. Consciente disso, mas já sem forças, Evita não quis mais receber o autor.

Em outubro de 1951, um mês após a publicação de *La razón de mi vida*, o autor do manuscrito que jamais poderemos ler foi vê-la uma última vez para despedir-se: estava voltando para a Europa. Encontrou-a pálida e triste. Era a doença, mas também o sentimento de ter carecido de coragem, deixando-se despossuir por Perón. Ela limitou-se a dizer-lhe: "Obrigada pelo livro. É o filho que eu não tive." No momento mesmo em que o dizia, trazia no ventre o fruto de sua revolta: um câncer no útero.

Que resta de Evita nesse livro que viria a ser imposto como leitura obrigatória nas escolas? Às vezes uma palavra simples e direta, meio perdida nessas páginas, surpreende-nos com seu frescor, e quase diríamos estar a ouvi-la, pessoalmente: livre de toda retórica, cândida e apaixonada. Fora isso, suas declarações reacionárias sobre a mulher dedicada, maternal, vivendo para os filhos no recesso do lar não chegam a ser esclarecedoras. Primeiro porque duvidamos de sua autenticidade. Depois, porque, mesmo na hipótese de que Evita as houvesse feito sinceramente, não apresentam o menor interesse. O biógrafo de um ser intuitivo mas inculto é levado a apreendê-lo para além das palavras. Como diz o padre Benítez, não é em suas frases que devemos procurar Evita: ela está integralmente em seus atos. E nós acrescentaríamos: em seus gestos inconscientes; em sua morte. Terá sido por abnegação de mulher do lar que ela deixou Junín aos 15 anos? Terá sido por "amor ao sacrifício" que se viu convulsionada por náuseas em plena rua ao perder duas cadeiras no Congresso?

Em sua biografia de Evita, Marysa Navarro observa com razão as semelhanças entre a linguagem de *La razón de mi vida* e a dos discursos – sobretudo os escritos – pronunciados por Evita. Acrescentamos seus artigos em *Democracia* e seus "cursos" de história do peronismo, dados a partir de 1951 na Escola Superior do Peronismo. O conjunto dessa "obra" foi redigido, com efeito, numa linguagem uniformemente primária. Sem empregar nem este advérbio nem este adjetivo, Navarro vem a concluir que a pena é a mesma, a de Evita. Em nossa opinião, se esse estilo evidencia tal unidade, é simplesmente porque a mediocridade da prosa dos escribas que a serviam acaba passando por estilo. No entanto... Certas palavras recorrentes parecem indicar uma tentativa de expressão que é de Eva e de mais ninguém. Uma expressão não sentimental, mas física, tratando de sensações, sobretudo dolorosas. Podemos reconhecê-la pelo elemento corporal, que só ela seria capaz de introduzir. Ela a terá transmitido aos redatores, que, não enxergando perigo algum, a reproduziram tal qual. Já podíamos encontrá-la de certa forma nos textos de Muñoz Azpiri destinados ao programa de propaganda "Por um mundo melhor": "Algo de angustiante e duro", dizia ela, "que germinava no interior, na raiz das vísceras."

Da mesma forma, podemos ler em *La razón de mi vida* trechos que falam de vísceras e de corpo mortificado: "A ideia da injustiça sempre provocou em mim uma estranha sensação de asfixia, como se eu não conseguisse mais respirar, pela impossibilidade de encontrar remédio para o mal que presenciava." "Tão longe quanto posso me lembrar, cada injustiça fez mal à minha alma como se me enfiassem alguma coisa. De cada época de minha vida guardo a lembrança de uma injustiça que me revoltou, dilacerando-me interiormente." "Por isso é que grito até ficar rouca, até perder a voz, quando me escapa em meus discursos a indignação que trago em mim, cada vez mais viva, quase como uma ferida no coração." "Uma única coisa tem mérito em mim: é o amor pelo povo e por Perón que me queima a alma, me dói na carne e me inflama os nervos." "Esgotei minhas forças físicas para reavivar a de meus irmãos vencidos. Minha alma sabe, meu corpo sente. Ofereço toda a minha energia para que meu corpo seja como uma ponte lançada para a felicidade comum. Atravessem-na."

IMAGENS E SIMULACROS

O depoimento da fotógrafa alemã Gisèle Freund mostra um lado surpreendente de Evita, que quase diríamos preocupada em ostentar o aspecto mais desfavorável de seu temperamento: a ambição. Imagem enganadora ou incompleta, da qual seus inimigos se utilizarão e que ela mesma terá voluntariamente oferecido, por ingenuidade ou autossabotagem.

Gisèle Freund conhecera a Argentina durante a guerra, graças a Victoria Ocampo, e retornou incógnita em 1950: desejava tirar fotos de Eva, o que seus amigos, violentamente antiperonistas, não podiam deixar de considerar uma traição. Por meses a fio a fotógrafa esperou ser recebida por aquela mulher que a interessava do ponto de vista artístico, à margem de qualquer preconceito. O encontro deu-se na *Secretaría*. Ela ficou até as 2 horas da manhã, e Eva ficou tão encantada com sua paciência quanto com suas fotos. No dia seguinte, convidou a fotógrafa para almoçar no Lar da Empregada. "Pessoal", anunciou com uma voz cantante à corte de funcionários, durante a refeição, "tenho um excedente de vários milhões, e não sei o que fazer deles. Quem vai querer?" Pouco depois, como um ministro a repreendesse por ter assinado certo decreto, Eva riu-lhe na cara: "E daí, que diferença faz uma assinatura a mais ou a menos?" Gisèle Freund percebeu como aqueles homens ficavam incomodados com o comportamento de criança mimada de Evita na presença de uma estrangeira.

A história, porém, não acaba aí. Evita convidou-a a visitar seus lares, "de um luxo horrível", diz Gisèle Freund, e a fotografar o conteúdo de seus armários, "para que o mundo inteiro veja o que tenho".

Perón estava presente. A coisa não parecia contrariá-lo, mas ele não pôde conter-se: "O mundo inteiro vai achar que você parece uma dançarina de cabaré!" Eva sequer o ouviu, empenhada em experimentar um vestido de noite de tule branco enfeitado de "diamantes azuis".

Essas fotos se tornariam célebres. O mundo inteiro viu Evita diante das vitrines cheias de joias que ocupavam uma sala inteira do palácio Unzué. Será que os 365 dias do ano eram suficientes para usar suas centenas de calçados, chapéus, vestidos, casacos, classificados por tipo numa série de pequenos cômodos? E seria acaso para aplacar seu vazio interior, sua angústia, que ela os tinha em tão grande número – exatamente como, incapaz de suportar a solidão, cercava-se de uma tribo de amigos fiéis até o raiar do dia? Ou será que a abundância sem limite significava que no fundo nada pertencia a Evita, já que a propriedade dos objetos perdia todo sentido a partir do momento em que não era mais possível lembrar-se de todos eles? A necessidade de possuir parecia ir de par com a sensação de que tudo – seus bens, seu nome, seu corpo – era ilusório. Aquela mulher que exibia suas bugigangas de luxo nunca passaria de uma cigana.

Certamente não seria assim que os adversários de Evita interpretariam essa exposição. Às 8 horas da manhã, Apold telefonou a Gisèle Freund: "Traga-me os negativos. É uma ordem." Ela entregou as cópias a uma amiga, para preservá-las em caso de acidente, e correu para o aeroporto com os negativos, levando apenas sua máquina de escrever. Perdeu tudo o que havia em seu apartamento, visitado pela polícia duas horas depois de sua partida.

O vestido de tule branco com corpete bordado de *strass* é um dos toaletes mais conhecidos de Evita. Terá sido o que usava na noite de gala no Teatro Colón em 25 de maio de 1951, acompanhado de uma capa *evasée* de cetim bordado? Seja como for, esse tipo de vestido, tão típico dos anos 1950, foi o que acabou sendo escolhido para representá-la na ópera-rock *Evita*, montada pela primeira vez em Londres em 1978. As atrizes que interpretaram sucessivamente o papel (Eliane Page, Patty Lupone, Paloma San Basilio) usaram esse vestido de saia vaporosa e corpete brilhante, sem mangas nem alças. Evita sabia o que estava fazendo ao experimentá-lo diante da fotógrafa recém-chegada do "mundo". Apesar do erro cometido – fornecer aos inimigos as armas com que sonhavam –, foi ela quem encontrou a imagem inesquecível para seus futuros encenadores.

Se os vestidos de noite vinham de Dior, Luis Agostino tornara-se seu costureiro para os dias comuns. Foi ele quem passou a assinar seus tailleurzinhos após o afastamento de Paco Jamandreu. Por que chegara ela a dispensar aquele que inventara sua imagem lendária? Nada indica que tenham brigado: muito tempo depois da inexplicável separação, Evita, encontrando Jamandreu na rua, caiu na gargalhada diante do velho automóvel de seu ex-costureiro e mandou entregar-lhe um novo. E, durante a doença de Evita, Perón recorreria a Jamandreu para devolver um pouco de alegria à moribunda, mostrando-lhe belos modelos e ricos tecidos. Por que então o afastamento? É possível que ele tenha pago por ter sido testemunha de uma época em que Evita ainda hesitava nos caminhos do bom gosto.

Seja como for, Agostino o substituiu. Mas o novo costureiro jamais viu Evita vestida para sair, apenas de pijama, quando ia ao palácio Unzué para que ela experimentasse os modelos. O mesmo automóvel que levava Perón à Casa Rosada ia buscar Luís na volta, para conduzi-lo à residência. Às 7 horas da manhã, não raro os ministros já lá se encontravam, e o pobre costureiro tinha de esperar, às vezes até o meio-dia. Quando o encontrava ao voltar para o almoço, Perón irritava-se: "Ah, esta Eva! É mesmo incorrigível!"

Para não ser repreendida, assim que percebia a aproximação do marido, Eva tratava de esconder o costureiro, como se fosse um amante, por trás de uma cortina – a mesma que servia para ocultar sindicalistas ou poetas da *Peña*, ao alvorecer, quando Perón acordava. Uma cortina que logo não mais o enganaria: "Ele tinha faro", diz Luis Agostino. "Sempre adivinhava quando eu estava lá."

Agostino confeccionou para Evita *tailleurs* de xantungue italiano e de "pele de tubarão" rosa ou azul pálido. E, naturalmente, os célebres *tailleurs pied-de-poule*, que ela usava com um chapéu *canotier* com fita de gorgorão. Os paletós tinham de ser abotoados até o alto, pois ela não usava blusa por baixo. Vestia-se exclusivamente de *tailleurs* de trabalho ou vestidos de noite, e não tinha vestidos curtos nem casacos de tecido ou lã: só de pele. Tinha um 1,70 metro de altura, mas seus sapatos de salto alto acrescentavam-lhe 12 centímetros. Suas medidas: 92-67-94.

Uma vez tendo entrado nesse terreno, a autora deste livro não resistiu à tentação de fazer uma pergunta delicada ao costureiro: "Minha mãe, que detestava Eva, dizia sempre que era uma magra de cintura *grossa*. É verdade?" E este homem discreto, que jamais falara a respeito nem aceitara dar entrevistas, confessou, ainda sob efeito da surpresa: "Realmente, ela tinha um pouco de barriga. Quando Dior lançou os paletós cintados, eu acentuava os quadris e ombros e punha por dentro uma cinta elástica para contornar o problema."

POR TRÁS DA CORTINA

A cena da cortina nos leva a um tema fundamental: o dos mistérios. Perón e Evita só pareciam dirigir-se um ao outro por meio de segredinhos: mensagens cruzadas por meio das quais não se sabe se revelavam alguma coisa ou se eram fingimentos para ocultar melhor o essencial. Jorge Luis Borges disse: "Perón não era Perón, como Eva não era Eva. Eram indivíduos misteriosos, anônimos, dos quais não conhecemos nem os rostos nem os nomes secretos." Em nossa opinião, no entanto, Perón era bem menos Perón que Eva era Eva. Ambos representavam no mesmo teatro de sombras. Mas por trás do simulacro da Fada havia uma mulher.

No entanto, embora ela fosse franca, e ele, trapaceador, os dois se assemelhavam nesse terceiro personagem que era a sua relação. É o que se aplica a qualquer casal, invariavelmente constituído de dois, aos quais se acrescenta um terceiro, saído dos dois. Assim, na luta pelo poder que os unira, Evita caçava o *guanaco* à sua maneira.

Angel Miel Asquía contou-nos as pequenas trapaças a que ela era levada para convencer Perón de que este ministro ou aquele funcionário não lhe convinha. Começava por dizê-lo diretamente. Mas Perón, julgando-se infalível, era de uma rara obstinação (segundo Sergia Machinandearena, sua teimosia tornava-o às vezes intratável, ao passo que Evita, menos vaidosa, ouvia os conselhos). Nesse caso, Evita buscava vias transversas e recorria a Cámpora: "O general não percebe que Fulano o trai. É preciso que fique sabendo." O fiel servidor incumbia-se do caso. E Perón, apanhado de surpresa, dizia, espantado: "É curioso que me diga isso! Evita acha a mesma coisa." Estimulada pelo sucesso, Evita recorria ao mesmo procedimento para denegrir ou exaltar este ou aquele peronista. Dessa vez, Perón olhava para Cámpora com desconfiança. E da terceira vez ouvia-o com atenção ostensiva, acompanhava-o até a porta e, fazendo sua habitual reverência, que se diria japonesa, dizia baixinho: "Muito bem, Cámpora, cumpriste bem tua missão. Meus respeitos a Evita."

A imagem de um Perón cabeçudo pareceria entrar em contradição com a do homem "amorfo e cósmico" (expressão do escritor José Pablo Feinman) que se julgava capaz de convencer a todos, uma vez que concordava com qualquer coisa que se dissesse. Na realidade, Perón mantinha-se inacessível. Para o cineasta Mano Sabato, a melhor maneira de defini-lo está na seguinte situação: tendo acabado de criticar X na frente de Y, Perón recebe X aos abraços; mas por cima do ombro de X envia uma piscadela a Y, que se julga assim detentor das verdadeiras intenções do Líder. E o enigma permanece sem solução: qual dos dois está ele traindo? O interlocutor abraçado ou o destinatário da piscadela? Ou os dois?

Perdida nesse marasmo, Evita lutava com todas as forças para "salvar" Perón de seu lado penumbroso, zona de inexistência à qual se retirava, fechando a porta atrás de si. Não era ela "responsável" por seu marido? Em nível consciente, ela só tentava, com suas reiteradas intervenções, torná-lo amado, eliminando seus adversários. Era necessário "cobri-lo", para que ninguém o visse como realmente era: "Não se aproximem dele, ele é o Sol!" Mais profundamente, entretanto, era por medo de ser excluída que ela exagerava na vigilância. E com isso vivia, segundo Penella, "em estado de cólera permanente", furiosa com inimigos reais ou imaginários e não raro se enganando de antagonista. No fim das contas, ela é que escolhera Raúl Mendé como sucessor de Figuerola, o espanhol franquista que trabalhara com Perón na *Secretaría*, e que Evita decidira defenestrar, argumentando que não era argentino. E o próprio Méndez San Martín não fizera parte da equipe de Evita, antes de tornar-se o organizador do "delírio sexual" de Perón?

Se o Perón apático e molenga a deixava desarmada, desesperando-a, o Perón duro e insensível não a machucava menos. "O único defeito de Perón é ser um militar", disse certa vez a Rosa Calviño. Curiosa maneira de fazer uma longa lista de defeitos sem entrar em detalhes. Com efeito, Perón, com seus hábitos rígidos, maníaco de ordem e limpeza, tomando banho e mudando de roupa seis vezes por dia, era um militar. E por isso tinha atitudes ofensivas que Evita tentava remediar. Certo dia, como um pobre homem o beijasse no rosto, Perón começou a berrar: "Que nojo! Não suporto ser beijado por homem!" E ela teve de explicar ao *grasita* que o Líder não quisera ofendê-lo. É verdade que não era um hábito entre os homens beijar entre amigos, militares ou não, eles mantinham distância entre si, evitando o contato físico até com os filhos. O contraste entre uma Eva meiga e um Perón intocável não era, portanto, tão nítido quanto se poderia julgar hoje.

Uma testemunha próxima de Erminda Duarte contou-nos o seguinte episódio: o casal dirige-se de carro para San Vicente. São apanhados num engarrafamento, e Perón ordena ao motorista que entre na contramão. Aproxima-se um jovem policial para multar "Não está vendo quem eu sou?", dispara-lhe Perón, furioso. "Sim", responde o policial. "Mas o senhor cometeu uma infração." Perón anota-lhe o nome e, apesar das súplicas de Evita, dá-se o trabalho de ir pessoalmente à delegacia para mandar demiti-lo. E pelo restante da viagem continua resmungando: "Negro sujo!" Chegando a San Vicente, Evita telefona à delegacia às escondidas, "da parte de Perón", para mandar readmitir o policial e pedir desculpas.

Em San Vicente ela não parava de telefonar. Entregue à "neurose do fim de semana", era tomada pela angústia do perfeccionismo, a tal ponto que Perón desligou o aparelho, para impedi-la de passar o domingo pendurada ao telefone. Ela se deu conta, restabeleceu a ligação com suas próprias mãos e o cobriu de almofadas para abafar o som da campainha. O telefone era uma velha obsessão: na Europa, durante sua viagem, ela telefonava diariamente a Perón e ao Congresso. Os deputados evitistas interrompiam as sessões para correr ao aparelho. E Evita, a indispensável, dava-lhes orientações cujo cumprimento não esqueceria no dia seguinte de verificar.

Com Perón, nada disso acontecia. Uma vez no campo, ele só se considerava indispensável para dar ponto a uma maionese. Quem como ele sabia bater os ovos no ritmo ideal? (A maionese era seu único pecado de gulodice. Na rua Teodoro García, ele mantinha uma adega cheia de excelentes vinhos presenteados por Franco. Mas bebia sempre seu tinto da marca *Toro*. Os cardápios da residência presidencial eram de uma melancólica simplicidade. Quanto a Evita, só gostava de ovos estalados.) Além da maionese, Perón era um *expert* em engraxar sapatos. "Simples questão de pulso", explicava aos mais íntimos, aos quais também ensinava magistralmente a arte de passar calças.

Em San Vicente, ele montava Manchita, seu cavalo louro com uma mancha marrom, que desfilara em agosto de 1950 numa homenagem ao general San Martín. Que esplêndido espetáculo, para uma mulher, era Perón a cavalo! A pé, ficavam por demais evidentes a cintura larga e os braços curtos, cruzados sobre o ventre (suas mãos só conseguiam tocar-se em cima do umbigo). E em trajes civis ele carecia de elegância: numa entrevista com a socióloga Marta Echeverría, Castiñeira de Dios falou certa vez dos sapatos marrom e branco de Perón, ornamentados com motivos em zigue-zague. A cavalo, em compensação, de botas e calças de montaria, ele parecia tornar-se ele mesmo. Mas Evita, pensando nos miseráveis que não podiam esperar até segunda-feira, olhava-o sem o ver.

Navegar com Perón a bordo do *Tequara* não a entediava menos. (O nome, designando o bambu com o qual os *gauchos* fabricavam suas lanças, fora adotado por uma facção ultranacionalista.) Para agradar ao marido, ela o acompanhava a uma corrida de automóveis para ver Juan Manuel Fangio, ou a uma luta de boxe de Lucho Gatica, grande amigo de Juancito (Eva era a madrinha de seu filho). Todas as tardes de sábado, ela voltava às pressas da Fundação para ver um filme com Perón. Ele se levantava da sesta, ela mordiscava uma maçã, sua "sobremesa", como dizia. Só que não havia almoçado. Quando o filme era "de amor", ela suportava melhor a coisa. Infelizmente, Perón gostava de filmes de aventura. Seria possível imaginar um casal mais típico? Ela, nervosa e arrebatada, ele, tranquilo e fleumático, diferentes um do outro como o dia da noite. Mas ambos mergulhados até o pescoço naquilo que costumamos chamar de "relação a dois" – um jogo repetitivo no qual cada um insiste em tentar manipular o outro, o que os levava diretamente à frustração.

Em quem estaria pensando ela quando dizia: "Tenho horror de gente fraca"?

Por volta de 1949, a corte dos evitistas era composta sobretudo de Cereijo, ministro das Finanças e administrador da Fundação, Cámpora, Miel Asquía, Espejo e Nicolini. Miranda, aquele que "conseguia dinheiro para a Fundação apenas batendo com o pé", não chegava a ser um "homem de Evita"; jogava apenas para seu próprio time, e acabou pagando caro por isso: acusado de malversações, teve de exilar-se em Montevidéu para evitar o pior. Integrar o círculo de Evita não significava necessariamente gozar de toda a sua confiança. Acontecia de ela às vezes contar um segredo a um de seus fiéis, para ver quanto tempo levaria para voltar a seus ouvidos como fofoca. Como aos demais ministros e funcionários, tratava-os com um misto de companheirismo bem-humorado, indulgência maternal, sedução infantil e severidade um tanto sádica. Punha o dedo em riste: "Disseram-me que ultimamente não te tens comportado bem. Vê lá, hein! Sou muito boa, mas..." Ou então, fazendo biquinho: "Vamos, seja bonzinho comigo, cuide disto aqui para amanhã, sim?" Ou muito diretamente (precisamente, no caso de Antonio Cafiero, um líder peronista ainda hoje em atividade, que não caíra em suas graças por trazer na lapela o distintivo da Ação Católica, e não o do Partido Peronista): "Mas afinal que é que você tem na cabeça? Merda?"

Ela se divertia também em submetê-los a situações vexatórias. Pavón Pereyra contou-nos que certa vez ela ofereceu a Juan Oscar Ponferrada, um dos poetas de seu círculo, uma delicada iguaria que lhe fora presenteada pelo embaixador do Japão. O poeta provou, quase a cuspiu e declarou que nunca na vida pusera na boca algo tão asqueroso. Evita explodiu em gargalhada: "Eu também acho um horror. Mas disse a Cámpora que adorava, e ele repetiu sete vezes!"

Brincadeiras de mulher poderosa, já se vê, mas que também traduziam seu horror ao servilismo – ao passo que, em outras circunstâncias, tratava justamente de estimular a adulação. Seria ela capaz de ter amizade com alguém? Era pelo menos o que achava. Na realidade, mostrava-se antes capaz de dar, o que longe está de ser a mesma coisa: dar é também exercer alguma forma de poder. E ela não gostava muito quando alguém não lhe pedia qualquer favorzinho que fosse. Mas era capaz de estabelecer relações perfeitamente espontâneas com certas pessoas. Revelava-se, então, simples e cordial, capaz de gracejar como qualquer mulher de sua idade. Escreve Fermín Chávez, que a frequentou na *Peña*: "A Evita que conheci nada tem a ver com a 'mulher do chicote', com a do 'mito negro', com a dominadora a que alguns se referem, nem com o personagem para psicanalistas que aparece em certas elucubrações livrescas, pedantes e pretensiosas."

Em compensação, quando ela dizia a Salinas: "O general não tem amigos. Não ama nem detesta ninguém", estava tentando exprimir um lado da personalidade de Perón que se manifestava constantemente. Por mais complicado que ele fosse, mostrava-se no relacionamento humano sob dois aspectos principais: sedução e frieza. Esta última característica estava na origem de sua pretensa covardia. A coragem exige ardor. O homem glacial não encontra motivos para arriscar a vida. E Evita temia sua falta de ardor, sua recusa de toda afeição. Para compensar é que ela frequentava *doña* Juana Sosa. Depois de enviuvar, a mãe de Perón casara-se com um trabalhador agrícola vinte anos mais moço. Perón nunca a recebia. Por vergonha de mostrar aos argentinos sua gorda mãe mestiça? Seu irmão não era tão inapresentável assim, mas Perón tampouco o apresentava. Não sem ironia, dera-lhe um cargo no zoológico, e proibira a seus ajudantes-de-ordem que lhe permitissem entrar na Casa Rosada.

Não esqueçamos, porém, o aspecto literário e "latino" dessa relação de múltiplos aspectos: como Perón era o senhor, e Evita, a aluna beata de admiração, era boquiaberta que ela o ouvia explicar as obras sagradas herdadas do pai, especialmente as *Vidas paralelas* de Plutarco.

Por esse motivo é que Evita costumava evocar Alexandre cheia de reverência em seus discursos. Seriam talvez virtudes romanas aquela reserva de Perón, a capacidade de autodomínio? Seria Perón uma reencarnação de Júlio César?... Ela acreditava piamente na inteligência do marido. Teria essa inteligência o fulgor propagandeado por ele mesmo e seus partidários? Desde cedo, Perón tivera em alta estima sua própria inteligência, certamente porque só convivia com militares: no Exército, passava por intelectual. Na realidade, era sobretudo matreiro e de inteligência apenas média, pragmática, voluntarista. Mais tarde, não inventaria nada, limitando-se a retomar ideias do fascismo e das encíclicas papais, adaptadas com bom senso ao gosto argentino. E o fato é que, tanto em matéria de inteligência como de beleza, é importante que a própria pessoa esteja convencida de ter sido bem aquinhoada. Era algo de que Evita podia falar, ela que teve a vontade de tornar-se bela.

Convencido dessa imagem que fazia de si próprio, Perón entendera que o país sonhava com um pai bonachão, de aparência e verbo tipicamente *criollos*. O oposto do pai de chicote na mão: divertido, sedutor, todo sorrisos, autoritário se necessário. Ele era este pai, sem sombra de dúvida. Se quase chegara em 1945 a fugir de seu "destino", fora numa crise de cansaço, por não ter compreendido imediatamente o alcance do papel que lhe estava reservado. Diante da sede desmedida de seu público, ele finalmente revelou o talento de sedutor, moldando seu orgulho no papel do ator que provocava simpatia como numa onda arrasadora. Perón gostava sinceramente de representar Perón: sinceridade refratada, sentimentos espelhados capazes de convencer milhões de argentinos. Pensando bem, era nesse casal em que Eva encenava sua elegância e sua beleza, mas não seu amor ao povo, que era perfeitamente real; o ator brilhante era, afinal, ele, Perón.

Reencarnação de César ou não, Perón tinha, segundo o padre Benítez, uma terrível tendência ao esoterismo, nem de longe compartilhada por Evita. E essa tendência, muito disseminada entre os militares argentinos, e cujo caráter "romanamente" decadente ela repudiava, não teria certa relação com a puerilidade?

Quanto ao humor do chefe da nação, eis um exemplo: na residência de Olivos, Perón criava uma ema. O presidente convidava o general Sosa Molina, ministro da Guerra, sempre uniformizado, para um passeio no parque. Mas não tinha particularmente algo a dizer-lhe: queria apenas ter a satisfação de ver a ave dar bicadas nos botões dourados do general.

Como um leiteiro, basco, é claro – todos os leiteiros eram bascos na Argentina –, lhe revelou rindo a proporção de água que vertia no leite, Perón o nomeou inspetor das leiterias.

Na rua Teodoro García, o presidente brincava de trem elétrico com Raúl Salinas. E, para comemorar a nacionalização das ferrovias, mandou-se cunhar um distintivo, tendo no verso o retrato de Perón e no anverso uma locomotiva que fazia o Líder rir como uma criança. Os ingleses também riam, mas à sorrelfa, por lhe terem vendido trens tão acabados. A venda havia sido feita como prêmio de consolação, por não ter o Reino Unido honrado uma dívida com a Argentina, equivalente a 67,5 bilhões de libras atuais, e ainda hoje por pagar. Teria Perón consciência da gigantesca fraude que, segundo conclusão de um encontro de economistas brasileiros realizado quase cinquenta anos depois, arruinou não apenas a Argentina como também outros países do Terceiro Mundo? Teria promovido aquela nacionalização com finalidades puramente eleitorais? Ou será que se deixou enganar por homens mais astutos que ele, como Ronald Richter, cego pelo orgulho e por uma estranha candura que contrastava com sua proverbial velhacaria?

Esse "cientista" alemão, Richter, conseguira convencê-lo de que era capaz de produzir energia atômica. Perón mandou construir para ele uma suposta central atômica na ilha de Huemul, no Sul do país. Faltava cimento na Argentina para construir casas, mas toneladas de concreto foram enviadas a essa ilha. Com sua capa de chuva e seus cabelos eriçados de cientista maluco, Richter era motivo de chacota generalizada, exceto da parte de Perón, sério como um cão, para variar. Dizia Evita: "O general é muito ingênuo."

E muito avarento. Perón dera a Evita um reloginho barato que a deixou boquiaberta. Os peronistas que o visitaram no exílio, no Panamá ou em Madri, ficaram surpresos com sua avidez. Não era aconselhável ir a seu encontro com um relógio no pulso: ele o elogiava com tal insistência que não restava ao interlocutor outra opção senão oferecê-lo.

Enfim, não poderíamos encerrar esta descrição de um relacionamento tão proteiforme sem acrescentar a imagem de um Perón paternal, ralhando com Evita por voltar para casa às 5 horas da manhã. Ele queixou-se a Guardo e escreveu em suas memórias: "Minha mulher, quase a havia perdido. (...) Certo dia, disse-lhe: 'Eva, descansa um pouco e lembra-te de que também és minha mulher.' Ela ficou séria. 'É justamente assim que me sinto sua mulher', respondeu." No fim das contas, Perón acabara por recorrer à Sra. Mercante: "Diga a Evita que não fique acordada até tão tarde." Resposta de Evita, acompanhada de uma expressão de amuo de mocinha vigiada demais: "Ah, como ele me enche o saco!"

Eis portanto um homem apaixonado, preocupado com a saúde da mulher e repreendendo-a em público por não se cuidar. Será toda a verdade? Chegamos aqui a um dos pontos essenciais dessa história: as mensagens cruzadas a respeito da doença de Evita. Antecipemo-nos um pouco aos acontecimentos futuros, para adiantar que tanto a reeleição de Perón quanto a candidatura de Evita à vice-presidência da Argentina foram cercadas desse mesmo tipo de comunicações em bumerangue. Doença e poder: dois temas muito ligados e sinuosamente imbricados, em vista dos procedimentos oblíquos que Evita adotava para se proteger, ou para sobreviver, mas que Perón dominava como um mestre.

MENSAGENS CRUZADAS: A DOENÇA

A quando remontam os primeiros sintomas? Difícil precisar, ainda mais que a saúde de Evita sempre fora delicada. Há divergência entre Salinas e Gambini (1947), o próprio Perón (1949) e a data geralmente aceita: 9 de janeiro de 1950. Nesse dia, Evita inaugurava a nova sede do sindicato dos motoristas de táxi, quando desmaiou na presença do Dr. Oscar Ivanissevich, ministro da Educação. No dia 12, Ivanissevich operou-a de apendicite, diagnosticando câncer de útero.

Segundo essa versão, corroborada por Fermín Chávez, Ivanissevich teria dito a Evita que ela tinha um câncer que precisava ser operado, acrescentando que *doña* Juana sofrera a mesma intervenção e passava muito bem. Resposta de Evita: "Não toque em mim. Não tenho nada." Meses depois, o médico voltara a insistir, e ela o teria agredido no rosto com a bolsa. Muito contrariado, Ivanissevich teria renunciado ao cargo. Nesta versão, Perón brilha pela ausência. Que fazia ele ao longo desses meses nos quais o médico se perguntava se cabia ou não insistir?

Examinemos a questão mais detidamente. Marysa Navarro manifesta suas dúvidas quanto à data assinalada por Perón em suas memórias: fim de 1949. Como a doença só se manifestou abertamente no segundo semestre de 1951, "isso significaria", raciocina ela, "que durante um ano e meio Perón não se valeu de sua influência sobre Evita para obrigá-la a se tratar, *conclusão difícil de aceitar*" (grifo nosso). Sendo essa uma conclusão inaceitável, Navarro deduz que Perón, em seu livro, enganou-se quanto à época, o que lhe acontecia com frequência.

O fato é que Ivanissevich fez efetivamente o diagnóstico no início de 1950, quando a operou de apendicite. E, em 1949, quando Evita visitou a província de Formosa, perto do Paraguai, Perón, com seu habitual senso de humor, disse a seu futuro biógrafo Pavón Pereyra, que fez o relato na maior inocência: "Ela está tão fraca que receio que a sufoquem com abraços de boas-vindas." Por que, então, não se opôs à viagem? E Pavón Pereyra, como querendo eximir Perón de qualquer responsabilidade, acrescentou: "O problema é que ela não comia. Alimentava-se exclusivamente das balas de menta que ganhava da mulher do marquês de Chinchilla."

Por que então o espanto de Marysa Navarro? Mesmo na versão mais oficial, admite-se que Evita (e, logo, Perón) soube da verdade já nos primeiros dias de 1950. E várias testemunhas sustentam que o casal já não tinha relações sexuais desde 1949. Só podemos atribuir esse "espanto" ao fato de não poder corroborar a hipótese inaceitável que ela mesma formula, como *en passant*.

Ora, segundo Hugo Gambini, o próprio Ivanissevich lhe disse que os primeiros sinais da doença surgiram muito antes: no fim de 1947. Naquele ano (na volta da viagem à Europa?), Perón pedira a Ivanissevich que examinasse Evita. Diagnóstico: o início de um câncer, que poderia ser operado com êxito. Mas Eva respondera como já vimos: "Não tenho nada. Vocês estão querendo é me afastar do trabalho político." A única diferença entre essa versão e a oficial está na data. Uma diferença importante, que torna a história ainda mais inadmissível: se Perón já tinha conhecimento do diagnóstico em 1947, como foi capaz de permitir que Evita não só não se tratasse como continuasse trabalhando vinte horas por dia?

Embora aceite a data oficial de 1950, a versão do filho de Mercante é bem mais clara, do ponto de vista psicológico. Perón, segundo ele, tratava Evita com um afeto paternal, afeto a que ela correspondia com certa rispidez de menininha: "Ele era um diplomata. Nenhum político de boa cepa seria capaz de maltratar aqueles que o servem. Em 1950, depois de operar Evita de apendicite, Ivanissevich disse a Perón que ela tinha um câncer. Mas Evita decidiu não dar ouvidos às palavras de Ivanissevieh transmitidas por Perón. *E Perón só a continha em sua atividade excessiva para melhor induzi-la a fazer mais ainda, mesmo quando via que ela estava se matando de trabalhar.* Atitude bem característica dele: fazia-a reagir contra alguém fingindo que a acalmava. Da mesma forma, nunca procurou contê-la no trabalho, senão para fazê-la pisar mais fundo ainda."

Já a versão de Rodolfo Decker inverte os termos: "Quando Ivanissevich lhe contou, ela implorou que nada dissesse a Perón, para não o preocupar, e ameaçou acertá-lo em cheio se o fizesse. Como Ivanissevich falou, Eva o agrediu com a bolsa."

Outras versões ainda retocam as anteriores: Ivanissevich não teria pretendido operar Evita, mas enviá-la a uma estação de repouso na Suíça; Ivanissevich teria comunicado o diagnóstico a Perón, mas este, por demais pusilânime para transmiti-lo a Evita, teria pedido ao médico que o fizesse ele mesmo... Etc.

Se nos limitássemos a observá-las isoladamente, as reações de Evita nos pareceriam mais claras: estranhas mas compreensíveis.

Trata-se da onipotência de uma mulher que se julga capaz de tudo controlar, inclusive sua doença, que afastou como quem espanta uma mosca inoportuna. Parar, ainda que por um instante, seria o fim. Ela, Eva, dar satisfação aos inimigos, deixando-lhes aberto o caminho? Jamais! Ela tinha de trapacear para enganar os médicos. De manhã, apressava-se a comer algo para impedir a coleta de sangue. E, no decorrer de seu longo dia na *Secretaría,* tomava sua temperatura colocando o termômetro em posição invertida. Mas a quem pretendia enganar assim? Aos outros? A ela mesma? A negação vem sempre acompanhada de uma consciência profunda, que, em certos momentos, vem à tona. Certa manhã, por volta das 4 horas, quando passeava a pé com o poeta Héctor Villanueva por uma Buenos Aires semideserta, sem ser reconhecida pelos raros transeuntes, ela lhe disse: "Não quero ficar na cama tomando chazinhos. Quero ajudar as pessoas hoje mesmo, e não amanhã. E é assim que quero morrer."

Eis, portanto, suas reações. Quanto a Perón, sua atitude em relação ao câncer da mulher foi bem descrita por Juancito Duarte, queixando-se a uma de nossas testemunhas, que prefere manter o anonimato: "Perón disse-lhe que se tratasse. Mas disse-lhe *como por acaso, como uma coisa sem importância.*"

As mensagens cruzadas funcionavam às maravilhas. Perón e Evita escondiam e negavam a doença por trás do mesmo véu. Teria ela sentido uma espécie de secreta incitação a desaparecer? Teria então obedecido?

Estamos tratando, é evidente, de obscuras pulsões. O fato é que Perón, segundo Gambini, "não controlava sua linguagem". Em outras palavras, seu inconsciente andava mais depressa que ele. Um inconsciente caprichoso como o de Evita, embora por outras razões. Desse modo, seu senso de humor, desvendando os verdadeiros sentimentos que lhe despertavam suas mulheres, pode nos guiar pelo labirinto. Em 1974, relata Carmen Llorca, na véspera de retornar à Argentina depois de vinte anos de exílio, ele diria com sua voz ofegante: "Espero ter sorte, e que alguém lá me assassine, Isabel!" E Pavón Pereyra: "Perón dizia que, quando decidiram finalmente cuidar de Evita, ela já era um caso perdido."

A vida, no entanto, está mesmo cheia de crimes inconscientes. E é feita também de sentimentos opostos, acoplados uns aos outros numa pirâmide. Sentimento, em Perón, de uma insuportável repetição (por isso ele a negava): sua primeira mulher, Aurelia Tizón, também tivera câncer no útero. Ele conhecia de cor e salteado os sintomas (e, aliás, a medicina era sua vocação irrealizada). Sentimento de impotência: vigiar e controlar Evita não era tarefa fácil. Sentimentos de impotente, enfim: indo deitar-se na hora em que ele se levantava, Evita declarava (e revelava aos outros) que dormir com ele não tinha nada de interessante.

MENSAGENS CRUZADAS: O PODER

O segundo capítulo das mensagens cruzadas começa com a reforma da Constituição em 1949. Tratava-se de acrescentar ao texto as leis sociais promovidas por Perón desde 1943, assim como os Direitos dos Anciãos proclamados por Eva. Além disso, o preâmbulo da nova Constituição deveria incluir a definição da Argentina peronista: "Socialmente justa, politicamente soberana e economicamente forte." Mas se tratava também, ou sobretudo, de revogar o artigo da Constituição de 1853 que impedia a reeleição do presidente.

Tudo teria sido claro como água se Perón tivesse confessado, com toda a simplicidade, que queria ser reeleito. Que poderia haver de mais natural? Como, porém, aspirar ao natural era a coisa mais absurda, tratando-se de nosso personagem, a história da revogação do tal artigo transformou-se num verdadeiro inferno.

Examinemos as diferentes versões. Segundo Rodolfo Decker, colaborador próximo de Mercante, como sabemos, Perón não queria um segundo mandato. Tinha vontade de percorrer o mundo divulgando sua doutrina e estudando as novas realidades mundiais, sobretudo nos países desenvolvidos. Mercante, presidente da Assembleia incumbida de reformar a antiga Constituição, surgia então como seu sucessor natural. Esse mesmo Mercante a cujo respeito Evita dizia sempre que era "o coração de Perón" e seu delfim. Quem mais poderia substituí-lo no próximo mandato presidencial? Mais tarde, Perón pretendia retomar seu posto. Mas não de imediato. Havia programado tudo nesse sentido.

Entretanto, as intrigas palacianas – ainda segundo Decker – decidiram em outro sentido. Juan Duarte e alguns de seus amigos tinham conhecimento da doença de Evita. Esses outros personagens são designados pelo Dr. Decker apenas como "alguém de San Nicolás", "alguém que se tornou presidente da República" e "alguém que era jornalista". Não trairemos a confiança de nosso amigo ao dar-lhes seus devidos nomes: Ramón Subiza, Héctor Cámpora e Raúl Apold. Juancito Duarte e seus três mosqueteiros temiam que Mercante presidente e, ainda por cima, Evita morta pudessem significar nada menos que o fim de suas carreiras. Trataram então de vilipendiar Mercante diante de Evita, alegando que ele pretendia derrubar Perón.

Evita tampouco ignorava seu próprio estado de saúde. Influenciada pelo irmão e seus três amigos, começou a recear que, uma vez feito presidente, Mercante fizesse empalidecer o prestígio de seu marido. E influenciou Perón nesse sentido. Este conhecia muito bem a lealdade de Mercante, mas... começou também a duvidar! Enquanto isso, Evita reunia alguns membros da Assembleia Constituinte e os convencia da necessidade de abolir o famoso artigo, para que Perón fosse reeleito presidente. Quando esses parlamentares apresentaram seu projeto de revogação do artigo, Mercante foi apanhado de surpresa. Mas, vendo que Evita o apoiava, fez o mesmo. Acreditara de boa-fé que Perón e Evita o queriam como presidente dos argentinos. Se não era assim, obedeceria sem hesitar.

Essa versão vai de encontro a uma outra – a que geralmente se dá crédito –, segundo a qual Evita teria riscado Mercante, candidato à vice-presidência, para preparar sua própria candidatura a esse cargo. Mas, por outro lado, o relato de Decker adiciona um dado que explicaria os motivos do encarceramento do líder radical Ricardo Balbín.

Entre 1949 e 1950, Balbín fez três discursos incendiários contra Perón. Era ele o candidato radical a governador da província de Buenos Aires, cargo ocupado por Mercante. E este pretendia ser reeleito para novo mandato de dois anos. Exercera o poder de maneira notável. Foi então que Perón mandou levar Balbín para uma prisão da província de Buenos Aires. E Carmen Llorca escreve, textualmente: "Um dos colaboradores mais próximos de Perón contou-me que esta prisão era uma astúcia do presidente, que observara uma diminuição do prestígio de Balbín (...). Para equilibrar as forças, e para que Balbín recuperasse seu prestígio perdido, ofereceu-lhe de bandeja o papel de mártir, o que nunca deixa de falar às massas."

Por que teria Perón pretendido reequilibrar as forças de um perigoso opositor é algo que a versão de Carmen Llorca não explica, mas que vem a ser aparentemente esclarecido pela narração de Decker.

Não contentes de terem afastado Mercante da candidatura à presidência, explicou ele, os quatro personagens mencionados conspiraram para afastá-lo também do governo da província. E os discursos de Balbín forneceram-lhes o pretexto com que sonhavam. O juiz federal de San Nicolás, onde Subiza era influente, considerou esses discursos injuriosos ao presidente, e mandou prender o líder radical. Mercante implorou a Perón que não assinasse o decreto da prisão, para que ninguém pudesse dizer: "Mercante só foi eleito governador por causa da prisão de Balbín." Aquela história toda punha mais em risco o seu prestígio que o de Balbín! E Perón prometeu-lhe que não o assinaria. Apesar disso, Balbín foi encarcerado na véspera da eleição. A ordem provinha do juiz de San Nicolás. Decker não acrescentou: *e do próprio Perón.* Quem nos fornece esta informação, preciosa no contexto do relato de Decker, é Carmen Llorca.

Apesar do "comovente martírio" a que foi submetido Balbín, Mercante foi reeleito governador da província de Buenos Aires, cargo que ocupou até 1952, quando foi substituído pelo "cavalo" Aloé. Mas nunca mais voltaria a ser o "coração de Perón". Quanto a Evita, basta recordarmos sua pressa em explicar a Georges Bidault, via Lilian Guardo, as "realizações de Mercante". E não sabemos também que em dado momento chegara a detestar de todo o coração o ministro do Interior Angel Borlenghi, simplesmente porque queria substituí-lo por Héctor Mercante, irmão do governador? Tudo isso era passado. Agora, Mercante fazia o papel do "traidor", para ela como para a maioria dos peronistas.

"Traidor" e também "tapado": para Valentín Thiébault, tratava-se de um homem leal, é bem verdade, mas nada inteligente. Haviam-no convencido de que podia chegar a presidente, e Perón, que alimentava essa ambição perfeitamente normal, o pusera de lado.

A versão de Raúl Salinas fornece mais um dado. Segundo ele, Perón dizia: "Não quero ser reeleito", mas era o caso de entender o contrário. Duas pessoas acreditaram: Evita e Mercante. E duas outras captaram a intenção secreta: Subiza, que odiava Mercante por motivos pessoais, e Juancito, por amizade a Subiza. Sem desconfiar um só instante das palavras de Perón, os dois primeiros pensavam provavelmente na chapa Mercante-Eva Perón... Atendendo aos desejos do presidente – ou pelo menos àqueles que ele manifestava –, Mercante assinou um pré-decreto que ia de encontro à reeleição. Salinas toma o documento, se reúne com Subiza e Juancito e os três batem à porta do gabinete de Perón, para mostrar-lhe o pré-decreto: "Veja o que Mercante fez!" Perón assume ares doloridos de homem traído em seus sentimentos. "General, o senhor me autoriza a agir?", pergunta Subiza. E manda modificar o pré-decreto, acrescentando a cláusula da revogação do artigo.

Logo que fica sabendo, Evita irrompe no gabinete de Subiza e começa a soluçar no ombro de Salinas, que tenta acalmá-la. Ela acaba de se dar conta de que Perón a induziu a cometer um equívoco. A partir desse dia, para tentar se recuperar, apoiaria a reeleição de Perón com todas as suas forças, denunciando com fúria o outro otário da farsa: o infeliz Mercante.

O depoimento de Rufino Herce, originário de Los Toldos e ex-deputado peronista pela província de Buenos Aires, não parece corroborar essas manobras eleitorais, mas é interessante por dois motivos: apresenta uma Evita encolerizada, maltratando publicamente um prócer do peronismo, e designa um outro inimigo de Mercante que não figura nos relatos anteriores. Convocado ao Conselho Superior do partido, na rua Morena, 711, Rufino Herce foi instalado, na sala, entre os amigos de Mercante. A reunião era presidida por Perón, que não disse uma palavra, Evita, Cámpora, Borlenghi e Alberto Teisseire. Evita lançou-se num discurso de extraordinária violência, visando Teisseire, que foi ficando vermelho: acusava-o de fazer intrigas contra Mercante. "Ela lhe passou um verdadeiro sermão", diz Herce. "Sentado ao meu lado, Hugo Mercante cutucava-me nas costas. É que ela era sincera, impulsiva e muito ingênua do ponto de vista político." Muito ingênua, efetivamente, a ponto de defender Mercante (certamente antes dos acontecimentos relatados anteriormente), sem nada captar do perigoso silêncio de Perón. E também muito intuitiva: Teisseire tornou-se vice-presidente à morte de Quijano, que não teve tempo de assumir suas funções. E não se pode excluir a possibilidade de que Perón tenha escolhido Quijano, já então muito doente, calculando que após sua morte nomearia Teisseire, por demais antipático a Evita e aos seus para que pudesse designá-lo pela via direta. Teisseire se revelaria tão nefasto quanto o ministro da Educação, Méndez San Martín. Após a queda do regime, acusou seus correligionários diante das comissões de inquérito da *Revolución Libertadora*, sem omitir um único detalhe. Ele "entregou" tudo, de tal maneira que os peronistas passaram a chamá-lo de "Antonio Tormo", célebre cantor folclórico conhecido como "el cantor de las cosas nuestras".*

E temos, finalmente, os depoimentos concordantes de Pavón Pereyra e José María Acosta, jornalista que trabalhara no diário *Democracia*.

"Perón não queria reeleger-se", diz o primeiro. "Ditara a Figuerola um texto nesse sentido. Mas Figuerola, incumbido de redigir o projeto de reforma da Constituição, recusara-se a transcrever semelhante absurdo. Chegara inclusive a atirar sua caneta, gritando: 'É tão antidemocrático impor ao povo um governante de que não gosta quanto impedi-lo de eleger aquele que ama!'"

Perón, então, "não queria". Com a palavra, agora, o jornalista: "Mercante, Cámpora e alguns outros procuraram Perón a propósito do artigo. E Perón disse-lhes: 'Não façam nada, deixem o artigo como está. Não quero ser reeleito.' Como editor de política do jornal, Acosta frequentava Cámpora, que presidia a Câmara dos Deputados. Cámpora telefonou-lhe para dizer que Perón respondera 'não'. E

*"O cantor das nossas coisas." (*N. do E.*)

Acosta ficou se perguntando: 'Mas o que será que ele está querendo? Que eu dê a notícia?' Telefona então a Apold, diretor do jornal, perguntando se deve ou não falar. Com a voz sufocada, Apold ordena-lhe: 'Não faça nada. Fique exatamente onde está'; e telefona, por sua vez, a Eva. Quinze minutos depois, ela telefona a Acosta: 'Quem lhe disse isso?' 'Cámpora.' Evita parte como uma flecha para o Congresso, adentrando em plena sessão, insulta aqueles que tomaram ao pé da letra as palavras de Perón, e o artigo é revogado."

Analisando bem, esta versão coincide em certos pontos com a de Salinas – com a diferença de que Acosta parece acreditar no "não" de Perón. Quanto às vociferações de Evita, foram confirmadas por uma testemunha privilegiada dos fatos: Tito, o cabeleireiro do Congresso. "Daqui podíamos ouvi-la. E as palavras que dizia! Era uma mulher maravilhosa. Ela vinha de manhã, antes das reuniões, e cuidava de tudo. Se a cadeira deste ou daquele não estivesse onde ela queria, podiam esperar descompostura!"

Ela bem que teria gostado de pronunciar um discurso na Assembleia Constituinte. Durante um jantar em homenagem a Espejo, declarara, em tom de desafio: "Vou discursar nem que seja para mostrar à oposição que não é verdade que me impedem de fazê-lo." Mas a impediram, e ela enviou ao Congresso uma carta, declinando da honra que ninguém lhe havia concedido.

Mensagens cruzadas, portanto. Mensagens oblíquas, destinadas a desconcertar, manipular, dominar. Mensagens que Evita tenta, por sua vez, desviar, acabando por desistir – mas só *in extremis*.

À parte os já citados, a Assembleia da primavera de 1949 teve sua estrela, notável não por suas trapaças ou sua ingenuidade, mas pela clareza de sua inteligência: Moisés Lebensohn. O jornalista e dirigente radical de Junín fora consultado com frequência por Juancito Duarte, que o conhecia da época dos almoços de sua mãe, e pelo tabelião Ordiales, que casara Perón e Evita. Apesar de adversário do regime, era um vizinho, um amigo, um homem reto e lúcido, cujos conselhos eram ouvidos, e Perón o convidara a trabalhar com ele. Evita não se cansava de repetir-lhe: "Vamos, Russo, venha para o nosso lado. Com os radicais não chegarás a parte alguma." Mas o jornalista "russo" (é como são chamados os judeus na Argentina, pois os primeiros vieram da Rússia), dando ouvidos apenas à voz da consciência, pronunciou no parlamento um discurso memorável, mencionado aqui apenas para lembrar um ser humano de uma espécie rara, pelo menos nesta história.

A GLÓRIA DE FRACASSAR

A queda de Mercante deixou, como observa Marysa Navarro, "um vazio que só Evita podia preencher". E, em 1950, Héctor Cámpora, Angel Miel Asquía e outros fiéis organizaram homenagens a Evita que davam a entender que seria ela a candidata natural à vice-presidência.

Foi seu momento de glória. Quase todos os ministros eram favoráveis. Méndez San Martín, que ela julgava seu amigo, substituíra o infeliz Ivanissevich, que ousara repetir com demasiada frequência: "Deixe-se tratar, *Señora*, deixe-se tratar." Ela demitira outros ainda: Picazo Elordy, Rolando Lagomarsino (irmão de Lilian), Bramuglia e Figuerola haviam sido substituídos respectivamente por Emery, Barro, Paz e Mendé. Preparava-se agora para defenestrar o coronel Castro. Cereijo, Nicolini, Freyre e Carrillo, instalados em outros ministérios, eram evitistas da mais pura cepa. O único intocável era Borlenghi (ex-socialista que julgavam ser judeu porque era casado com uma judia, e que acabou seus dias em Cuba, na miséria), que tinha com Evita uma relação de fascínio e antagonismo, e conseguiu manter-se muito tempo em seu cargo. À parte ele, naturalmente, apenas os ministros militares, que só podiam ser afastados pelo Exército. Quanto aos demais, ela assestara seus golpes um após outro, sem que Perón se opusesse.

Quando todos esses ministros agitavam-se ao seu redor na *Secretaría* (uma massa compacta de homens se curvando), ela podia dizer subitamente, reforçando as palavras com um gesto: "Por favor, vão ver se eu estou na esquina!"

Ela inaugurou a Conferência Nacional dos Governadores ao lado de Perón. O vice-presidente Quijano estava na segunda fila.

A campanha oficial da chapa presidencial Perón-Eva Perón começou no dia 2 de agosto de 1951, com a visita a Perón de duzentos sindicalistas da CGT. Pediram-lhe que aceitasse a reeleição e manifestaram "o veemente desejo" de que Evita integrasse a chapa. Perón não disse sim nem não. Mesmo na intimidade, não dizia uma coisa nem outra a Evita. Se o "não" não era pronunciado, ela julgava ter campo livre à sua frente.

Estabeleceu-se a data de 22 de agosto. Neste dia, a CGT voltaria a pedir a Perón e a Evita que apresentassem suas respectivas candidaturas. Dessa vez, o drama ao vivo não se desenrolaria na sacada da Casa Rosada, pois se temia que a *plaza* tradicional não bastasse para conter a multidão. O cenário escolhido foi a avenida 9 de Julho, verdadeiro pedaço do pampa, da largura de um quarteirão, que corta a cidade de Norte a Sul. Era necessário um espaço portentoso para encenar a paixão de Evita.

Embora Buenos Aires seja uma cidade não raro ensolarada, seu céu frequentemente se mostra nebuloso – sobretudo em agosto, em pleno inverno. Mas naquele dia, como era de se esperar, o tempo estava claro. O povo batizara esses dias radiosos: "É um *dia peronista*." As cerimônias do peronismo sempre contaram com essa carícia dourada. E os sorrisos de Perón e Evita, o coque louro não teriam brilhado com tal esplendor sem este sol fiel. Imagens impressionantes do peronismo, tão diferentes das imagens do nazismo alemão, em que a aparência alegre brilhava tanto pela ausência quanto o próprio sol. Já o fascismo italiano também conseguia prevalecer-se do tempo bom; mas Mussolini, temendo a alegria, que devia parecer-lhe efeminada, não destrancava as mandíbulas. O peronismo era um fascismo sorridente. Um fascismo que não o era tanto pelo fato de ter consigo uma mulher.

E, aliás, um fascismo durante o qual – temos de reconhecer – a massa popular viveu feliz com seus monoblocos e seus chalés acolhedores, suas clínicas, seus feriados e férias remuneradas, sua aposentadoria fácil, suas folgas à beira-mar, seus campeonatos, as brincadeiras infantis e aquela sensação de estar assistindo a uma encenação na qual desempenhava o papel principal.

Quase 1 milhão de pessoas se reuniram diante da enorme tribuna erguida na esquina da intensa avenida com a rua Moreno – tudo em escala gigantesca, tanto a multidão quanto a bandeira da tribuna, anunciando "a chapa da Pátria". O ondular das bandeiras, os braços erguidos dos cachos humanos pendurados nos postes e os troncos roliços dos *palos borrachos*, o avião escrevendo no céu "CGT, Perón e Evita", as vozes dos vendedores de distintivos, cartazes e *souvenirs* faziam parte do ritual. Um dia peronista, perfeitamente: um dia para celebrar a nova fé. Pode-se dizer que, pelo menos em parte, a rivalidade que a Igreja começava a sentir em relação a Perón derivava desse aspecto de ofício religioso. "Para um peronista", dissera Perón, "não existe nada melhor que outro peronista". Como o peronismo era "inexplicável" e definido em termos de "sentimento", tinha mesmo características de uma comunhão mística.

Às 17 horas, Perón instalou-se na tribuna, cercado dos ministros e funcionários. Sem Evita. José Espejo foi ao microfone anunciar esta ausência, causada pela "modéstia" de Evita. Acrescentou que iria buscá-la. Momentos depois, ela fazia sua entrada, tanto mais aplaudida por se ter feito desejar. Trajava um vestido negro, a cabeça nua, muito pálida.

Espejo, seu espelho, abriu fogo, declarando que o povo estava reunido em sessão aberta, como no 25 de maio de 1810. Eva respondeu com um longo discurso. Fez alusão àquele 25 de maio fundador da Argentina, no qual o povo perguntara aos primeiros patriotas, aos patriarcas reunidos, "de que se tratava". Agora, dizia ela, o povo sabia muito bem o que podia esperar: tratava-se simplesmente de fazer com que "os destinos da Pátria" fossem conduzidos, mais uma vez e para sempre, pelo general Perón. Suas palavras de amor incendiário por Perón e pelo povo e de ódio furibundo pela oligarquia nada tinham de inesperadas. Mas era assim que a multidão as apreciava: reiteradas como o sabor de uma lenda. Desde 1948, ano do aumento de seu poder pessoal, Evita conquistara o direito de falar nos grandes comícios de 17 de outubro e 1º de maio. E a cada vez as pessoas queriam reviver esta cena arcaica, ver-se sob as feições de uma tribo antiga que adora sua sacerdotisa. Aliás, o arcaísmo era acompanhado por uma música *revolucionária para além das palavras*: o sotaque, o ritmo exprimiam a revolta. Um estrangeiro que não entendesse o espanhol perceberia que aquela mulher falava de insurreição. Evita falava estendendo as mãos, palmas oferecidas. Mas a crispação, o tremor dessas mãos deixavam bem claro que o presente nada tinha de apaziguador. Gesto de súplica ou de ameaça? Urros de raiva e de dor esfolavam-lhe a garganta. Quanto mais sua voz inflamava, mais sua pele ruborizava-se.

Velada, a voz de Perón reconduziu a multidão a sentimentos mais serenos. Nada nele tremia ou sangrava. Falou dos povos "fortes e virtuosos". Mas não era este seu único registro. O "leão herbívoro" sabia ser carnívoro em seus apelos à violência, que se tornarão mais duros e mais frequentes com a morte de Evita. Naquele 22 de agosto de 1951, no entanto, seu papel limita-se a aceitar ser candidato, e a observar, paralisado, o desenrolar da cena. Uma voz o interrompe, gritando: "Fala, Evita!"

Uma vez concluído o discurso do presidente, Espejo voltou ao microfone para lembrar que Evita ainda não se manifestara sobre sua candidatura e acrescentou que a CGT exigia a resposta para o dia seguinte.

Mais uma vez, no entanto, estavam contando com o povo. Mais uma vez porque aquele dia de inverno estava parecendo o 17 de outubro de Evita. A multidão respondeu a uma só voz: "Não! Amanhã não! Agora!"

Ninguém seria capaz de descrever a estridência de sua voz quando ela respondeu: "Não me obriguem a fazer o que nunca quis fazer!"

E pediu quatro dias para pensar.

"Não!", gritou a multidão. "Agora!"

Quatro vezes precisou ela repetir "*compañeros*" para fazer-se ouvir. "*Compañeros*: não estou renunciando a meu posto de combate, renuncio às honrarias." "Não, não! Hoje! Agora! Ou entramos em greve!", gritava o mar humano que se agitava a seus pés.

Ela tentou explicar seus motivos: "Disseram pelo mundo afora que eu era uma mulher egoísta e ambiciosa. Vocês sabem muito bem que é mentira. Mas sabem também que nunca fiz tudo o que fiz para ocupar alguma função política em meu país. Não quero que amanhã um trabalhador de minha Pátria não saiba o que dizer quando os invejosos, os medíocres que não me entenderam e continuam a não me entender, virem, em tudo o que faço, interesses mesquinhos..." Foi interrompida por protestos de amor. E seu novo pedido de prazo foi mais uma vez recusado.

Decidiu, então, pegar o touro à unha: "Tudo isto me pega de surpresa. Há muito tempo sabia que mencionavam meu nome com insistência e não desmenti esses boatos. Agi assim (...) porque não havia homem algum que pudesse aproximar-se de Perón a uma distância sideral..." Ela queria dizer: porque todos os outros homens estavam a uma distância sideral d'Ele. "Mas jamais, em meu humilde coração de mulher argentina, julguei-me capaz de ocupar este cargo." "Sim! Sim!", urraram todos. "Deem-me duas horas para responder." "Não! Não! Agora!" Vencida, ou quem sabe vitoriosa, ela devolveu o microfone a Espejo. "Não sairemos daqui enquanto Evita não der uma resposta favorável às expectativas do povo trabalhador", disse ele, muito agitado.

Graças às câmeras de cinema, toda a Argentina assistiu ao nervosismo que reinava na tribuna, e ouviu, graças aos microfones, a batalha de vozes, nitidamente dominada pela de Perón: "Parem! Acabem com isto!" Um dos colaboradores de Cámpora nos confirmou: Perón disse a Evita, em tom mais baixo: "*Basta*."

Seria necessária esta confirmação? A autora deste livro tem entre suas recordações de infância esse momento em que "alguém puxou Evita pelo braço para impedi-la de aceitar". É possível que os boatos da época e as peças que nos prega a memória tenham introduzido a visão desse braço. Mas o principal da cena fora percebido por cada argentino, fosse qual fosse sua idade. Era mais que evidente: Evita prolongava seu diálogo com o povo, na derradeira esperança de convencer Perón. Não o conseguiu, e seu 17 de outubro pessoal resultou num fracasso. Ao deixar a tribuna, ela desmaiou. Por causa da dor, diz o padre Benítez: "Ela não deixara um só momento de sentir algo que lhe perfurava o ventre como uma agulha." Mas também por causa da esperança perdida.

Muito antes de seu discurso, ela tivera notícia da indignação do Exército ao anúncio de tão escandalosa candidatura. E não deixou de fazer alusão a isto à sua maneira, falando das "injúrias e calúnias" e acrescentando textualmente: "Quando as línguas descontroladas se descontrolaram..." A ira dos uniformes tinha um motivo preciso: se Evita fosse eleita vice-presidenta, e se Perón morresse antes dela, ela o substituiria na presidência da Argentina – como aconteceria vinte anos depois com Isabelita. E passaria as tropas em revista – como o fez efetivamente Isabelita. A simples ideia de semelhante afronta fazia os militares empalidecerem de ódio.

O fato é que Perón jamais se preocupou muito com as reações do Exército. Pelo contrário, costumava brincar com o fogo. Não só se casara com Evita, ignorando solenemente o horror de seus camaradas, como gostava de provocá-los sempre que podia. Numa entrevista com Marta Echeverría, Raúl Lagomarsino recorda-se das gargalhadas de Perón quando distribuía cupons de compra de automóveis luxuosos a simples sargentos, unicamente para zombar de seus superiores. É bem verdade que se prenunciava um complô militar que não demoraria a concretizar-se. Mas os militares foram os primeiros a ficar surpresos ao serem informados de que Perón dava tanta atenção a seu clamor de indignação.

Por que então dar-lhes ouvidos de uma hora para outra, já que ele sabia perfeitamente quem morreria primeiro, entre ele e Evita? E justamente porque o sabia tão bem, por que não oferecer a Evita aquele último presente? Por outro lado, por que não ter refreado os admiradores mais entusiásticos da mulher quando começaram a festejá-la como futura vice-presidenta? E por que ter permitido que as coisas corressem soltas até aquela grande encenação, cujo desenlace nem mesmo a estrela parecia adivinhar?

A essa altura de nosso relato, já conhecemos Perón o suficiente para saber que uma de suas estratégias mais comuns consistia em deixar que as coisas fossem se avolumando, para golpear no último minuto.

Mas a cena do dia 22 de agosto tem algo de improvisado que parece tornar por demais insuficiente a hipótese estratégica. Sua reação tardia tem uma segunda explicação, pertencente à esfera do irracional. Perón não previra a intensidade do diálogo amoroso entre Evita e o povo. Ver-se daquela maneira obscurecido pelo brilho de uma paixão a dois, excluído do triângulo, não estava em seus planos. E nada deixa tão desorientado o calculista quanto a irrupção do imprevisto. O ciúme estava na origem de sua obstinação.

Mas ele não chegou a dizer a Evita: "Desista da candidatura." Teria sido simples demais. No dia seguinte ao maior triunfo de sua vida, que foi também sua mais terrível derrota, Evita confidenciou a Ana Macri: "Não durmo há três noites. Perón me abandonou. Mil vezes perguntei-lhe o que devia fazer, e mil vezes ele respondeu: 'Tua consciência te dirá.'" Depois de contar isto, Ana Macri manteve-se em silêncio por longos momentos. E acabou por concluir: "Pobrecita. Pobrecita."

Nove dias depois, Evita dirigiu uma mensagem radiofônica ao povo argentino, anunciando sua decisão de renunciar. "Tenho apenas uma ambição pessoal", disse, reprimindo um soluço. "Que no dia em que escreverem o capítulo maravilhoso da história de Perón, digam de mim o seguinte: havia ao lado de Perón uma mulher que se dedicou a transmitir-lhe as esperanças do povo. Desta mulher, sabe-se apenas que o povo a chamava com amor: Evita."

Exatamente um mês depois desta afirmação do único nome que realmente lhe pertencia, ela caiu de cama para começar a morrer.

A CAMISA DE PERÓN

O país desabava com ela. A partir de agora, o alegre desperdício que ela protagonizara tornava-se impossível: o poder aquisitivo caía constantemente desde 1946, e a inflação galopava. Por isso o governo lançara uma campanha contra a "especulação", e por isso Evita organizara sua rede de lojas de bairro. Perón, como vimos, apostara numa "solução" econômica que se revelava ilusória: a terceira guerra mundial. Mas a Argentina, que enriquecera durante a Segunda Guerra (apesar da dívida inglesa), empobrecia sem contemplação. Já se disse que Evita *encarnava* a Argentina peronista: no dia 28 de setembro, quando era submetida a uma transfusão de sangue por causa da enorme fraqueza em que se encontrava, o general Benjamín Menéndez encabeçava uma sublevação militar para derrubar um regime anêmico.

De acordo com Decker, Perón ficou sabendo antes mesmo que as tropas rebeldes deixassem seus quartéis; mas, fiel a si mesmo, deixou que fossem chegando. Essa tentativa inspirou-lhe apenas um qualificativo cheio de desprezo: "*Chirinada*" (do nome de certo sargento Chirino, que tentara cinquenta anos antes um golpe de Estado não menos malfadado). Quando tudo voltou à ordem, o general Berdaguer, encarregado da justiça militar veio pedir-lhe que assinasse a sentença de morte de Menéndez. Segundo Pavón Pereyra, Perón ordenou-lhe que aplicasse aos rebeldes o código militar – o único que contempla a pena de morte na Argentina. Mas no fim do encontro, quando Berdaguer já se retirava, ele avisou de longe: "Ah, ia esquecendo! Estas mãos jamais se sujarão com o sangue de um homem. Não assinarei a sentença." "E o senhor só me diz isso agora, depois de me sugerir o contrário?", retrucou o militar, indignado. "Que brincadeira sinistra! Que comportamento mais tortuoso!" E o biógrafo de Perón constata que efetivamente este tipo de comportamento era "tipicamente *criollo*: dizer as coisas da maior importância apenas no momento de ir embora".

(Seria verossímil que houvesse dito do mesmo modo a Evita que tratasse de sua saúde?)

A CGT convocara um comício na praça de Maio para denunciar os traidores. Perón dirigiu a palavra a uma multidão surpresa com a ausência de Evita. Quanto a ela, haviam-lhe ocultado tudo. Só ficou sabendo ao cair da noite, e falou pelo rádio para agradecer ao povo. Com a voz embargada, pediu a seus ouvintes: "Rezem a Deus para que me devolva a saúde." Mas apressou-se a acrescentar, como se até mesmo seu desejo de curar-se parecesse uma ambição condenável: "Não por mim, mas por Perón e por vocês, meus *descamisados*."

Em 10 de setembro, Perón conferira-lhe a Grande Medalha Extraordinária por aquela renúncia que se transformara em Renúncia, com R maiúsculo. Dali por diante, tudo que ela dirá ou fará se escreverá em maiúsculas. Mas a amarga satisfação de se ter transformado na própria imagem do Sacrifício não a impediria de convocar secretamente os sindicalistas Isaías Santín, José Espejo e Florencio Soto, assim como um militar leal, o general Humberto Sosa Molina.

Que queria deles, no estado de prostração em que se encontrava? Ordenar-lhes a compra de 5 mil pistolas automáticas e de 1.500 metralhadoras para distribuir ao povo em caso de golpe militar.

Após a morte de Evita, Perón apoderou-se dessas armas e legou-as à polícia, mas com muito pouca sorte: em 1955, essa instituição voltou-as contra ele. Por que se recusar a armar o povo, como pretendia Evita, para que defendesse a Revolução com as próprias mãos? Para evitar a explosão social que ele, um reformista, não desejava. Evita confidenciou certa vez a Rosa Calviño: "O inimigo da oligarquia sou eu, não o General."

O comício de 17 de outubro foi dedicado a homenagear a Renúncia de Evita. Pela primeira vez na vida, Perón cobriu-a de elogios em seu discurso. Ele, que, segundo Penella de Silva, nunca a elogiava, externou sua gratidão por "esta mulher incomparável de todos os instantes". Trajando um triste *tailleur* cinza-escuro, como que envergando luto por si mesma, ela ouvia, em êxtase. Quando fez menção de falar, nem uma só palavra saiu-lhe da boca. Mas conseguiu afinal pronunciar palavras que ficariam na memória da Argentina, e que a oposição contribuiu para perpetuar através da zombaria: "Deixei pelo caminho *pedaços de minha própria carne e de minha vida*." "Temos de alcançar a vitória, *custe o que custar e caia quem cair*."

Em espanhol, esta frase que ficou célebre era: "*Cueste lo que cueste y caiga quién caiga*." Ora, o modo subjuntivo é usado com naturalidade na língua, de modo que até mesmo entre as crianças das escolas primárias e na classe média, medianamente culta, tornou-se comum observar com desprezo: "Esta ignorante não sabe que se deve dizer: *Cueste lo que costare y caiga quién cayere*". Os tempos não eram mesmo de misericórdia. No instante em que sua doença foi divulgada, uma inscrição surgiu no muro externo do palácio Unzué, do lado da rua Áustria: "Viva o câncer!"

Terminado seu discurso, ela deixou-se cair nos braços de Perón.

Na foto, ele está em mangas de camisa. Ela mergulha o rosto em seu ombro, firmando com força em seu ombro a mão de unhas vermelhas. Quase julgamos sentir através do tecido o cheiro de Perón: um cheiro de homem limpo, grande e robusto (a altura e o volume influem no cheiro que se desprende). O homem protetor e a *Chinita* doente: por um instante, eles voltam a ser o casal enlaçado que passeava pelo delta contemplando os riachos de lama semelhantes a seu destino. O amor vai e volta. É um grande viajante.

Ela ordenara a Yankelevich que filmasse para a televisão aquele 17 de outubro, sem imaginar que tragédias as câmeras testemunhariam em sua estreia na Argentina.

O candidato escolhido para a vice-presidência foi, portanto, mais uma vez, Hortensio Quijano. Quase chegamos a concluir que a candidatura estava sob maldição: Quijano nada mais tinha do *caudillo correntino* cujos bigodes, costeletas e sobrancelhas espessas tanto trabalho haviam dado a Tito, o cabeleireiro. Também estava com câncer. O padre Benítez conta que ele suspirava: "Pobre Evita! Apostar uma corrida para a morte com um pobre velho como eu!" Perón estava perfeitamente inteirado do estado de saúde de Quijano. Designá-lo queria dizer exatamente isto: "Não nomeio ninguém para este cargo." Ou mais precisamente: nem Evita, nem Mercante, nem qualquer outro rival. Talvez Teisseire, após a morte de Quijano? Teisseire, indivíduo suficientemente abjeto para tornar-se manipulável? Mas será que Perón sabia o quanto Quijano sofria por vê-lo encaminhar-se na direção do orgulho, da vaidade e da corrupção? Seja como for, o segredo não morreu com ele: o padre Benítez o conhecia, e não se eximiu de nos contar.

O BRAÇO ENGESSADO

No dia 3 de novembro, Evita foi internada na Policlínica Presidente Perón, construída pela Fundação.

Reproduzimos o relatório médico tal como transcrito em dois artigos publicados nos jornais *La Nación* e *La Prensa* em março-abril de 1991 e assinados por dois dos médicos que participaram da operação: o Dr. Abel Canónico e o Dr. Jorge Albertelli.

No fim de agosto – vale dizer, logo depois da derrocada de suas esperanças –, Evita tivera sangramentos vaginais. Segundo o primeiro desses médicos, o Dr. Raúl Mendé pedira ao ginecologista Humberto

Dionisi que a examinasse. Dionisi constatara uma ulceração do colo do útero, solicitando uma biópsia. Incumbido da análise, o Dr. Julio Lascano González diagnosticara carcinoma endofítico. Em outras palavras: tumor maligno. Decidiu-se destruir a zona doente por aplicação de rádio.

Foi Albertelli quem fez a primeira aplicação, em 28 de setembro. Em seguida, ele foi convidado a instalar-se na residência oficial, onde permaneceu ao longo de toda a doença.

A princípio, as análises não revelavam metástase, o câncer não se generalizara. Mas tornava-se indispensável uma intervenção cirúrgica. Canónico sugeriu que se chamasse o cirurgião George Pack, eminente especialista do Memorial Cancer Hospital de Nova York, e foi aos Estados Unidos para trazê-lo à Argentina. Pack e Canónico instalaram-se na residência de Olivos e realizaram exames sob anestesia geral – a pedido da paciente, segundo Albertelli. Os íntimos tratavam de esconder de Evita o nome de sua doença. Ela nada ficou sabendo da presença de Pack ou mesmo de Abel Canónico. "Por que essa reserva diante do diagnóstico?", pergunta-se este último. "Para começar, naquela época a menção de um processo oncológico era irremediavelmente associada aos sofrimentos e ao desenlace fatal. Depois, considerando-se o temperamento vigoroso e hiperativo da paciente, o diagnóstico de um processo canceroso teria impressionado muito seu espírito altamente sensível."

O resultado do exame era claro: era necessário proceder a uma histerectomia total. Pack retornou aos Estados Unidos para cuidar de seus pacientes e a operação só foi feita quarenta dias depois, no início de novembro. Não era esperar demais?

"Embora tenhamos dito à Sra. Perón que tinha um fibroma", escreve Albertelli, "ela tinha a intuição de que iam submetê-la a uma intervenção ginecológica grave. A seu pedido, mandamos vir o Dr. Finochietto, na qualidade de eminente cirurgião geral, para privar a intervenção de seu caráter especificamente ginecológico." Detenhamo-nos um pouco na construção desta frase: "A seu pedido"... a intervenção deveria parecer ser outra coisa. Mas em voz baixa a mesma pessoa que pedia para não saber murmurava que sabia. O padre

Benítez nos confirma que ela não se deixava enganar. O próprio fato de que nunca pronunciassem em sua presença a palavra "câncer" era suficiente. "Sei qual é o inimigo contra o qual devo lutar", disse-lhe ela. "Os médicos mentem para mim e eu minto para eles. Aqui estamos todos mentindo. Mas todos sabemos a verdade."

Canónico prossegue em seu relato: "A ablação total do útero e de seus anexos permitiu constatar que a tumoração estendia-se para além do colo do útero. O exame histopatológico da peça operatória, efetuado pelo Dr. Grato Bur, confirmou que o carcinoma invadira o parâmetro esquerdo." Albertelli designa a ablação dos "anexos" em referência "linfadenectomia pelviana", que efetivamente inclui a ablação dos gânglios.

Pack voltou para os Estados Unidos sem aceitar seus honorários. A evolução pós-operatória parecia tranquila, e, como diz o padre Benítez, "o cirurgião cortara antes mais que menos, para ficar tranquilo". Apesar de extirpada pela raiz, a neoplasia podia naturalmente ressurgir. Mas não de imediato. Ao partir, o cirurgião limitou-se a dizer: "Digam-lhe que coma. Que não tenha medo de engordar e viverá cem anos." Evita continuava ignorando a existência desse norte-americano otimista que lhe extirpara os órgãos femininos. Julgava que Finochietto é que lhe havia extraído uma parte de si mesma que ninguém designava pelo nome em sua presença. Albertelli garante que ela realmente pensava ter sido ele.

No dia 11 de novembro, a urna eleitoral foi-lhe levada ao pé do leito. Na véspera, muito nervosa com as eleições, ela tivera uma crise tão grave que pensou que ia morrer. Mas, no mesmo dia, comemorou o acontecimento: pela primeira vez na história do país as mulheres participavam de uma eleição. "Pronto, votei", chilreou. E desabou em soluços. Na fotografia, podemos vê-la de perfil, o nariz afilado, o olho fundo na órbita, duas trancinhas cruzadas na nuca, apertadas contra o travesseiro. Totalmente por acaso, o funcionário que viera para que pudesse votar era um jovem escritor, David Viñas. "Fiquei enojado com a adulação que a cercava", comentou. "Mas uma imagem me comoveu: a das mulheres que, ajoelhadas na calçada, tocavam e beijavam a urna que continha sua cédula eleitoral."

Perón obteve uma vitória esmagadora, devida em grande parte às mulheres. Embora feliz com o triunfo, entretanto, Evita não deixou de perceber imediatamente o sentido dos 10 mil votos em branco: "São os decepcionados com o peronismo", disse. "São os melhores, que nós perdemos." E o padre Benítez acrescenta que essa rejeição silenciosa denunciava "a egolatria de Perón, esse câncer moral que também o devorava, muito mais grave que o câncer físico de Evita".

No Natal, ela pôde falar pelo rádio e ir ao jardim da residência para presentear as crianças: brinquedos, sidra e os sacrossantos panetones que todo ano distribuía aos milhões, conferindo-lhes um valor simbólico: compartilhar a festa com seus "humildes". Aos olhos da oposição, aquilo era "acostumar o povo a mendigar". Na realidade, comer o panetone de Evita era mais um ato de comunhão que de mendicância.

Em meados de janeiro, ela fez uma viagem a bordo do *Tequara*. Nas margens do delta, as pessoas saudavam-na com uma chuva de pétalas de flores.

Deitada ou instalada sobre almofadas, no palácio Unzué, ela ainda recebia diariamente uma boa centena de operários, ministros e funcionários.

Em meados de fevereiro, entretanto, voltaram as dores: as agulhas no ventre. Além disso, aqueles terríveis pesadelos, a falta de apetite, o emagrecimento que Renzi lhe ocultava adulterando a balança. A nova biópsia revelou o ressurgimento de uma neoplasia que podia generalizar-se. Pack respondeu balbuciante à carta dos colegas argentinos: não conseguia entender o fenômeno. Os médicos diziam: "Ela tem um mês de vida."

Teve ainda vários meses, pois morrer uma morte mesquinha lhe era tão impossível quanto viver uma vida mesquinha. Sua doença mortal era acompanhada de um excesso de saúde (talvez uma jamais houvesse existido sem a outra). Apaixonada pelos extremos, seus esforços para prolongar seus dias eram tão violentos quanto sua luta para acabar com eles.

No dia 3 de abril, ela assistiu ao velório de Hortensio Jazmín Quijano, o vencedor da "corrida para a morte". E, no dia seguinte, sempre muito elegante e bela, leu para um público seleto o manuscrito de *La razón de mi vida* num salão do andar térreo da residência oficial. No fim das contas, ela considerava este livro, remanejado por Mendé, mais uma conquista – apesar das declarações do padre Benítez, que, considerando-o infame, afirma que Evita se limitou a folheá-lo. Ela procurava consolar-se recitando as frases que não escrevera com uma voz de menininha, que não era a sua. À sua esquerda, o príncipe Bernard da Holanda ouvia-a cortesmente. "Ele adorava Evita", diz Irma Cabrera, a camareira. Acabava, inclusive, de conferir-lhe a grã-cruz da Ordem de Orange-Nassau. Mas viera sobretudo para vender-lhe as 5 mil pistolas e as 1.500 metralhadoras que ela encomendara.

Em 25 de abril, pela primeira vez na Argentina, 31 mulheres tomaram posse de seus mandatos parlamentares.

Em 1º de maio, Evita se arrastou até a sacada da Casa Rosada para fazer seu último discurso. O ar ameaçador contrastava com a magreza esquelética, dissimulada sob um vestido informe que ocultava as feridas na nuca e nas axilas, devidas a uma radioterapia malfeita que lhe queimara a pele. Sua irmã Blanca guardou por muito tempo um pedaço de sua pele enegrecida: a metáfora tão ridicularizada pela oposição, "pedaços de minha carne", verificava-se de um realismo insuspeitado.

Ela ocultava também o destinatário secreto de suas furiosas advertências sobre inimigos. Quem seria na realidade? Ninguém menos que Perón. Aquele mesmo Perón que se transformara, no dizer do padre Benítez, no "pior inimigo de si mesmo". Insistindo com tanto ardor ("Cuidem do General"), ela no fundo queria dizer: "Tomem o meu lugar. Vigiem-no como sempre fiz para que ele não desabe quando eu houver partido."

Inconscientemente, as pessoas fechavam os olhos ao ouvi-la. Sua voz fazia pensar numa garganta ensanguentada. "Se necessário for", urrara, "faremos justiça com nossas próprias mãos. Que Deus não permita a essas pessoas ensandecidas elevar a mão contra Perón, porque ai de quando chegar este dia! Nesse dia, meu general, morta ou viva, irei com o povo trabalhador, irei com as mulheres do meu povo, irei com os *descamisados* da Pátria para não deixar de pé um único tijolo que não seja peronista."

Numa outra sacada da Casa Rosada, Joséphine Baker assistia emocionada à cena.

Perón segurava Evita pela cintura. Deixaram a sacada juntos. "No salão, com as janelas fechadas", escreve ele em suas memórias, "ainda ouvíamos a voz da multidão a chamá-la. Ouvíamos também minha respiração. A de Evita era imperceptível. Em meus braços já havia apenas uma morta."

Em 7 de maio, ela comemorou seu aniversário. Trinta e três anos.

Estava pesando 37 quilos, em 4 de junho, quando Perón iniciou seu segundo mandato presidencial. Nesse dia, Raúl Apold viera trazer a Evita um livro sobre as realizações do peronismo. Vendo-se numa foto, ela exclamou: "Veja só como eu era e como fiquei!" Para desviar-lhe a atenção, Apold disse que estava fazendo frio lá fora. "Foi o general que te mandou dizer isto", irritou-se ela. "Mas não vou ficar nesta cama, a menos que esteja morta." E levantou-se para se vestir.

Perón percorreria o trajeto entre Unzué e o Congresso em carro conversível. Eva mal conseguia manter-se de pé. Mas para este derradeiro desempenho não quis aparecer sentada ao lado de um Perón de pé. Aumentaram então sua dose de morfina e improvisaram um suporte de gesso no qual ela foi posta de pé. Seu grande casaco de pele ocultava a cinta que a prendia ao vidro instalado por trás do motorista. As pessoas diziam que também lhe haviam engessado o braço direito, pois apesar de sua fraqueza ela não cessou ao longo de todo o percurso de saudar a multidão, sem baixar o braço.

9
A mártir, a múmia, a santa e a avó

Um quartinho bem simples • Evita escreve • Acabaram-se os bons tempos • A agonia • "E o coração da Argentina parou" • O embalsamador apaixonado • A *Revolución Libertadora* chegou • Perón exila-se em Madri • A múmia desapareceu • Histórias de heranças e contas misteriosas • Quem matou Juan Duarte? • Os três mitos de Evita • Perón reencontra Evita • Presidente de novo • As mãos de Perón • Grandeza de Evita

Passado o 4 de junho, ela podia entrar em agonia. Na noite daquele dia, diz o padre Benítez, ela não dormira. A felicidade a mantinha acordada: "Ela é que havia oferecido aquele triunfo ao marido e a seu povo." Podia agora respirar. Haviam-na impedido de ser vice-presidenta, de ocupar um cargo em seu próprio nome. Mas nenhuma mulher, nem na Argentina nem em qualquer outro país, tivera tanto poder. Sentir-se realizada significava também chegar a seus limites: ela não poderia ir mais longe.

Ao voltar da clínica, mudara-se para um quarto principesco com móveis dourados e cortinas vermelhas de tecido sedoso. "Foi preciso que ficasse doente para que me arranjassem um quarto decente", disse. Lá ela recebia suas visitas nos períodos em que parecia melhorar. Mais tarde, no entanto, adotou-se uma providência mais prática: ela foi instalada num quarto bem afastado, para não incomodar Perón. Seus gritos eram insuportáveis.

Como, aliás, seu cheiro. Os antiperonistas viscerais deliraram tanto em torno da repugnância que a doença de Evita inspirava a

Perón que autores como Navarro decidiram descartar essas versões como lendas negras. Na realidade, o câncer de útero exala na fase terminal um odor terrível e característico: um médico experiente é capaz de diagnosticar a doença ao entrar na casa da paciente. E Pavón Pereyra, que não era propriamente um "*gorila*" (como ficaram conhecidos os fanáticos da *Revolución Libertadora*), descreveu-nos a seguinte cena: uma jovem visita Evita, jazendo na cama como crucificada, sem poder mexer-se, com as chagas abertas. No momento de beijá-la, a visitante não consegue conter uma careta. "Ah!", diz Evita. "Ela sentiu náuseas ao me beijar." "Não", tenta consertar uma outra mulher ali presente. "É um cacoete dela." "Talvez, mas se manifestou no momento em que ela se aproximava de mim."

Providenciou-se, portanto, na outra ala do palácio, um quartinho com a cama da enfermeira e a de Evita: um leito de hospital todo de ferro com um lençol branco. Mas Evita dormia na cama da enfermeira. "Era tudo da maior simplicidade", dizem, pudicas, certas testemunhas. "Horrivelmente feio e de dar pena", precisa uma outra pessoa, muito chegada às irmãs de Evita, e que tampouco nada tem de "*gorila*". "Perón era sórdido o suficiente para dar ordem de não usarem lençóis bons em sua cama. 'Para quê?', perguntava. 'Com suas feridas expostas, ela os sujaria.'"

Teria medo de aproximar-se dela? É o que nos confirmam essas mesmas testemunhas (que, no entanto, descartam as histórias duvidosas imaginadas por seus adversários, nas quais Perón só entrava no quarto de Evita com máscara de cirurgia). Mas poderíamos acaso criticá-lo por algo que vai no mesmo sentido de suas manias e fobias? Lavado e passado até o último vinco, ele só conseguia controlar os nervos mantendo-se a distância. Numa conversa com Marta Echeverría, o padre Benítez contou o seguinte episódio: tarde da noite, Evita conseguira arrastar-se até o quarto de Perón. E ele começou a berrar, horrorizado: "Tirem isto daqui!"

Mas *isto* pensava, *isto* temia pelo futuro. Temores que ficaram, como não raro acontece, muito aquém do que efetivamente aconteceria. De modo que *isto* escrevia. Para variar, ela mesma redigia desta vez, sentada na cama, um longo texto intitulado "Minha mensagem".

Desse texto, Perón publicou apenas um "testamento", de cujo tom as primeiras palavras dão boa ideia: "Quero viver eternamente com Perón e com meu povo." A ambos, ela legava suas joias, que constituiriam um fundo permanente para a construção de habitações populares. Quanto ao resto do texto, por muito tempo dado como perdido, foi afinal encontrado.

Tendo como modelo apenas Muñoz Azpiri e Raúl Mendé, Eva retoma o "estilo" de ambos, exaltando-o com uma chama que o empobrece ainda mais. Não são palavras, mas gritos que ela profere: contra a Igreja, contra o Exército. Fala sem rodeios, é verdade, mas não sem retórica. Por sua veracidade, sua sinceridade, essas palavras poderiam ter se tornado as de uma profetisa. Mas são impotentes por sua própria violência. O urro não é uma forma de linguagem. Seu câncer falava através dela.

Dizem que os moribundos rememoram a vida numa sucessão de imagens rápidas. Podemos então imaginar Evita revendo seus momentos de esplendor: as vezes em que empertigou o peito num gesto gracioso, para que um homem engravatado lhe pespegasse uma cruz, uma medalha ou uma fita com as insígnias de um país. Há pouco ainda, o príncipe Bernard a havia condecorado em nome de Sua Majestade, a rainha Juliana. Já muito doente, ela deixara o leito no dia em que o embaixador da Síria conferiu-lhe a Ordem das Omeíades para trajar seu mais belo vestido decotado, de veludo grená, que ressaltava o brilho de sua tez. A Águia Asteca do México, a grã-cruz da Ordem do Sol do Peru e também a grã-cruz da Ordem de Malta, sem esquecer as condecorações colombiana, haitiana, brasileira, dominicana, equatoriana, libanesa... Quantas vezes não a terão chamado de "honorável", "virtuosa", "ilustríssima"? Seu próprio país ofereceu-lhe, em 18 de julho, oito dias antes de sua morte, o colar da Ordem do Libertador General San Martín, obra-prima da arte *naïf* composta de esmeraldas, rubis, brilhantes e esmaltes, tendo ao redor os brasões das províncias, no meio o da Argentina e mais abaixo um condor, lauréis, um sabre e, abaixo de tudo, um sol com 16 raios de platina e brilhantes e 16 de ouro, em torno da efígie de ouro do mencionado *Libertador*.

E as noites de gala no Teatro Colón. Seus vestidos de noite, esperados pelo público como acontecimentos nacionais. O modelo de Jacques Fath em veludo negro, estilo "sereia", com plumas no corpete, como se fossem escamas, e um *volant* de tafetá plissado por baixo da saia. Outro modelo de Fath: corpete de cetim branco, saia de tule bordado em *degradé* com pequenas plumas, capa de cetim marfim. E os modelos Dior: tule de seda cor-de-rosa pálido com corpete bordado de lantejoulas prateadas aspergidas pela saia. Organdi branco com flores na cintura e uma capa curta de cetim bordado de galões dourados. Finalmente, o célebre vestido de tule azul pálido com pérolas e lantejoulas nacaradas sobre o corpete e uma larga saia de várias camadas, acompanhado da capa toda de plumas azul-celeste e salmão, sobre a qual Perón dissera que a fazia parecer um avestruz.

Não paravam de mentir para ela. O país inteiro celebrava missas por sua saúde, transmitidas pelo rádio. Mas o aparelho era desligado da tomada para impedi-la de ficar sabendo. E diariamente levavam-lhe o jornal, mas numa edição especial, expurgada dos boletins que informavam sobre seu estado de saúde. Sempre e mais uma vez o simulacro, a ilusão: Perón pedira a Paco Jamandreu que lhe oferecesse os mais belos tecidos e os modelos mais originais, que certamente ela viria um dia a usar. Mostravam-lhe também folhetos turísticos: "Veja, a Índia! O Egito! É para lá que iremos." Ela aquiescia, entrava no jogo, acreditando sem acreditar, desafiando os caridosos mentirosos com alusões à sua própria morte, observando suas reações. Certa vez, disse a Apold: "Ontem sonhei que morria e que publicavas a notícia." Apold começava a balbuciar uma resposta quando Juancito soprou-lhe na orelha: "Cuidado. Ela está te testando." Doutra feita, reuniu os mais chegados para anunciar que ia morrer. *Doña* Juana soltou tal grito que ela disse, rindo: "Não! Era brincadeira." Convocava os amigos para distribuir recordações e medalhas com sua assinatura. No início de julho, mandou chamar o padre Benítez, queria confessar-se. "O senhor bem sabe que estou no fundo do poço", murmurou. "Nem os médicos, nem ninguém mais poderá tirar-me daqui, só Deus."

Não raro, falava de religião. Discutia com Juan Duarte, por sua vez acometido de sífilis e revoltado contra a injustiça divina: "Pelo contrário, Ele é justo", argumentava ela. "É até justicialista! Senão, me teria poupado: sou a mulher do presidente! Mas aceito o sofrimento, se for pelo amor de meu povo." O gosto pelo novelão acompanhava-a até o fim. Mas, quando a tenaz apertava mais fundo ainda no ventre e na nuca, ela mudava de linguagem: "Mas bem que eu Lhe pediria uma trégua. Que me dê umas férias. Sou pequena demais para tanta dor."

Dizia também: "Se Deus me devolver a saúde, nunca mais usarei joias nem vestidos de luxo. Só saia e blusa."

E ainda: "Ele me deu tudo, a mim, pobre menina, apenas uma pobre menina!"

Ela que sempre tivera os tornozelos um tanto grossos suspirava agora ao contemplar os ossos das pernas, visíveis sob a pele: "Tanto que eu fiz para afiná-los, e agora veja só." Fazendo alusão a uma marcha célebre, *Evita capitã*, dedicada a ela, brincava: "Agora já não sou nem sargento."

Numa de suas últimas fotografias, ela aparece sentada sobre uma poltrona. Já não é Evita, mas um esqueleto que tenta sorrir. Outra imagem nos vem à mente: Auschwitz. O coque desapareceu: em seu lugar, uma trancinha malfeita, não menos esquelética. As calças caem retas e pesadas do alto da rótula, nitidamente contornada. Ela traz um colete de lã e sapatos esportivos com meias brancas. As costas, recurvadas de dor, dão-lhe um ar de humildade. O nariz pontudo e o lábio superior saliente, como se tivessem sido puxados para frente, não são mais os daquela bela mulher de outrora.

Ela organizara turnos de oito horas para que as irmãs e amigas lhe ficassem à cabeceira. Entretanto, Lina Machinandearena, mulher do produtor de cinema, fora vê-la contra a vontade do marido, brigado com Perón. As duas não se viam há muito tempo. E dizer que um dia Evita usara as joias de Lina para desempenhar o papel da Pródiga! Lina voltara para casa gritando: "Esta mulher está completamente sozinha! Encontrei-a abandonada, numa cama miserável! E ela ficou louca de alegria ao me ver, como se ninguém a visitasse." De certa forma era verdade: à parte o grupo dos mais chegados, tratavam de evitar que outras pessoas a vissem, para não a agitar demais – nem divulgar demais sua doença. E ela definhava, não de solidão no sentido próprio da palavra, mas de saudades de todos aqueles que não mais veria. E quantas pessoas não conhecera na vida! Onde estavam todas elas?

No dia 18, entrou num falso coma. Já a julgavam moribunda e tentavam reanimá-la quando ela despertou, cercada de aparelhos estranhos, consciente de um movimento e de uma ansiedade anormais. "Que está havendo?", perguntou. "Preciso levantar-me. Se ficar nesta cama vou morrer." E, mais uma vez, pôs-se de pé.

À mãe, havia dito, rindo: "Estou avisando: se não parares de choramingar vou voltar para te aterrorizar."

Os médicos já não lhe escondiam a verdade. E se espantavam com tudo que ela demonstrava saber sobre o câncer de útero. Parecia que havia procurado informar-se desde sempre: pois não havia coberto a fotógrafa Anne-Marie Heinrich de perguntas insistentes já em 1945? E eles haviam mentido a uma mulher tão corajosa e tão informada!

Na véspera de sua morte, ela mandou chamar Perón e quis falar-lhe a sós: estavam se vendo sempre na presença de outras pessoas. Segundo Carmen Llorca, ele não vinha vê-la há dois dias. Era noite de uma sexta-feira. (Durante a semana, ela havia avisado: "Logo ficarei sabendo se vou morrer no sábado ou não." Podia ser influência do último filme que vira em sessão privada, e que a impedira de dormir: *Cyrano de Bergerac*. Após a projeção, ela exclamara: "Ah! como eu gostaria de morrer assim, lutando até o fim!" E Cyrano morrera num sábado, 26 de julho... E aquele sábado, ou seja, o dia seguinte, era 26 de julho.) Mandou portanto chamar Perón e lhe disse: "Queria ver-te um pouco." E logo: "Não esqueça os *humildes*", como se temesse um esquecimento que sua ausência muito possivelmente acarretaria.

Haveria um travo de censura em sua voz? Castiñeira de Dios, ex-ministro da Cultura, falou de Evita oficialmente. Uma vez encerrada a entrevista, no entanto, pensou melhor e fez sinal para voltar. "Espere", disse. "Quero acrescentar uma coisa. Perón amava Evita, mas menos que ela a ele. Ele era mais distante. Quando ela estava agonizante, ele fumava e conversava no corredor, impassível." Uma amiga íntima de Erminda e Blanca foi muito mais longe: "Àquela altura, ele já tinha suas colegiaizinhas... E conversava sem cerimônia com Pedro Ara, em sua presença." Ara é o médico espanhol que mumificou o cadáver de Evita.

No sábado 26, por volta das 11 horas, Elisa chegou para substituir Blanca. *Doña* Juana saiu um momento do quarto.

"Pobre velha!" suspira a agonizante.

"Por que pobre?" pergunta a irmã, que não deixou, é claro, de perceber a intenção. "Mamãe está muito bem."

"Eu sei. *Lo digo porque Eva se va.*"*

Foram suas últimas palavras, as mais belas. *Eva se va.* Música perfeita, derradeira e suprema compreensão de seu próprio nome, finalmente seu – este nome, precisamente, cuja última sílaba fala *de ir embora.*

E ela adormeceu.

O simulacro também impera na hora da morte. Foi anunciada oficialmente às 20h25. Mas há quem ache que ela morreu no fim da manhã, outros, por volta das 14h, e outros ainda às 19h40 – hora em que o embalsamador Pedro Ara telefonou a Aznar, o embaixador da Espanha, para dizer-lhe: "Ela acaba de morrer. Vou levá-la para o banheiro para os primeiros cuidados. Não se admire se só derem a notícia daqui a quase uma hora." Obtivemos esta informação de uma testemunha espanhola que quis manter o anonimato. Jornalistas como Eduardo del Castillo e Luis Clur afirmam ter ido para a Secretaria de Informação à espera da notícia da morte, sabendo que Apold redigia boletins cada vez mais pessimistas para "criar um clima de expectativa". Mas o fato já se dera. Qualquer que tenha sido a hora, Eva não morreu às 20h25, hora de seu casamento com Perón. E quem mais poderia ter-se preocupado em fazer essa ligação?

Ela apagava suavemente, mal respirando. Deu um suspiro e seu coração parou.

Juancito, que de repente envelhecera, o rosto emaciado, a forma do crânio visível sob a calvície, deixou o quarto e desceu as escadas gritando: "Deus não existe!" Erminda foi atrás dele, agarrou-o e lhe disse, abraçando-o: "Pelo contrário, foi a vontade d'Ele."

---

*Digo isto porque Eva está indo embora. (*N. do E.*)

Dessa maneira, o irmão negava o sentido de toda aquela história extrema e a irmã o afirmava.

Absurdo ou culminância: que o leitor escolha.

BELA PARA SEMPRE

Lá fora, enquanto ainda agonizava, ela era posta nas nuvens. Esgotado, o regime se recuperava um pouco com sua morte. Escreviam: "*La razón de mi vida* desperta na alma humana as mesmas ressonâncias que a voz de Jesus." Em uma Unidade Básica, o livro era exposto num altar, cercado de flores e velas. No dia de seu aniversário, no exato momento em que ela cantava para Erminda a canção infantil que ensinara a seu papagaio, o Congresso a designava Líder Espiritual da Nação. Por toda parte eram inaugurados bustos de Evita. A cidade de La Plata passou a chamar-se Eva Perón. Logo seria publicado um texto escolar para o ensino fundamental, intitulado *Eva de América, Madona de los humildes*. E as crianças repetiam em coro: "Era uma santa. Por isso é que ela voou para Deus." Uma gravura do livro representa crianças contemplando uma estrela em forma de cruz que cintila na noite.

Todavia, o projeto mais absurdo era o Monumento. A própria Evita o encomendara ao escultor León Tomassi, dizendo-lhe: "Tem de ser o maior do mundo." Ela se referia a um Monumento ao *Descamisado*; pois agora falava-se do Monumento a Evita. No dia 7 de julho, a lei que autorizava sua construção foi aprovada pelo Congresso. Citamos aqui, dentre os 84 panegíricos dedicados a Evita nessa ocasião, um trecho do discurso de Juana Larrauri, senadora e cantora: "Eva Perón é a honra das honras. Não admito que a comparem a nenhuma outra mulher, nem a heroína alguma de que época seja." É que a senadora Hilda Nélida Castiñeira ousara equipará-la a outras rainhas e santas: "Eva Perón resume o que havia de melhor em Catarina da Rússia, Elisabeth da Inglaterra, Joana d'Arc e Isabel, a Católica, mas multiplicando suas virtudes e elevando-as à enésima potência, à cifra mais elevada, ao próprio infinito."

No dia 20 de julho, a CGT mandou rezar uma missa. Em torno do Obelisco, num silêncio absoluto, 1 milhão de pessoas mantinha os olhos fixos no gigantesco altar onde o padre Virgilio Filippo oficiava. Em seguida, Benítez falou. Rezou pela saúde da doente, mas, acima de tudo, disse que o milagre pedido estava se realizando ali mesmo: um povo que voltara a ser cristão pela graça de sua mártir. Era uma forma de dar a entender que o milagre da saúde não se realizaria. Perón, com efeito, pedira a Benítez que "preparasse o povo". Esconder a realidade já não era possível. Mas um murmúrio de orações cheias de uma última esperança elevava-se nas ruas, nas aldeias, de Norte a Sul da Argentina, e não faltavam aqueles que ofereciam suas vidas em troca da vida de Evita.

Finalmente, no dia 26, pouco antes das 21 horas, sua morte foi anunciada. A cozinheira de uma residência aristocrática contou-nos que seus patrões comemoravam a notícia com champanhe, enquanto na cozinha os empregados soluçavam. O clima de dor era tal que a autora deste livro, então com 12 anos, trancou-se em seu quarto para esconder as lágrimas. Seus pais eram de esquerda, e, se não chegavam ao ponto de festejar a morte de Evita, teriam no mínimo achado surpreendente que sua filha a pranteasse.

A partir daquele 26 de julho de 1952, e até a queda do regime, os noticiários noturnos eram interrompidos para que o locutor lembrasse: "São 20h25, a hora em que Eva Perón entrou para a imortalidade." Decretou-se luto nacional de um mês. A CGT ordenou a todos os peronistas que usassem gravata preta ou outro sinal de luto durante três dias. "Todos os peronistas" queria dizer: todo mundo. Pois não era obrigatório filiar-se ao Partido Peronista? A poetisa María Elena Walsh – e, como ela, muitos outros – foi expulsa da escola em que ensinava por não ter usado véu negro naqueles dias.

ENQUANTO ISSO, O Dr. Ara cumpria seu dever.

Segundo Perón, a própria Evita teria dito que se recusava a "consumir-se sob a terra". De qualquer forma, sabia que seria exposta. Por isso pedira a Sara Gatti, sua manicure, que trocasse seu esmalte de unhas, muito vermelho, por outro, incolor. Derradeira vaidade, ou por outra, última recaída de atriz encenando sua própria morte. Mas será que queria mesmo, do fundo do coração, ser transformada em múmia, ou seria apenas um desejo manifestado em estado semi-inconsciente, e que foi tomado ao pé da letra? Pois manifestar um desejo como esse significava que, no fim das contas, não estava tão pessimista quanto ao futuro de Perón, que não deixava no entanto de ter inimigos, mais frágil que um faraó. Será que quis ficar a seu lado, apesar de tudo? Impor fisicamente sua presença, apesar dos pressentimentos que assombravam suas noites? E continuar a lutar, na morte como na vida?

A manicure chegou à residência presidencial ao alvorecer do dia 27. (Àquela hora, Pedro Ara já tornara o corpo de Evita "definitivamente incorruptível".) Dispôs-se então a pintar as unhas de Evita, pequenas e em forma de amêndoa. Mas os dedos, longos e finos, à exceção do polegar, estavam rígidos, e Ara teve de ajudá-la, mantendo-os afastados. Foi então a vez de Pedro Alcaraz, que descobriu a cabeleira para torná-la radiosa, e refez o coque com a trança dos dias felizes. Ambos, Sara e Pedro, trabalhavam "como num sonho": como a manicure e o cabeleireiro da Bela Adormecida, providenciando-lhe uma beleza que durasse cem anos.

Coberta por um sudário branco e uma bandeira azul e branca, ela foi depositada num caixão fechado com vidro transparente. Entre seus dedos, o rosário presenteado pelo Vigário de Cristo. E foi exposta no saguão da *Secretaría*.

(O que não se fez sem problemas. Segundo depoimento de Sebastián Borro, colhido por Marta Echeverría, a direita peronista não queria um velório entre as paredes do Ministério do Trabalho, cujo simbolismo temia. E o futuro político se delineou naquele mesmo dia: quando Espejo e Santín chegaram para se despedir de Evita, por pouco não foram impedidos de entrar.)

O saguão era ladeado por duas grandes escadarias. No meio, o caixão transparente. Subia-se por um lado, contemplava-se o interior e descia-se pelo outro, levando na memória uma imagem mais incorruptível ainda que o corpo mumificado. Uma imagem que tinha a ver com todos os contos de fadas: *Cinderela*, *A Bela Adormecida*, *Branca de Neve*, todos.

Uma imagem, ou uma sucessão de imagens que não podia ter escapado a Apold. O Goebbels argentino contratara Edward Cronjagar, operador de câmera da 20th Century Fox, que filmara o funeral do marechal Foch. O resultado foi um filme intitulado *E o coração da Argentina parou*.

Durante 13 dias, o coração da Argentina parou de bater. Foram também "dias peronistas", mas em sentido oposto. A chuva não parava de cair, como se o tempo se pusesse no diapasão geral de tristeza. A fila de visitantes alongava-se em zigue-zague sob um teto de guarda-chuvas e jornais. Segundo os cálculos feitos então, chegava a 3 quilômetros. Esperavam até dez horas, enregelados, com fome, doentes. A Fundação Eva Perón e a Cruz Vermelha cuidavam dos idosos e distribuíam café, sanduíches. Chegava-se junto ao caixão encharcado, transido, esgotado com o cansaço e por ter chorado tanto. Tão bela, tão jovem, tão pequena: o visitante pousava os lábios no visor de vidro e caía, desmaiado. Acorriam, então, enfermeiras de Evita. Ao sair, já entrada a noite, órfão, cego pelas lágrimas, o indivíduo via o brilho de milhares de tochas, que se apagavam simultaneamente às 20h25 em ponto. E flores. Milhares de flores. O cheiro das flores apodrecendo na rua. E seu retrato, sorridente, na praça de Maio. Logo que o céu clareou, os moradores da ilha Maciel – aqueles que haviam atravessado o Riachuelo em 1945 – diziam ter visto o rosto de Evita na lua cheia.

Em 9 de agosto, o caixão foi depositado numa carreta de canhão. Com todas as honras, cercada de um mar de flores e de 2 milhões de espectadores, ela foi levada ao Congresso e logo à CGT, onde repousaria à espera da construção do Monumento. Tratava-se de um prédio novinho em folha, que ela presenteara à central operária. Não foi fácil para os sindicalistas fazer valer o direito de abrigar Evita, mas acabaram tendo ganho de causa, pois era sua última vontade repousar junto aos trabalhadores. Alguém disse que aqueles restos eram mais políticos que humanos. O Dr. Pedro Ara a esperava num laboratório montado ali por ele mesmo.

Esperava-a desde sempre.

Professor de anatomia convertido à profissão de embalsamador, ele ganhara fama mundial – dizia-se mesmo que fora incumbido de supervisionar a mumificação de Lenin, boato lisonjeiro que ele se eximia de desmentir ou negar. Em compensação, fora efetivamente ele que, instalado na Argentina com um vago cargo honorífico de adido cultural, embalsamara o corpo do compositor Manuel de Falla. Dizia-se também que mumificara o corpo de uma adolescente de Córdoba cujo pai, enlouquecido de dor, vestia toda noite para sentá-lo à mesa. Uma coisa era certa: Ara tinha em casa uma "cabeça de mendigo" que ficava no bar, ao lado das garrafas de xerez. Contemplando esse prodígio é que Perón se teria convencido a contratar seus serviços.

Em seu livro *El caso Eva Perón*, Pedro Ara relata como pôde observar Evita (na realidade, espreitá-la, como a aranha espreita). Num certo 17 de outubro, os acasos da diplomacia permitiram-lhe ficar bem ao lado dela na tribuna da Casa Rosada. No momento em que Evita começou a falar, ele disse para si mesmo: "É agora que a resistência desta senhora será posta à prova. Se é verdade, como dizem, que tem anemia profunda, a dispneia resultante do esforço não lhe permitirá estender-se em períodos oratórios longos e ininterruptos. Ela será obrigada a descansar entre um período e outro. Vai aproveitar as ovações, que a interromperão constantemente. Seu cansaço talvez passe despercebido. Mas estou aqui para *ver* sua dispneia e mesmo para *ver* a palpitação de seu pulso sob a pele fina do delicado pescoço." Ele mesmo frisa o verbo *ver*.

Para seu grande espanto, ou quem sabe decepção, Evita não titubeou: "Nem mão levada ao peito, nem boca em busca de mais ar, nem olhos saltados de quem sufoca, nem dança vascular no pescoço... nenhum dos sinais que caracterizam os anêmicos em momentos como este pôde ser observado." Em compensação, ele guardou para si uma observação útil: "Vi-a sempre sorridente, os lábios semicerrados permitindo entrever seus dentes brancos – isso em razão de um acentuado prognatismo maxilar superior."

Evita não morreu naquele 17 de outubro, muito pelo contrário. O tempo passa, e chegamos ao momento em que ninguém ignora a aproximação do fim. Sobre este momento é que divergem as opiniões: segundo Ara, a ideia de mumificar Evita estava no ar. Vários emissários oficiais o procuraram para sugeri-la. Finalmente, ele teria sido contatado por Raul Mendé, mas só teria visto Evita no dia de sua morte. Mas Gabriel García Márquez escreve no diário *Clarín*, de Buenos Aires, em 5 de setembro de 1983: "O homem que a embalsamou montou guarda na antecâmara durante as longas semanas que durou sua doença, pois tinha de proceder à mumificação no exato momento de sua morte, para tornar a conservação mais convincente e durável."

Durante os 13 dias de exposição do corpo na *Secretaría*, zelosos funcionários ergueram a tampa de vidro para limpá-la por dentro. Preocupados com as emanações de gás, chegaram a introduzir uma corrente de ar para impedir que o vidro ficasse embaçado. Ara não ficou nada satisfeito ao saber disso: dera ordens para que o corpo não fosse exposto à ação do ar. Os estragos podiam ser irreparáveis, sobretudo do ponto de vista estético. Ele se dedicara de corpo e alma na noite de 26, com a ajuda de um catalão que fora recebido por Perón no estilo de sempre: "Sempre fui grande admirador dos catalães."

Intromissões como essa dos zeladores oficiosos não podiam ser toleradas. Por isso é que Pedro Ara mandara instalar no prédio da CGT um laboratório tecnicamente perfeito, e fora do alcance dos indiscretos. Além dele mesmo, só Perón teria a chave. E o mais profundo segredo cercaria as longas horas em que Evita permaneceria imersa em piscinas fervilhando em sabe Deus que misteriosos líquidos.

Pedro Ara não divulgou detalhes sobre o conteúdo das piscinas. A esse respeito, fomos informados pelo Dr. Domingo Tellechea, incumbido muitos anos depois de restaurar a múmia: "O corpo fora dissecado pelo antigo método de 'mumificação espanhola', trabalhado numa solução de formol a 10 por cento e infiltrado nas zonas internas e subcutâneas ao longo de todo o trajeto sanguíneo. A principal injeção é feita na carótida, para que a matéria conservante seja levada até o fim do sistema capilar.(...) Em determinadas partes do corpo, é evidente que foram usados outros conservantes – ácido fênico, borato, bicloreto de mercúrio e arsênico –, não sem antes proceder à mumificação, para, em seguida, recobrir o corpo de uma camada plástica de ceras duras. O interior do corpo foi irrigado com formol ou cloreto de zinco. Certas partes foram abertas, e suas cavidades, recheadas com parafina dura. A prova disso está numa incisão do crânio que coincide com uma trepanação que atravessa os parietais na parte superior e corre lateralmente ao longo das suturas temporoparietais, até a base do crânio."

Ao longo do ano que duraram os trabalhos de mumificação, quatro "senhoras" – *doña* Juana, Elisa, Blanca e Erminda – iam periodicamente rezar e chorar por trás da porta fechada. Usamos as aspas porque Ara, detalhe curioso, apesar de ser casado e ter três filhas, nunca usa em seu livro a palavra "mulher", mas sempre "senhora". Omissão suspeita que antes revela que esconde seu interesse pelo tema. Exatamente como Eva entendera a natureza de sua doença pelo fato de que a palavra tabu nunca fosse pronunciada em sua presença.

Finalmente, em julho de 1953, Evita estava pronta. Mas não o Monumento: o peronismo perdia *élan* sem Evita. Ela foi então mantida na CGT, onde se improvisou uma espécie de capela. Na parede, a Virgem de Luján de manto triangular e rígido, de que fora devota, segundo Perón. Evita jazia sob um sino de vidro, num minúsculo leito forrado de seda. Trajava uma túnica marfim de mangas largas, idealizada e confeccionada gratuitamente por uma "senhora" espanhola amiga do embalsamador, Thana Palud. "Ela parecia dormir", segundo a expressão inevitavelmente usada por Perón quando a viu.

A partir desse dia, um público restrito teve direito de vê-la. Os visitantes contemplavam em atitude de respeito religioso a Madona de cera. Continuavam chorando, como sempre. Durante todo esse tempo a fachada da CGT ficou coberta de flores de alto a baixo. Mas os visitantes não podiam deixar de olhar para Ara com desconfiança. Suas maneiras eram de uma correção por demais ostensiva. Tudo em sua atitude parecia evitar os gestos autênticos, exatamente como seus escritos evitavam as palavras diretas. O jornalista Rafael Brown contou em 1985 à revista *Siete Días*: "Certo dia, fui à CGT, onde estava exposto o corpo, e a encontrei pendurada pelos pés. Com toda certeza haviam acabado de banhá-la. Fiquei muito impressionado, e a coisa não me agradou nada. Achei que era uma falta de respeito."

Ara enviou um documento à Comissão Nacional do Monumento a Eva Perón. Nele, indicava que o corpo podia ser posto em contato com o ar. "Nenhuma cavidade do corpo foi aberta", dizia (mas Tellechea afirma o contrário). "Ele preserva todos os seus órgãos internos, sãos ou doentes. (...) Nenhuma partícula de pele ou de qualquer outro tecido orgânico foi extirpada: limitamo-nos a efetuar duas pequenas incisões superficiais." Nenhuma precaução especial seria necessária, à parte controlar a temperatura da câmara (não mais que 25°C) e evitar o sol. Última precaução: ele guardava consigo a chave da capela. Quanto a Perón, só utilizou a sua três vezes, até 16 de setembro de 1955, quando foi deposto.

Nesse dia, em meio a uma confusão indescritível, Juana Larrauri teve a lisura de pagar ao embalsamador os 50 mil dólares que ainda lhe eram devidos. Ele recebeu ao todo 100 mil, mas foi vitimado pela febre virtuosa que se apossou do jornalismo após a queda de Perón, sendo acusado de ter embolsado 300 mil.

Com seus dólares no bolso, ele acorreu ao palácio Unzué, cruzando no caminho com caminhões do Exército e bandos agitados: um clima de fim de mundo. Naturalmente, chovia. Também chovera no dia 16 de junho, dia de uma primeira tentativa de derrubada do regime, que provocara centenas de mortes. O céu, como sempre peronista, combinava com os acontecimentos. Fora-se o tempo ensolarado: seria dito que não parara de chover desde a morte de Eva.

A residência presidencial estava cercada de soldados, mas, em meio à desordem reinante, ele conseguiu entrar. Supondo que Perón já não se encontrava no palácio (acreditava-se que partira para o exterior), Ara perguntou pelo major Renner, para fazer-lhe a pergunta que o angustiava: que fazer agora com Eva? Para onde levá-la, para deixá-la ao abrigo dos inimigos perversos e mórbidos? Para sua grande surpresa, no entanto, Renner respondeu que Perón estava ali.

Entretanto, Perón não o recebeu, nem fez chegar a ele qualquer sugestão sobre o destino a ser dado ao corpo de Eva. Mandou dizer que o chamaria, mas as circunstâncias decidiram em outro sentido. Perón acabaria partindo para o exílio sem dar sinal de vida ao embalsamador de sua mulher. Nem do Paraguai ou do Panamá, os primeiros países aonde foi aportar, nem de Madri, onde viveu durante quase vinte anos, enviou-lhe qualquer mensagem. Pedro Ara estava só, único responsável por Evita. O que longe estava de desagradar-lhe.

Por algum tempo, nada perturbaria a tranquilidade do doutor. Diariamente, ele subia ao segundo andar do prédio da CGT, cumprimentava os guardas, que ninguém se preocupara em substituir, e instalava-se em seu gabinete, não longe de Evita, para ler ou meditar sobre as coisas deste mundo. Ninguém interrompia suas reflexões. O novo presidente, Eduardo Lonardi, cumpria a palavra de ordem pronunciada no ato de posse: "Nem vencedores nem vencidos." Ara tentara ser recebido por ele, para comunicar-lhe que Evita estava entregue aos seus cuidados. Mas o relativo segredo de que o embalsamador cercara a operação dera resultado: os adversários do peronismo ignoravam que ela lá se encontrava, ou por outra mostravam-se céticos, julgando ver naquele corpo por demais perfeito uma estátua. O governo ordenou então uma perícia médica que corroborou a tese do estranho apaixonado. Os doutores Nerio Rojas, Julio César Lascano González e Osvaldo Fustinoni chegaram a uma desalentadora conclusão: sim, era efetivamente ela. Que abacaxi! Aquela mulher continuava a incomodar. Fora um escândalo em vida e agora se tornava um escândalo morto. Que fazer? Na dúvida, optou-se pela omissão.

Lonardi tomara posse como presidente no dia 23 de setembro de 1955. Em 13 de novembro, foi substituído pelo general Pedro Eugenio Aramburu, representante de uma linha política que privilegiava sem rodeios os direitos dos vencedores. O almirante Isaac Rojas, vice-presidente de Lonardi, foi mantido no cargo: representava melhor que ninguém esta linha dura. (Sobre este feroz antiperonista, disse Castiñeira de Dios a Marta Echeverría: "Vi-o com meus próprios olhos no dia em que foi condecorado por Evita. Ele lhe disse então: '*Señora*, é a maior honra da minha vida!'")

Três dias depois da chegada de Aramburu ao poder, a CGT foi invadida pelo Exército. Espejo já não era o secretário-geral desde a morte de Evita: caíra juntamente com os demais sobreviventes da equipe, pois Perón (os peronistas dizem, pudicos: "seus colaboradores") extirpara de sua consciência qualquer indício de evitismo.

Uma enorme variedade de homens em uniforme vinha agora contemplar a múmia. Horror, zombaria e incredulidade alternavam-se com um respeito religioso: por maior que fosse seu ódio a Evita, a mulher adormecida transmitia uma impressão de santidade à qual muitos deles não podiam esquivar-se. Um desses visitantes foi o capitão Francisco Manrique, chefe da casa militar. Eis como a descreveu: "Tinha a altura de uma menina de 12 anos. Sua pele parecia de cera, artificial. Os lábios estavam pintados de vermelho. Tamborilando-se com os dedos, o corpo produzia um som oco. O embalsamador, Ara, não se afastava mais dali, como se se tivesse afeiçoado *àquilo*." (Grifo nosso.)

O conflito criado pela existência *daquilo* resumia-se no medo do mito. Os militares da *Revolución Libertadora* temiam que qualquer lugar escolhido para receber os restos se transformasse em local de culto. Isaac Rolas exprimiu este receio com rara felicidade: era preciso "excluir o cadáver da cena política". E dizer que Evita lutara em vida para não sofrer essa exclusão, chegando a supor que o diagnóstico do Dr. Ivanissevich tinha precisamente essa finalidade!

O tenente-coronel Carlos Eugenio Moori Koening era filho de um militar alemão morto na Primeira Guerra Mundial. Corpulento, pele avermelhada, tornara-se chefe do Serviço de Informação do Exército. Já vira Evita em sua versão reduzida quando Pedro Ara apresentou-se na Casa Rosada para comunicar a Lonardi que Perón lhe deixara nas mãos o corpo da mulher. Moori Koening tudo observara em silêncio, sem fazer comentários. Mas, ao longo daqueles meses de hesitação, uma ideia foi germinando em sua cabeça, e ele acabou por expô-la a Aramburu. Seu nome: "Operação Fuga". Tratava-se em suma de lançar mão dos despojos explosivos e fazê-los desaparecer em lugar seguro. Nada de profaná-lo nem de incinerá-lo – eram cristãos, afinal! Aramburu deu sua autorização.

Julgou-se necessário, antes de mais nada, tirar radiografias e decepar um dedo da defunta para confirmar uma vez mais sua identidade. Será que nunca iriam reconhecê-la de fato?

No dia 24 de novembro, à meia-noite, Moori Koening subiu ao segundo andar da CGT, acompanhado de um grupo de militares. Pedro

Ara lá estava: a decisão de Aramburu lhe havia sido comunicada, e ele fazia questão de que tudo fosse feito de acordo com as regras. O corpo seria novamente instalado no caixão que o abrigara para exposição na *Secretaría*. E Moori Koening comprometera-se a levar um soldador para fixar a tampa.

O embalsamador teria, no entanto, duas surpresas naquela última noite de ligação com uma morta. Ele julgava que Perón era o único detentor da chave da entrada particular que conduzia diretamente da garagem aos gabinetes dos dirigentes sindicais. E era necessário abrir essa porta para que pudesse entrar o caminhão do Exército que transportava o caixão, apanhado naquela mesma tarde na funerária que o mantivera guardado. Mas a porta estava trancada, e nenhum membro da guarda tinha a chave. Em desespero de causa, Ara tentou abri-la com a sua chave. "Meu espanto não tinha tamanho", escreve ele. "Aquela porta se abria com a mesma chave que abria a porta do laboratório e da capela do segundo andar. Vale dizer que aquilo que eu guardara zelosamente durante mais de três anos estivera ao alcance de quem, sem o saber, ou sabendo-o, tinha em seu poder uma chave idêntica à minha." Em outras palavras, Perón não fazia questão de ter uma chave especial. Não lhe ocorrera a ideia de percorrer como senhor absoluto o prédio que abrigava o corpo de Evita, o que não deixa de ter sua lógica: só um embalsamador podia considerar normal semelhante ideia. Mas, à parte isso, tampouco se preocupara por um segundo sequer com a segurança da "operação", para usar um termo caro a seus colegas. Essa negligência vinha somar-se à indiferença que manifestava pelo destino da múmia.

Segunda surpresa, não menos desagradável: o soldador não apareceu. Não se podia agora transportar Evita no caixão lacrado. Seu corpo seria tocado, por mãos e por olhares.

Ali estavam cerca de vinte homens a contemplar a cena: os militares que acompanhavam o general, os policiais e soldados da guarda e os operários da CGT que haviam ajudado a montar o caixão. Moori Koening improvisou um discurso aos operários: "Quisemos que os senhores estivessem aqui, esta noite, para que possam dar testemunho do respeito cristão com que fazemos as coisas." E levantou a bandeira peronista que a cobria (a bandeira argentina fora retirada em visita anterior dos militares).

Continuemos com a prosa do médico: "O corpo de Eva revelou-se, vestido com a nova túnica, que cobria seus pés nus. (...) Fiz sinal a dois operários, que se aproximaram para me ajudar. Sem descobri-la, um deles a ergueu, segurando-a pelos tornozelos, por cima da túnica. O outro operário e eu a tomamos pelos ombros. E, assim, transportamos seu corpo franzino, lentamente, com muito cuidado, da plataforma até o fundo do caixão, sem desarranjar-lhe o penteado nem os trajes. Meus colaboradores improvisados estavam pálidos e cobertos de suor por causa da emoção e do respeitoso temor que sentiam. Mais de uma lágrima escorreu, e não só dos peronistas fanáticos."

Passemos agora a outra prosa, que não evita palavras diretas: a de Rodolfo Walsh. Escritor preocupado com a realidade, conhecido pela precisão de suas investigações detetivescas e pouco dado a delírios da imaginação, ele iniciara por conta própria pesquisas sobre o cadáver de Evita. Em sua célebre novela *Esa mujer*, dá a palavra a Moori Koening como nenhum historiador seria capaz de fazer:

"Esta mulher", murmura ele. "Ela estava nua no caixão e parecia uma Virgem Santa. Sua pele tornara-se transparente. Podiam ser vistas as metástases do câncer, como pequenos desenhos sobre um vidro molhado. (...) Nua. Éramos quatro ou cinco, incapazes de nos olhar. Havia um capitão de navio, o galego que a embalsamou e não sei mais quem. E quando a tiramos dali (...), aquele galego asqueroso (...) atirou-se sobre ela. Estava apaixonado pelo cadáver, tocava-a, mexendo indiscretamente nos bicos dos seios. Com um murro, mandei-o de encontro à parede. (...) Uma deusa, completamente nua, completamente morta. Com toda a morte de fora."

O caminhão dirigido pelo capitão Frascoli saiu da garagem da CGT com o caixão aberto e ficou estacionado até o alvorecer no pátio do primeiro regimento de infantaria da Marinha. Moori Koening contaria muito mais tarde, quando já se manifestara sua doença nervosa, que ao amanhecer foram encontrados uma vela e um buquê de flores junto ao caminhão.

Os despojos errantes percorreram vários prédios militares. Ficaram escondidos por vinte dias num centro do Serviço de Informação do Exército, na rua Sucre. Era preciso mudar constantemente de lugar para confundir os peronistas que saíram à cata de sua *Señora*. Mas a cada local, segundo Moori Koening, a vela e as flores ressurgiam como por encanto. "Guardei-a na rua Viamonte, na rua 25 de Maio, cuidando sempre de vigiá-la, protegê-la, escondê-la", diz ele na novela de Walsh. "Queriam tomá-la de mim, fazer não sei o que com ela."

A revista *Siete Días,* de janeiro de 1985, conta uma história rocambolesca ligada à múmia. Entre 16 e 19 de novembro de 1955, Elvira Herrera de Arandia é assassinada pelo marido, o major Eduardo Arandia, com três balas no coração, no número 542 da avenida General Paz. Várias versões circularam. De acordo com a mais conhecida, Arandia participara da "Operação Fuga" e guardava Evita escondida em seu armário. Quando sua mulher, grávida, levantou-se no escuro para ir ao banheiro, o marido, com os nervos à flor da pele e julgando que vinham tomar-lhe o corpo, agarrou a pistola, um 38, e atirou.

Tudo isso acabou por convencer o coronel Moori Koening a parar de andar para baixo e para cima com Evita. Transportou-a então para seu gabinete, no quarto andar da sede do Serviço de Informação, o SIE, na esquina das ruas Callao e Viamonte. Ela foi disposta numa caixa de madeira que contivera material radiofônico e ainda trazia a inscrição: "A Voz de Córdoba." Dizia-se que dois oficiais meio embriagados haviam levado mulheres ao local para mostrar-lhes a morta. Ela ficaria ali até 1957.

Em fevereiro de 1956, Moori Koening foi ao Chile a pedido de Aramburu para encontrar-se com *doña* Juana, exilada em Santiago com suas três filhas. O general conseguira dela autorização para enterrar Evita secretamente e com toda a dignidade. Pelo decreto nº 37, Aramburu ordena a Moori Koening que deposite os restos no nicho 275 da seção B do cemitério de Chacarita.

Moori Koening, todavia, não obedece às ordens. Mantém Evita consigo. Contempla-a. É possível que a tenha em algum momento enterrado num terreno baldio perto da avenida General Paz – talvez durante o episódio em que a mulher de Arandia perdeu a vida. Ele se limitaria a dizer a Rodolfo Walsh: “Enterrei-a em pé, pois era um macho!”

Teria ele mandado desenterrar mais tarde aquela a quem pretendia prestar as homenagens devidas a um soldado, deixando de deitá-la na tumba? E teria chegado a acomodá-la em seu escritório para refletir ao pé dela, como fazia Ara? Para meditar sobre a coragem de uma mulher virilizada por sua imaginação de militar? O segundo apaixonado pelo corpo acabaria confessando a Rodolfo Walsh, num murmúrio distante: “Ela é minha, Esta mulher é minha.”

A indomável rebelde finalmente se transformara numa *coisa*: uma boneca que podia ser recheada de sonhos, um cadáver-objeto.

Entretanto, uma testemunha falou a Francisco Manrique que julgava estar Evita instalada em seu nicho 275. Manrique procura Moori Koening, que lhe revela seu tesouro. Informado por Manrique, o general Aramburu demite Moori Koening, considerando-o doente e substituindo-o pelo coronel Cabanillas. O major Arandia e o capitão Frascoli também são afastados do Exército.

Manrique convoca então o major Hamilton Díaz e o coronel Gustavo Adolfo Ortiz. (A título de curiosidade, este último é que contaria a história, alguns anos depois, à autora deste livro, de quem era parente distante.) Esses dois militares seriam incumbidos de levar a múmia para a Europa com a ajuda de um padre italiano apresentado na Casa Rosada por monsenhor Rotger, um padre argentino. À parte essas pessoas, ninguém mais saberia onde se encontrava Evita.

Algumas semanas depois, o padre italiano retornou a Buenos Aires, trazendo um envelope com todas as indicações sobre o destino final dos despojos. Mas o presidente Aramburu recusou-se a abri-lo. Confiou-o a um tabelião, pedindo-lhe que o entregasse, quatro semanas depois de sua morte, àquele que assumisse então a presidência da Argentina.

E Perón, enquanto isso?

Vimos que as dificuldades econômicas se agravaram a partir de 1951. Por mais que se aumentassem os salários, os preços subiam mais rápido. Mas, na época, Evita lá estava para assumir seu papel de ponta de lança e para ralhar com os grevistas. Com sua morte, tudo pareceu murchar. Os operários não tinham mais um interlocutor, um intermediário. Perón tentou ir a seu encontro com mais frequência, mas pensou sobretudo em demitir a direção da CGT, habituada a entender-se com Eva, que tendia sempre a favorecer os trabalhadores.

O dia 17 de outubro de 1952 foi dedicado a celebrar a memória da ausente; Perón leu o testamento e anunciou a criação de uma Fundação Evita, independente da Fundação Eva Perón: as joias que ela legara ao povo seriam guardadas no museu do peronismo que se pretendia inaugurar no futuro Monumento. Constituiriam uma garantia a créditos para casa própria destinados aos "humildes". Por trás dessa cortina de honrarias e boas intenções desenrolava-se, entretanto, um autêntico drama: na praça, grupos de homens dispostos a tudo vaiaram Espejo, que logo foi substituído por Vuletich. A nova CGT tinha de registrar a mudança: a política de redistribuição da riqueza, de nacionalizações e controle da economia pelo Estado, promovida por Perón e apoiada por Evita, já não era possível. Dali por diante seria necessário estimular os investimentos estrangeiros, sobretudo norte-americanos. Perón declarara que cortaria as próprias mãos se um dia tivesse de chegar a esse ponto. Simbolicamente, foi o que aconteceu.

Evita pressentira tudo isso no leito de morte. E essa dor, essa raiva vinham somar-se a seu sofrimento físico. Por isso ela convocara Castiñeira de Dios, que não via há muito tempo. Ele contou a Marta Echeverría a seguinte história: "Afastaram-nos um do outro", disse-lhe ela com tristeza. "Mas quero vê-lo à frente da Fundação. Farei tudo para que este canalha do Méndez San Martín não ponha as mãos nela."

Pois foi precisamente Méndez San Martín quem acabou se apoderando, senão da Fundação, do próprio Perón. Esse mesmo San

Martín que representava, ao lado de Raúl Mendé e Teisseire, a direita do peronismo; eram os precursores de López Rega.

Depois da morte de Evita, Perón é que parece *encarnar* o país. Estaria murchando a Argentina peronista? De uma hora para outra, suas gorduras parecem carecer de músculos, ele já não passa de um saco vazio. Chega a dar dó, com seus óculos sobre o nariz de Patoruzú, sentado na escrivaninha de Evita, na *Secretaría*, tentando fazer como ela (pois o projeto de Evita com Castiñeira malograra). Numa época já muito distante, ela tentara fazer como ele. Pois agora ele se mostrava incapaz de imitar sua imitadora. Ela bem que previra o futuro ao chorar e gritar em sua agonia: "*Quem*, quero saber *quem* vai cuidar dos meus pobres?"

O fato é que a Fundação prosseguiu sem ela – e sem Perón – até a queda do regime. Foi acusada de ser um organismo personalista; no entanto, após a morte da dita pessoa, continuou ainda mais intensamente sua atividade. Foi acusada de desperdício, também, e de desorganização; mais de meio século depois podemos afirmar que a Argentina nunca teve outra instituição tão organizada. Funcionava a seu modo, ignorando toda burocracia, mas funcionava. É verdade que representava um sonho distributivo cada vez mais impossível. E para bem cuidar dela era necessária uma energia dos diabos. À falta disso, Perón inventou mais um subterfúgio para dissimular a morte por trás de uma cortina. Pediu que continuassem a mandar cartas a Evita como se ela ainda estivesse viva. "Como se": definição do peronismo (ou da Argentina?). O sobrescrito devia ser: "Señora Eva Perón, Residência Presidencial, Agüero 2.502, Capital."

Nas fotografias de Perón tiradas durante os poucos dias em que recebeu os pobres de Evita, vê-se logo que lhe falta um apoio. Sua boca fica aberta, não por causa do prognatismo maxilar, mas de perplexidade e desorientação. Será então que a amara realmente? Seria este vazio que se percebia em seu rosto e em seu corpo a prova? Todas aquelas formas de utilização recíproca, todas as armadilhas e ciumeiras comporiam efetivamente uma "história de amor"? E teria podido ele desejar que ela morresse, ele que agora se via de tal maneira sem apoio, sem ar nem sustentação?

Méndez San Martín não demorou a entender de que precisava o viúvo. Dera-se conta de seu segundo ponto fraco, uma sexualidade muito peculiar, sendo o primeiro a vaidade; e o ministro conseguiu unir as duas coisas. Como? Convencendo Perón de que um líder como ele podia ter todas as mulheres. Não é precisamente isto que podemos ler nas entrelinhas do trecho de *La razón de mi vida* reproduzido acima? Com isso, eles conseguiam controlar Perón. *Eles* quem? Méndez San Martín, o doutor Raúl Mendé (que, segundo *Historia del peronismo*, receitou ao presidente um tratamento hormonal, causador de "delírio sexual"), o vice-presidente Alberto Teisseire, entre outros. O fato é que Perón, quase sexagenário, ainda queria deliciar-se com os frutos verdes. Voltava à sua paixão inicial, os amores juvenis, com uma avidez ainda redobrada pela idade e o pavor da carne decadente. Frescor, eis o que desejava. Frescor, puerilidade, tolice. Bonecas aparentemente fadadas a jamais murcharem, e que lhe permitem variar e esquecer aquela outra boneca tão pesada. Assim nasceu a União dos Estudantes Secundaristas, que ficou conhecida pela sigla UES.

Como ministro da Educação, Méndez San Martín muito fez para que a UES se transformasse numa ferramenta política (*peronizar* os colegiais) numa eficaz fonte de desafogo. A adesão não era obrigatória. Mas nas escolas, os delegados, também estudantes, diziam aos recalcitrantes, em tom de maldisfarçada ameaça: "Você deveria se inscrever." E raros eram os adolescentes que não tinham sua carteira da UES, tão raros quanto os pais que não usaram gravata preta em julho de 1952. Uma carteirinha mágica, que abria as portas da residência presidencial de Olivos.

O tema da UES, como o do medo do câncer, foi por demais explorado pelos antiperonistas para que nos sintamos perfeitamente à vontade nele. Mas rejeitar a euforia mórbido-moralizadora que tomou conta da Argentina com a queda de Perón não significa que devamos recair no simulacro e na duplicidade. Além do mais, as fotografias estão aí mesmo para dar testemunho. Nelas, Perón aparece com seu boné. De onde viria a preferência por este modelo com viseira que ressalta precisamente o que seu rosto tem de mais mole? Sua cintura está ainda mais larga, os braços parecem ter encolhido, como um par de barbatanas. *Pochito* é como agora o chamam. Seu senso de humor meio pueril, meio cínico, acabou por voltar-se contra ele mesmo, tornando-o grotesco. O patriarca outonal está cercado de uma multidão de adolescentes de camiseta branca e *shorts* pretos: o uniforme de ginástica. *Shorts* às vezes bufantes, o que não cai nada bem em algumas delas, já assaltadas pela celulite. Todos parecem satisfeitos: ele por respirar o perfume da juventude; elas por pressentirem os presentes. Ao lado do "boné de Pochito", tornaram-se lendárias as mobiletes que ele presenteava às meninas às centenas. Como deixar de enxergar a verdade? O próprio padre Benítez escreveu que N. R., a amante-menina de Perón, viveu no palácio Unzué. Tinha 13 anos. Era uma moreninha de grandes olhos negros e sobrancelhas pronunciadas. Divertia-se experimentando os vestidos de Evita sob o olhar enternecido do "velho general". Atilio Renzi, o fiel colaborador de Evita, que continuava à frente da administração da residência presidencial, reagia como se estivesse sendo apunhalado no coração. Chorava diante de Benítez. E disse a Rosa Calviño que não escreveria suas memórias para não conspurcar a imagem de Perón.

Mais tarde, como alguém censurou Perón por causa da pouca idade de N. R., ele respondeu, zombando: "Ah, é? Ela tinha 13 anos? Não faz mal, não sou supersticioso."

Para a Igreja, entretanto, essas jovenzinhas de uniforme esportivo e hedonismo ativamente estimulado eram almas perdidas. E Perón, por sua vez, tinha suas queixas contra o Vaticano. Já em outubro de 1950 torcera o nariz à ideia de inaugurar o Congresso Eucarístico que teria lugar em Rosario. Os católicos sentiram-se ultrajados com a mensagem de boas-vindas dirigida pelo presidente ao congresso da Escola Científica Basilio, realizado no Luna Park. Concluíram daí que Perón pertencia a esse movimento esotérico e não perderam a oportunidade de protestar aos quatro ventos contra o escândalo.

O que se passara na realidade? Não podemos excluir certa simpatia de Perón por essas experiências. O padre Benítez queixou-se a respeito. O depoimento de Leonor Troxler, jovem membro da resistência peronista no momento da queda de Perón, parece provar que a ligação existia. "O povo inteiro voltou-se para os espíritas", declarou ela em entrevista a Marta Echeverría. "A Escola Basilio fez vários milhões de adeptos. Os *basilios* diziam-se peronistas. Invocavam o espírito feminino. Nós, as mulheres peronistas, frequentávamos para nos 'descarregar' e para nos concentrar na volta de Perón." Como estranhar tudo isso? Na mesma época, López Rega atraía Perón e Isabel (ex-*basilia*) para um culto que muitos velhos peronistas ainda hoje respeitam: o culto brasileiro da umbanda.

Seja como for, Perón, contrariado pela propaganda católica, não queria ir a Rosario. E a coisa só não desandara por causa da insistência de Evita, exortada pelo padre Benítez. O casal presidencial inaugurou o Congresso Eucarístico ao lado de monsenhor Ernesto Ruffini, e as jovens das escolas católicas saudaram Evita com ovações delirantes que horrorizaram as religiosas. Evita, por sua vez, também passaria por volta de 1951 por uma crise anticlerical. Como Raúl Mendé (que, no entanto, fora seminarista) a convenceu de que o peronismo era a nova religião, ela quase chegou a mandar retirar os crucifixos das paredes dos hospitais; justamente ela, que empreendera, paralelamente à campanha pelo voto das mulheres, uma iniciativa no sentido de implantar o ensino religioso! Só diante da morte ela se afastaria de Mendé, aproximando-se de Benítez e de Deus.

Antes de ir a Rosario, no entanto, Perón mandara a Benítez uma carta que o padre publicou na revista *Careo*, em 1964. Nela, dizia: "Tenho observado um comportamento pouco claro e muito indiscreto da parte do Vaticano. O senhor bem sabe que, lá, meu governo está 'em quarentena'. Mas não é tudo: segundo relatório de nosso embaixador Arpezani, o papa declarou-lhe pessoalmente que nosso governo era do tipo totalitário. O ministro Paz ouviu-o também e, como eu, ficou indignado, *não com a afirmação, mas com a indiscrição*." Por que Perón não se indignava com a afirmação? Porque, como bom e convicto totalitário, não tinha problemas para admiti-lo. A "indiscrição", em compensação, deixava-o fora de si. Mas que indiscrição? Será que considerava que o Vaticano não tinha direito de denunciar como totalitário um presidente ao qual enviara milhares de nazistas?

Voltemos à morte de Evita, à UES e ao momento em que Perón dá rédeas à sua irritação com a Igreja, irritação de que essa carta nos fornece indícios pertinentes. Tentou se explicar de mil maneiras diferentes as razões dessa briga. A carta citada nos permitiria deduzir que, para a hierarquia eclesiástica, Perón devia ser evitado, mas também que, para Perón, a Igreja não tinha de estar buscando o argueiro no olho dos outros. E, segundo Benítez, foi mais uma vez Méndez San Martin, esse monstro, quem o convenceu a mandar andar as batinas.

Detenhamo-nos um pouco no padre Benítez. A adesão incondicional do padre ao peronismo e seu trabalho obstinado na Fundação, da qual era diretor espiritual, deixaram-no em má situação junto às autoridades eclesiásticas, insatisfeitas com o fechamento da Sociedade de Beneficência, com a qual haviam colaborado. Apesar de suas relações cordiais com os cardeais Coppello e Caggiano, Benítez, anteriormente dispensado da Companhia de Jesus, não obtivera promoção na escala hierárquica. Considerava que a Igreja estava se afastando de Cristo. Queria uma Igreja popular. Não resta dúvida de que seus sentimentos influenciaram Evita muito mais que as investidas de Raúl Mendé, que visavam a intoxicá-la de fanatismo peronista com o único objetivo de manipulá-la.

No dia 11 de junho de 1955, os católicos organizaram a tradicional procissão de Corpus Christi. Mas ela transformou-se em violenta manifestação antiperonista, e Perón, indignado e mais careteiro que nunca, acusou-os – não se sabe se com ou sem razão – de terem queimado uma bandeira da Argentina. Ouçamos o padre Benítez, que fornece um dado ainda muito pouco conhecido, em entrevista inédita a Lila Caimari: "No dia 16 de junho de 1955, às 4 horas da manhã, batem à minha porta. Era Trenti Rocamora, que substituíra Martínez Zuviría na Biblioteca Nacional. Era íntimo de Méndez San Martín e cúmplice de suas tramoias. Mando-o entrar e ele me pergunta se a Igreja tem títulos de propriedade da catedral de Buenos Aires. Respondo: 'Não, mas o local previsto para a catedral está assinalado no mapa da fundação de Buenos Aires de Juan de Garay. Por que me pergunta isso?' 'Porque o Estado vai desapropriá-la.' Disse-lhe que seria uma loucura, que causaria um escândalo internacional. E fiquei em casa, orando. Ao meio-dia ouvi a notícia do bombardeio da praça de Maio. A secularização da catedral havia sido decidida, precisamente naquela hora e naquele dia. Pode publicar isso, assumo a responsabilidade."

Estaria a Aeronáutica informada do que Perón pretendia fazer, ao se aproveitar de uma reunião na praça, uma cerimônia expiatória após o incêndio da bandeira, para atacar o regime, massacrando no caminho homens, mulheres e crianças?

No dia seguinte ao massacre, os incêndios recomeçaram: as velhas igrejas coloniais de Santo Inácio, São Domingos e São Francisco foram incendiadas por peronistas enfurecidos, certamente os mesmos que já haviam incendiado o Jóquei Clube em 15 de abril de 1953, durante manifestação de apoio a Perón destinada a neutralizar os boatos provocados pela morte de Juancito Duarte.

UMA BALA NA CABEÇA

Juancito Duarte não acompanhou Perón na canhoneira paraguaia em que se refugiou, no dia seguinte a 16 de setembro de 1955. Nem no exílio. Tampouco foi preso pela *Revolución Libertadora*, como milhares de peronistas que não eram ladrões nem malvados, muito pelo contrário. Não participou da resistência peronista, que não raro mostrou-se heroica, nem da sublevação de Juan José Valle, fuzilado por Aramburu em 1956. Juancito não viveu o suficiente para testemunhar todos esses acontecimentos.

Em 9 de abril de 1953, ele foi encontrado morto em seu apartamento, no quinto andar do prédio 1.944 da rua Callao. Estava ajoelhado ao lado da cama, em trajes íntimos. À sua esquerda, no piso, um revólver Smith and Wesson calibre 38. Atrás dele, sobre uma cadeira, uma camisa branca e um paletó. Sobre uma mesinha, uma carta endereçada a Perón, na qual explicava os motivos de seu gesto. Estava desiludido da vida. Fora um homem honesto e não se cansara de amar e respeitar Perón. Chegara com sua irmã, partia agora com ela. O juiz Pizarro Miguens conclui por suicídio. Juancito tinha sífilis, o que permitiu a Perón apiedar-se de seu destino: "Pobre rapaz! Era um provinciano. Perdeu a cabeça em Buenos Aires."

O pobre rapaz, porém, acabava de ser acusado pelo próprio governo: estaria envolvido em negócios escusos de exportação de carne. E

Perón, gesticulando cada vez mais, urrara num discurso que chegaria se necessário a matar um parente que fizesse especulação.

"Juancito nunca se meteu em exportação de carne", diz-nos Raúl Salinas. "Bertolini, o marido de Erminda, sim, mas ele não. A polícia plantou no escritório de Juancito documentos comprometedores que pertenciam a Bertolini. E, na véspera de sua morte, Juancito confidenciou a um amigo: 'Diga ao Raúl que o general me abandonou.' Se não mandaram matá-lo, é como se o tivessem feito: incitaram-no a se matar."

No entanto, a análise das circunstâncias de sua morte exclui totalmente a hipótese do suicídio. Para começo de conversa, a bala que o matou não era de calibre 38, mas 45. Além disso, fica difícil imaginar como uma pessoa que disparou uma bala na têmpora direita, sentada à beira da cama, segundo o juiz, poderia ser encontrada de joelhos, a testa apoiada na cama e com o revólver à esquerda. Interrogado a respeito, Pizarro Miguens deu esta extraordinária resposta: "Nos filmes a gente vê perfeitamente como um homem que recebe um tiro de revólver se vira sob o efeito do choque." Escorado nesse saber cinematográfico, o juiz não pediu autópsia. Pouco importa que o criado de Juancito tenha declarado que na noite de sua morte ele usava uma camisa de listras, e não uma camisa branca. Pouco importa que outras testemunhas tenham declarado não terem visto o corpo de joelhos, mas numa outra posição. Pouco importa também que vários vizinhos tenham ouvido, tarde da noite, barulho na escada, que tenham visto algo pesado ser arrastado ou que tenham avistado no corredor o embaixador Margueirat, Apold, Cámpora e um desconhecido a que se referiam como "*Gallego*", todos empenhados em examinar papéis à luz de uma lanterna.

O juiz Miguens não determinou perícia grafológica da carta de Juancito. No entanto, era evidente que ela fora adulterada, tanto que o governo acabou por "confessar": haviam julgado necessário corrigir os erros de ortografia! Será que Juancito a teria escrito sob ameaça? Teriam imitado sua caligrafia? Teria ele sido morto em outro lugar e em seguida transportado para seu apartamento? Seja como for, o juiz mandou chamar a funerária antes que a família pudesse ver o corpo.

Doña Juana urrava no meio da rua: "Mataram meus dois filhos!" A testemunha María Rosa Daly Nelson, amiga dos Duartes, que morava no sexto andar e reconhecera às 2 horas da manhã os três cavalheiros há pouco mencionados, declarou diante da comissão que investigava o caso, em outubro de 1955: "No dia seguinte à morte dele, encontrei Juana Ibarguren de Duarte e Elisa Duarte de Arrieta, desesperadas, que me disseram textualmente: 'Foi Apold quem o matou.'"

Perón demitiu Apold de suas funções após a tentativa de golpe de Estado de junho de 1955.

E o tesouro? E a viagem de Juancito à Suíça, pouco antes de sua morte? Teria ele em seu poder o número ou os números das contas? Teria ele os informado a quem "de direito"? E por isto é que queriam livrar-se dele, não mais precisando de sua colaboração, como sugere Glenn I. Infield? Ou para se apoderar dos extratos bancários? Teria sofrido um castigo exemplar? Juancito tentava deixar o país, acompanhado de sua amante Elina Colomer, quando foi detido pela polícia, acusado de tráfico de carne. Um jornal afirmou, depois de 1955, que ele foi morto com uma bala nas costas, depois levou outra na cabeça, no momento em que tomava o avião para fugir.

Na realidade, ele e seu amigo Jorge Antonio sempre haviam traficado produtos muito menos perecíveis: Mercedes-Benz. E Evita o nomeara inspetor do cassino de Mar del Plata (onde *doña* Juana, muito dada ao jogo, passava longos momentos de felicidade). Era um cargo sob medida para um rapaz como ele, encantador e sem preconceitos. Nada disso jamais fora mistério para ninguém. Acusá-lo de tráfico no ano que se seguia ao da morte de Evita, e precisamente à sua volta da Suíça, é extremamente significativo.

À morte de Juancito, a estrela de Jorge Antonio começou a brilhar ainda mais. Escreve a revista sensacionalista *Ahora*, na edição de 7 de outubro de 1955: "Jorge Antonio surge no início de 1948. Um cargo no Banco de Crédito Industrial permitiu-lhe ser vinculado à Secretaria Técnica da presidência, onde trabalhava sob as ordens de José Figuerola. Sua permanência na Casa Rosada logo o tornaria íntimo de Juan Duarte. Quando este foi encontrado 'suicidado', Jorge Antonio teria procurado o general Perón para comunicar-lhe que tinha em seu poder uma importante série de títulos de propriedade do defunto. Evidenciou, então, talentos administrativos até então insuspeitados, revelando-se um autêntico gênio financeiro."

Outra revista da época, *Hechos en el mundo*, publica em sua edição de 24 de outubro de 1955: "Pouco depois da morte de Juan Duarte, *doña* Juana Ibarguren de Duarte mandou abrir o inventário do falecido. Podemos imaginar o espanto do Tribunal Civil nº 16, presidido pelo Dr. Ots Ortiz, ao tomar conhecimento da natureza desses bens. Juan Duarte, o homem que tivera milhões nas mãos, ao qual a imprensa americana se referia como 'o solteiro mais rico da América Latina', dispunha de um crédito de 850 mil pesos, concedido pelo Banco da Província de Buenos Aires. Como garantia desse empréstimo, tinha não mais que 80 mil pesos no First National Bank, dois automóveis e um avião, avaliados em 620 mil pesos. (...) Mas todo mundo sabia, ou pelo menos desconfiava, de que ele era titular de vários cofres nos bancos locais. Por que alugá-los se nada tinha para guardar neles? (...) Sabe-se que todos no círculo íntimo do ex-ditador, fosse Aloé ou Nicolini, dispunham de capitais consideráveis. O único a descoberto era Juan Duarte. Onde fora parar sua fortuna? Quem se apoderara dela?"

Doña Juana renunciara a seus direitos sobre parte das joias de Evita, a pedido de Perón, que, de sua parte, não assinara desistência alguma. Posteriormente, *doña* Juana moveu um interminável processo contra Perón pela herança de Evita. As relações entre o genro e a sogra deixavam a desejar, o que não é difícil de entender. Em 1959, numa carta enviada ao papa João XXIII para pedir-lhe ajuda na localização dos despojos de Evita, ela escrevia: "*Antes* da queda de Perón, e por razões que não vêm ao caso, minha situação e a de minhas filhas já estavam ameaçadas." *Doña* Juana morreu sem saber que fim haviam levado os restos mortais de sua filha e antes do desenlace de seu processo contra Perón. Erminda e Blanca (Elisa, enquanto isso, morrera também) acabaram tendo ganho de causa.

No entanto, de que herança se tratava? Ao contrário de Juancito, Evita redigira de próprio punho, e com alguns erros de ortografia (*alhaja*, joia, transformado em *alaja*), uma declaração de bens em que dizia possuir uma casa na rua Teodoro García e 1,3 milhão pesos em joias e dinheiro líquido. Mas, depois da queda do regime, a *Revolución Libertadora* expôs e vendeu seus bens em leilão: vestidos, peles, calçados, chapéus e joias. Segundo Vacca e Borroni, entre 9 e 19 de dezembro de 1957, a comissão de liquidação desses bens vendeu ou tentou vender 65 quilos de ouro e outros tantos de prata, uma esmeralda de 48 quilates, três lingotes de platina, 1.653 brilhantes, 120 braceletes de ouro e cem relógios também de ouro. Antes mesmo da adjudicação, a conta especial da comissão, aberta com essa finalidade, recebera 11.155.608,86 pesos, e viria a receber ainda mais 100 milhões. Um relatório sustenta que essa venda só podia ser comparada à dos bens do rei Faruk. Mas, em sua biografia de Evita, Libertad Demitrópulos afirma que todo esse fundo desapareceu sem deixar rastro: por mais intrigada que se mostrasse com a roubalheira de Perón, a dita comissão não se privaria de agir da mesma forma.

Adolfo Rocha Campos, por sua vez, conta, em estudo publicado na revista *Todo es historia*, que em 1949, Perón tornou pública uma declaração feita sob juramento quando assumira a presidência. Nela, declarava a casa de San Vicente e alguns outros bens sem importância. Evita também assinou uma declaração de bens, que, ao contrário do documento de Perón, foi mantida em envelope lacrado.

Rocha Campos avalia a fortuna de Evita e de Perón, em 1952, em 12.271.280 e 11.265.438 dólares, respectivamente, além da casa de San Vicente e um terreno na província de Córdoba. A *Revolución Libertadora* bloqueou todos esses bens em 1955, pelo decreto 5.148. Era a época em que o antiperonismo soltava fogo pelas ventas. Em 1973, quando Perón voltou à Argentina, a época já era de pacificação, e seus adversários, querendo evitar os excessos do passado, competiam em matéria de elevação de espírito. Desse modo, a lei 20.503, que pôs fim ao bloqueio dos bens, foi igualmente uma decisão política, como a lei anterior, só que em sentido inverso. *Doña* María Estela Martínez, viúva de Perón, herdaria a metade desses bens, cabendo a outra metade às duas irmãs de Evita.

A aparente exatidão das cifras mencionadas não nos ajuda muito quanto à origem desses bens. "Ao longo de seus 18 anos de exílio", escreve Rocha Campos, "Perón teve tempo de adquirir bens, pessoalmente ou por intermédio de certos amigos, entre eles o empresário Jorge Antonio. Além disso, dizia-se que dispunha de fundos depositados no exterior, que são mencionados, sem maiores detalhes (talvez porque fosse impossível o acesso a qualquer informação), na decisão judicial que suspendeu o bloqueio de 1955." Em 1974, ao assumir a presidência pela terceira vez, Perón não fez, ao que tudo indica, uma declaração de bens. E ninguém o censurou por isso: para marcar bem a diferença em relação aos velhos antiperonistas, que com o tempo iam se tornando ridículos, virou moda dar de ombros quando se falava de sua fortuna.

Em sua carta a João XXIII, *doña* Juana também se refere a um problema tão doloroso para ela quanto o desaparecimento do corpo de Evita: a profanação dos restos mortais de seu filho. Depois da queda de Perón, um certo "capitão Gandi" apossou-se do crânio de Juancito a pretexto de demonstrar que houvera crime, e não suicídio. Müller, um peronista de Junín amigo de Juancito, declarou-nos que o cabeleireiro desta cidade fora chamado a depor no "caso Duarte". E, ao chegar, deu com a cabeça do morto sobre a escrivaninha do capitão. A mesma demência que se apoderara de certos peronistas afetava agora os antiperonistas. A mesma, mas em sentido inverso (a história se repete): como se havia derrubado um regime "corrupto", caía-se na demência "virtuosa". De tanto querer diferençar-se do inimigo, acaba-se parecendo com ele.

EVITA E JUANCITO, filhos do abandono, jamais haviam pronunciado o nome do pai, nem mesmo na presença de pessoas íntimas.

AINDA E SEMPRE O EXÍLIO

O "suicídio" de Juancito causou viva comoção no país. Em *Argentina, de Perón a Lanusse*, Félix Luna afirma: "Prevalecia nos círculos oficiais um clima pesado de negócios escusos e enriquecimento ilícito. Os nomes dos supostos testas de ferro dos tubarões mais importantes eram um segredo conhecido de todos. Na Câmara dos Deputados, como um legislador peronista teve a infeliz ideia de citar em seu discurso um dos *slogans* mais conhecidos do peronismo ('Na nova Argentina só as crianças são privilegiadas'), um deputado da oposição exigiu com cínica inocência ser informado da idade de um dos personagens sob a suspeita de ter enriquecido por meio das associações mais inconfessáveis..."

O clima era tão pesado que em 15 de abril a CGT organizou uma manifestação de apoio ao presidente. Foi o início do fim. A oposição explodiu algumas bombas, e foi então que grupos peronistas incendiaram o Jóquei Clube: outro símbolo da oligarquia, da cultura "de elite", com sua pinacoteca de grande valor, transformada em cinzas.

Em 16 de setembro, dia em que estourou a *Revolución Libertadora* encabeçada pelo general Lonardi, Perón recusou-se a armar a população. Era o que lhe pediam seus partidários em prantos, mas ele respondeu que não queria um banho de sangue. Temeria talvez que o povo já não o defendesse com o mesmo ardor que em 1945. E certamente temia por sua vida. O fato é que renunciou. E todos os peronistas, assim como um bom número de antiperonistas, são unânimes num ponto: se Evita estivesse viva, a *Revolución Libertadora* não teria acontecido.

Houve quem dissesse que Evita renunciara à vice-presidência de maneira "feminina" ou assim considerada – sendo a ambição por sua vez considerada "masculina". Mas a Argentina guarda na memória a renúncia e o exílio de San Martín, o exílio de Rosas. E agora era a vez de Perón. Será que renunciar seria ao mesmo tempo feminino e argentino?

Informada de sua partida, uma multidão entusiástica aglomerou-se nas ruas. Uma *outra* multidão, formada de pessoas que não haviam provado o panetone de Evita nem morado em seus chalés acolhedores. Gritavam: "Liberdade! Liberdade!" Durante dez anos, haviam se sentido asfixiados, e agora podiam respirar. Tinham seus motivos, e os outros também. Juntos, todos tinham razão. Mas no confronto todos tornavam-se igualmente enlouquecidos.

Perón refugiou-se na embaixada do Paraguai, e embarcou numa canhoneira que estava ancorada no porto de Buenos Aires, com destino a Assunção. Mais tarde, foi para a Venezuela, a República Dominicana, o Panamá, onde conheceu uma dançarina. Chamava-se Estela, mas seu nome de guerra era Isabel. Seu corpo frágil e seu rosto de passarinho, com olhos que pareciam ainda menores por causa da expressão de astúcia, certamente lhe agradaram. Ele vivia com ela e recusava-se a se casar para não chocar os evitistas. Só se decidiria quando, obtendo asilo na Espanha, país católico, precisou reconciliar-se com o Vaticano. João XXIII, com efeito, poria fim à excomunhão pronunciada contra Perón, em 1955, pela Igreja argentina.

Uma vez fora do país, ele começou a organizar a resistência peronista. Hoje, no entanto, Guillermo Patricio Kelly, antigo resistente e ex-nacionalista transformado em defensor de Israel, questiona seus métodos. Numa entrevista a Marta Echeverría, diz ele: "Perón partiu porque não queria derramar o sangue dos argentinos. Mal chegou ao Paraguai, no entanto, e começou a pedir a cabeça dos antiperonistas, o que significa que o sangue podia correr, desde que ele estivesse bem longe, são e salvo."

Em Madri, Perón pouco frequenta seu amigo Franco. Vive numa *villa* em Puerta de Hierro, onde cultiva rosas. É lá que vem à tona o melhor Perón: um Perón que explica pausadamente como aparar as plantas, um homem ordeiro, comedido, tranquilo, feliz com sua vida quotidiana e usando expressões campesinas das mais divertidas. Infelizmente, o melhor Perón, aquele que sabia preparar uma maionese, não era o Perón amado por Evita. O único objeto de sua adoração fora o homem imaginário. Nunca o chamara senão de Perón. Nunca, ou quase nunca, de Juan – e ainda menos de Juancito. Curiosamente, o mesmo se dava com Aurelia Tizón, sua primeira mulher. No fundo, o mal-amado era ele.

Obsequioso e dedicado, López Rega vai tecendo sua teia a seu redor, como Méndez San Martín nos tempos do poder. Segundo Rosa Calviño, ele começara como simples policial, sorrindo diante da entrada da residência de Unzué, oferecendo goles de mate aos visitantes. Já havia percorrido muito chão e ainda percorreria muito mais, sempre rastejando.

Apesar do feiticeiro meloso, no entanto, Perón sacudiu o torpor, despertou; enchendo-se de brios, ele ironiza, dirige a Argentina a distância. Não se faz uma greve no país sem que o governo se veja obrigado a negociar com ele. Tampouco aqui Patricio Kelly se mostra condescendente: "Ele lançava uma greve, no setor da carne, por exemplo", diz ele. "O governo enviava-lhe então um delegado para resolver a situação. E Perón dizia: 'Mandem-me o secretário do sindicato, vou ver o que posso fazer'. Em troca, exigia que levantassem uma parte do embargo sobre seus bens e os de Jorge Antonio. Enquanto isso, a gente do povo o esperava, correndo por ele risco de prisão e morte. Eram os que Perón chamava de *gilada*, palhaços."

Os palhaços sonhavam com o retorno de Perón à Argentina num avião negro.

Como os antiperonistas acusavam o ex-presidente de ter uma ligação homossexual com o lutador de boxe Archie Moore, os palhaços escreviam nos muros: "*Puto o ladrón/lo queremos a Perón.*"*

O regime peronista instalara no cemitério de Chacarita um busto de Evita, que os palhaços periodicamente ornavam de flores. Como a *Revolución Libertadora* o substituiu por uma lixeira, as flores continuaram a ser depositadas na lixeira.

Queimando de maneira selvagem cada lençol, cada uniforme esportivo com a inscrição "Fundação Eva Perón", a *Revolución Libertadora* provocou a sobrevivência do peronismo. A animosidade obstinada gerava a resistência. Os antiperonistas demoliram o palácio Unzué e a casa da rua Teodoro García. Destruíram aparelhos respiratórios de aço conspurcados pela inscrição maldita; pouco depois, sobreveio uma epidemia de poliomielite, e crianças morreram por falta de assistência respiratória. Pintaram de cores diferentes as caminhonetes azul-celeste da Fundação. Proibiram a imprensa de mencionar os nomes de Perón e Evita. Os jornalistas recorriam a circunlóquios: "o ex-ditador" e "o tirano vencido". Cada palavra, cada nome, cada edifício ausente tornava-se uma presença terrível – no sentido em que a presença de Deus pode ser terrível.

---

*"Veado ou ladrão/queremos Perón." (*N. do E.*)

O *rancho* mais miserável, por isolado que estivesse, tinha a foto de Evita iluminada por velas. Tanto de dia como de noite, milhões de altares iluminavam-se por ela: Defunta Correa, mãe mítica aleitando seus filhos depois de morta.

BRANCO, NEGRO, VERMELHO

Dois mitos se opunham: o branco e o negro. O primeiro apresentava Eva como a própria Virgem. Meiguice maternal, abnegação. O segundo via nela uma prostituta, uma emergente, sedenta de poder.

O mito branco e o mito negro partiam do mesmo princípio. Uns amavam Eva por sua pureza. Outros a odiavam por impura. Em ambos os casos, o sexo era algo condenável. A virgem e a puta não passavam de imagens refletidas de um único ideal. Também Borges via em Evita uma prostituta. Mas exaltá-la ou denegri-la adquiria proporções sobrenaturais. O amor e o ódio pareciam visar a outra coisa, para além do humano. Ela era amada religiosamente, odiada religiosamente. E Julie Taylor vem a concluir, em *Los mitos de una mujer*, que as mulheres e os mortos semeiam perturbação e desordem. Como "cadáver feminino", o poder simbólico de Evita permanecia intacto.

Como exorcizá-lo? Em *Fantasías eternas a la luz del psicoanálisis*, a psicanalista Marie Langer escrevia: "Cada qual tinha em seu foro íntimo duas imagens contraditórias [de Evita], mas uns projetavam a boa e reprimiam a ruim, e os outros faziam o contrário." Terá talvez chegado o momento de não reprimir nenhuma das duas, e de abrir espaço para o humor. Os mortos deixam de nos incomodar, ainda que femininos, a partir do momento em que nos apanhamos rindo deles, com ternura.

O *Cordobazo* de 1969 – um movimento revolucionário que lançou toda a população de Córdoba às ruas, contra o Exército – assinala o surgimento de uma nova estirpe de peronistas, que criariam o terceiro mito de Evita. Como os dois outros mitos são identificados por sinais opostos, batizaremos esse terceiro de "mito vermelho". Esses novos peronistas eram de esquerda, embora também houvesse egressos da extrema direita entre os que formaram a organização guerrilheira Montoneros (do nome dos *gauchos* que combateram pela liberdade da Pátria no século XIX). Todos tinham em comum a juventude, e aqueles que optavam pela *guerrilla* sentiam-se puros, investidos de uma missão. Dostoievsky os descreveu em *Os demônios*. De maneira geral, provinham das classes médias e da burguesia. Seus pais eram antiperonistas. Mais uma razão para tentar captar o que escapara à geração anterior, ou seja, que o peronismo era um movimento de libertação nacional. Mas os braços abertos de Perón aos nazistas não os incomodavam? Baboseiras dos velhos, para eles.

Conseguiram criar um verdadeiro exército de 40 mil homens, um exército contra o Exército. Eram frutos da Revolução Cubana, de maio de 1968. Perón, que iam visitar em Madri, dizia-lhes estar completamente de acordo com eles. Eles apreciavam sua sabedoria irônica e julgavam-se capazes de infiltrar-se em seu movimento para radicalizá-lo.

Perón nem de longe tinha a têmpera de um herói romântico, e, embora se proclamassem peronistas, foi Evita que eles tomaram por bandeira. Mesma inclinação para o autossacrifício e a morte, mesmo ardor. Mesmo espírito de Robin Wood: assaltando supermercados, sequestrando milionários e distribuindo o butim nas favelas, eles consideravam estar seguindo seus passos. Não paravam de cantar: "*Si Evita viviera / sería Montonera*"*

O fato é que Evita gostava de construir. Era uma edificadora. Os montoneros queriam destruir para criar uma sociedade nova. Quem pode garantir que o amor das obras não oporia Evita a esses jovens radicais? Que esses adeptos das bombas não acabariam por considerar a Fundação Eva Perón um paliativo, acusando Evita de "reformismo"? Se tivesse vivido, ela teria se mantido à esquerda – é nossa íntima convicção. Mas não necessariamente com os montoneros.

A morte, no entanto, fixara sua imagem numa enganosa juventude. E os montoneros e a JP (Juventude Peronista) recheavam com seus sonhos a boneca morta. É bem verdade que, nesse esforço de imaginá-la, descobriam nela um *élan* revolucionário que faltava a

---

*"Se estivesse viva/Evita seria montonera." (*N. do E.*)

Perón. Um *élan* verossímil, que tratavam de utilizar, que servia a sua causa, mas que nem por isso pode ser considerado falso. Se fosse o caso de escolher, poderíamos dizer hoje que, dos três mitos, o menos absurdo era o vermelho. Apesar de suas toaletes espalhafatosas, que a Perón pareciam trajes "de cabaré", ou quem sabe por causa deles, Evita tinha tudo de uma *Pasionaria*.

Além de sonhar com Evita, os montoneros sonhavam consigo mesmos. O sonho transformou-se para eles num meio de vida – e de morte. Não faltava a este sonho certa beleza, uma beleza sombria. Mas ele já não existe. Na Argentina de hoje, como no resto do mundo, uma esquerda exangue se questiona. E a célebre frase, mais modesta, passa a ser: "*Si Evita viviera / seria una viejita*"*. Podemos saborear a piscadela peroniana nesse condicional que pelo menos desta vez não é lacrimejante, mas recusando o diminutivo: *viejita*. Em nossa opinião, se estivesse viva, Evita seria uma velha. Uma formidável velha. Uma robusta avó de ideias claras.

Em outras palavras: Evita merece ser respeitada pela esquerda socialista ou composta de dissidentes do peronismo, que começa a reagir a um liberalismo "sem coração", como ela teria dito. Mas não mitificada, pois o mito, seja para exaltar ou denegrir, é irrespeitoso. Nem tampouco analisada de maneira "objetiva", pois respeitar o humano não quer dizer olhar a vida com o ar grave de um intelectual.

O CORPO FERIDO

Para os jovens peronistas, uma enorme injustiça precisava ser reparada: era necessário encontrar o corpo de Evita. A indiferença demonstrada por Perón perante Pedro Ara se havia confirmado: ele jamais se prevalecera de seu poder sobre as autoridades argentinas (graças a seu poder sobre o povo) para exigir que o corpo lhe fosse devolvido. Os montoneros cuidariam do caso. Futuros cadáveres ou *desaparecidos*, saíam agora em busca de uma morta desaparecida. E o único a saber onde estava escondida era Aramburu.

* "Se estivesse viva/Evita seria uma velhinha." (*N. do E.*)

No dia 29 de maio de 1970, dois homens uniformizados apresentaram-se na casa do ex-presidente e o obrigaram a acompanhá-los numa caminhonete de vidros tapados. Oito horas depois, chegavam a um rancho perdido no pampa. Anunciaram ao prisioneiro que seria julgado por um tribunal revolucionário. Mario Firmenich, seu comandante, começou o interrogatório no dia seguinte. Aramburu respondeu a todas as perguntas. Falou da execução de Juan José Valle e de 21 outros peronistas em 1956, admitindo sua responsabilidade na operação. Mas, quando lhe foi perguntado onde estava o corpo de Evita, ele ficou, segundo depoimento de Firmenich, "como paralisado". Mandou que desligassem o gravador e murmurou: "Não posso dizer, por motivos de honra." Como insistissem, Aramburu prometeu pensar. De madrugada, revelou-lhes que o Vaticano tomara a guarda do corpo, e que Eva estava enterrada num cemitério de Roma, sob nome falso. Soube-se posteriormente que ela estava em Milão. O que o ex-presidente não revelou, entretanto, foi o nome do tabelião a quem entregara o envelope com as informações sobre o local onde Eva repousava. Aramburu não sabia onde ela estava. Não quisera saber. Como insistia em calar-se, foi condenado à morte e executado. Os montoneros divulgaram um comunicado anunciando que seu corpo seria devolvido à família "no dia em que os restos mortais de nossa querida *compañera* Evita forem devolvidos ao povo".

A polícia, entretanto, encontrou o cadáver de Aramburu. E o tabelião cumpriu a promessa de entregar o envelope, quatro semanas depois da morte do ex-presidente, àquele que estivesse então no poder.

Tratava-se do general Alejandro Augustin Lanusse. Há muito ele desejava entrar em acordo com Perón, que não deixava ninguém governar a Argentina e continuava dando ordens de Madri. Lanusse abriu o envelope, mandou chamar o coronel Cabanillas, deu-lhe o nome de um padre e de um cemitério, e Cabanillas foi a Milão com o padre Rotger, o mesmo que se envolvera na primeira viagem do cadáver.

Nesse meio-tempo, o padre italiano havia morrido. Restava uma solução: procurar nos registros do cemitério os nomes de todas as mulheres enterradas em 1956. Deram com certa Maria Maggi de Magistris, italiana, viúva, imigrada para a Argentina, morta cinco anos antes de ter sido sepultada em Milão.

O coronel Cabanillas deixou crescer o bigode e se apresentou à direção do cemitério sob a identidade de Carlos Maggi, irmão de Maria. Pedia autorização para transferir para a Espanha o corpo da irmã. No dia 2 de setembro de 1971, um grupo de homens foi levado à pedra tumular do espaço 86, jardim 41. O túmulo estava abandonado. Eva encontrava-se efetivamente ali. Seu destino quis que, depois da certidão de nascimento de um bebê morto, Juan José Uzqueda, ela recebesse também a certidão de óbito de um outro defunto, Maria Maggi – cujo cadáver ninguém jamais se deu o trabalho de procurar.

A caminhonete da funerária que transportava Evita atravessou a fronteira ítalo-francesa. Ao entrar na Espanha, passou a ser escoltada por vários automóveis. Perón só foi informado no último momento.

Aquele corpo de que ele tanto tentara afastar-se acabava por apanhá-lo. Nas diferentes estações de seu exílio na América Latina, ele nunca se separara de uma minúscula foto 3x4 de Evita, envolvida num pedaço de papel em companhia de uma imagem de São Caetano com sua cestinha e de uma outra da Virgem de Luján. "Ele mantinha o embrulhinho acima da cabeceira, pendurado num prego", contou-nos Roberto Galán. E em Madri, tinha sempre a minúscula fotografia sobre a escrivaninha. Amor que diminui. Amor supersticioso também. Nunca se sabe... Mas o corpo, não. Dizer que os montoneros haviam matado por isso... Pois agora ele lhe era enviado como um presente, em troca de favores. Ninguém lhe pedira sua opinião, que de qualquer forma ele não daria.

Estavam presentes em Puerta de Hierro, quando chegou o corpo, Perón, Isabel, López Rega, Jorge Paladino, o embaixador argentino, Rojas Silveyra, o coronel Cabanillas e dois padres da Merced. Dessa vez, Evita já não chegou em carro de funerária, mas numa caminhonete de confeitaria.

Perón tentou abrir o caixão, machucando-se com o tampo de zinco. López Rega foi alvejado por olhares consternados ao propor que se usasse um maçarico. Recorreu-se finalmente a um abridor de latas, que venceu as resistências do tampo oxidado. E o corpo de Eva reapareceu. Ao vê-la, Perón exclamou: "Canalhas!" Em seguida, tocou com um dedo por trás da orelha da morta, como para se certificar de algo, e começou a chorar.

Enquanto ele assinava o formulário de reconhecimento do corpo, Isabel desfazia o coque de Eva, que acumulara umidade. E recusou-se a assinar também. "Se não a conheci quando viva, como querem que a reconheça agora?", argumentou.

Em entrevista concedida à revista *Así* de 24 de setembro de 1971, o Dr. Isidoro Ventura Mayoral, advogado de Perón, declarou que o ex-presidente dava as costas ao embaixador Rojas Silveyra e ao coronel Cabanillas. Não é o que sustenta o jornalista Enrique Bugatti, escrevendo no diário *Clarín* de 11 de novembro de 1984: "'Sabe, Rojas, tive momentos de alegria, de glória, de felicidade ao lado de minha mulher', confessou Juan Domingo Perón, tomando o embaixador argentino pelo braço." Dispomos de um terceiro depoimento, o do jornalista Rafael Brown, o mesmo que ficara indignado ao ver o corpo de Evita pendurado pelos pés. Segundo ele, os homens que haviam transportado o corpo já faziam menção de partir quando Perón os chamou: queria dar-lhes algo para agradecer. Tinha nas mãos um embrulho malfeito de papel jornal, e cujo conteúdo era visível: frios. Vale lembrar que a palavra "presunto" é a expressão popular que designa os mortos.

Por que Perón exclamou: "Canalhas"?

Até isso deu origem a controvérsia. Pedro Ara, reinstalado em Madri, foi chamado para constatar os estragos. Como de hábito, evita as palavras diretas em sua descrição do estado em que se encontrava o corpo. O pescoço, segundo ele, não fora entalhado. Os seios não apresentavam qualquer sinal de violência. Nada havia de irreparável.

Em compensação, Blanca e Erminda, que acorreram a Madri para ver a irmã, divulgaram um comunicado muito mais tarde, em 1985, em reação a um artigo do Dr. Raul Matera, publicado no mesmo ano na revista *Ahora*: "Nossa intenção não é reabrir antigas feridas que não param de nos fazer sofrer. Mas não podemos nem devemos permitir que a história seja distorcida. Por isso damos testemunho aqui dos tratos infligidos aos restos mortais de nossa querida irmã Evita:

– algumas facadas na têmpora, quatro na testa;

– um grande entalhe na face e outro no braço, à altura do úmero;

– o nariz está quase completamente afundado, com uma fratura da parede nasal;

– o pescoço, praticamente seccionado;

– um dedo da mão, cortado;

– as rótulas, fraturadas;

– o peito foi cortado em quatro pontos;

– a planta dos pés está recoberta de uma camada de alcatrão;

– o tampo de zinco do caixão tem sinais de três perfurações, sem dúvida alguma intencionais. O caixão, com efeito, estava completamente molhado no interior, o travesseiro estava rasgado, e as aparas de madeira do estofamento, coladas aos cabelos;

– o corpo fora recoberto de cal e evidenciava em certos pontos as queimaduras provocadas por ela;

– os cabelos pareciam lã molhada;

– a mortalha, manchada de ferrugem e corroída."

Ventura Mayoral, por sua vez, denunciara em 1971 a demência antiperonista, descrevendo o estado do corpo. Em discurso pronunciado numa Unidade Básica, ele faz um balanço que vai ao encontro do depoimento das duas irmãs. E confere tal importância a esse depoimento que conclui seu discurso com essas palavras solenes: "Desejamos que esta informação seja transmitida oralmente, como se fazia durante as guerras dos *gauchos*."

Não foi o que aconteceu. Segundo a revista *Así*, de 24 de setembro de 1971, o Conselho Superior peronista manteve silêncio sobre a múmia mártir. E Perón jamais se referiria ao nariz afundado ou aos entalhes profundos que permitiam entrever pedaços de carne.

Ele guardou o cadáver no forro de sua vila em Puerta de Hierro, onde, segundo Tomás Eloy Martínez, López Rega tentou passar a alma de Evita para o corpo de Isabel, mas em vão: era mesmo uma empreitada impossível.

Em 1973, Héctor Cámpora foi eleito presidente da Argentina. Seu mandato durou um mês. Este "mês de Cámpora" – um Cámpora renovado e esquerdista – ficará na memória dos argentinos como um sinal, uma pista que permite entender as virtudes e os erros de uma verdadeira Revolução. Um mês depois, Perón chegou para retomar o lugar que era seu. Cámpora fora apenas um simulacro. Havia sido eleito apenas para possibilitar o reencontro com Perón.

No dia de seu retorno ao país, depois de vinte anos de exílio, os peronistas de esquerda e de direita viram-se face a face no aeroporto de Ezeiza. Perón dissera sempre a uns e outros que estava completamente de acordo com eles. Mas os de direita estavam mais bem equipados: chegaram a contratar os serviços de mercenários e ex-membros da OAS.* E contavam com López Rega, já então fundador da Triple A (Aliança Anticomunista Argentina), força parapolicial muito bem organizada – de tal modo que, à queda de Isabel Perón, em 1976, o Rasputin da viúva deu um jeito de salvar a pele, legando sua invenção à ditadura do general Videla. Dessa maneira, ficava tudo em família.

Um milhão de pessoas foi receber Perón. A estrada que levava do aeroporto ao centro de Buenos Aires estava tomada pela multidão alegre e ruidosa que só o peronismo era capaz de mobilizar. Vinham de todas as províncias: morenos, alegres, exaltados, rindo de emoção como em 1945. Traziam seus *bombos* para fazer uma festa que voltaria a dar sentido a suas vidas. Há vinte anos perscrutavam os céus, com as mãos em forma de viseira sobre os olhos, para ver se estava chegando o avião negro do retorno.

O massacre foi terrível. Encarapitados nas árvores, os mercenários da direita atiravam nos palhaços. Todos os tipos de palhaços: jovens intelectuais, jovens operários, jovens camponeses. Havia até uma coluna do Movimento de Liberação Homossexual, que julgara chegada a sua hora. Erro fatal. As ilusões também foram massacradas. Cada

*Organisation de l'Armée Secrète (Organização do Exército Secreto), movimento terrorista que lutou na década de 1950 contra a independência da Argélia. (*N. do T.*)

um teria vergonha de si mesmo ao despertar. Lá estava, exposto à luz do dia, o verdadeiro rosto do Perón camaleão. É claro que ele não organizara a matança. Fora seu *entourage*. Mas um *entourage* de direita que ele escolhia com toda a liberdade, hoje como ontem. Jogar a responsabilidade sobre os que o cercavam equivalia a considerá-lo mais uma vez um fantoche. É verdade que estava velho, de uma senilidade que já era evidente em 1955. Mas, na hora da verdade, o Perón gagá e o Perón pragmático, portanto disposto a tudo, se resolviam num só Perón perfeitamente coerente.

Nos imensos cartazes viam-se agora três rostos: Perón no meio, Isabelita à direita, Evita à esquerda.

Perón chegara com Isabel – que se tornaria vice-presidenta –, deixando na Espanha o cadáver incômodo. No entanto, prometera trazê-lo de volta ao país. Mas já não falava do assunto. Isabelita mostrava-se mais interessada: queria recuperar o mito de Evita, que pretendia imitar, nem que fosse pelo coque com enchimento, cor de ratazana – ou que assim ficava parecendo, na comparação.

Acontece que os montoneros estavam decididos a reencontrar seu louro e luminoso amor. E para completar esta história macabra profanaram o túmulo de Aramburu e sequestraram seu corpo. Haviam decidido só devolvê-lo no dia em que o de Evita voltasse à Argentina.

Perón não pôde deixar de manifestar sua irritação com aqueles "falsos" peronistas, dispostos a provocá-lo despertando seu velho ciúme, e que pretendiam transformar o peronismo num movimentc de esquerda que não era. Expulsou-os da praça de Maio, chamando-os num discurso de "jovens imberbes" – embora fossem todos barbudos, *à la* cubana.

Todavia, os falsos peronistas acabaram vencendo, pelo menos nesse ponto: o corpo de Evita voltou ao país. Perón já estava morto. Isabel, ou por outra, *doña* María Estela Martínez de Perón, assumia a presidência da Argentina. Foi a ela que coube a concretização do sonho de Evita.

No dia 17 de novembro de 1974, um voo *charter* conduziu Evita de Madri a Buenos Aires. Ela foi transportada à residência de Olivos, onde o Dr. Domingo Tellechea empreendeu o trabalho de reparação que Perón se eximira de providenciar durante os três anos transcorridos desde a descoberta do corpo.

O relatório do Dr. Tellechea, publicado pela revista *Siete Dias*, coincide com o comunicado de Erminda e Blanca sobre o estado do corpo. Mas ele acrescenta um detalhe que confirma as palavras de Moori Koening no romance de Rodolfo Walsh: "Enterrei-a em pé, pois era um macho." Eis o detalhe: "Os pés estavam machucados por causa da evidente posição vertical suportada pelo corpo e dos maus tratos."

Essa Evita novinha em folha, penteada, com a mesma túnica branca com que Isabel a vestira em Madri, as unhas recém-pintadas, foi expulsa da residência de Olivos no dia 24 de março de 1976, quando o general Videla derrubou Isabel Perón, inaugurando a ditadura militar que deixou 30 mil desaparecidos.

Em 22 de outubro do mesmo ano, Erminda e Blanca recebiam o caixão e o depositavam no jazigo Arrieta, nome do marido de Elisa Duarte, no cemitério de La Recoleta.

Ela não tem seu próprio túmulo. A casa natal de Los Toldos que é exibida aos visitantes não é a sua: como a verdadeira não pode ser mostrada por um motivo qualquer, optou-se por uma parecida.

Em 1987, sob a presidência de Raúl Alfonsín, o túmulo de Perón foi profanado e suas mãos, decepadas.

Argentina necrófila.

Ele declarara que preferiria cortar as próprias mãos a negociar com o imperialismo norte-americano – o que não o impediu de fazê-lo. O profanador de seu túmulo seria acaso o último sobrevivente dos guerrilheiros de esquerda, pretendendo com esse ato acusá-lo de traição? Dentre as inúmeras lendas que surgiram em torno desse fato até hoje não esclarecido, eis a mais persistente, até mesmo pelo que tem de absurdo: Perón teria mandado gravar em sua aliança o código da conta bancária na Suíça, obtido à força de Juancito. Uma miragem a mais, certamente. Um simulacro de motivo. Mais uma vez, o teatro de sombras – sendo o ator Perón, dessa vez, uma autêntica sombra.

Uma miragem, no entanto, que nos conduz a uma questão inquietante, que já é hora de levantar.

Suponhamos que Evita tenha efetivamente depositado na Suíça uma soma fabulosa. Suponhamos também que Perón e ela mesma tenham entregue a Skorzeny ou ao próprio Bormann uma parte considerável. Mas por que não teria fornecido ao marido o código ou os códigos que davam acesso ao restante? Por que, em compensação, havê-lo(s) confiado ao irmão?

É preciso dizer e repetir: não existe qualquer confirmação a respeito do tesouro de Martin Bormann. Apenas uma série de pistas, numerosas, às vezes precisas, que partem dos submarinos alemães para chegar ao assassinato ou suicídio provocado de Juan Duarte.

O que não nos impede de levar até o fim o raciocínio, nem que seja apenas por uma questão de lógica. Somos levados, então, a reconhecer que Evita não deu a Perón o número da conta porque pretendia garantir para si mesma uma porta de saída. Penella de Silva e David Viñas concordam nesse ponto: se ela não tivesse morrido, os caminhos do casal teriam acabado por divergir. Perón e Evita mantiveram-se dependentes, prisioneiros um do outro. Que poderia ser mais impensável na Argentina em sua época do que um divórcio? Já guardar para si mesma e para seu irmão uma parte do tesouro era uma garantia de liberdade.

Caberia supor que semelhante audácia lhe tenha sido inspirada unicamente pela cobiça?

Havia nela efetivamente este elemento de voracidade de mal-amada. Mas Evita era uma cigana. Não se apegava aos objetos ou ao dinheiro, como acontece com as pessoas bem instaladas. Embora os cobiçasse, só se cercava deles por amor ao espetáculo. E também para se tranquilizar, sabendo ao mesmo tempo que essa posse era frágil e incerta. Seu único interesse, profundo, obsessivo, era a ação social. Daí à suposição de que tenha manipulado Perón, Bormann, Skorzeny ou quem quer que estivesse envolvido no caso, para realizar obras no futuro, é só um passo. Um passo que temos o direito de dar em sonho.

O mesmo raciocínio, sempre utópico, mostra-nos que sua aposta era arriscada. Ela não tinha muitas chances de ganhá-la. E efetivamente perdeu-a. Freude, Dórge, von Lente haviam morrido por isso. E Juancito pagou com a vida a onipotência da irmã.

Por que não nos atermos ao que ela fez, em vez de especular sobre o que teria feito se o suposto tesouro tivesse realmente ido parar em suas mãos?

Por dois motivos principais. O primeiro é que as versões sobre o caso Bormann são reiterativas e múltiplas. Ninguém poderia contar a vida de Evita sem levar em conta essa questão. Se seus biógrafos anteriores conseguiram descartá-la (ou refutá-la, como Fermín Chávez), foi porque as investigações, até recentemente, ainda estavam engatinhando.

Segundo motivo: não existimos apenas naquilo que fazemos, pois as obras perecem. Estamos também em todas as nossas possibilidades: o movimento esboçado, o gesto sugerido. E haveria mais belo elogio que supor Evita capaz de pregar uma peça no mundo inteiro para devolver alguma nobreza ao dinheiro maldito? O importante é que, baseando-nos em sua vida e em seu caráter, possamos julgá-la capaz de fazê-lo. Toda a dimensão desse gesto audacioso e prático encontrava-se nela.

E AFINAL DE contas, essa Eva era boa ou má?

Confiaremos a uma personalidade francesa insuspeita a tarefa de decidir. Pierre Mendès France, que a conheceu durante sua visita à França, disse ao deixá-la: "Acabo de conhecer uma grande mulher."

Grandeza: ideia antiga.

Tentemos recordar em que consiste a grandeza.

Ela não está na perfeição (é não raro o contrário que acontece).

Tampouco está ligada à prudência (mas não pode ser explicada apenas pelo excesso).

É de tal natureza que o ser grande pode tornar-se mesquinho (embora o inverso seja impossível).

Digamos, provisoriamente, que a grandeza resiste a qualquer tentativa de definição por "enumeração". Encontra-se, antes, nos interstícios e no espaço ao redor. E haverá sempre radiosas fulgurações e tristes farrapos de Evita à margem da lista mais completa possível de suas virtudes e falhas, pois a grandeza é inumerável.

NO JAZIGO DE La Recoleta, uma pequena placa revela sua presença. As multidões já não acorrem para vê-la. Só uns poucos saudosistas de idade avançada, a maioria mulheres, ainda aparecem de vez em quando para acender algumas velas. Seriam os mesmos que acompanhavam o caminhão militar para depositar um buquê, uma pequena chama?... Fantasmas cada vez mais apagados, já quase invisíveis. Em compensação, jornalistas estrangeiros bem vivos aparecem com frequência. A televisão, a imprensa, o cinema do mundo inteiro interessam-se por Evita. Será que a Argentina a fez desaparecer para sempre? Longe estamos de acreditar que sim. O esquecimento que a cerca é apenas a palidez que sucede a um crepúsculo avermelhado demais. E o desejo que ela manifestou a Lilian na noite madrilenha realizou-se. Ela pertence à História.

Villefranche-d'Albi, 27 de maio de 1994.

Bibliografia

Obras gerais

AVNI, Haim. *Argentina y la historia de la inmigración judía*, Buenos Aires.

BELLONI, Alberto. *Del anarquismo a. peronismo*, Editorial A. Peña Lillo, Buenos Aires, 1960.

BIANCHI, Susana; SANCHÍS, Norma. *El Partido Peronista Femenino*, Centro Editor de América Latina, Buenos Aires.

BIDAULT, Suzanne. *Je n'ai pas oublié*, Éditions La Table Ronde.

BOIMVASER, Jorge, *Las manos de Perón (¿y porqué, señor Alfonsín?)*, BB Editores, Buenos Aires, 1991.

BOIZARD, Ricardo. *Esa noche de Perón*, H. del Valle, Buenos Aires, 1955.

BUCHRUCHER, Cristián. *Nacionalismo y peronismo. La Argentina en la crisis ideológica mundial (1927-1955)*, Editorial Sudamericana, Buenos Aires, 1987.

CAFIERO, Antonio; Gambini, Hugo. *Desde que grité: ¡Viva Perón!*, Pequén Ediciones, Buenos Aires, 1983.

CAMARASA, Jorge. *Los nazis en la Argentina*, Editorial Legasa, Buenos Aires, 1992.

CARRIL, Bonifacio del. *Memorias dispersas. El coronel Perón*, Editorial Emecé, Buenos Aires, 1984.

Col., *Historias del peronismo*, Editorial Corregidor, Buenos Aires, 1973.

DOS SANTOS, Estela. *Las mujeres del tango*, Centro Editor de América Latina, Buenos Aires, 1972.

———. *Las mujeres peronistas*, Centro Editor de América Latina, Buenos Aires, 1983.

FLORES, José. *Operación "Rosa Negra"*, Buenos Aires, 1956.

GAMBINI, Hugo, *El 17 de Octubre de 1945*, Editorial Brújula, Buenos Aires, 1969.

HOLLANDER, Nancy. *La mujer, ¿esclava de la historia o historia de la esclava?*, Editorial La Pléyade, Buenos Aires, 1974.

HOROWICZ, Alejandro, *Los cuatro peronismos*, Editorial Legasa, Buenos Aires, 1985.

INFIELD, Glenn I. *Skorzeny, chef des commandos de Hitler*, Editions Pygmalion/Gérard Wattelet, Paris, 1984.

JACKISCH, Carlota. *El nazismo y los refugiados alemanes en la Argentina, 1933-1945*, Buenos Aires, Editorial Belgrano.

JAMANDREU, Paco. *La cabeza contra el suelo. Memorias*, Ediciones de La Flor, Buenos Aires, 1975.

LAMARQUE, Libertad. *Autobiografía*.

LAMAS, Raúl. *Los torturadores*, Lamas, Buenos Aires, 1956.

LANGER, Marie. *Fantasías eternas a la luz del psicoanálisis*, Editorial Nova, Buenos Aires, 1957.

LUNA, Félix. *El 45. Crónica de un año decisivo*, Editorial Sudamericana, Buenos Aires, 1972.

______. *La Argentina de Perón a Lanusse*, Editorial Planeta, Buenos Aires, 1990.

______. *Perón y su tiempo. I*, Editorial Sudamericana, Buenos Aires, 1986.

______. *Perón y su tiempo. III*, Editorial Sudamericana, Buenos Aires, 1990.

MANNING, Paul. *My Search for Martin Bormann*, fotocópia do original em inglês consultada por Jorge Camarasa (*Los nazis en la Argentina*).

MARTÍNEZ, Tomás Eloy. *La novela de Perón*, Editorial Alianza Cuatro, Madri, 1989.

MEDINA, Enrique. *Gatica*, Editorial Galerna, Buenos Aires, 1991.

MIQUEL, Pierre. *Histoire du métro de Paris*, Éditions de la RATP.

MOLINARI, Aldo Luis. *Caso Duarte*, Buenos Aires, 1958.

PEICOVICH, Esteban. *Hola, Perón*, Editorial Jorge Alvarez, Buenos Aires, 1965.

POMBO, Ana de. *Mi última condena.*

POTASH, Robert A. *El Ejército y la política en la Argentina. 1928-1945*, Editorial Hyspamérica, Buenos Aires, 1971.

QUATTROCCHI-WOISSON. Diana, *Un nationalisme de déracinés. L'Argentine, pays malade de sa mémoire*, Éditions du CNRS, Paris, 1992.

REYES, Cipriano. *Yo hice el 17 de Octubre. Memorias*, GS Editorial, Buenos Aires, 1973.

______. *La farsa del peronismo*, Sudamericana-Planeta, Buenos Aires, 1987.

ROZICHNER, León. *Perón entre la sangre y el tiempo*, Centro Editor de América Latina, Buenos Aires.

SÁBATO, Ernesto. *El otro rostro del peronismo. Carta abierta a Mario Amadeo*, Editorial Gure, Buenos Aires, 1957.

SANTANDER, Silvano. *Técnica de una traición. Juan D. Perón y Eva Duarte agentes del nazismo en Argentina*, Montevidéu, 1953. Editorial Legasa, Buenos Aires, 1985.

SEBRELI, Juan José. *Los deseos imaginarios del peronismo.*

SIRVÉN, Pablo. *Perón y los medios de comunicación (1943-1955)*, Centro Editor de América Latina, Buenos Aires.

SOMMI, Luis V. *Los capitales alemanes en la Argentina*, Editorial Claridad, Buenos Aires, 1943.

TABORDA, Raúl DAMONTE. *Ayer fue San Perón*, Ediciones Gure, Buenos Aires, 1954.

VEGA, Louis. Mercier *Autopsia de Perón*, Editorial Tusquets, Barcelona, 1975.

WALSH, Rodolfo. *Los oficios terrestres*, Editorial La Flor, Buenos Aires, 1986.

WIESENTHAL, Simon. *Los asesinos entre nosotros*, Editorial Noguer, Barcelona, 1967.

Obras sobre Eva Perón

ACOSSANO, Benigno. *Eva Perón, su verdadera vida*, Editorial Lamas, Buenos Aires, 1955.

ARA, Pedro. *El caso Eva Perón. Apuntes para la historia.*

BARNES, John. *Eva Perón*, Editorial Ultramar, Buenos Aires, 1987.

BORRONI, Otelo; VACCA, Roberto. *Eva Perón*, Centro Editor de América Latina, Buenos Aires, 1970.

BRUCE, George. *Evita*, Ediciones Picazo.

CHÁVEZ, Fermín. *Eva Perón en la historia*, Editorial Oriente, Buenos Aires, 1986.

______. *Eva Perón sin mitos*, Editorial Fraterna, Buenos Aires, 1990.

COPI. *Eva Perón*, Christian Bourgois, Paris, 1969.

DEMITRÓPULOS, Libertad, *Eva Perón*, Centro Editor de América Latina, Buenos Aires, 1984.

DEUTSCH, Mario. GARBARINO, Alejandro; RAGGIO, Alejandro; TENEMBAUM, Hebert. *Eva Perón, una aproximación psicoanalítica.*

DOUMERC, Beatriz. *Eva Perón*, Editorial Lumen, Barcelona, 1989.

DUARTE, Erminda. *Mi hermana Evita*, Centro de Estudios Eva Perón, Buenos Aires, 1972.

FRASER, Nicholas; NAVARRO, Marysa. *Eva Perón*, Editorial Bruguera.

GHIOLDI, Américo. *El mito de Eva Perón*, Ediciones Gure, Buenos Aires, 1956.

JAMANDREU, Paco. *Evita fuera del balcón*, Ediciones del Libro Abierto, Buenos Aires, 1981.

LLORCA, Carmen. *Llamadme Evita*, Editorial Planeta, Barcelona, 1980.

LOMBILLE, Román. *Eva, La predestinada. Alucinante historia de éxitos y frustraciones*, Editorial Gure, Buenos Aires, 1955.

MAIN, Mary. *La mujer del látigo*, Ediciones La Reja, Buenos Aires, 1955.

MIGNOGNA, Eduardo. *Evita, Quien quiere oír, que oiga* (roteiro do filme homônimo), Editorial Legasa, Buenos Aires, 1984.

NAIPAUL, V.S. *The Return of Eva Perón*, Knof, Nova York, 1980.

NAVARRO, Marysa. *Evita*, Editorial Corregidor, Buenos Aires, 1981.

OTTINO, Mónica. *Evita y Victoria*, Grupo Editor Latinoamericano, Buenos Aires, 1990.

PAGANO, Mabel. *Eterna*, Editorial Nueva Sol, Buenos Aires, 1982.

PEREYRA, Enrique Pavón. *Evita la mujer del siglo*, Editorial Ruy Diaz, Buenos Aires.

PICHEL, Vera. *Mi país y sus mujeres*, Editorial Sudestada, Buenos Aires, 1968.

______. *Evita íntima*, Editorial Planeta, Buenos Aires, 1993.

SACCOMANO, Guillermo. *Roberto y Eva*, Editorial Legasa, Buenos Aires, 1989.

SEBRELI, Juan José. *Eva Perón: ¿Aventurera o militante?*, Editorial Siglo XX, Buenos Aires, 1966.

TAYLOR, Julie. *Los mitos de una mujer.*

TETTAMANTI, Rodolfo. *Eva Perón*, Centro Editor de América Latina, Buenos Aires, 1971.

Textos de Perón e Eva Perón

PERÓN Juan Domingo. *Del poder al exílio. Cómo y quiénes me derrocaron. La comunidad organizada*, Ediciones del Pueblo, Buenos Aires, 1970.

PERÓN Eva. *La razón de mi vida*, Editorial Peuser, Buenos Aires, 1951.

______. *Clases y discursos completos. 1946-1952*, Editorial Megafón, Buenos Aires, 1987.

______. *Historia del peronismo*, Editora Volver, Buenos Aires, 1987.

______. *Mi mensaje*, Ediciones del Mundo, Buenos Aires, 1987.

______. *Discursos completos. 1946-1948*, Editorial Megafón, Buenos Aires, 1985.

Revistas e publicações diversas

"Historia del peronismo", direção de Hugo Gambini. In *Primera Plana*, 1967.

"Evita", nº 7, Órgão do Ateneo Eva Perón. Sem data.

"Eva Perón hoy", Vicente Zito Lema, *Cuadernos de Fin de Siglo*, Buenos Aires, 1973.

"Etnicidad e inmigración durante el primer peronismo", por Leonardo Senkman, in *Estudios Interdisciplinarios de América Latina*, Universidade Hebraica de Jerusalém.
"Las relaciones Estados Unidos-Argentina y la cuestión de los refugiados de la post-guerra: 1945-1948", por Leonardo Senkman, in *Judaica Latinoamericana*, Separata, Universidade Hebraica de Jerusalém.
"Perón y Evita en la historia bonaerense", Homenaje del Gobierno del Pueblo de la Provincia de Buenos Aires, outubro de 1990.
"*Mayoría*", Año de la Liberación, 26 de julho de 1973.
"Eva Duarte, actriz", por Gerardo Bra, in *Todo es Historia*, agosto de 1986.
"Perón y los judíos", por Emilio J. Corbière, in *Todo es Historia*, junho de 1988.
"Prehistoria de Eva Perón", por Jorge Capstiski, in *Todo es Historia*, nº 14.
"Perón y su exilio español", por Marcela A. García e Aníbal Iturrieta.
"La fortuna de Perón", por Adolfo Rocha Campos, in *Todo es Historia*, nº 313, agosto de 1993.
"Perón, Braden y el antisemitismo: opinión pública e imagen internacional", por Ignacio Klich, in *Ciclos*, ano II, vol. II, nº 2, 1º semestre de 1992.
"Perón y los nazis", por Tomás Eloy Martínez, em *El Periodista*, Buenos Aires, agosto de 1985, nos 49 e 50.
"*Marcha*. Catorce hipótesis de trabajo en torno a Eva Perón", por David Viñas, Montevidéu, 1965.
"La Fundación Eva Perón", tese universitária inédita, Mónica Campins, Horacio Gaggero, Alicia Yano.
"Eva Perón: catholicisme traditionnel et mythologie christiano-justicialiste", tese universitária inédita, Lila Caimari.
"Hernán Benítez: le péronisme comme meilleure façon de faire le christianisme", tese universitária inédita, Lila Caimari.
"La infancia de Perón en la Patagonia", por Tomás Eloy Martínez, em *2001*, ano 6, nº 63, outubro de 1973.

"Perón, el hombre del destino", coleção de 45 volumes editada por Enrique Pavón Pereyra, Editorial Abril, Buenos Aires, 1973.
"Ciudad infantil Amanda Allen", Presidencia de la Nación, Secretaría de Informaciones.
"Cuando Descartes firmaba Perón", por Fermín Chávez, em *Clarín*, 9 de março de 1989.
Carta inédita das irmãs de Eva Perón ao Dr. Raúl Matera, 29 de julho de 1985 (propriedade de Fermín Chávez).
Carta inédita de Juana Ibarguren ao papa João XXIII, 22 de março de 1959 (propriedade de Fermín Chávez).
Carta inédita de Raúl Matera a monsenhor Lino Zanini, 1971 (propriedade de Fermín Chávez).

Revistas: *Primera Plana, Gente, Siete Días, Careo, Ahora, Hechos en el mundo, Antena, Radiolandia, El Hogar, Somos, Noticias, Paris-Match, Time, Life, Gaceta Ilustrada.*
Jornais: *La Prensa, La Nación, Clarín, Página 12, Buenos Aires Herald, Río Negro, El País, La Stampa, La Repubblica, Voix Ouvrière, Paroles françaises, La Démocratie etc.*

Filmes

La Pródiga, *La república perdida*, de Luis Gregorich e María Elena Walsh, *Quien quiera oír que oiga*, de Eduardo Mignogna, *Evita*, de Juan Schroeder, *El misterio de Eva Perón*, de Tulio de Michelis.

Pessoas consultadas

Padre Hernán Benítez, confessor de Eva Perón. José María Acosta, jornalista. Luis Agostino, costureiro de Eva Perón. Gloria Alcorta, escritora. Julio Ardiles Gray, escritor e jornalista. Angel Asquía Miel, ex-deputado peronista. Osvaldo Bayer, historiador, sociólogo. Dr. Benjamin, psicanalista. Isidoro Blaisten, escritor. Marta Boto, pintora. Héctor Cámpora, filho do ex-presidente da Argentina Héctor Cámpora. Martín Caparrós, escritor. Delfina Caprile, membro da comissão de liquidação da Fundação Eva Perón. Héctor Cartier, retratista de Eva Perón. José Maria Castiñeira de Dios, poeta, ex-secretário de Cultura peronista. Ramón Cereijo, ex-ministro peronista. Fermín Chávez, historiador. Tito di Ciano, ex-cabeleireiro do Congresso. Víctor Claiman, jornalista. Luis Clur, jornalista. Rodolfo Decker, advogado, ex-deputado peronista. Miguel Angel Estrella, pianista. Sara Facio, fotógrafa. Juan Pablo Feinman, escritor. Javier Fernández, diplomata. Gisèle Freund, fotógrafa. Roberto Galán, apresentador de televisão. Mike Gallaher, ex-membro do Serviço de Infomação. Hugo Gambini, jornalista. María Granata, escritora. Anne-Marie Heinrich, fotógrafa. Eduardo Jonquiéres, pintor. Dr. Larrauri, médico. Félix Luna, historiador. Lunazzi, militante anarquista. Sergia Machinandearena, filha de Pedro Machinandearena, produtor de cinema. Ana Macri, Rosa Calviño de Gómez, Ana Serrano e Santa Romeno, ex-membros do Partido Peronista Feminino. Graciela Maglie, socióloga. Jacobo Maguid e Dora Barranco, militantes anarquistas. Dr. Rodríguez Mancini, médico. Pedro Maratea, ator. Mercante, filho do ex-governador da província de Buenos Aires, Domingo Mercante. José Enrique Miguens, sociólogo. Angel Núñez, escritor. Enrique Oliva, jornalista. Pedro Orgambide, escritor. Rodolfo Pandolfi, jornalista. Enrique Pavón Pereyra, biógrafo de Juan Domingo Perón. Elena

Piaggio de Hogan, antiga amiga de Eva Perón. Lilia Reta, militante socialista. Carlos Righi, ex-ministro peronista. Alberto Rocamora, ex-ministro peronista. Isaac Rojas (*por telefone*), ex-vice-presidente da Argentina. Elbia Rosbaco de Marechal, poetisa. Raúl Rossi, ator. Dr. León Rozichner, psicanalista. Dr. Gerardo Ruiz Moreno, psicanalista. Raúl Salinas, ex-secretário de Cultura peronista. Ernesto Sábato, escritor. Mario Sábato, cineasta. Valentin Thiébault, jornalista. Alejandro Valenti, cineasta. Ambrosio Vecino, jornalista. Héctor Villanueva, poeta. María Elena Walsh, poetisa. Vizinhos de Junín: Dr. Ordiales, Dora Dana e Héctor Lebensohn – jornalistas –, Rogelio Leguizamón Cabrera, Elsa Sabella, Roberto Carlos Dimarco, Amicucci Müller. Vizinhos de Los Toldos: Hux padre Meinrado, Pirula Villa, Rufino Herce, Tito de la Torre, Ema Vinuesa.

Padre Hernán Benítez: entrevista inédita com a socióloga Lila Caimari. Fermín Chávez, Raúl Lagomarsino (ex-ministro), Fernando Torres e Sebastián Borro (líderes sindicais), José Maria Castiñeira de Dios, Guillermo Patricio Kelly (político peronista), Leonor Troxler (militante peronista): entrevistas inéditas com a socióloga Marta Echeverría.

EDIÇÕES
BestBolso

Este livro foi composto na tipologia Minion Pro Regular,
em corpo 10/12,5, e impresso em papel off-set 56g/m² no Sistema
Cameron da Divisão Gráfica da Distribuidora Record.